Die Anwendung des EuGVÜ durch portugiesische Gerichte unter Berücksichtigung des autonomen internationalen Zivilverfahrensrechts

Studien zum vergleichenden und internationalen Recht -
Comparative and International Law Studies

Herausgeber: Bernd von Hoffmann, Erik Jayme
und Heinz-Peter Mansel

Band 137

PETER LANG
Frankfurt am Main · Berlin · Bern · Bruxelles · New York · Oxford · Wien

Alexander Rathenau

Die Anwendung des EuGVÜ durch portugiesische Gerichte unter Berücksichtigung des autonomen internationalen Zivilverfahrensrechts

PETER LANG
Europäischer Verlag der Wissenschaften

Bibliografische Information der Deutschen Nationalbibliothek
Die Deutsche Nationalbibliothek verzeichnet diese Publikation in der Deutschen Nationalbibliografie; detaillierte bibliografische Daten sind im Internet über <http://www.d-nb.de> abrufbar.

Zugl.: Trier, Univ., Diss., 2006

D 385
ISSN 0930-4746
ISBN 978-3-631-56415-8

www.peterlang.de

Vorwort

Die vorliegende Arbeit wurde im Wintersemester 2006/2007 vom Fachbereich Rechtswissenschaft der Universität Trier als Dissertation angenommen.

Dank der zahlreichen Unterstützung von Professoren, Verwandten und Freunden aus Deutschland und Portugal wurde diese Arbeit zum Erfolg geführt.

Besonders danken möchte ich meinem Doktorvater Herrn Professor Dr. Bernd von Hoffmann, an dessen Trierer Lehrstuhl ich lange Zeit tätig war. Er hat das Thema der Arbeit angeregt und betreut. Herrn Professor Dr. Thomas Rüfner (Trier) danke ich für die Zweitkorrektur und Herrn Professor Dr. Karsten Thorn LL.M. (Hamburg) für die freundschaftlichen Hilfestellungen.

Danken möchte ich auch Frau Dr.ª Sófia Henriques und Frau Dr.ª Elsa Dias Oliveira, die mir bei Zweifelsfragen zur Seite standen. Im März 2003 verstarb Herr Professor Dr. António Novais Marques dos Santos. Ich denke mit Trauer an ihn. Er war mein wichtigster und zuverlässigster Ansprechpartner in Portugal.

Danken möchte ich auch den Bediensteten der Bibliothek des Bundesgerichtshofs in Karlsruhe, der Biblioteca da Faculdade de Direito da Universidade de Lisboa und der Biblioteca da Procuradoria-Geral da República in Lissabon.

Ganz herzlich danke ich meinen Großeltern Ruth und Dr. med. Walter Schuh für ihre aktive Unterstützung.

Meiner Mutter Christine Richter und Roland Richter danke ich für ihre große Hilfe, besonders bei den Korrekturarbeiten, bei denen auch Janett Bullan sehr hilfreich war.

Ich danke meinem Vater Wolf Rüdiger Rathenau für seine geleistete Hilfe bei der Überarbeitung der Dissertation.

Baden-Baden/Lagos, im März 2007

Alexander Rathenau

Inhaltsverzeichnis

Abkürzungsverzeichnis

a.A.	anderer Ansicht
a.a.O.	am angegebenen Ort
a.E.	am Ende
a.F.	alte Fassung
a.M.	andere Meinung
ABl. EG	Amtsblatt der Europäischen Gemeinschaften
Abs.	Absatz
AfP	Zeitschrift für Medien- und Kommunikationsrecht
Anm.	Anmerkung
BFUC	Boletim da Faculdade de direito da Universidade de Coimbra
BGB	Bürgerliches Gesetzbuch
BGH	Bundesgerichtshof
BGHZ	Entscheidungen des Bundesgerichtshofs in Zivilsachen
BMJ	Boletim do Ministério da Justiça
BOA	Boletim da Ordem dos Advogados
Brüssel I-VO	Verordnung (EG) Nr. 44/2001 des Rates über die gerichtliche Zuständigkeit und die Anerkennung und Vollstreckung von Entscheidungen in Zivil- und Handelssachen vom 22. Dezember 2000
BVerfG	Bundesverfassungsgericht
bzgl.	Bezüglich
Bzw.	Beziehungsweise
ca.	Circa
CC	Código Civil/ Portugiesisches Bürgerliches Gesetzbuch
CCom	Código Comercial/ Portugiesisches Handelsgesetzbuch
CISG	Convention on the International Sale of Goods = Wiener UN-Übereinkommen über Verträge über den internationalen Warenkauf vom 11.04.1980
CJ	Colectânea de Jurisprudência
Clunet	Journal du droit international, begründet von *Clunet*
CPC	Código do Processo Civil/ Zivilprozessgesetzbuch Portugal

CRP	Constituição da República Portuguesa/ Verfassung der Republik Portugal
CSC	Código das Sociedades Comerciais/ Portugiesisches Gesetz über die Handelsgesellschaften
D.	Recueil Dalloz
DDC (BMJ)	Documentação e Direito Comparado (Zeitschrift, die mit dem „*Boletim do Ministério da Justiça*" vom portugiesischen Justizministerium herausgegeben wird)
ders.	Derselbe
Dies.	dieselbe(n)
DL	Decreto-Lei/ Gesetzesdekret
DMF	Droit Maritime Français/Société du Journal de la Marine Marchande (Paris)
DR	Diário da República (Staatsanzeiger Portugal)
EuGH	Europäischer Gerichtshof
EuGHE	Sammlung der Rechtsprechung des Gerichtshofs und des Gerichts Erster Instanz der Europäischen Gemeinschaften
EuGVÜ	Brüsseler EWG-Übereinkommen über die gerichtliche Zuständigkeit und die Vollstreckung gerichtlicher Entscheidungen in Zivil- und Handelssachen vom 27. September 1968
EuZVO	Verordnung (EG) Nr. 1348/2000 des Rates über die Zustellung gerichtlicher und außergerichtlicher Schriftstücke in Zivil- und Handelssachen in den Mitgliedsstaaten vom 29. Mai 2000
EWiR	Entscheidungen zum Wirtschaftsrecht
f.	Folgende(r)
ff.	Folgende
FGG	Gesetz über die Angelegenheiten der freiwilligen Gerichtsbarkeit
Fn.	Fußnote(n)
Gem.	Gemäß
ggf.	Gegebenenfalls
h. A.	Herrschende Ansicht
h. L.	Herrschende Lehre

h. M.	Herrschende Meinung
HBÜ	Haager Übereinkommen über die Beweisaufnahme im Ausland in Zivil- und Handelssachen vom 18. März 1970
HGB	Handelsgesetzbuch
Hrsg.	Herausgeber
HS	Halbsatz
HZÜ	Haager Übereinkommen über die Zustellung gerichtlicher und außergerichtlicher Schriftstücke im Ausland in Zivil- und Handelssachen vom 15. November 1965
i. d. F.	In der Fassung
i. d. R.	In der Regel
i.R.d.	im Rahmen des (der)
i.S.v.	im Sinne des (der)
i. V. m.	In Verbindung mit
IHK	Industrie- und Handelskammer
IPR	Internationales Privatrecht
IPRax	Praxis des internationalen Privat- und Verfahrensrechts
IZVR	Internationales Zivilverfahrensrecht
LOFTJ	Lei de Organização e Funcionamento dos Tribunais Judiciais/ Gesetz über die Organisation und Tätigkeit der ordentlichen Gerichte (Portugal)
LugÜ	Luganer Übereinkommen über die gerichtliche Zuständigkeit und die Vollstreckung gerichtlicher Entscheidungen in Zivil- und Handelssachen vom 16. September 1988
m.	mit
m. E.	meines Erachtens
m. w. N.	mit weiteren Nachweisen
m. z. N.	mit zahlreichen Nachweisen
n.F.	neue Fassung
NJW	Neue Juristische Wochenschrift
o.	oben/obige
RCADI	Recueil des Cours de l`Académie de Droit International
RDE	Revista de direito e economia
RDES	Revista de Direito e Estudos Sociais
RDFUL	Revista da Faculdade de Direito da Universidade de Lisboa

Rec des Cours	Recueil des Cours
Rev Corte Esp Arb	Revista de la corte española de arbitraje
Rev crit	Revue critique de droit international privé
Rev. dr. comm. belge	Revue de droit commercial belge
Rev. jur.	Revista jurídica (Portugal)
RIW	Recht der Internationalen Wirtschaft
RLJ	Revista de Legislação e de Jurisprudência
ROA	Revista da Ordem dos Advogados
S.	Seite(n)
s. o.	siehe oben
s. u.	siehe unten
sog.	Sogenannt
st. Rspr.	ständige Rechtsprechung
STJ	Supremo Tribunal de Justiça/ Portugiesischer Oberster Gerichtshof
str.	Streitig
TranspR	Transportrecht
u. a.	unter anderem
u.s.w.	und so weiter
UFITA	Schriftenreihe des Archivs für Urheber- und Medienrecht (UFITA): Archiv für Urheber-, Film-, Funk- und Theaterrecht
Verf.	Verfasser
vgl.	Vergleiche
VO	Verordnung
z. B.	zum Beispiel
z. T.	zum Teil
z. Z.	zur Zeit
ZEuP	Zeitschrift für Europäisches Privatrecht
ZIP	Zeitschrift für Wirtschaftsrecht
ZPO	Zivilprozessordnung (Deutschland)
zutr.	Zutreffend
ZZP	Zeitschrift für Zivilprozess

Wegen der übrigen Abkürzungen wird verwiesen auf: *Kirchner, Hildebert; Butz, Cornelie*, Abkürzungsverzeichnis der Rechtsprache, 5. Auflage, Berlin 2003.

A. Einleitung

Diese Arbeit analysiert die Rechtsprechung der portugiesischen Berufungsgerichte und des Obersten Gerichtshofs zum EuGVÜ[1], LugÜ[2] und zur sog. Brüssel I-VO[3] (1993-2004) und setzt sich kritisch mit ihr auseinander. Ziel ist es, diese Rechtsprechung mit dem offiziellen Text der Europäischen Zuständigkeitsordnungen, ergangenem Schrifttum und EuGH-Rechtsprechung zu konfrontieren. Im Vorfeld des jeweiligen Themenbereichs wird ausführlich auf das autonome internationale Zivilverfahrensrecht Portugals eingegangen. Dies erweist sich für das Verständnis der Entscheidungen als besonders relevant, weil sich die portugiesischen Gerichte bei der Anwendung internationaler Rechtsquellen stark vom nationalen Recht leiten lassen. Die gewichtigen Unterschiede des autonomen Rechts zu den genannten völkerrechtlichen Verträgen und der EG-Verordnung treten hervor. Das autonome internationale Zivilverfahrensrecht Portugals verdient auch wegen seiner jüngsten Reformen die Beachtung der Wissenschaft.

I. Das autonome internationale Zivilverfahrensrecht Portugals

1. Die jüngsten Gesetzesreformen von 1997, 2000 und 2003

Die autonomen Regelungen über die internationale Zuständigkeit und die Anerkennung ausländischer Entscheidungen haben in jüngster Zeit bedeutsame Änderungen erfahren. Am 1. Januar 1997 sind die DL (Gesetzesdekrete) Nr. 329-A/95 vom 12. Dezember und Nr. 180/96 vom 25. September und am 15. September 2003 sind die DL Nr. 38/2003 vom 8. März und Nr. 199/2003 vom 10. September in Kraft getreten, welche das *Código de Processo Civil* (CPC)[4] reformierten. Seit dem 1. Januar 2000 ist das neue *Código de Processo do Trabalho* (CPT)[5] mit geänderten internationalen Arbeitsgerichtsständen in Kraft.[6]

---

[1] Brüsseler EWG-Übereinkommen über die gerichtliche Zuständigkeit und die Vollstreckung gerichtlicher Entscheidungen in Zivil- und Handelssachen vom 27. September 1968 (BGBl. 1972 II, S. 774) in den unterschiedlichen Fassungen von vier Beitrittsübereinkommen.

[2] Luganer Übereinkommen über die gerichtliche Zuständigkeit und die Vollstreckung gerichtlicher Entscheidungen in Zivil- und Handelssachen vom 16. September 1988 (BGBl. 1994 II, S. 2660). Die portugiesische Gerichtspraxis zeigt, dass eine umfassende Analyse zum EuGVÜ nur möglich ist, wenn auch das LugÜ in die Betrachtung mit einfließt. Die Begründung hierfür liegt in der vermutlich durch die Ähnlichkeit der beiden Übereinkommen hervorgerufenen Verwirrung der portugiesischen Gerichte. Die Klärung des Konkurrenzverhältnisses zwischen dem EuGVÜ und LugÜ bereitete den Gerichten erhebliche Schwierigkeiten, s. unten S. 36 ff.

[3] Verordnung (EG) Nr. 44/2001 des Rates über die gerichtliche Zuständigkeit und die Anerkennung und Vollstreckung von Entscheidungen in Zivil- und Handelssachen vom 22. Dezember 2000 (ABl. EG 2001, Nr. L 12, S. 1); auch „EuGVO" und „EuGVVO" genannt.

[4] Zivilprozessgesetzbuch vom 28. Dezember 1961 (DL Nr. 44 129).

[5] Arbeitsprozessgesetzbuch vom 9. November 1999 (DL Nr. 480/99).

[6] Zum intertemporalen Anwendungsbereich der Neuregelungen des CPC und CPT vgl. S. 189.

2. Die wichtigsten Änderungen im Überblick

Die Neuregelungen werden, unter Berücksichtigung der alten Rechtslage, am jeweils geeigneten Ort behandelt. Die wichtigsten Änderungen der genannten Reformen lassen sich wie folgt zusammenfassen: Aufgehoben, ohne dass die Regelung an gleicher Stelle modifiziert oder an anderer Stelle wieder erscheint, wurden das sog. Reziprozitätsprinzip in Art. 65 I c) CPC a. F und der ausschließliche Arbeitsgerichtsstand in Art. 65-A c) CPC a.F. War der Beklagte Ausländer und der Kläger Portugiese, so waren die portugiesischen Gerichte international gem. Art. 65 I c) CPC a.F. zuständig, sofern im umgekehrten Fall der Portugiese vor den Gerichten des Staates, dem der Beklagte angehört, verklagt werden konnte.[7] Nach dem Wortlaut von Art. 65-A c) CPC a.F. besaßen die portugiesischen Gerichte die ausschließliche internationale Zuständigkeit für alle denkbaren Streitigkeiten, die arbeitsrechtliche Beziehungen betreffen.[8] Weggefallen ist außerdem die Aufenthaltszuständigkeit in Art. 65 II CPC a.F. zugunsten des portugiesischen Klägers[9] und das sog. Spiegelbildprinzip bei der Anerkennung ausländischer Entscheidungen[10]. Schließlich ist Art. 11 2. Fall CPT a.F. in Art. 10 CPT n.F. nicht wiederzufinden, nach dem die portugiesischen Gerichte in Arbeitssachen international zuständig waren, wenn der Arbeitnehmer Portugiese war und der Arbeitsvertrag in Portugal abgeschlossen wurde.[11] Es sind somit alle einst in Art. 3 II EuGVÜ/LugÜ aufgezählten exorbitanten Gerichtsstände entfallen. Wie zu sehen sein wird, bedeutet dies aber nicht, dass es nun keine exorbitanten Zuständigkeiten mehr gebe.[12] Von den Neuregelungen besonders hervorzuheben sind der Beklagtengerichtsstand in Art. 65 I a) CPC n.F.[13], die Formerleichterungen für Gerichtstandsvereinbarungen in Art. 99 III e), IV CPC n.F.[14] und das exorbitante Territorialprinzip in Art. 10 2. HS CPT n.F.[15].

II. Das Brüsseler Übereinkommen in der portugiesischen Rechtsprechung

Das EuGVÜ von 1968 hat sich in über einem Vierteljahrhundert praktischer Anwendung zum tragenden Fundament des Internationalen Verfahrensrechts im

---

[7] Die Aufhebung dieser sog. Retorsionsvorschrift war längst überfällig, s. Machado Vilela, BFDC 17 (1940/1941), S. 274-346 (329 ff.); Ferrer Correia/Ferreira Pinto, RDE 1987, S. 25-64 (34 f.); Teixeira de Sousa, ROA 55 (1995), S. 353-416 (367); ders. IPRax, 1997, S. 352-360 (353); a. A. offenbar Moura Vicente, Direito Internacional Privado – Ensaios I, S. 260 f. Eine entsprechende Vorschrift befindet sich noch in Art. 636 I, 638 des belgischen Code judiciaire; vgl. auch § 738 II HGB und Art. 14 II des portugiesischen CC.

[8] Vgl. hierzu S. 126.

[9] Vgl. S. 61.

[10] S. dazu S. 170.

[11] S. Moura Ramos, Da lei aplicável ao contrato de trabalho internacional (1991), S. 781.

[12] Zu den in Art. 3 II i. V. m. Anhang I Brüssel I-VO *fehlerhaft* aufgelisteten portugiesischen exorbitanten Zuständigkeiten s. S. 11.

[13] Vgl. hierzu S. 55.

[14] S. hierzu S. 124.

[15] Vgl. S. 97.

Binnenmarkt entwickelt.[16] Europäische Reformgesetzgeber müssen bei der Neuordnung ihrer autonomen internationalen Zivilverfahrensrechte überzeugende Gründe dafür finden, eine vom EuGVÜ abweichende Lösung zu wählen.[17] Solche Gründe lassen sich wegen der weitgehend international konsensfähigen Regelungen des EuGVÜ nur mit großer Mühe finden. Von der Erfolgsgeschichte des EuGVÜ hat sich der Rat der Europäischen Gemeinschaften bei der Schaffung der Brüssel I-VO leiten lassen. Mit einigen wesentlichen[18] Änderungen, aber unter Wahrung des bewährten Zuständigkeits-, Anerkennungs- und Vollstreckungssystems des EuGVÜ, trat die Brüssel I-VO am 1. März 2002 in Kraft.[19]

Wie konnte sich das EuGVÜ so erfolgreich beweisen?
Die Rechtsprechung des EuGH hat zu der Verwirklichung einer internationalen Rechtseinheit entscheidend beigetragen. Das Luxemburger Auslegungsprotokoll[20] vom 3.6.1971 hat einer unterschiedlichen Handhabung des EuGVÜ in den Vertragsstaaten entgegengewirkt. Dazu kommen die Revisionen durch vier Beitrittsübereinkommen.[21] Neben technischen Anpassungen führten die Übereinkommen auch inhaltliche Neuerungen ein, nachdem der EuGH Lücken des EuGVÜ aufgedeckt hat oder die fortschreitende Integration bessere Lösungen erlaubt.[22] Vor allem ist es aber den nationalen Gerichten der Vertragsstaaten zu verdanken, dass eine im Wesentlichen getreue Anwendung des EuGVÜ, unter Achtung der Rechtsprechung des EuGH, stattfand. Durch das genannte Luxemburger Auslegungsprotokoll kann eine einheitliche Auslegung des EuGVÜ nur begrenzt kontrolliert werden. Praktische Bedeutung hat lediglich das Vorabentscheidungsverfahren gem. Art. 3 des Protokolls erlangt. Damit der EuGH die Auslegungsfrage beantworten kann, muss ihm das jeweilige Gericht des Vertragsstaates die Frage vorlegen. Eine Vorlage*pflicht* besteht aber nur, wenn ein

---

[16] von Hoffmann, IPR, § 3, Rn. 182.

[17] Schack, ZZP 107 (1994), S. 279-300 (280).

[18] Wesentliche Änderungen betreffen die besonderen Gerichtsstände für vertragliche Ansprüche (vgl. hierzu S. 82, 89), Versicherungssachen, Verbrauchersachen und Arbeitssachen sowie die Straffung des Exequaturverfahrens (zum Exequaturverfahren s. S. 176); darüber hinaus wurden essentielle Begriffe des EuGVÜ autonom festgelegt, wie z. B. der „Wohnsitz“ i. S. v. Art. 2 Brüssel I-VO bei Gesellschaften.

[19] Vgl. Art. 76 Brüssel I-VO. Die Verordnung trat für die Mitgliedstaaten der EG mit Ausnahme Dänemarks (vgl. Erwägungsgründe (21) und (22) der VO) in Kraft. Sie ersetzt von diesem Zeitpunkt an im Verhältnis der Mitgliedstaaten das EuGVÜ, vgl. Art. 68 Brüssel I-VO.

[20] BGBl. 1972 II, S. 846; in der Fassung des 4. Beitrittsübereinkommen vom 29.11.1996: BGBl. 1998 II, S. 1411; abgedruckt in Jayme/Hausmann, 10. Auflage, Nr. 151.

[21] Beitrittsübereinkommen von 1978, 1982, 1989 und 1996.

[22] Schack, IZVR, Rn. 80; s. die erläuternden Berichte der Sachverständigen Jenard zum EuGVÜ 1968 (ABl. EG 1979 Nr. C 59/1); Schlosser zum Beitrittsübereinkommen von 1978 (ABl. EG 1979 Nr. C 59/71); Kerameus/Evrigenis zum Beitrittsübereinkommen von 1982 (ABl. EG 1986 Nr. C 298/1) und Cruz/Real/Jenard zum Beitrittsübereinkommen von 1989 (ABl. EG 1990 Nr. C 189/35).

Oberstes Gericht[23] eine Auslegungsfrage des Übereinkommens für entscheidungserheblich hält.[24] Rechtsmittelgerichte dagegen *dürfen* vorlegen.[25] Es lag demnach weitgehend in den Händen der nationalen Gerichte, ob sie von Art. 3 des Protokolls Gebrauch machten[26] oder wie sie, nach ihrem eigenen Gutdünken, das EuGVÜ anwandten. Deshalb ist es von großem Interesse, wie die Gerichte der Vertragsstaaten mit dem EuGVÜ umgegangen sind. Seit dem 6.10.1976 bis zum 31.7.2004 sind 142 Verfahren vor dem EuGH betreffend die Auslegung des EuGVÜ abgeschlossen worden.[27] Bemerkenswert ist, dass bislang kein einziges portugiesisches Gericht dem EuGH eine Auslegungsfrage betreffend das EuGVÜ oder die Brüssel I-VO vorgelegt hat.[28] Umso interessanter kann daher eine Auswertung der Rechtsprechung der portugiesischen Gerichte sein. Mit der Ersetzung des EuGVÜ durch die Brüssel I-VO wurde den Gerichten der Mitgliedstaaten eine noch weitreichendere eigenständige Verantwortung bei der Auslegung der Verordnung eingeräumt. Das Vorabentscheidungsverfahren ergibt sich nun unmittelbar aus Art. 68 I i.V.m. Art. 234 EGV.[29] Nach Art. 68 I EGV ist allein das letztinstanzlich mit einer Rechtssache befasste Gericht eines Mitgliedstaates zur Vorlage an den EuGH berechtigt, aber auch verpflichtet.[30] Die in der Hierarchie unteren Gerichte verlieren hiermit, auch wenn sie Rechtsmittelgerichte sind, ihre Vorlagebefugnis. Gegenüber dem zum EuGVÜ geltenden Art. 2 Nr. 2 des Auslegungsprotokolls, nach dem jede Rechtsmittelinstanz vorlagebefugt ist, bedeutet dies eine Einschränkung der Vorlagever-

---

[23] Gem. Art. 2 I 3. Spiegelstrich des Protokolls sind dies in Deutschland die Obersten Gerichtshöfe des Bundes und in Portugal nach Art. 2 I 14. Spiegelstrich des Protokolls „o Supremo Tribunal de Justiça" (=der Oberste Gerichtshof) und „o Supremo Tribunal Administrativo“ (=der Oberste Verwaltungsgerichtshof).

[24] Die sich in der Praxis als unerheblich erwiesene Vorschrift des Art. 4 des Protokolls sieht dagegen vor, dass auf Antrag eines Vertragsstaates die nachträgliche Überprüfung einer rechtskräftigen Entscheidung eines seiner Gerichte stattfinden kann.

[25] S. Art. 3 II i.V.m. Art. 2 Nr. 2, 3 des Protokolls.

[26] Eine weitere Schwäche des Vorabentscheidungsverfahrens nach Art. 3 I des Protokolls (und nach Art. 68 I i.V.m. 234 EGV, s. dazu u.) ist, dass für den Bürger die Pflicht zur Vorlage regelmäßig prozessual nicht durchsetzbar ist. Die Parteien des Ausgangsrechtsstreits sind nicht befugt, selbst den EuGH anzurufen, wenn das nationale Gericht seiner Vorlagepflicht nicht nachkommt, s. Kropholler, EuZPR, Einl., Rn. 36; Wieczorek/Schütze/Hausmann, Einl., Rn. 23.

[27] Vgl. die Tabelle bei Jayme/Kohler, IPRax 2004, S. 481-493 (489).

[28] Stand: 1.3.2007. Zu dem Vorabentscheidungsverfahren in der portugiesischen Rechtsprechung s. auch unten S. 45.

[29] Derzeit besteht das Luxemburger Auslegungsprotokoll vom 3.6.1971, ebenso wie das EuGVÜ, nur noch im Verhältnis zu Dänemark fort. In Art. 68 III EGV ist ein abstraktes Auslegungsverfahren vorgesehen. Der Rat, die Kommission oder ein Mitgliedstaat können gem. Art. 68 III 1 EGV dem EuGH eine Auslegungsfrage betreffend die Brüssel I-VO zur Entscheidung vorlegen. Es ist zu erwarten, dass das Verfahren nach Art. 68 III EGV, so wie das Verfahren nach Art. 4 des Luxemburger Protokolls, in der Praxis keine Bedeutung erlangen wird, s. Schack, IZVR, Rn. 106c (dortige Fn. 5).

[30] Stets müssen die weiteren Voraussetzungen des Art. 68 I EGV vorliegen, s. dazu Kropholler, EuZPR, Einl., Rn. 32-36.

fahren.[31] Auch unter Berücksichtigung dieser Rechtsentwicklung kann eine Betrachtung der Anwendung der Übereinkommen und der Verordnung durch die nationalen Gerichte ein Beitrag zur fortschreitenden Rechtsvereinheitlichung des Internationalen Zivilprozessrechts in Europa sein.[32]

Seit 1986 ist Portugal Mitglied der EG. In Art. 1 II ihres EG-Beitrittsvertrages vom 12. Juni 1985 i. V. m. Art. 3 II der zugehörigen Beitrittsakte verpflichteten sich Spanien und Portugal dem EuGVÜ beizutreten.[33] Am 26. Mai 1989 konnte auf einer Schlusskonferenz in Donostia/San Sebastián das dritte EuGVÜ-Beitrittsübereinkommen (fortan: „3. BeitrittsÜb. 1989“) mit Spanien und Portugal unterzeichnet werden.[34] Das EuGVÜ und LugÜ sind für Portugal am 1.7.1992 zeitgleich in Kraft getreten.[35] Die Regelungen für das Inkrafttreten des EuGVÜ in der Fassung des 3. BeitrittsÜb. 1989 und dessen Übergangsbestimmungen werden auf S. 189 ff. erörtert. Die beiden Staatsverträge ersetzten keine zuvor abgeschlossenen bilateralen oder multilateralen Übereinkommen zwischen Portugal und anderen Staaten. Dem deutschen Anerkennungs- und Vollstreckungsausführungsgesetz (AVAG[36]) vergleichbare Vorschriften existieren in Portugal nicht.

Nach einer Einführung in den portugiesischen Instanzenzug wird entsprechend der Gesetzessystematik der Europäischen Zuständigkeitsordnungen die im Zeitraum 1992 bis 2006 ergangene portugiesische Rechtsprechung behandelt: Anwendungsbereich (Geltungsvorrang), Konkurrenzverhältnis zwischen LugÜ und

---

[31] Kritisch: Heß, NJW 2000, S. 23-32 (28 f.); Kropholler, EuZPR, Einl., Rn. 34; Schack, IZVR, Rn. 106c; Teixeira de Sousa, DPCE, S. 47 f.

[32] Einen Überblick über die nationale Rechtsprechung der Gerichte der Vertragsstaaten zum EuGVÜ und zum LugÜ boten 1998 die Beiträge in: Kaye, Peter (Hrsg.), European Case Law on the Judgments Convention, Chichester/Weinheim. Zudem werden in der jährlichen Aufsatzreihe von Jayme/Kohler in der IPRax Entscheidungen der nationalen Gerichte besprochen. Zu Luxemburg s. ferner Wiwinius, in: Mélanges dédiés à la mémoire de Fernand Schockweiler, Bulletin du Cercle François Laurent, 1998/I, S. 79-131.

[33] BGBl. 1985 II, S. 1249 (1259, 1262).

[34] Veröffentlicht in ABl. EG 1989 Nr. L 285/1.

[35] Nach Art. 8 II CRP gelten die Regelungen der ordnungsgemäß ratifizierten internationalen Vereinbarungen innerhalb Portugals nach ihrer amtlichen Veröffentlichung und solange sie den Staat Portugal international binden: s. die Zustimmung zur Ratifikation des portugiesischen Parlaments Nr. 33/91 vom 30.10.1991 und die Ratifikation des Präsidenten der Republik durch das Dekret Nr. 51/91 des gleichen Datums. Die Übereinkommen sind durch die Bekanntmachung des Auswärtigen Amtes Nr. 95/92 und Nr. 94/92 im DR, I-A, 157, vom 10.7.1992, S. 3269 in Kraft getreten. Wegen des Art. 8 II CRP war für das Inkrafttreten des EuGVÜ und LugÜ in Portugal kein gesonderter legislativer Akt erforderlich. Es handele sich bei den internationalen Abkommen um „unabhängige Quellen des internen Rechts“, so Canotilho/Moreira, CRP – Anotada, S. 84; s. ferner Moura Ramos, Da Comunidade Internacional e do seu Direito – Estudos de Direito Internacional Público e Relações Internacionais, S. 268 ff.; Lima Pinheiro, DIP, Volume I, S. 147 ff.; vgl. auch das Urteil des *Berufungsgerichts Porto* vom 19. Januar 2004, Rechtssache Nr. 0345071, in: http://www.dgsi.pt.

[36] Gesetz zur Ausführung zwischenstaatlicher Verträge und zur Durchführung von Verordnungen der Europäischen Gemeinschaft auf dem Gebiet der Anerkennung und Vollstreckung in Zivil- und Handelssachen vom 19. Februar 2001 (BGBl. 2001 I 288).

EuGVÜ bzw. Brüssel I-VO, ausgeschlossene Rechtsgebiete, Gerichtsstand des Beklagtenwohnsitzes, Gerichtsstand für Vertragsklagen, Sonderregelungen betreffend Arbeitsstreitigkeiten, Gerichtsstand für Deliktsklagen, Gerichtsstandsvereinbarungen, Gerichtsstand der rügelosen Einlassung, Anerkennung und Vollstreckung und intertemporaler Anwendungsbereich. Da zu den ausschließlichen Gerichtsständen (Art. 16 EuGVÜ/LugÜ, Art. 22 Brüssel I-VO) bisher keine nennenswerte portugiesische Rechtsprechung erging, befasst sich diese Arbeit mit den ausschließlichen Zuständigkeiten nur am Rande.

III. Der Gerichtsaufbau im Zivilverfahren[37]

Im Zivilverfahren gliedert sich der portugiesische Instanzenweg gem. Art. 209 I a) CRP, Art. 16 I LOFTJ[38] in drei Ebenen: erstinstanzliche Gerichte, zweitinstanzliche Gerichte und Oberster Gerichtshof.[39]

1. Erstinstanzliche Gerichte *(„tribunais de comarca“)*

Art. 16 III und 62 ff. LOFTJ sehen die in der Hierarchie untersten Gerichte vor. Die erstinstanzlichen Gerichte sind *in der Regel* die Amtsgerichte. Ihnen kommt in Portugal erhebliche Bedeutung zu, da sie grundsätzlich über alle Klagen urteilen und zwar *unabhängig* von dem jeweiligen Streitwert.[40] Die in Art. 24 I LOFTJ vorgesehene sog. *„alçada“* (Rechtsmittelsumme) der erst- und zweitinstanzlichen Gerichte hat hauptsächlich die Funktion zu bestimmen, welche Verfahrensart einschlägig ist (Verfahrensfeststellung) und gegen welche Entscheidungen der beiden Instanzen ein Rechtsmittel eingelegt werden darf (Rechtsmittelbegrenzung).

a) Unterteilung in Verfahrenstypen

Das portugiesische Zivilprozessrecht unterscheidet gem. Art. 460 CPC zwischen dem *„Processo Comum“* (gewöhnliches Verfahren) und *„Processo Especial“* (besonderes Verfahren). Der *„Processo Especial“* ist in Art. 944 ff. CPC geregelt und betrifft besondere Rechtssachen, wie die Scheidung im Streitfall (vgl.

---

[37] Zur Organisation und Zuständigkeit der portugiesischen Verwaltungsgerichte, vgl. Thalmair, NVwZ 2001, S. 1367-1369 (1368 f.).

[38] „Lei de Organização e Funcionamento dos Tribunais Judiciais" (=Gesetz über die Organisation und Tätigkeit der ordentlichen Gerichte): Gesetz Nr. 3/99 vom 13. Januar.

[39] Die portugiesische Verfassung sieht ständige und solche Gerichte vor, die eingerichtet werden können bzw. in bestimmten Situationen eingerichtet werden müssen. Zu den ständigen Gerichten gehören die oben genannten Gerichte des Zivilverfahrens, das Verfassungsgericht, das Oberstes Verwaltungsgericht und sonstige Verwaltungs- und Finanzgerichte und der Rechnungshof (Art. 209 I b) und c) CRP). Gem. Art. 209 II CRP können Seerechtsgerichte, Schiedsgerichte und Friedensgerichte eingerichtet werden. Zu den Friedensgerichten *(„Julgados de Paz“)* ist zu bemerken, dass sie mit dem Gesetz Nr. 78/2001 vom 13. Juli erstmals in Portugal gebildet wurden. Es bleibt abzuwarten, ob sie sich in der Praxis bewähren. Näheres zu den sog. Friedensgerichten: Rathenau, ZfRV 2006, S. 217-227 (218). Während eines Krieges werden gem. Art. 213 CRP Militärgerichte eingerichtet.

[40] Ausführlich zu der Zuständigkeit der Amtsgerichte: Rathenau, a.a.O. (Fn. 39), S. 218 ff.

Art. 1407 ff. CPC). Einvernehmliche Scheidungen werden in Portugal inzwischen vom Standesamt durchgeführt.[41] Im Rahmen des „*Processo Comum*" wird in „*Processo Ordinário*" (ordentliches Verfahren, Art. 467 ff. CPC), „*Processo Sumário*" (summarisches Verfahren, Art. 783 ff. CPC) und „*Processo Sumaríssimo*" (beschleunigtes Verfahren, Art. 793 ff. CPC) unterschieden (Art. 461 CPC). Welche Verfahrensart einschlägig ist, hängt von der sog. „*alçada*" (Rechtsmittelsumme) ab. Die „*alçada*" der Amtsgerichte beträgt € 3740,98 und die der Berufungsgerichte (das sind *in der Regel* die zweitinstanzlichen Gerichte, s. sogleich) € 14 963,94.[42]
Das ordentliche Verfahren ist einschlägig, wenn der Streitwert (vgl. Art. 305 ff. CPC) höher ist als die Rechtsmittelsumme der Berufungsgerichte. Das summarische Verfahren ist hingegen anzuwenden, wenn der Streitwert gleich oder kleiner als die „*alçada*" der Berufungsgerichte und höher als die der Amtsgerichte ist. Darüber hinaus ist der „*Processo Sumário*" die richtige Verfahrensart, wenn der Streitwert gleich oder kleiner als die Rechtsmittelsumme der Amtsgerichte ist und die Klage keine Geldverbindlichkeit, einen Schadenersatzanspruch oder die Herausgabe einer beweglichen Sache zum Gegenstand hat. Ist der Streitwert gleich oder kleiner als die Rechtsmittelsumme der Amtsgerichte und hat die Klage eine der im vorherigen Satz genannten Finalitäten, so ist das beschleunigte Verfahren anzuwenden (Art. 462 CPC).
Wie oben angedeutet, sind die Amtsgerichte unabhängig vom Streitwert grundsätzlich als erstinstanzliche Gerichte zuständig (die Berufungsgerichte und der Oberste Gerichtshof werden in bestimmten Ausnahmefällen auch erstinstanzlich tätig, s. unten S. 9).[43]

b) Zulässigkeit von ordentlichen Rechtsmitteln

Ob ein ordentliches Rechtsmittel („*recurso ordinário*") gegen die Entscheidung des erstinstanzlichen Gerichts eingelegt werden kann, hängt von der jeweiligen Verfahrensart, der Rechtsmittelsumme und dem Streitwert ab.
Befindet man sich im ordentlichen Verfahren, so ist der Instanzenweg bis zum Obersten Gerichtshof offen. Ist der Streitwert höher als die „*alçada*" der Amtsgerichte und stellen die angefochtenen Entscheidungen einen Nachteil (Beschwer) für den Rechtsmittelkläger dar, der sich über der Hälfte der Rechtsmittelsumme der Amtsgerichte (mehr als € 1870,49, sog. „*sucumbência*")[44] beläuft,

---

[41] Vgl. Art. 12 I b) des DL Nr. 274/2001 vom 13. Oktober.
[42] Am 6.4.2006 hat der portugiesische Ministerrat einen umfassenden Gesetzesvorschlag betreffend die Reform des Rechtsmittelrechts gebilligt, der insbesondere eine Vereinfachung dieser Materie beabsichtigt. Die Verabschiedung durch das Parlament steht noch aus. Die „*alçada*" der erstinstanzlichen Gerichte wird € 5000 und der Berufungsgerichte € 30.000 betragen (Art. 24 Abs. 1 LOFTJ ReformG); s. dazu Rathenau, a.a.O. (Fn. 39), S. 224.
[43] S. Pais de Amaral, DPC, S. 120.
[44] *Beispiel:* Der Kläger erhebt eine Zahlungsklage über € 5000 (es findet das sog. summarische Verfahren Anwendung). Das erstinstanzliche Gericht anerkennt nur auf Zahlung von € 1000. Da der Differenzbetrag von € 4000 (*sog.* „*sucumbência*") höher ist als € 1870,49, der

so ist ein ordentliches Rechtsmittel zum Berufungsgericht statthaft. Vom Berufungsgericht ist der Weg zum Obersten Gerichtshof statthaft, wenn der Streitwert höher als die *„alçada“* des Berufungsgerichts ist und die Entscheidung des Berufungsgerichts dem Rechtsmittelkläger einen Nachteil von mehr als der Hälfte der Rechtsmittelsumme (mehr als € 7481,97) bringt (Art. 678 I CPC, Art. 19 II LOFTJ).[45] Beruft sich der Rechtsmittelkläger dagegen auf die Verletzung der Vorschriften über die *internationale*, sachliche oder instanzielle Zuständigkeit, auf die Verletzung der Rechtskraftwirkung oder auf die Gültigkeit eines Wohnraummietvertrages, so darf ein ordentliches Rechtsmittel unabhängig vom Streitwert eingelegt werden (Art. 678 II, V CPC).
Im Rahmen des summarischen Verfahrens endet der Instanzenweg bereits beim Berufungsgericht. Das Rechtsmittel zum Berufungsgericht ist auch hier nur unter den oben genannten Voraussetzungen statthaft. Die erörterten Ausnahmen gelten entsprechend.
Das beschleunigte Verfahren sieht keinen Instanzenweg vor. Gem. Art. 800 i. V. m. 678 II CPC ist aber eine Beschwerde zum Berufungsgericht zulässig, wenn die Vorschriften über die *internationale*, sachliche oder instanzielle Zuständigkeit oder die Rechtskraft verletzt wurden.[46]

2. Die Abschaffung der *„tribunais de círculo“* (Kreisgerichte)

Mit dem Gesetzesdekret Nr. 186-A/99 vom 31. Mai wurden die sog. Kreisgerichte *(„tribunais de círculo“)* aufgelöst.[47] Sie waren für die Vollstreckbarerklärung ausländischer Entscheidungen nach Art. 32 I 12. Spiegelstrich EuGVÜ/LugÜ zuständig.

3. Zugang zu den Gerichtsentscheidungen

Die Urteile der Amts- und Kreisgerichte (das sind in der Regel die erstinstanzlichen Gerichte, s.o.) werden in keiner Entscheidungssammlung oder auf andere Weise veröffentlicht, so dass sie in dieser Arbeit nur insoweit berücksichtigt werden können, als über sie in den Entscheidungen der Rechtsmittelgerichte berichtet wird. Im Hinblick auf die Funktion, welche die Kreisgerichte nach Art. 32 I 1 EuGVÜ/LugÜ ausgeübt haben, ist das zu bedauern.[48] Erwähnen möchte ich noch, dass nicht alle Entscheidungen der Berufungsgerichte und des Obers-

---

Hälfte der „alçada“ der Amtsgerichte (€ 3740,98), ist der Rechtsweg zum Berufungsgericht offen.

[45] Lässt sich der Wert der Beschwer i. S. v. Art. 678 I CPC nicht beziffern, so wird ausschließlich auf den Streitwert abgestellt (Art. 678 I a. E. CPC).

[46] Nähere Erläuterungen zum zivilprozessualen Rechtsmittelrecht und zu der bevorstehenden Gesetzesreform: Rathenau, a.a.O. (Fn. 39), S. 223.

[47] Vgl. dessen Art. 60 I a).

[48] Die Kreisgerichte wurden im Rahmen des Art. 32 I 1 EuGVÜ/LugÜ durch die Amtsgerichte ersetzt, vgl. BGBl. 2000 II, S. 1247; Anhang II Spiegelsrich 11 zu Art. 39 Brüssel I-VO sieht nun die Amtsgerichte („Tribunal de Comarca“) vor, an die der Vollstreckungsantrag zu richten ist.

ten Gerichtshofs in Entscheidungssammlungen veröffentlicht werden; einige von ihnen erscheinen nur im Internet und auch dort nicht vollständig.[49]

4. Zweitinstanzliche Gerichte („*tribunais das relações*“)

Diese in Art. 16 II, 47 ff. LOFTJ vorgesehenen Gerichte fungieren hauptsächlich als Berufungsgerichte. Ihnen obliegt es, über Rechtsmittel gegen Entscheidungen der Amtsgerichte zu urteilen (vgl. Art. 71 CPC, 56 I a) LOFTJ). In bestimmten Fällen werden sie als erstinstanzliche Gerichte tätig. So etwa bei Klagen gegen Staatsanwälte und Richter der ersten Instanz, aber auch die Anerkennung und Vollstreckung ausländischer Entscheidungen fallen in ihren Kompetenzbereich (Art. 1095 CPC, Art. 56 I b), f) LOFTJ). Zur Zeit sind in Portugal sechs Berufungsgerichte tätig: Évora, Lisboa, Coimbra, Porto, Guimarães und Faro.[50]

5. Oberster Gerichtshof („*Supremo Tribunal de Justiça*”)

Der Oberste Gerichtshof ist gem. Art. 210 I CRP, unbeschadet der Kompetenzen des Verfassungsgerichts, das in der Hierarchie der rechtsprechenden Gerichte höchste Organ mit Sitz in Lissabon. Er entscheidet über Rechtsmittel, die gegen Urteile der Berufungsgerichte eingelegt wurden (Art. 72 CPC). Art. 725 CPC sieht eine sog. Sprungrevision vor: Auf Antrag der Parteien kann der Oberste Gerichtshof direkt über ein Rechtsmittel entscheiden, das gegen ein erstinstanzliches Urteil eingelegt wurde, wenn der Streitwert oder die „*sucumbência*“ (zum Begriff s. oben S. 7) höher als die Rechtsmittelsumme („*alçada*“) des zweitinstanzlichen Gerichts ist und die Parteien ausschließlich Rechtsverletzungen i. S. v. Art. 721 II, III, 722 I, II CPC geltend machen. In den Zuständigkeitsbereich des Revisionsgerichts fallen auch bestimmte Klagen, z. B. gegen Richter der Berufungsgerichte und des eigenen Obersten Gerichtshofs (Art. 36 b), c) LOFTJ). Dem Gerichtshof steht zudem die Vereinheitlichung der Rechtsprechung zu (Art. 732-A, 732-B CPC, Art. 35 I c) LOFTJ).

---

[49] http://www.dgsi.pt (Seite steht unter der Leitung des Justizministeriums).

[50] Die Berufungsgerichte *Guimarães* und *Faro* wurden erst mit dem DL Nr. 186-A/99 vom 31. Mai errichtet (vgl. dessen Art. 41).

B. Die Verdrängung des autonomen internationalen Zivilverfahrensrechts durch den Anwendungsbereich vorrangiger Rechtsquellen

I. Das EuGVÜ, LugÜ und die Brüssel I-VO

Die Zuständigkeitsvorschriften des EuGVÜ/LugÜ und der Brüssel I-VO ersetzen in ihrem Anwendungsbereich die portugiesische Zuständigkeitsordnung. Sie verbieten in ihrem Anwendungsbereich die Heranziehung sämtlicher portugiesischer Vorschriften über die Begründung der internationalen Zuständigkeit.[51] Das wird für die sog. exorbitanten Gerichtsstände in Art. 3 II (i. V. m. Anhang I bei der Brüssel I-VO) der genannten Rechtsquellen ausdrücklich betont.

In Anbetracht der jüngsten Reformen der portugiesischen Zuständigkeitsordnung hat die Portugiesische Republik dem Generalsekretär des Rates der EG die Änderungen bekannt gegeben und mitgeteilt, dass Art. 3 II 11. Spiegelstrich EuGVÜ „in Portugal: die Artikel 65 und 65-A der Zivilprozessordnung (...) und Artikel 11 der Arbeitsprozessordnung (...)“ heißen müsse.[52] So steht es nun auch in Art. 3 II LugÜ und im Anhang I zur Brüssel I-VO. Der Portugiesischen Republik ist offenbar ein Fehler unterlaufen, da Art. 65-A CPC n.F. (ausschließliche Zuständigkeiten) keinen verpönten Gerichtsstand mehr enthält und nicht alle in Art. 65 CPC n.F. aufgezählten Gerichtsstände exorbitant sind.[53] M. E. müsste es lauten: „in Portugal: Artikel 65 Absatz 1 Buchstabe c) der Zivilprozessordnung (...) und Artikel 10 2. HS der Arbeitsprozessordnung (...)“.[54]

Es existieren zahlreiche Entscheidungen oberster portugiesischer Gerichte, die den Vorrang der Übereinkommen angesprochen und zutreffend beurteilt haben.[55] Der Vorrang der internationalen Übereinkommen wird in einigen Ent-

---

[51] S. nur Kropholler, EuZPR, vor Art. 2 EuGVO, Rn. 16 f.

[52] Mitteilung der Portugiesischen Republik gem. Art. VI des Protokolls vom 27. September 1968 im Anhang zum Brüsseler Übereinkommen, ABl. EG 2000, Nr. C 160 vom 08/06/2000, S. 01; abgedruckt in: Jayme, Erik/Schindler, Christian (Hrsg.), Rechtsentwicklungen in Portugal, Brasilien und Macau – Tagungsreferate, Beiträge, Gutachten, Baden-Baden 2002, S. 257. Beachte, dass mit „Art. 11 der Arbeitsprozessordnung“ noch die alte Arbeitsprozessordnung gemeint war; vgl. nun Art. 10 CPT n.F. (s. dazu S. 95).

[53] Die genaue Angabe der exorbitanten Gerichtsstände in Art. 3 II i. V. m. Anhang I Brüssel I-VO kann für Art. 72 Brüssel I-VO (s. auch Art. 59 EuGVÜ/LugÜ) von entscheidender Bedeutung sein, s. Moura Vicente, Direito Internacional Privado – Ensaios I, S. 270 (dortige Fn. 7); ders. Scientia Iuridica 2002, S. 347-379 (362).

[54] Zum exorbitanten Territorialprinzip in Art. 65 I c) CPC n.F. und Art. 10 2. HS CPT n.F. s. S. 97, 101. Moura Vicente (a. a. O., Fn. 53) ist der Ansicht, dass die Art. 65, 65-A CPC n.F. und Art. 10 CPT n.F. (er spricht von „Art. 11 CPT n.F.“, was aber keinen Sinn ergibt) keine exorbitanten Zuständigkeiten mehr enthalten. Beachte, dass es im autonomen Seerecht noch mehrere exorbitante Gerichtsstände gibt (vgl. etwa Art. 15 I c) des DL Nr. 203/98 vom 10. Juli, s. dazu unten S. 130). Da es sich bei Art. 3 II Brüssel I-VO um eine exemplarische Auflistung der exorbitanten Gerichtsstände handelt, müssen dort *nicht alle* aufgezählt werden.

[55] Wie im Laufe dieser Arbeit zu sehen sein wird, haben die Gerichte aber in diesen Fällen immer wieder das autonome internationale Zivilverfahrensrecht zur Auslegung der vorrangi-

scheidungen mit Art. 8 II CRP[56] begründet;[57] in anderen Fällen wird er stillschweigend angenommen.[58] Es ergingen aber auch diverse Entscheidungen, die sich mit der Frage der Klärung des Verhältnisses zwischen dem autonomen und supranationalen Recht schwer taten oder die Frage nicht beantwortet haben. Kurios ist, dass der ***Oberste Gerichtshof*** in seiner **Entscheidung vom 26. Mai 1993**[59] dem Berufungsgericht Coimbra vorgeworfen hat, anstelle des Brüsseler-Übereinkommens das autonome Anerkennungsrecht des CPC angewandt zu haben. Nachdem der Gerichtshof die (völlig offensichtliche) intertemporale Unanwendbarkeit des EuGVÜ feststellte, wandte er selbst die autonomen Vorschriften des CPC an.

II. Portugiesische Rechtsprechung

1. Entscheidung des *Tribunal da Relação de Lisboa* vom 5. Dezember 1995[60]

a) Sachverhalt

Ein Lebensmittelhändler, mit Sitz in Portugal, hat mit einem französischen Großhändler, mit Sitz in Frankreich, am 21. November 1992 einen Kaufvertrag abgeschlossen. Für das französische Unternehmen handelte ein Vertretungsberechtigter in Portugal. Der portugiesische Händler kaufte eine große Menge Nüsse, die für den nationalen Markt bestimmt waren. Die Nüsse wurden aus

gen Rechtsquellen herangezogen; dieser Vorgang führte in einer beachtlichen Anzahl der Entscheidungen das Einheitsrecht ad absurdum.

[56] Zu Art. 8 II CRP s. die obige Fn. 35.

[57] Exemplarisch seien hier erwähnt: ***Tribunal da Relação do Porto*** **vom 19. Juni 1995**, CJ, Ano XX, Tomo III, 1995, S. 237-239 (238): Société Industrielle Meubles Monnier, S. A. R. L . *gegen* E. J. Martins, Lda. und **vom 16. Oktober 1995**, CJ, Ano XX, Tomo IV, 1995, S. 217-218 (218): Biscuiterie Confiserie Lor, S. A. *gegen* Doce Alimentar - Produtos Alimentares Lda.; ***Tribunal da Relação de Lisboa*** **vom 7. November 1996**, CJ, Ano XXI, Tomo V, 1996, S. 85-88 (86): Trenkamp & Gehle GmbH *gegen* G. Reinke Lda.; ***Supremo Tribunal de Justiça*** **vom 11. Mai 2000**, CJ – STJ, Ano VIII, Tomo II, 2000, S. 261-262 (261): Lisete Gouveia *gegen* Color Line und Meridianus; ***Tribunal da Relação de Lisboa*** vom 18. Dezember 2001, CJ-STJ, Ano XXVI, Tomo V, 2001, S. 124-126 (125): Noronha-Advogados *gegen* The Boots Company PLC.

[58] Zum Beispiel: ***Tribunal da Relação de Coimbra*** **vom 17. Dezember 1996**, CJ, Ano XXI, Tomo V, 1996, S. 44-46 (45): JANGAARD EXPORT AS *gegen* J. GIL & Cª LDA; ***Tribunal da Relação de Lisboa*** **vom 24. April 1997**, CJ, Ano XXII, Tomo II, 1997, S. 119-120 (119): Societé Bancaire de Paris, S. A. *gegen* Filipe Rocha und Ehefrau Maria da Conceição Rocha; ***Supremo tribunal de Justiça*** **vom 16. Februar 2006**, Rechtssache Nr. 05B4294, in: http://www.dgsi.pt.

[59] CJ-STJ, Ano I, Tomo II, 1993, S. 126-127: N. N.; zu den intertemporalen Fragen in dieser Entscheidung s. S. 198.

[60] RLJ 130 (1997), S. 174-176 (mit Anmerkung von Moura Ramos auf S. 176-187): Manuel Pereira Puga *gegen* Maison Ranoux. Die Entscheidungsrezension von Moura Ramos wurde auch in Estudos de Direito Internacional Privado e de Direito Processual Civil Internacional, S. 343-363, veröffentlicht.

Frankreich geliefert und an Kunden in Portugal verteilt. Die Ware war ungenießbar, so dass die Abnehmer sogleich die Mangelhaftigkeit der Nüsse rügten. Der portugiesische Lebensmittelhändler und Käufer der Nüsse setzte seinen französischen Vertragspartner umgehend davon in Kenntnis. Um seine Verpflichtungen gegenüber seinen Kunden einhalten zu können, kaufte er anderweitig mangelfreie Nüsse, die um einiges teurer waren als die Nüsse aus Frankreich. Er verklagte daraufhin das französische Unternehmen in Portugal vor dem Amtsgericht Loures auf Zahlung eines vertraglichen Schadensersatzes. Das Gericht hielt sich nach Art. 2, 3 und 5 Nr. 1 EuGVÜ für international unzuständig. Der Kläger legte gegen diese Entscheidung ein Rechtsmittel ein. Vor dem Berufungsgericht Lissabon machte er die internationale Zuständigkeit portugiesischer Gerichte geltend, in dem er im Sachverhalt auf verschiedene Bezugspunkte zu Portugal verwies.[61] Dabei behauptete er, dass der Erfüllungsort der Verpflichtung in Portugal liegt, da der Vertrag die engste Verbindung i. S. v. Art. 4 I EVÜ[62] zum portugiesischen Territorium aufweist.

b) Gerichtliche Entscheidung

Das Berufungsgericht Lissabon prüfte, ob portugiesische Gerichte international nach der autonomen Vorschrift des Art. 65 CPC a.F. zuständig waren. Das Gericht bejahte dies in Anwendung von Art. 65 I b) CPC a. F (sog. Territorialprinzip).[63] Das Brüsseler Übereinkommen stehe der Anwendung des Art. 65 I b) CPC a.F. nicht entgegen, da Art. 3 II EuGVÜ[64] lediglich anordne, dass gegen Personen mit Wohnsitz in einem anderen Vertragsstaat Art. 65 I c), 65 II und 65-A c) CPC nicht geltend gemacht werden dürften. Art. 65 I b) CPC a.F. sei in Art. 3 EuGVÜ nicht genannt. Außerdem weise der Vertrag unzweifelhaft die engsten Bezüge zu Portugal auf, so dass der Vertrag gem. Art. 4 I EVÜ portugiesischem Recht unterliege.

c) Bewertung

aa) Vorrang des EuGVÜ

Ist der Anwendungsbereich des EuGVÜ wie im vorliegenden Fall eröffnet, werden die autonomen Regeln über die Begründung der internationalen Zuständig-

---

[61] In Portugal habe u. a. folgendes stattgefunden: Der Vertragsabschluss, die Preisverhandlung, die Warenbestellung und der Schadenseintritt.

[62] Art. 4 I EVÜ entspricht weitgehend dem Art. 28 I EGBGB. Das Römische EWG-Übereinkommen über das auf vertragliche Schuldverhältnisse anzuwendende Recht vom 19. Juni 1980 (EVÜ) trat für Portugal in der Fassung des 2. Beitrittsübereinkommens von Funchal vom 18. Mai 1992 (BGBl. 1995 II, S. 307) am **1. September 1994** in Kraft, vgl. DR, I-A, 28, vom 3.2.1994; aviso (Bekanntmachung) Nr. 290/94 vom 30.8.1994, in DR, I-A, 217, vom 19.7.1994, S. 5610. Das EVÜ ist für Deutschland am 1. April 1991 in Kraft getreten (Bekanntmachung v. 12. Juli 1991, BGBl. II, S. 871), vgl. Art. 27 ff. EGBGB.

[63] Die Regelung des Art. 65 I b) CPC a.F. befindet sich nun zum Teil verändert in Art. 65 I c) CPC n.F., s. hierzu S. 101.

[64] Gemeint ist Art. 3 EuGVÜ in der Fassung des 3. BeitrittsÜb. 1989.

keit verdrängt.[65] Deutlich aus dem Wort „insbesondere" in Art. 3 II EuGVÜ folgt, dass man nicht zu dem Fehlschluss verleitet werden darf, nur die dort aufgeführten, besonders unangemessenen Zuständigkeiten, seien ausgeschlossen.[66] Diesem Irrtum unterlag das Berufungsgericht Lissabon. Art. 3 I EuGVÜ, auf dem der zweite Absatz aufbaut, ist außerdem eindeutig.[67] Das Gericht verkannte den vorwiegend narrativen Charakter der in Art. 3 II EuGVÜ enthaltenen Liste.[68] Art. 65 I b) CPC a.F. durfte nicht angewandt werden. Vielmehr war es Aufgabe des Berufungsgerichts Lissabon zu ermitteln, ob portugiesische Gerichte nach den begrenzten Gerichtsständen des EuGVÜ international zuständig waren. Am Kaufvertrag waren nur Kaufleute beteiligt. Eine Verbrauchersache i. S. v. Art. 13 EuGVÜ lag nicht vor. Ebenso wenig war eine ausschließliche Zuständigkeit, Gerichtsstandsvereinbarung oder rügelose Einlassung vor dem portugiesischen Gericht nach Art. 16, 17 und 18 EuGVÜ ersichtlich.

Das beklagte französische Unternehmen hatte seinen Geschäftssitz und damit seinen Wohnsitz i. S. v. Art. 2 i. V. m. Art. 53 EuGVÜ in Frankreich.[69] Der Beklagtenwohnsitz führte nicht nach Portugal. Es verblieb der Gerichtsstand des Erfüllungsortes nach Art. 5 Nr. 1 EuGVÜ. Mit der Nennung des Art. 4 I EVÜ wollte das Berufungsgericht Lissabon offenbar auf Art. 5 Nr. 1 EuGVÜ aufmerksam machen, der auch von der Vorinstanz geprüft wurde, nachdem es bereits das autonome Recht für einschlägig hielt. Es ist anzunehmen, dass nach Ansicht des Gerichts auch Art. 5 Nr. 1 EuGVÜ i. V. m. 4 I EVÜ die Zuständigkeit portugiesischer Gerichte begründete. Eine solche Vorgehensweise ist zu beanstanden, wenn hierdurch das autonome Zuständigkeitsresultat unterstrichen und die (unbegründete) Anwendung der autonomen Vorschriften legitimiert werden soll.[70]

---

[65] Vgl. in der portugiesischen Literatur: Teixeira de Sousa/Moura Vicente, Comentário, S. 18 f.; Vasconcelos, O Direito 126 (1994), S. 209-263 (254 f.); Ferrer Correia, Lições DIP I, S. 487; Lima Pinheiro, DIP, Volume III, S. 188.

[66] Schlosser, in: ABl. EG 1979, Nr. C 59/71 (S. 100, Tz. 87); Kropholler, EuZPR, vor Art. 2 EuGVO, Rn. 17; Zöller/Geimer, ZPO, Art. 3 EuGVVO, Rn. 6; Vasconcelos, O Direito 126 (1994), S. 209-263 (256 a. E. f.); Ferrer Correia, Lições DIP I, S. 490.

[67] Art. 3 I EuGVÜ/Brüssel I-VO: „Personen, die ihren Wohnsitz im Hoheitsgebiet eines Vertragsstaates [Mitgliedstaats] haben, können vor den Gerichten eines anderen Vertragsstaates [Mitgliedstaats] *nur* gemäß den Vorschriften des 2. bis 6. Abschnitts [der Abschnitte 2 bis 7 dieses Kapitels] verklagt werden" (Hervorhebung des Verf.).

[68] Jayme/Kohler, IPRax 1996, S. 377-389 (385); Moura Ramos, RLJ 130 (1997), S. 176-187 (181); ders., in: European Case Law on the Judgments Convention, S. 795-811 (803); Tavares de Sousa, in: Jayme, Erik (Hrsg.), Das Recht der lusophonen Länder, S. 29-41 (36).

[69] In einem solchen Fall, in dem die Gesellschaft oder juristische Person in einem Land gegründet und dort ihren einzigen Sitz hat, ist es überflüssig, sich mit dem Internationalen Gesellschaftsrecht zu befassen, Art. 53 I 2 EuGVÜ.

[70] Zu beanstanden ist auch der umgekehrte Fall, wenn das durch die Anwendung des EuGVÜ ermittelte Ergebnis mit Hinweisen auf nationale Zuständigkeitsvorschriften unterstützt werden soll. Grundsätzlich sind die Normen des EuGVÜ unabhängig von den nationalen Vorstellungen, nämlich autonom, auszulegen, s. EuGH 14.10.1976, Rs. 29/76 – „Eurocontrol", EuGHE 1976, S. 1541 = NJW 1977, S. 489 (490) mit Anm. Geimer; von Hoffmann, IPR, § 3,

Zu prüfen ist, ob portugiesische Gerichte gem. Art. 5 Nr. 1 EuGVÜ im vorliegenden Fall international zuständig waren. Art. 5 Nr. 1 EuGVÜ gilt nur für vertragliche Ansprüche. Im vorliegenden Fall ging es um einen solchen vertraglichen (Schadensersatz-) Anspruch.[71] Bei vertraglichen Sekundärpflichten wie Schadensersatz wegen Vertragsverletzung ist die Klage am Erfüllungsort für die verletzte Lieferpflicht zu erheben.[72] Mithin war der Erfüllungsort der Vertragspflicht (Lieferung der Nüsse von Frankreich nach Portugal) zu ermitteln.
Nach der sog. „Tessili"-Regel bestimmt sich der Erfüllungsort nach der *lex causae*, d. h. nach dem Recht, das nach dem IPR des Forums für das Vertragsverhältnis maßgebend ist.[73]

bb) Exkurs: Ermittlung des anwendbaren Rechts nach dem EVÜ

Zu prüfen war der zeitliche Anwendungsbereich des EVÜ. Die Konvention ist für Portugal ohne besondere Umsetzungsvorschriften am 1. September 1994 in Kraft getreten.[74] Im EVÜ gilt der Grundsatz der Nichtrückwirkung. Das Übereinkommen ist von den Gerichten jener Staaten, in denen das EVÜ in Kraft getreten ist, nur auf jene Verträge anzuwenden, die nach dem Inkrafttreten des Ü-

---

Rn. 192; Tavares de Sousa, in: Jayme, Erik (Hrsg.), Das Recht der lusophonen Länder, S. 29-41 (37).

[71] Der Begriff des vertraglichen Anspruchs ist autonom auszulegen, da er der Abgrenzung der Zuständigkeit nach Art. 5 Nr. 1 EuGVÜ/Brüssel I-VO zur Zuständigkeit nach Art. 5 Nr. 3 EuGVÜ/Brüssel I-VO dient, vgl. Schlosser, EU-ZPR, Art. 5 EuGVVO, Rn. 3 und 17 m. w. N.

[72] EuGH 6.10.1976, Rs. 14/76 – „de Bloos/Bouyer", EuGHE 1976, S. 1497 = NJW 1977, S. 490 m. Anm. Geimer; zuletzt bestätigt in EuGH 28.9.1999, Rs. C-440/97 – „Groupe Concorde", EuGHE 1999 I, S. 6307; EuGH 5.10.1999, Rs. C-420/97 – „Leathertex/Bodetex", EuGHE 1999 I, S. 6747, beide mit Anm. Hau, IPRax 2000, S. 354-361 = NJW 2000, S. 721 = RIW 1999, S. 953 = EuZW 2000, S. 352 (L) = EWS 2000, S. 28 = ZZP Int 2000, S. 266 m. Anm. Otte.

[73] EuGH 6.10.1976, Rs. 12/76 – „Tessili/Dunlop", EuGHE 1976, S. 1473 = NJW 1977, S. 490 mit Anm. Geimer; bestätigt durch EuGH 29.6.1994, Rs. 288/92 – „Custom Made Commercial/Stawa Metallbau", EuGHE 1994 I, S. 2913 = NJW 1995, S. 183 = JZ 1995, S. 244 m. Anm. Geimer = RIW 1994, S. 676, 876; 1996, S. 379 m. Anm. Robert Koch = IPRax 1995, S. 31 m. Anm. Jayme auf S. 13 = EuZW 1994, S. 763 = EWS 1994, S. 281 = ZEuP 1995, S. 655 m. Anm. Schack = ZZP Int 1996, S. 167 m. Anm. Peter Huber. Die sog. „Tessili"-Regel gilt auch weiterhin für den unveränderten Art. 5 Nr. 1 a) Brüssel I-VO, wenn die in Art. 5 Nr. 1 b) Brüssel I-VO enthaltene verordnungsautonome Definition für bewegliche Sachen und Dienstleistungsverträge nicht weiter führt, vgl. Art. 5 Nr. 1 c) Brüssel I-VO. Kritisch dazu: Hau, IPRax 2000, S. 354-361 (359 f.); Schack, IZVR, Rn. 273; Kropholler, EuZPR, Art. 5 EuGVO, Rn. 45; Moura Vicente, Scientia Iuridica 2002, S. 347-379 (378).

[74] Vgl. Fn. 62; kritisch zur Inkorporation des EVÜ ins deutsche IPR-Gesetz: von Hoffmann, IPRax 1984, S. 10-13. Mit „Rom-I" (Vorschlag für eine Verordnung des Europäischen Parlaments und des Rates über das auf vertragliche Schuldverhältnisse anzuwendende Recht, von der Kommission vorgelegt am 15.12.2005) soll das Internationale Privatrecht der vertraglichen Schuldverhältnisse gegenüber dem EVÜ fortentwickelt werden. Im Parlament werden z.Z. noch verschiedene Änderungsanträge diskutiert. Zu dem Verordnungsvorschlag s. Rathenau, Der Verordnungsentwurf „ROM-I" - Ein Vergleich zum EVÜ, unter http://www.rathenau.com/romeins.pdf (Stand: 7.12.2006).

bereinkommens im Gerichtsstaat abgeschlossen wurden (Art. 17 EVÜ).[75] Der Ort des Vertragsabschlusses ist für die Anwendbarkeit des EVÜ dagegen irrelevant.[76] Der Kaufvertrag über die Nüsse wurde zwischen den Parteien am 21. November 1992 geschlossen.[77] Zu diesem Zeitpunkt war das EVÜ in Portugal noch nicht in Kraft. Dies wurde vom Berufungsgericht Lissabon übersehen.[78] Gleichwohl soll hier in knapper Form auf den Umgang des Berufungsgerichts mit dem EVÜ eingegangen werden, da, wie zu sehen sein wird, andere Gerichte vergleichbar dem Berufungsgericht Lissabon urteilten.[79]
Nach der im Internationalen Schuldvertragsrecht verankerten Parteiautonomie können die Parteien das für ihre Vertragsbeziehung maßgebliche Recht selbst bestimmen (Art. 3 I EVÜ). Eine ausdrückliche Rechtswahl, die sich häufig in AGB und Formularverträgen oder auch in Individualabreden findet, wurde im vorliegenden Fall nicht getroffen. Indizwirkungen für die Annahme einer stillschweigenden Rechtswahl wie zum Beispiel die Existenz anderer Verträge der gleichen Art, für die eine Rechtswahl getroffen wurde, waren nicht ersichtlich. Vielmehr war das maßgebliche Recht zur Bestimmung des Erfüllungsortes nach Art. 4 EVÜ zu ermitteln. Eine Anknüpfung nach der Generalklausel des Art. 4 I EVÜ ist, entgegen der Vorgehensweise des Berufungsgerichts Lissabon, erst vorzunehmen, falls sich eine charakteristische Leistung i. S. v. Art. 4 II EVÜ nicht bestimmen lässt.[80] Dies folgt aus der in Art. 4 II EVÜ enthaltenen „allgemeinen" Vermutung für die engste Verbindung, mithin aus der Gesetzessystematik.[81] Charakteristisch für einen Vertragstyp ist „die Leistung, für die die Zah-

[75] Reithmann/Martiny/Martiny, IntVertragsR, Rn. 5; Lima Pinheiro, DIP, Volume II, S. 181.
[76] Klauser, EuGVÜ und EVÜ, S. 40.
[77] Strittig ist, ob das vom EVÜ oder vom autonomen IPR berufene Recht über die Frage zu entscheiden hat, wann ein Vertrag abgeschlossen wurde, vgl. Czernich in: Czernich/Heiss, Kommentar zum EVÜ, Art. 17, Rn. 5 m. w. N. Im vorliegenden Fall ist ein Vertragsabschluss im September 1992 durch die Bestellung der Nüsse unproblematisch zu bejahen, unabhängig davon welches Recht darüber zu entscheiden hatte.
[78] Unverständlich auch Moura Ramos, RLJ 130 (1997), S. 176-187 (186), der auf den Zeitpunkt des Urteilserlasses abstellt. Am 5. Dezember 1995 (Zeitpunkt des Erlasses des Urteils des Berufungsgerichts) war das EVÜ für Portugal bereits in Kraft. Der maßgebliche Art. 17 EVÜ stellt aber - verständlicherweise - auf den Zeitpunkt des Abschlusses des in Frage stehenden Vertrages ab.
[79] S. etwa die **Entscheidung des *Obersten Gerichtshofs* vom 18. März 2003** auf S. 93.
[80] Ganz h. M., vgl. etwa von Hoffmann, IPR, § 10, Rn. 44; Reithmann/Martiny/Martiny, IntVertragsR, Rn. 103; Palandt/Heldrich, Art. 28 EGBGB, Rn. 4; Junker, IPR, Rn. 357. Unwesentlich ist, dass Art. 4 II EVÜ keine dem Art. 28 II 3 EGBGB entsprechende Bestimmung enthält, wonach der zweite Absatz nicht anzuwenden ist, wenn sich die charakteristische Leistung nicht bestimmen lässt. Diese (bloße) Klarstellungsvorschrift befindet sich in Art. 4 V 1 EVÜ.
[81] Vgl. nur Moura Ramos, RLJ 130 (1997), S. 176-187 (186 f.); ders., in: European Case Law on the Judgments Convention, S. 795-811 (803).

lung geschuldet wird".[82] Den Kauf charakterisiert die Leistung des Verkäufers. Im vorliegenden Fall stellte die Verpflichtung des französischen Unternehmens, die Nüsse nach Portugal zu liefern, die charakteristische Leistung dar. Der Verkäufer hat den Vertrag in Ausübung seiner gewerblichen Tätigkeit abgeschlossen, so dass der Ort seiner Hauptniederlassung Anknüpfungspunkt war, Art. 4 II 2, 1. Teil EVÜ. Die (Haupt-)Niederlassung des Verkäufers der Nüsse lag in Frankreich (s. o.). Demnach wäre das französische und nicht das portugiesische Sachrecht (vgl. die Sachnormverweisung in Art. 15 EVÜ) anzuwenden gewesen. Eine Anknüpfung der Vermutungen der Absätze 2 bis 4 des Art. 4 EVÜ erfolgt aber dann nicht, wenn sich aus der Gesamtheit der Umstände ergibt, dass der Vertrag engere Beziehungen mit Portugal aufweist, Art. 4 V 2 EVÜ. Darauf zielte der Rechtsmittelkläger mit der Aufzählung der Bezugspunkte des Vertrages zu Portugal möglicherweise ab.[83] Wegen der durch die Vermutungen der Absätze 2 bis 4 erreichten Rechtssicherheit können diese durch Abs. 5 nur verdrängt werden, wenn die Gesamtheit der Umstände deutlich dagegen spricht, die einschlägige Vermutung zu befolgen.[84] Unter Berücksichtigung der Umstände, dass die Nüsse in Frankreich gelagert waren, der Kaufpreis 258.000 französische Franken betrug und der Abschlussort des Vertrages keinen Bezug zum Leistungsaustausch aufweist[85], lässt sich eine stärkere Verbindung zu Portugal kaum widerlegen. Im übrigen führten sowohl das französische (vgl. Art. 1609 *Code Civil* bzw. Art. 31 c), a) *CISG*[86]) als auch das portugiesische Sachrecht (vgl. Art. 772 I CC[87]) zu dem Ergebnis, dass der Erfüllungsort in Frankreich, am Domizil

[82] Bericht Giuliano/Lagarde, BTDrucks. 10/503, S. 33-79 (52), auch abrufbar unter: http://www.rome-convention.org/instruments/i_rep_lagarde_en.htm (ERA-Trier); s. zudem Moura Ramos, Da lei aplicável ao contrato de trabalho internacional (1991), S. 547-574.

[83] Vgl. Fn. 61.

[84] Junker, IPR, Rn. 368; Merschformann, Die objektive Bestimmung des Vertragsstatuts beim internationalen Warenkauf (1991), S. 190-194; Soergel-von Hoffmann, Art. 28 EGBGB, Rn. 97; krit.: Reithmann/Martiny/Martiny, IntVertragsR, Rn. 132.

[85] Soergel-von Hoffmann, Art. 28 EGBGB, Rn. 103; a. A. die wohl überwiegende Meinung, vgl. MünchKomm/Martiny, Art. 28 EGBGB, Rn. 93a; Staudinger-Magnus, Art. 28 EGBGB, Rn. 129; Kropholler, IPR (4. Auflage 2001), Rn. 420.

[86] Art. 1609 CC lautet: „La délivrance doit se faire au lieu où était, au temps de la vente, la chose qui en a fait l'objet, s'il n'en a été autrement convenu". Frankreich ist seit dem 1. Januar 1988 Vertragsstaat des UN-Kaufrechts und Vertragsstaat des EVÜ seit dem 1. April 1991. Für Frankreich war das EVÜ in casu zeitlich anwendbar. Befürwortete man die Anwendung von französischem Recht nach Art. 4 II EVÜ, war gem. Art. 1 I b) CISG i. V. m. Art. 4 II EVÜ aus der Sicht eines französischen Richters das UN-Kaufrecht einschlägig, obwohl das UN-Kaufrecht für Portugal nicht in Kraft war bzw. ist. Einen Vorbehalt gem. Art. 95 CISG hat Frankreich nicht erklärt. Art. 31 c) CISG stellt ebenso auf die Niederlassung des Verkäufers ab. Nahm man in casu einen Versendungskauf i. S. v. Art. 31 a) CISG an, änderte sich nichts an dem Umstand, dass der Erfüllungsort in Frankreich lag, s. dazu auch die nachfolgende Fn. 87.

[87] „Na falta de estipulação ou disposição especial da lei, a prestação deve ser efectuada no lugar do domicílio do devedor". Das französische und portugiesische Recht lokalisieren den Erfüllungsort vertraglicher Verpflichtungen, soweit sie nicht in Geld bestehen, demnach grundsätzlich am Wohnsitz des Schuldners. Nimmt man im vorliegenden Fall eine Schick-

des Verkäufers, lag. Das waren die einzigen Länder, die Berührungspunkte zum Sachverhalt aufwiesen.
Es kam deshalb im Ergebnis nicht darauf an, welches Kollisionsrecht zur Bestimmung des Erfüllungsortes i. S. v. Art. 5 Nr. 1 EuGVÜ einschlägig war.[88] Da das EVÜ für den portugiesischen Richter intertemporal unanwendbar war, kam nur das autonome Kollisionsrecht in Betracht.[89]

cc) Forum legis?

Auffallend ist, dass das Berufungsgericht Lissabon, nachdem es nach Art. 4 I EVÜ das portugiesische Recht für einschlägig hielt, keine weitere Prüfung auf der Ebene des portugiesischen Sachrechts vornahm. Art. 772 ff. CC, die sich mit der Lokalisierung des Erfüllungsorts beschäftigen, wurden vom Gericht nicht angesprochen. Denkbar ist, dass das Gericht einem sog. positiven Gleichlauf zwischen anwendbarem Recht und internationaler Zuständigkeit („*forum legis*“) gefolgt ist. Auf diese Weise hätte das Gericht das (anscheinend lästige[90]) Sachrecht geschickt ausschalten und sich für international zuständig erklären können.

(1) Aus der Sicht des autonomen internationalen Zivilverfahrensrechts

Ein positiver Gleichlauf zwischen internationaler Zuständigkeit und anwendbarem Recht wird in Portugal nicht vertreten.[91] Auch im Rahmen des *forum necessitatis* in Art. 65 I d) CPC n.F. kann, entgegen einer nicht überzeugenden Mei-

---

schuld (für eine Bringschuld liegen keine Anhaltspunkte vor) an, so wird dieses Ergebnis bekräftigt. Denn im Falle einer Schickschuld wird Art. 772 I CC dahingehend ausgelegt, dass der Erfüllungsort (in Abgrenzung zum Erfolgsort) dort liegt, wo die Ware versendet wurde (hier: Frankreich), vgl. Moura Ramos, RLJ 130 (1997), S. 176-187 (183, dortige Fn. 26); Bento Soares/Moura Ramos, in: Contratos Internacionais, S. 80-84; s. auch Art. 31 a) CISG und § 447 BGB.

[88] Moura Ramos, RLJ 130 (1997), S. 176-187 (183).

[89] Das Berufungsgericht Lissabon hat neben Art. 4 I EVÜ auch Art. 4 Nr. 1 CCom (Handelsgesetz vom 28. Juni 1888) erwähnt, der das objektive Vertragsstatut durch den Abschlussort bestimmt. Der Vertrag wurde auf portugiesischem Territorium abgeschlossen; zu Art. 4 CCom vgl. Jayme, 2. Deutsch-Lusitanische Rechtstage, 1994, S. 17-26 (23 f.) und Moura Ramos, RLJ 130 (1997), S. 176-187 (185). Fraglich ist, ob das Inkrafttreten des Código Civil im Jahre 1967 die Gültigkeit des Art. 4 CCom unberührt ließ oder ob in casu nicht vielmehr die Kollisionsnorm des Art. 42 II 2. HS CC anzuwenden gewesen wäre, die ebenfalls auf den Abschlussort des Vertrages abstellt, vgl. Moura Ramos, a. a. O., m. w. N.

[90] Lästig deswegen, weil das Gericht sich nach dem autonomen Recht für international zuständig hielt, und dieses Zuständigkeitsergebnis offenbar mit Art. 5 Nr. 1 EuGVÜ unterstreichen wollte; wie bereits gesehen, führte Art. 772 I CC nicht nach Portugal.

[91] S. Ferrer Correia, Lições DIP I, S. 450 ff.; Moura Vicente, Direito Internacional Privado – Ensaios I, S. 252 ff.; Lima Pinheiro, DIP, Volume III, S. 32 f.; ders. in: Estudos de Homenagem à Professora Doutora Isabel de Magalhães Collaço I, S. 311-378 (323 f.). Dagegen wird ein sog. negativer Gleichlauf ernsthaft diskutiert, vgl. Lima Pinheiro, DIP, Volume III, S. 36 f; Kropholler, IPR, S. 596. Dieser kann besonders dazu geeignet sein, hinkende Rechtsverhältnisse in Statussachen zu vermeiden, s. als Beispiel § 606a I Nr. 4 ZPO in Ehesachen.

nung, für die Durchsetzbarkeit einer materiellrechtlichen Rechtsposition eine inländische Zuständigkeit nicht begründet werden.[92]

(2) Im Rahmen des Anwendungsbereiches der Europäischen Zuständigkeitsordnungen

Im Rahmen des Anwendungsbereiches des EuGVÜ/LugÜ und der Brüsssel I-VO ist ein positiver Gleichlauf ohnehin nicht vertretbar.[93] Die Zuständigkeiten sind im Brüsseler Übereinkommen wie auch in den anderen Rechtsakten des Europäischen Zivilprozessrechts abschließend aufgezählt.[94] Neben Art. 5 Nr. 1 EuGVÜ bleibt für einen *„forum legis"* kein Raum. Ein Gleichlauf zwischen IPR und IZVR würde die Zuständigkeitsregel des EuGVÜ übereinkommenswidrig umgehen.

d) Fazit

Das Berufungsgericht Lissabon verkannte den Vorrang des Brüsseler Übereinkommens gegenüber Art. 65 I b) CPC a.F. Bei der Ermittlung des anwendbaren Rechts übersah es Art. 17 und Art. 4 II EVÜ. Das Gericht versäumte zudem die Prüfung des nach seiner Ansicht anwendbaren portugiesischen Sachrechts.

---

[92] Portugiesische Gerichte sind nach Art. 65 I d) CPC n.F. international zuständig, wenn sich das behauptete Recht, außer durch eine in Portugal erhobene Klage, nicht verwirklichen kann, oder die Erhebung der Klage im Ausland für den Kläger eine beachtliche Beschwerlichkeit darstellt, sofern zwischen dem Streitgegenstand und der portugiesischen Rechtsordnung ein persönliches oder tatsächliches schwerwiegendes Anknüpfungselement besteht. Umstritten ist, ob ein inländisches *forum necessitatis* dem Kläger zur Seite steht, wenn die Unmöglichkeit der Verwirklichung des behaupteten Rechts darauf beruht, dass das zuständige ausländische Gericht nach dessen Kollisionsrecht ein Sachrecht anwendet, welches das vorgetragene Recht des Klägers nicht anerkennt. Dies wird zu Recht von einer starken Meinung verneint, vgl. Alberto dos Reis, Comentário ao Código de Processo Civil I, S. 142; Barbosa de Magalhães, Estudos sobre o novo Código de Processo Civil II, S. 404 f.; Varela/Bezerra/Sampaio e Nora, Manual de Processo Civil, S. 205 f. (beachte Fn. 1 auf S. 206); *Supremo Tribunal de Justiça* vom 21. Januar 1955, BMJ 47 (1955), S. 338-343: N. N. und vom 26. Juli 1968, Rechtssache Nr. 062401, in: http://www.dgsi.pt (Leitsätze); a. A. die wohl h.M.: Anselmo de Castro, Direito Processual Civil Declaratório II, S. 32 (dortige Fn. 1); Ferrer Correia, Lições DIP I, S. 447; Ferrer Correia/Ferreira Pinto, RDE 1987, S. 25-64 (37 f.); Teixeira de Sousa, A Competência Declarativa dos Tribunais Comuns, S. 54; *Supremo Tribunal de Justiça* vom 27. Juli 1943, RLJ, 76 (1943), S. 252-256: Esmeralda Almeida Pinto und José de Almeida *gegen* N. N. (es ging dort um eine Vaterschaftsfeststellungsklage, die laut dem Gericht in Brasilien nicht mit Erfolg durchzuführen gewesen wäre); s. auch *Tribunal da Relação do Porto* vom 9. Juli 1976, CJ, Ano I, Tomo II, 1976, S. 393-395: Filomena Maia Gomes *gegen* Major Fernandes Araújo.

[93] Kropholler, IPR, S. 596; von Hoffmann, IPRax 1982, S. 217-222 (221); Lima Pinheiro, DIP, Volume III, S. 35; Teixeira de Sousa, DPCE, S. 14 und 58.

[94] Kropholler, IPR, S. 596; ders. EuZPR, vor Art. 2 EuGVO, Rn. 18.

2. Weitere Beispiele der Missdeutung von Art. 3 II EuGVÜ/LugÜ/Brüssel I-VO aus den Jahren 2000 und 2004

Die exemplarische Auflistung von exorbitanten Gerichtsständen in Art. 3 II LugÜ sorgte auch in dem neueren Urteil des ***Supremo Tribunal de Justiça* vom 11. Mai 2000**[95] für Verwirrung. Der Kläger machte die internationale Zuständigkeit portugiesischer Gerichte gem. Art. 11 ff. CPT a.F. (Arbeitsprozessgesetzbuch)[96] geltend, obwohl der zeitliche, sachliche und räumlich-persönliche Anwendungsbereich des LugÜ eröffnet war. Der Oberste Gerichtshof urteilte, dass Art. 11 CPT a.F. unanwendbar, da er im Katalog des Art. 3 II LugÜ angeführt ist. Sodann prüfte er jedoch die internationale Zuständigkeit portugiesischer Gerichte anhand Art. 11 1. Fall i. V. m. 15 CPT a.F.: Danach besaß das für eine arbeitsvertragliche Streitigkeit örtlich zuständige Gericht im Wege der Doppelfunktionalität der örtlichen Gerichtsstände auch die internationale Entscheidungszuständigkeit. Art. 15 CPT komme im Katalog des Art. 3 II LugÜ nicht vor.

Der Oberste Gerichtshof verneinte im Ergebnis aber die Zuständigkeit portugiesischer Gerichte mit der Begründung, dass der in Art. 3 II LugÜ angeführte Art. 11 CPT a.F., und daher ausgeschlossene Artikel, auf die Vorschriften der Art. 14 ff. CPT a.F. verweise. Das ist richtig, da die in Art. 15 CPT a.F. geregelte örtliche Zuständigkeit nur i. V. m. Art. 11 1. Fall CPT a.F. doppelfunktional ausgebaut wurde. Das Gericht übersah aber auch in diesem Fall den vorwiegend narrativen Charakter der in Art. 3 II enthaltenen Liste.

In zwei sich sehr ähnelnden Entscheidungen des ***Tribunal da Relação do Porto* vom 15. Oktober 2004**[97] und **11. November 2004**[98] prüfte das Berufungsgericht, ob es im Rahmen des Geltungsbereichs der Brüssel I-VO die internationale Zuständigkeit portugiesischer Gerichte auf das autonome Territorialprinzip des Art. 65 I c) CPC n.F. stützen konnte. Das Berufungsgericht führte in seinen beiden Entscheidungen vom 15. Oktober 2004 und 11. November 2004 aus, dass das Territorialprinzip nach Art. 65 I b) CPC a.F. nicht in Art. 3 II EuGVÜ aufgelistet und daher im Geltungsbereich des EuGVÜ nicht ausgeschlossen ist. Hingegen sei mit dem Inkrafttreten der Brüssel I-VO nunmehr der gesamte Art. 65 CPC n.F. gemäß Art. 3 II Brüssel I-VO (i. V. m. Anhang I) ausgeschlossen, so dass man im Rahmen des Geltungsbereichs der Brüssel I-VO das autonome Territorialprinzip grundsätzlich nicht anwenden könne.[99]

---

[95] CJ-STJ, Ano VIII, Tomo II, 2000, S. 261-262: Lisete Gouveia *gegen* Color Line (eine Gesellschaft norwegischen Rechts) und Meridianus (eine Gesellschaft liechtensteinischen Rechts).
[96] S. zu Art. 10 ff. CPC n.F. S. 95.
[97] Rechtssache Nr. 0434740, in: http://www.dgsi.pt.
[98] Rechtssache Nr. 0435762, in: http://www.dgsi.pt.
[99] Zu der *fehlerhaften* Nennung des gesamten Art. 65 CPC n.F. im Anhang I zur Brüssel I-VO und im Art. 3 II LugÜ s. Kapitel B. I. der Dissertation.

Auch in dieser neueren Rechtsprechung wird der vorwiegend narrative Charakter der in Art. 3 II (i. V. m. Anhang I bei der Brüssel I-VO) enthaltenen Liste missverstanden.
Bemerkenswert ist, dass das Berufungsgericht Porto in beiden Entscheidungen das Territorialprinzip (Art. 65 I c) CPC n.F.) im Ergebnis gleichwohl anwandte, da es der irrigen Meinung war, Art. 65 I c) CPC n.F. stimme für die Fallentscheidung mit Art. 5 Nr. 3 Brüssel I-VO (Gerichtsstand für unerlaubte Handlungen) überein (s. dazu unten S. 114).

3. Entscheidung des *Supremo Tribunal de Justiça* vom 16. Mai 1995[100]

a) Sachverhalt

Ein portugiesischer Arbeitnehmer eines französischen Unternehmens hat vor einem französischen Gericht ein Urteil erstritten, das seinen Arbeitgeber u. a. zur Zahlung in Verzug geratener Arbeitsentgelte verpflichtete. Der obsiegende Kläger stellte in Portugal einen Antrag auf Anerkennung der ausländischen Entscheidung. Das Berufungsgericht Porto lehnte die Anerkennung der französischen Entscheidung wegen eines Verstoßes gegen Art. 1096 c) CPC a.F. (früheres Spiegelbildprinzip) i. V. m. Art. 65-A c) CPC a.F. (ausschließliche Zuständigkeit portugiesischer Gerichte betreffend arbeitsrechtlicher Beziehungen) ab.[101]

b) Gerichtliche Entscheidung

Laut dem Obersten Gerichtshof erfasst Art. 65-A c) CPC a.F., entgegen seinem Wortlaut, nur solche arbeitsrechtlichen Streitigkeiten, die hauptsächlich durch eine Tätigkeit in Portugal entstanden sind, so dass diese Vorschrift der Anerkennung der französischen Entscheidung nicht im Wege steht.[102] Die französischen Gerichte seien daher international zuständig gewesen (Spiegelbildprinzip). Dies ergebe sich auch aus Art. 5 Nr. 1 des Brüsseler und Lugano-Übereinkommens. Der Arbeitnehmer habe seine Arbeit in Frankreich verrichtet.

c) Bewertung

Der Oberste Gerichtshof hat den Gerichtsstand des gewöhnlichen Arbeitsortes der Übereinkommen zur Unterstützung seines durch Art. 65-A c) CPC a.F. ermittelten Ergebnisses herangezogen. Stattdessen hätte der Gerichtshof von

---

[100] CJ-STJ, Ano III, Tomo II, 1995, S. 89-90: Francisco Ramos *gegen* „Sociedade Prestasals" von Fernando Martins.

[101] Zu der bei Art. 1096 c) CPC a.F. vertretenen „Theorie der abgeschwächten Einseitigkeit" vgl. die Schrifttumshinweise in Fn. 824. Allgemein zur Anerkennung ausländischer Entscheidungen s. S. 167 ff.

[102] Der Oberste Gerichtshof folgt in diesem Punkt Moura Ramos, Da lei aplicável ao contrato de trabalho internacional (1991), S. 780, der sich für eine restriktive Anwendung des Art. 65-A c) CPC a.F. aussprach; s. zu Art. 65-A c) CPC a.F. S. 126.

vornherein den Anwendungsbereich des EuGVÜ prüfen müssen.[103] Das autonome Anerkennungsrecht des CPC wäre dann vom Übereinkommen verdrängt worden. Problematisch wäre im vorliegenden Fall allenfalls die Eröffnung des intertemporalen Anwendungsbereichs gewesen. Die Entscheidung enthält keinerlei Angaben über den Zeitpunkt der Klageerhebung oder des Erlasses des französischen Urteils. Ebenso wenig ist der Zeitpunkt des Eingangs des Antrags auf Anerkennung vor dem portugiesischen Berufungsgericht Porto bekannt. Sicher ist nur, dass die Entscheidung des Obersten Gerichtshofs vom 16. Mai 1995 stammt. Das EuGVÜ in der Fassung des 3. BeitrittsÜb. 1989 ist für Frankreich seit dem 1. Februar 1991 und für Portugal seit dem 1. Juli 1992 in Kraft. Galt das EuGVÜ im Verhältnis der beteiligten Staaten, als die Klage in Frankreich erhoben wurde, noch nicht, so hätte allenfalls Art. 29 II des 3. BeitrittsÜb. 1989 zur Eröffnung des zeitlichen Anwendungsbereichs des EuGVÜ führen können (ausführlich zum intertemporalen Anwendungsbereich des 3. BeitrittsÜb. 1989 S. 189 ff.).

d) Fazit

Obwohl dem Obersten Gerichtshof die Existenz des EuGVÜ bewusst war und er das Übereinkommen nicht etwa an dessen räumlichen oder zeitlichen Anwendungsbereich scheitern ließ, verkannte er sein Verhältnis zum autonomen Recht.

4. Entscheidung des *Supremo Tribunal de Justiça* vom 5. November 1998[104]

a) Sachverhalt

Ein portugiesisches Bekleidungsunternehmen ist mit einer italienischen Gesellschaft, die den weltweiten exklusiven Vertrieb der Marke „Versace Jeans Couture" besaß, in Vertragsbeziehungen getreten. Laut abgeschlossenem Vertrag verpflichtete sich die italienische Gesellschaft dem portugiesischen Unternehmen Kleidungsstücke der genannten Kleidungsmarke zu veräußern. Der Käufer verpflichtete sich die Ware in Portugal für die italienische Firma abzusetzen. Hierfür erhielt er die exklusive Vertriebslizenz der Marke für Portugal. Nach dem Obersten Gerichtshof ist ein Handelsvertretervertrag (contrato de agência[105]) zu-

---

[103] Das ***Berufungsgericht Porto*** hat in seiner **Entscheidung vom 18. März 2002** einen vergleichbaren Fehler gemacht: Es wandte Art. 11 ff. CPT a.F. und das LugÜ an; das Gericht versäumte die Prüfung des Anwendungsbereichs des Übereinkommens, s. CJ, Ano XXVII, Tomo II, S. 248-249: Rui Dias *gegen* Cabinda Gulf Oil Company Ltd. und Chevron Overseas Petroleum inc.

[104] CJ-STJ, Ano VI, Tomo III, 1998, S. 97-102: Grupo Sousa Morais – Criação e Difusão de Moda Lda. *gegen* Itierre, S. P. A; eine sehr ähnliche Entscheidung wurde vom ***Supremo Tribunal de Justiça*** am **10. Juli 1997** erlassen, vgl. BMJ 469 (1997), S. 418-427: QUIMINOVA – Química Industrial e Agrícola, Lda. *gegen* General Electric Plastics, B. V.

[105] Der Handelsvertretervertrag wird in Portugal durch das DL Nr. 178/86 über den Handelsvertretervertrag vom 3. Juli, geändert durch das DL Nr. 118/93 vom 13. April, infolge der Umsetzung der Richtlinie 86/653/EWG zur Koordinierung der Rechtsvorschriften der Mit-

stande gekommen. Für die Vermarktung der in Portugal noch unbekannten Ware gab der Käufer hohe Werbebeträge aus. Nachdem ca. 5 Jahre seit dem Abschluss des Lizenzvertrages vergingen, erklärte die italienische Vertragspartei überraschend die „Auflösung“ des Vertrages. Von diesem Zeitpunkt an wandte sich die italienische Gesellschaft mit dem Verkauf der Ware direkt an die (früheren) Abnehmer des portugiesischen Kleidungsunternehmens. Infolgedessen erhob das portugiesische Unternehmen vor dem Amtsgericht Porto Klage auf Zahlung von Schadensersatz wegen des Verlustes des angeworbenen Kundenkreises. Der Lizenzvertrag enthielt eine Klausel mit der Nr. 17, nach der die Durchführung, Auslegung und Erfüllung des Vertrages italienischem Recht unterliegt (Nr. 17. 1) und die Gerichte aus Isernia (Italien) ausschließlich zuständig sind (Nr. 17. 2). Trotz dieser Klausel hielt sich das Amtsgericht Porto für international zuständig. Die italienische Partei machte den Zuständigkeitsmangel portugiesischer Gerichte vor der Berufungsinstanz geltend. Das Berufungsgericht Porto hob die angefochtene Entscheidung auf. Der Kläger legte sodann ein Rechtsmittel beim Obersten Gerichtshof ein.

b) Gerichtliche Entscheidung

Der Oberste Gerichtshof befasste sich mit der Frage der Gültigkeit der getroffenen Prorogation.[106] Er hielt das autonome Zivilprozessrecht für einschlägig, namentlich dessen Art. 99 CPC n.F. Nach seiner Auffassung entsprach die Gerichtsstandsvereinbarung keinem ernsthaften Interesse beider oder einer der Vertragsparteien i. S. v. Art. 99 III CPC n.F.[107] Die Zuständigkeitsvereinbarung zu Gunsten italienischer Gerichte sei daher unwirksam. Daraufhin versuchte der Gerichtshof die internationale Zuständigkeit portugiesischer Gerichte nach den sonstigen autonomen Zuständigkeitsregeln zu begründen. Er führte aus, dass die Tatsachen, die als Klagegrund dienten, sich auf portugiesischem Gebiet ereignet haben (Art. 65 I c) CPC n.F., sog. Territorialprinzip).[108] Außerdem unterliege die Auflösung des Handelsvertretervertrages nach der Kollisionsnorm des Art. 38 des DL Nr. 178/86 vom 3. Juli (Handelsvertretergesetz)[109] portugiesischem

---

gliedstaaten betreffend die selbständigen Handelsvertreter v. 18.12.1986, ABl. EG Nr. L 382/17, geregelt. In Deutschland sehen die §§ 84-92c HGB den Handelsvertreter vor.

[106] Zu Gerichtsstandsvereinbarungen s. S. 117 ff.

[107] S. hierzu S. 121.

[108] Vgl. S. 101.

[109] Gem. Art. 38 des DL Nr. 178/86 ist auf Verträge, die in den Regelungsbereich dieses Gesetzes fallen und die ausschließlich oder überwiegend auf dem innerstaatlichen Gebiet abgewickelt werden, nur dann eine andere als die portugiesische Rechtsordnung anzuwenden, [...], wenn diese andere Rechtsordnung sich als günstiger für den Handelsvertreter darstellt, vgl. zu diesem sog. *Sonderprivatrecht im IPR*: Marques dos Santos, As Normas de Aplicação Imediata no Direito Internacional Privado. Esboço de Uma Teoria Geral (1991), S. 903 ff.; Lima Pinheiro, DIP, Volume II, S. 229; Schwarz, Schutzkollisionen im internationalen Verbraucherschutz, S. 134 f. m. w. N. In diesem Kontext ist Art. 16 des Haager Übereinkommens über das auf Vertreterverträge und die Stellvertretung anzuwendende Recht vom 14.03.1978, Text in RabelsZ 43 (1979), S. 176-189, zu berücksichtigen; das Übereinkommen gilt z. Z. für

Recht, „...so dass es kein italienisches Gericht sein wird, das es [das portugiesische Sachrecht] berücksichtigt". Ob und wann der Vertrag hinfällig wurde, sei für die Entscheidung über einen Schadenersatzanspruch relevant. Schließlich versuchte der Gerichtshof die Vereinbarkeit des Ergebnisses seiner Zuständigkeitsprüfung zu Gunsten portugiesischer Gerichte mit einem Verweis auf das EuGVÜ darzulegen. Zu diesem Zweck zitierte er den Gesetzeswortlaut der Art. 2 (Beklagtenwohnsitz), Art. 5 Nr. 1 (Erfüllungsort) und Nr. 3 EuGVÜ (unerlaubte Handlung).

c) Bewertung

Primär hätte der Gerichtshof den Anwendungsbereich des dem Art. 99 CPC n.F. vorrangigen Art. 17 EuGVÜ begutachten müssen. Aus dem Wortlaut des Art. 17 I EuGVÜ (Art. 23 Brüssel I-VO) ergeben sich zwei Grundvoraussetzungen: Erstens muss mindestens eine der Parteien ihren Wohnsitz in dem Hoheitsgebiet eines Vertragsstaats haben. Im zu entscheidenden Fall hatten beide Parteien ihren Wohnsitz bzw. Unternehmenssitz (vgl. Art. 52, 53 EuGVÜ) in einem Vertragsstaat (Portugal und Italien).[110] Zweitens muss die Zuständigkeit eines Gerichts oder der Gerichte eines Vertragsstaats vereinbart worden sein.[111] Auch diese Voraussetzung lag vor. Vereinbart wurde die ausschließliche Zuständigkeit der Gerichte aus Isernia (Italien). Art. 17 I EuGVÜ gilt unzweifelhaft bei Gerichtsstandsvereinbarungen mit Bezug zu zwei Vertragsstaaten, wie bei Verträgen der vorliegenden Art, die zwischen einer, in einem Vertragsstaat wohnhaften, und einer, in einem anderen Vertragsstaat wohnhaften Person, abgeschlossen wurden.[112] Folglich hätte der Gerichtshof die Gültigkeitsvoraussetzungen der Zuständigkeitsvereinbarung nach Art. 17 EuGVÜ prüfen müssen. Die Gerichtsstandsvereinbarung wurde schriftlich abgefasst und war demnach formwirksam nach Art. 17 I a) 1. Alt. EuGVÜ.[113] Außer der Form gehört zu den Wirksamkeitsvoraussetzungen, dass sich die Vereinbarung auf ein bestimmtes Rechtsverhältnis bezieht (Abs. 1, S. 1) und dass keine ausschließliche Zuständigkeit (Abs. 3) gegeben ist.

Problematisch könnte die Einhaltung des Bestimmtheitsgebots gewesen sein. Die im Lizenzvertrag enthaltene Klausel Nr. 17. 2 besagte lediglich, dass die Gerichte aus Isernia (Italien) ausschließlich zuständig sind, ohne explizit ein konkretes Rechtsverhältnis zu nennen. Nach der Ansicht von *Costa e Silva*[114],

---

Portugal, Argentinien, Frankreich und die Niederlande. Der sog. Rom-I-Verordungsvorschlag (s. dazu bereits Fn. 74) erfasst auch Vertretergeschäfte. Vertretergeschäfte klammert Art. 1 EVÜ aus dem EVÜ aus.

[110] Für Portugal ist das EuGVÜ in der Fassung des 3. BeitrittsÜb. 1989 am 1. Juli 1992 und für Italien zwei Monate früher am 1. Mai 1992 (BGBl. 1994 II, S. 3707) in Kraft getreten.

[111] Zur Internationalität einer Gerichtsstandsvereinbarung i. S. v. Art. 17 EuGVÜ/Art. 23 Brüssel I-VO s. S. 29.

[112] Vgl. nur Kropholler, EuZPR, Art. 23 EuGVO, Rn. 3.

[113] Zu den Formalternativen des Art. 17 I S. 2 EuGVÜ bzw. Art. 23 I S. 3 Brüssel I-VO s. unten S. 134.

[114] ROA 58 (1998), S. 1233-1246 (1244).

die sich mit dem vorliegenden Urteil des Obersten Gerichtshofs befasste, lag ein Verstoß gegen das Bestimmtheitsgebot vor, weil das Rechtsverhältnis nicht genannt wurde aus dem (zukünftige) Streitigkeiten entspringen könnten. Die Autorin führte weiterhin aus, dass „eventuell" auch ein Verstoß gegen Art. 17 III EuGVÜ zu konstatieren ist, nach dem Gerichtsstandsvereinbarungen ausschließliche Zuständigkeiten nach Art. 16 EuGVÜ nicht abbedingen können. Infolge des Fehlens der Angabe einer bestimmten Rechtsstreitigkeit bzw. eines Rechtsverhältnisses könne nämlich auch nicht beurteilt werden, ob die Prorogation Klagen erfasst habe, die unter den Ausschließlichkeitskatalog des Art. 16 EuGVÜ fallen.

Diese Ausführungen von *Costa e Silva* verdienen keine Zustimmung. Der Sinn und Zweck des Bestimmtheitsgebots liegt in der Vermeidung eines Überraschungseffekts. Keine Partei soll dadurch überrascht werden, dass die Zuständigkeit eines bestimmten Gerichts für Rechtstreitigkeiten begründet wird, die ihren Ursprung in einer anderen Beziehung haben, anlässlich derer die Begründung des Gerichtsstands vorgenommen wurde.[115] Die vorliegende Streitigkeit – Schadenersatzanspruch infolge der Verletzung des Lizenzvertrages[116] – hatte ihren Ursprung in dem Vertrag, in dem die Zuständigkeitsklausel selbst enthalten ist. Zudem baute die Zuständigkeitsklausel Nr. 17. 2 auf der Nr. 17. 1 auf, in der ausdrücklich auf den Lizenzvertrag hingewiesen wird. In einer derartigen Fallkonstellation ergeben sich keine Schwierigkeiten mit dem Bestimmtheitsgrundsatz.[117] Die Zuständigkeit der Gerichte aus Isernia in Bezug auf den geltend gemachten Schadenersatzanspruch war für keine der Vertragsparteien überraschend. In diesem Zusammenhang ist zu beachten, dass nach der Rechtsprechung des EuGH, es Aufgabe des angerufenen Gerichts ist, durch Auslegung zu bestimmen, welche Rechtsstreitigkeiten in den Anwendungsbereich der jeweiligen Gerichtsstandsvereinbarung fallen.[118] Kommt man durch Auslegung einer

---

[115] Vgl. EuGH 10.3.1992, Rs. 214/89 – „Powell Duffryn/Petereit", EuGHE 1992 I, S. 1745 = RIW 1992, S. 492 = IPRax 1993, S. 32 m. Anm. Koch auf S. 19 = EuZW 1992, S. 252 = ZEuP 1994, S. 138 m. Anm. Karré-Abermann; Kropholler, EuZPR, Art. 23 EuGVO, Rn. 69; Zöller/Geimer, ZPO, Art. 23 EuGVVO, Rn. 37 f.; MünchKomm/Gottwald, Art. 17 EuGVÜ, Rn. 47.

[116] Zweitrangig ist an dieser Stelle, ob der geltend gemachte Schadenersatzanspruch auch deliktsrechtlich zu qualifizieren ist. Im Zweifel umfasst die Zuständigkeitsvereinbarung auch deliktische Anspruchsgrundlagen, s. Zöller/Geimer, ZPO, Art. 23 EuGVVO, Rn. 39 m. w. N. An der vertragsrechtlichen Qualifikation des Anspruchs bestehen keine Zweifel, da die dem Kläger erteilte exklusive Vertriebslizenz für Portugal gerade vor anderweitiger Konkurrenz im Inland schützen sollte.

[117] Kropholler, EuZPR, Art. 23 EuGVO, Rn. 69. Teilt man die Ansicht von *Costa e Silva*, dass die getroffene Prorogation im vorliegenden Fall gegen den Bestimmtheitsgrundsatz verstieß, so wäre das autonome portugiesische Recht (z. B. Art. 65 CPC) gleichwohl unanwendbar. Vielmehr wäre dann, infolge der Eröffnung des zeitlichen, sachlichen und räumlich-persönlichen Anwendungsbereichs des EuGVÜ, dessen Zuständigkeitssystem (insbesondere Art. 2, 5 EuGVÜ) anzuwenden gewesen, s. sogleich.

[118] EuGH 10.3.1992, Rs. 214/89 – „Powell Duffryn/Petereit" a. a. O. (Fn. 115); EuGH 3.7.1997, Rs. 269/95 – „Benincasa/Dentalkit", EuGHE 1997 I, S. 3767 = JZ 1998, S. 896 m.

Zuständigkeitsvereinbarung zu dem Ergebnis, dass eine von Art. 16 EuGVÜ abweichende Wahl eines Gerichts vorgenommen wurde, liegt ein Prorogationsverbot vor. Im zu entscheidenden Fall des Obersten Gerichtshofs wurde aber keine Klage erhoben, die unter den Klagenkatalog des Art. 16 EuGVÜ fiel. Vielmehr lag eine wirksame Gerichtsstandsvereinbarung zu Gunsten der Gerichte aus Isernia (Italien) vor. Diese waren für die Entscheidung über den Schadenersatzanspruch ausschließlich zuständig.
Der Oberste Gerichtshof übersah nicht nur den Vorrang des EuGVÜ, sondern ihm misslangen auch die Ausführungen zur internationalen Zuständigkeit nach dem autonomen Recht. Bestimmte das portugiesische Sachrecht nach dem einschlägigen Kollisionsrecht über die Frage der Auflösung des Handelsvertretervertrages, so führte dies nicht automatisch zur internationalen Zuständigkeit portugiesischer Gerichte.[119] Der Richter kann die Anwendung von portugiesischem Recht nicht mit allen Mitteln durchsetzen, begründet mit der Besorgnis, ausländische Gerichte werden aus seiner Sicht zwingendes portugiesisches Recht nicht anwenden. Unklar ist zudem, wie der Gerichtshof die Zuständigkeit portugiesischer Gerichte mit dem allgemeinen Gerichtsstand des Art. 2 EuGVÜ stützen wollte, da die italienische Gesellschaft ihren Sitz (Art. 53 EuGVÜ) in Italien und nicht in Portugal hatte. Ebenso schied der vom Gericht zitierte Art. 5 Nr. 3 EuGVÜ aus. Der EuGH urteilte nämlich, dass ein Anspruch auf Schadensersatz wegen missbräuchlicher Auflösung eines Handelsvertretervertrages vertraglicher Natur ist, „da ein solcher Anspruch seinen Grund in der Nichteinhaltung einer Vertragspflicht findet".[120] Die Schadenshaftung des Beklagten knüpfte demnach an einen Vertrag i. S. v. Art. 5 Nr. 1 EuGVÜ an.[121] Wäre die Gerichtsstandsvereinbarung zu Gunsten italienischer Gerichte unwirksam gewesen, so hätte der Oberste Gerichtshof Art. 5 Nr. 1 EuGVÜ begutachten müssen.

d) Fazit

Der Oberste Gerichtshof übersah den Vorrang des Art. 17 EuGVÜ. Die gleichzeitige Anwendung von autonomen Zuständigkeitsregeln und derjenigen des EuGVÜ ist auch in dieser Entscheidung zu beanstanden.

Anm. Mankowski = RIW 1997, S. 775 = EWS 1997, S. 270 = ZZP Int 1998, S. 225 m. Anm. Koch.

[119] Vgl. oben S. 18.

[120] EuGH 8.3.1988, Rs. 9/87 – „Arcado/Haviland", EuGHE 1988, S. 1539 = NJW 1989, S. 1424 = RIW 1988, S. 987 (L) m. Anm. Schlosser in: RIW 1989, S. 139 = IPRax 1989, S. 227, m. Anm. Mezger auf S. 207.

[121] Zu der Frage, ob die Fälle des vertraglichen Rücktritts unter Art. 5 Nr. 1 EuGVÜ/LugÜ/Brüssel I-VO fallen, s. S. 77.

5. Weitere Entscheidungen

a) Entscheidung des *Supremo Tribunal de Justiça* vom 23. April 1996[122]

Dieser Entscheidung des Obersten Gerichtshofs lag ein ähnlicher Sachverhalt zugrunde. Ein Kaufvertrag über verzinkte Metallbleche wurde vom Verkäufer, einer holländischen Gesellschaft, mangelhaft erfüllt. Der portugiesische Käufer weigerte sich, den Kaufpreis zu leisten und erhob in Portugal Klage auf vertraglichen Schadensersatz wegen Nichterfüllung. Die AGB des Verkäufers, die konstitutiver Vertragsbestandteil wurden[123], enthielten eine Klausel, wonach der Vertrag holländischem Recht unterliegt und holländische Gerichte ausschließlich zuständig sind. Der Oberste Gerichtshof prüfte zwar die Wirksamkeit der Gerichtsstandsvereinbarung zunächst nach Art. 99 CPC a.F., stellte anschließend aber fest, dass Art. 17 EuGVÜ der autonomen Norm vorgeht, was zu begrüßen ist.

b) Entscheidung des *Supremo Tribunal de Justiça* vom 23. September 1997[124]

Der in Portugal lebende und arbeitende Kläger erlitt in Maçon (Frankreich) einen Verkehrsunfall. Der Geschädigte wurde in einem französischen Krankenhaus behandelt. Ihm entstanden Arzt-, Medikamenten- und Transportkosten. Die körperlichen Verletzungen führten zu einer dauerhaften Minderung der Erwerbsfähigkeit des Klägers. Zudem konnte er seine Erwerbstätigkeit während der 3-jährigen Heilungsphase nicht ausüben. Dem Obersten Gerichtshof oblag die Prüfung der Zuständigkeit portugiesischer Gerichte für den Schadensersatzanspruch. Das Gericht wandte Art. 65 I c) CPC n.F. (Territorialprinzip) an und urteilte, dass die Folgen des Unfalls – soweit sie in die Zukunft wirkten – auf portugiesischem Territorium eingetreten sind; dies betreffe die wiederkehrenden Heilungskosten, die Arbeitsunfähigkeit während des Genesungszeitraumes und vor allem die eingetretene verminderte Erwerbsfähigkeit des Klägers. Insoweit hätten sich verschiedene Tatsachen, die zu dem Klagegrund i. S. v. Art. 65 I c) CPC n.F. gehören, auf portugiesischem Gebiet ereignet.[125] In der Urteilsbegründung nahm der Gerichtshof noch kurz auf das EuGVÜ und LugÜ Bezug: Die internationale Zuständigkeit portugiesischer Gerichte folge außerdem aus Art. 5 Nr. 3 EuGVÜ/LugÜ.[126] Er übersah den Vorrang der Übereinkommen.

---

[122] BMJ 456 (1996), S. 350-356: Metalcapote – Indústrias metalúrgicas, Lda. *gegen* Metalsider – Metais e Produtos Siderúrgicos Lda. und Hoogovens Ijunviden Verhoopkantoor BV.

[123] Zur Rechtswirkung des Schweigens auf das sog. „kaufmännische Bestätigungsschreiben" in diesem Fall vgl. S. 147.

[124] BMJ 469 (1997), S. 445-451: Euclides Domingues *gegen* Mutuelle Assurance des Instituteurs de France.

[125] Vgl. S. 101.

[126] Der Oberste Gerichtshof setzte sich hier über die Rechtsprechung des EuGH zu Art. 5 Nr. 3 EuGVÜ hinweg, s. unten S. 108.

6. Fortsetzung der Unregelmäßigkeiten in der neueren Rechtsprechung aus den Jahren 2003 und 2004

Der Vorrang des LugÜ und der Brüssel I-VO wurde in der **Entscheidung des *Berufungsgerichts Coimbra* vom 11. November 2003**[127] übersehen, die dem zuletzt erörterten Urteil des Obersten Gerichtshofs vom 23. September 1997 sehr ähnelt. Es finden sich auch im Jahr 2004 Urteile, welche den Anwendungsvorrang der Europäischen Zuständigkeitsordnungen missachteten. Ein Beispiel ist die **Entscheidung des *Tribunal da Relação de Lisboa* vom 20. Januar 2004**[128], in der ausschließlich Art. 99 CPC n.F. (Gerichtsstandsvereinbarung) geprüft wurde, obwohl der Anwendungsbereich von Art. 17 EuGVÜ[129] eröffnet war.

Am Ende dieses Rechtsprechungsberichts wird deutlich, dass es im Zeitraum 1992 bis 2006 kaum eine Entscheidung portugiesischer Gerichte gab, die im Geltungsbereich der Europäischen Zuständigkeitsordnungen nicht zugleich das autonome Recht heranzog.

---

[127] Rechtssache Nr. 2581/03, in: http://www.dgsi.pt; s. dazu S. 109.

[128] Rechtssache Nr. 9662/2003-1, in: http://www.dgsi.pt.

[129] Der zeitliche Anwendungsbereich der Brüssel I-VO gem. deren Art. 66 I war wohl noch nicht eröffnet.

C. Internationaler Sachverhalt als Anwendungsvoraussetzung?

I. Auslandsbezug bei Art. 2 ff. EuGVÜ/Brüssel I-VO und Art. 17 EuGVÜ (Art. 23 Brüssel I-VO)

Das Vorliegen eines Auslandsbezugs stellt keine gesonderte Anwendungsvoraussetzung der Art. 2 ff. EuGVÜ/Brüssel I-VO dar, sondern ist den internationalen Rechtsquellen immanent.[130] Ein „Sachverhalt mit Auslandsberührung" ist ein kaum zu handhabendes Kriterium.[131] Der jeweilige Rechtsanwender muss selbst darüber entscheiden, ob er die *internationale* Zuständigkeit problematisiert.[132] Dabei läuft niemand Gefahr, das Übereinkommen bzw. die Verordnung bei Inlandsfällen zur Bestimmung der örtlichen Zuständigkeit anzuwenden. In den Fällen, in denen die örtliche neben der internationalen Zuständigkeit mitgeregelt wird, wird stets ein Bezug zu einem anderen Vertrags- bzw. Mitgliedstaat ausdrücklich vorausgesetzt.[133] Nur bei Art. 17 EuGVÜ und Art. 23 Brüssel I-VO (Gerichtsstandsvereinbarungen) ist ein Auslandsbezug zu fordern, welcher aber weit zu fassen ist. Unstreitig erfassen die genannten Vorschriften keine Vereinbarungen, in denen beide Parteien im selben Vertrags- bzw. Mitgliedstaat ihren Wohnsitz haben und die örtliche Zuständigkeit eines Gerichts dieses Staates vereinbaren, ohne dass darin eine internationale Zuständigkeitsvereinbarung zu sehen ist.[134] Erforderlich ist ein Auslandsbezug, der aber keineswegs zu einem anderen Vertrags- bzw. Mitgliedstaat weisen muss.[135] Der Auslandsbezug kann darin bestehen, dass eine nach dem EuGVÜ bzw. der Brüssel I-VO bestehende internationale Zuständigkeit der Gerichte eines anderen Vertrags- bzw. Mitgliedstaats derogiert wird, der zweite Vertragspartner seinen Wohnsitz in einem anderen Vertrags- bzw. Mitgliedstaat oder Drittstaat hat, das vereinbarte Gericht

---

[130] So auch Rauscher, IPR, S. 346.

[131] Kropholler, EuZPR, vor Art. 2 EuGVO, Rn. 8; Rauscher, IPR, S. 346; es entspricht dem Anliegen, innerhalb der Gemeinschaft den Rechtsschutz der dort ansässigen Personen zu verstärken und insbesondere der Waren- und Personenverkehrsfreiheit zu dienen, das Übereinkommen und nun die Verordnung in der vollen Reichweite ihres Wortlauts anzuwenden.

[132] Fehlt nach dem Übereinkommen bzw. der Verordnung etwa die internationale Zuständigkeit portugiesischer Gerichte, so wird man die Anwendung derselben nicht mit dem Argument abwenden können, es liege ein „reiner Inlandsfall" vor. Ein „reiner Inlandssachverhalt" würde nämlich alle zuständigkeitsbegründenden Merkmale wie z. B. den Beklagtenwohnsitz des Art. 2 I EuGVÜ/Brüssel-I VO an sich ziehen.

[133] Vgl. z. B. Art. 5 EuGVÜ/Brüssel I-VO „Eine Person, die ihren Wohnsitz in dem Hoheitsgebiet eines Vertragsstaats [Mitgliedstaats] hat, kann in einem anderen Vertragsstaat [Mitgliedstaat] verklagt werden:..".; weitere Fälle: Art. 8 I Nr. 2, 3 EuGVÜ/Art. 9 I b), c) Brüssel I-VO; Art. 19 Nr. 2 Brüssel I-VO.

[134] Vgl. Siehr, IPR, S. 128; Zöller/Geimer, ZPO, Art. 23 EuGVVO, Rn. 10; Schack, IZVR, Rn. 464; Rauscher, IPR, S. 379; Teixeira de Sousa, DPCE, S. 91. S. auch Lebre de Freitas/Pinto/Redinha, CPC Anotado I, S. 178.

[135] So auch Hauschild, Gerichtsstandsvereinbarungen in Spanien und Portugal (1995), S. 201.

in einem anderen Vertrags- bzw. Mitgliedstaat belegen ist[136] oder sich die Auslandsberührung aus dem Sachverhalt ergibt (z. B. zwei in Portugal ansässige Unternehmen vereinbaren die Zuständigkeit des Amtsgerichts Porto für Streitigkeiten aus einem Vertrag über den Transport von Portwein nach Deutschland).[137]

II. Portugiesische Rechtsprechung

1. Art. 2 ff. EuGVÜ/Brüssel I-VO

In der **Entscheidung des *Tribunal da Relação de Lisboa* vom 24. April 1997**[138] prüfte das Gericht die internationale Zuständigkeit portugiesischer Gerichte anhand des Beklagtenwohnsitzmerkmals. Die Anwendung von Art. 2 I EuGVÜ setze eine „internationale Fragestellung" voraus. In den Fällen, in denen die Gerichte am Wohnsitz des Beklagten nach dem Übereinkommen zuständig sind, liege eine internationale Fragestellung vor, wenn die Parteien ihren Wohnsitz in unterschiedlichen Vertragsstaaten haben.[139] Diese Auffassung ist zu eng: Fordert man, entgegen der hier vertretenen Meinung, eine Auslandsberührung zu einem weiteren Vertrags- bzw. Mitgliedstaat, so müsste ein ausreichender Auslandsbezug beispielsweise schon dann gegeben sein, wenn zwar beide Parteien in Portugal ihren Wohnsitz haben, es sich aber bei dem Beklagten um einen Ausländer handelt. Dann käme nämlich der in Art. 2 II EuGVÜ/Brüssel I-VO ausgestellte Grundsatz der Gleichbehandlung zur Anwendung.[140] In einem weiteren **Urteil vom 7. November 1996**[141] ist das ***Berufungsgericht Lissabon*** auf den internationalen Charakter des Falles eingegangen und stellte fest, dass eine Verbindung des Sachverhalts zu zwei Vertragsstaaten des EuGVÜ bestand; Ähnliches ist in dem neueren **Urteil des *Berufungsgerichts Lissabon* vom 18. Dezember 2001**[142] zu konstatieren. Dort waren sogar zwei Vertragsstaaten des EuGVÜ (Portugal als Forumstaat und England als Sitz des Beklagten) und ein Drittstaat (Brasilien als Sitz des Klägers) beteiligt. Schließlich ist das **Urteil des *Supremo***

[136] Vgl. Droz, Compétence judiciaire et effets des jugements dans le Marché Commun (1972), S. 129 ff.; Zöller/Geimer, ZPO, Art. 23 EuGVVO, Rn. 12; von Hoffmann, RIW/AWD 1973, S. 57-64 (63); Aull, Der Geltungsanspruch des EuGVÜ: „Binnensachverhalte" und Internationales Zivilverfahrensrecht in der Europäischen Union (1996), S. 125 ff.; Benecke, Die teleologische Reduktion des räumlich-persönlichen Anwendungsbereichs von Art. 2 ff. und Art. 17 EuGVÜ (1993), S. 82 und 91; zu eng dagegen Teixeira de Sousa/Moura Vicente, Comentário, S. 120, die die Wahl eines Gerichts eines Vertragsstaates, der nicht mit dem Staat übereinstimmt, wo sich die „konstitutiven Elemente der zugrundeliegenden Vertragsbeziehung" befinden, aus dem Anwendungsbereich des Art. 17 EuGVÜ herausnehmen.

[137] Vgl. von Hoffmann, IPR, § 3, Rn. 244 und Rauscher, IPR, S. 380.

[138] CJ, Ano XXII, Tomo II, 1997, S. 119-120: Societé Bancaire de Paris, S. A. *gegen* Filipe Rocha und Ehefrau Maria da Conceição Rocha.

[139] So auch Teixeira de Sousa/Moura Vicente, Comentário, S. 24.

[140] Vgl. Jenard in: ABl. EG 1979 Nr. C 59/1 (S. 19).

[141] CJ, Ano XXI, Tomo V, 1996, S. 85-88: Trenkamp & Gehle GmbH *gegen* G. Reinke Lda.

[142] CJ, Ano XXVI, Tomo V, 2001, S. 124-126: Noronha-Advogados *gegen* The Boots Company PLC; s. zu dieser Entscheidung S. 87.

***Tribunal de Justiça* vom 12. Juni 1997**[143] zu vermerken, das ausdrücklich auf die (vermeintliche) Anwendungsvoraussetzung eines „international-privatrechtlichen Streites" im Rahmen des Anwendungsbereichs der Art. 2 ff. EuGVÜ eingegangen ist. Der Oberste Gerichtshof zitierte den Autor *Baptista Machado*[144]: „Ein international-privatrechtlicher Streit liegt vor, wenn ein Rechtsstreit, der aus einem privaten Rechtsverhältnis hervorgeht, mit Rechtsordnungen verschienener Staaten in irgendeiner Weise verbunden oder der dem Forumstaat zumindest fremd ist". Auf den ersten Blick verbirgt diese weit gefasste Definition wenigstens nicht die Gefahr, dass der räumliche Anwendungsbereich der Art. 2 ff. EuGVÜ/Brüssel I-VO zu sehr eingeschränkt wird. Andererseits ist sie wenig griffig. Die nahezu unmögliche Definierbarkeit eines „internationalen Streits" ist eine der Hauptgründe gegen eine derartige Voraussetzung.

2. Art. 17 EuGVÜ (Art. 23 Brüssel I-VO)

Die portugiesischen Gerichte sind bislang nicht auf die (unstreitige) Voraussetzung eines Auslandsbezugs im Rahmen von Art. 17 EuGVÜ (Art. 23 Brüssel I-VO) eingegangen. Das war auch nicht erforderlich, da in den Fällen, in denen Gerichtsstandsvereinbarungen vorkamen, die Vertragsparteien stets in unterschiedlichen Vertragsstaaten des EuGVÜ ansässig waren. Ein hinreichender Auslandsbezug lag somit vor. Die vor dem EuGH-Urteil „Group Josi"[145] und Inkrafttreten der Brüssel I-VO verbreitete Meinung[146], dass durch die Gerichtsstandsvereinbarung die Zuständigkeit der Gerichte eines Vertragsstaates begründet und gleichzeitig eine nach den sonstigen Regeln des europäischen Zivilprozessrechts gegebene Zuständigkeit ausgeschlossen werden müsse, hat im portugiesischen Schrifttum und Rechtsprechung keinen Anklang gefunden.[147] Diese Meinung schränkt den Anwendungsbereich des Art. 17 EuGVÜ (Art. 23 Brüssel I-VO) nicht nur zu sehr ein, sondern erweist sich auch in der Praxis als untauglich. Der jeweilige Richter müsste, allein um die Vorfrage der Anwendbarkeit des Art. 17 EuGVÜ/Art. 23 Brüssel I-VO zu klären, den gesamten Sachverhalt anhand der Art. 5 ff. überprüfen.[148]

---

[143] CJ-STJ, Ano V, Tomo II, 1997, S. 122-126: Trenkamp & Gehle GmbH *gegen* G. Reinke Lda., auch veröffentlicht in: BMJ 468 (1997), S. 325-334; vgl. zu dieser Entscheidung auch S. 43 und 144.

[144] La compétence Internationale en Droit Portugais, in: Obra Dispersa I, S. 711-729 (711).

[145] EuGH 13.07.2000, Rs. 412/98 – „Group Josi Reinsurance/Universal General Insurance", EuGHE 2000 I, S. 5925 = NJW 2000, S. 3121 = IPRax 2000, S. 520 m. Anm. A. Staudinger auf S. 483 = EurLForum 2000, S. 49 m. Anm. Geimer.

[146] Thomas/Putzo/Hüßtege, ZPO (22. Auflage 1999), Art. 17 EuGVÜ, Rn. 2; Samtleben, NJW 1974, S. 1590-1596 (1593); Schack, IZVR, Rn. 464.

[147] Vgl. Ferreira da Rocha, RDE 1987, S. 161-234 (221).

[148] Ferreira da Rocha, a. a. O (Fn. 147); Kropholler, EuZPR, Art. 23 EuGVO, Rn. 7.

D. Das Konkurrenzverhältnis zwischen dem LugÜ und EuGVÜ bzw. der Brüssel I-VO

Dem Brüsseler Übereinkommen in der Fassung des 1. Beitrittsübereinkommens von 1978 gehörten neun EG-Staaten[149] an, als in Lugano (Schweiz) am 16. September 1988 zwischen den Mitgliedstaaten der EG und denen der „European Free Trade Association" (EFTA) ein Übereinkommen ausgehandelt wurde, das sich inhaltlich weitgehend an das EuGVÜ anlehnte. Ein solches „Parallelabkommen" war erwünscht, da andere Europäische Staaten, die nicht Mitglieder der EG waren bzw. sind, ebenfalls einem einheitlichen Zuständigkeits-, Anerkennungs- und Vollstreckungssystem beitreten wollten. Der Beitritt zum Brüsseler Übereinkommen ist nämlich gem. Art. 63 EuGVÜ an die Mitgliedschaft in der EG geknüpft.[150] Dies liegt insbesondere darin begründet, dass dem EuGH als Organ der EG eine beherrschende Stellung bei der Auslegung des EuGVÜ (und der Brüssel I-VO) eingeräumt wird.[151] Vertragsstaaten des LugÜ waren zunächst die damaligen zwölf EG-Staaten und sechs EFTA-Staaten (Finnland, Island, Norwegen, Österreich, Schweden und die Schweiz).[152] Nach Art. 62 steht das LugÜ weiteren Staaten auf Einladung eines Vertragsstaates offen.[153] Nach Erlass der Brüssel I-VO gilt das LugÜ, wie vor dem Erlass der EG-Verordnung, unverändert fort.[154] Das LugÜ, EuGVÜ und die Brüssel I-VO gelten also grundsätzlich unabhängig voneinander.

I. Portugal und das Lugano-Übereinkommen

Portugal ist dem LugÜ zeitgleich mit dem Beitritt zum EuGVÜ von 1989 am 1. Juli 1992 beigetreten, während das LugÜ Deutschland erst seit dem 1. März 1995 bindet.[155] Den Gerichten oblag es fortan festzustellen, welche der beiden Rechtsquellen für die konkrete Falllösung anzuwenden war.[156] Der Richter hat

---

[149] Deutschland, Belgien, Frankreich, Italien, Luxemburg, Niederlande, Dänemark, Irland und das Vereinigte Königreich.

[150] Die Brüssel I-VO gilt als EG-Verordnung i. S. v. Art. 249 EGV naturgemäß auch nur in den Mitgliedstaaten der EG.

[151] MünchKomm/Gottwald, Art. 54b LugÜ, Rn. 1; zu dem Vorabentscheidungsverfahren s. oben S. 3.

[152] Die früheren Vertragsstaaten Dänemark, Finnland, Vereinigtes Königreich, Österreich, Portugal und Schweden sind inzwischen EU-Mitglieder. Das LugÜ gilt nicht für den EFTA-Staat Liechtenstein, s. Jayme/Kohler, IPRax 2002, S. 461-471 (469).

[153] Zum Beispiel ist am 1.2.2000 Polen auf Einladung der niederländischen Regierung dem Übereinkommen beigetreten. Zum Beitritt Polens s. Martiny/Ernst, IPRax 2001, S. 29-31. Zum Beitritt der Tschechischen Republik und Ungarns s. Jayme/Kohler, IPRax 2000, S. 454-465 (462 f.); dies., IPRax 2001, S. 501-514 (510).

[154] Vgl. etwa von Hoffmann, IPR, § 3, Rn. 187; Moura Vicente, Scientia Iuridica 2002, S. 347-379 (377).

[155] BGBl. 1995 II, S. 221.

[156] Mit der Frage des Verhältnisses des EuGVÜ bzw. Brüssel I-VO/LugÜ müssen sich vor allem die Gerichte der Vertragsstaaten des EuGVÜ bzw. nun Mitgliedstaaten der Brüssel I-VO auseinandersetzen, da nur sie zu unterscheiden haben, welche Rechtsquelle anwendbar ist,

in seinem Urteil anzugeben, auf welchen Rechtsgrundlagen seine Entschlüsse beruhen.[157] Die Übereinkommen weisen gewichtige Unterschiede auf, die sich auf die Falllösung auswirken können.[158] Das Konkurrenzverhältnis zwischen dem EuGVÜ und LugÜ wird durch Art. 54b LugÜ geregelt.[159] Das EuGVÜ in der Fassung von 1989 enthielt keine dem Art. 54b LugÜ entsprechende Konkurrenznorm.[160] Dies gilt gleichermaßen für die aktuelle Fassung des EuGVÜ von 1996. Für die Mitgliedstaaten i.S.v. Brüssel I-VO gilt Art. 54b LugÜ gem. Art. 68 II Brüssel I-VO nunmehr als Verweis auf die Verordnung.[161]

II. Art. 54b LugÜ

Nach Art. 54b LugÜ hat für EuGVÜ-Vertragsstaaten grundsätzlich das EuGVÜ in der unter ihnen jeweils geltenden Fassung Vorrang, soweit nicht eine der in Art. 54b II aufgeführten *Ausnahme*regelungen eingreift, denen zufolge das LugÜ „in jedem Fall" anzuwenden ist. Dies gilt ebenso für die Mitgliedstaaten der Brüssel I-VO. Hervorzuheben ist Art. 54b II a) und c) LugÜ, deren Normen in den zu besprechenden Entscheidungen portugiesischer Gerichte bestimmend waren.[162] Im Rahmen der Konkurrenznorm des Art. 54b LugÜ ist wie bei der intertemporalen Vorschrift des Art. 54 LugÜ/EuGVÜ[163] streng zwischen der internationalen Zuständigkeit und der Anerkennung und Vollstreckung ausländischer Entscheidungen zu differenzieren.

---

während die Gerichte der EFTA-Staaten das EuGVÜ bzw. die Brüssel I-VO grundsätzlich nicht zu beachten haben.

[157] Dieses Erfordernis kann sich in Portugal aus Art. 659 II CPC (Anforderungen an das Urteil) und in Deutschland aus § 313 ZPO (Form und Inhalt des Urteils) ergeben.

[158] Im Verhältnis zur aktuellen Fassung des EuGVÜ von 1996 (4. Beitrittsabkommen) beinhaltet das LugÜ inhaltliche Abweichungen, vgl. Art. 5 Nr. 1; 16 Nr. 1 b); Art. 17 V; Art. 54 b III und 57 IV LugÜ. Zu den einzelnen Divergenzen des LugÜ im Verhältnis zur Brüssel I-VO, vgl. Kropholler, EuZPR, Einl., Rn. 59-66.

[159] S. etwa Linke, IZPR, Rn. 125; Schack, IZVR, 110; Aull, Der Geltungsanspruch des EuGVÜ: „Binnensachverhalte" und Internationales Zivilverfahrensrecht in der Europäischen Union (1996), S. 40 f.; Ferrer Correia, Lições DIP I, S. 494; Teixeira de Sousa/Moura Vicente, Comentário, S. 55 f.; Lima Pinheiro, DIP, Volume III, S. 46 f. und 273.

[160] Art. 55 EuGVÜ in der Fassung des 3. BeitrittsÜb. 1989 griff nicht ein, denn das LugÜ ist dort nicht aufgeführt. Da das LugÜ nicht auf einzelne zivil- und handelsrechtliche Spezialmaterien beschränkt ist, fiel es auch nicht unter Art. 57 EuGVÜ. Der Cruz/Real/Jenard – Bericht, ABl. EG, Nr. 189 vom 26.07.1990, S. 35-55 (39 f.) verweist ausdrücklich auf Art. 54b LugÜ.

[161] Vgl. etwa Kropholler, EuZPR, Einl., Rn. 67; Teixeira de Sousa, in: Estudos de Homenagem à Professora Doutora Isabel de Magalhães Collaço II, S. 674-691 (684).

[162] Art. 54b II b) LugÜ betrifft die Regeln über Rechtshängigkeit (Art. 21 LugÜ/EuGVÜ bzw. 27 Brüssel I-VO) und im Zusammenhang stehende Verfahren (Art. 22 LugÜ/EuGVÜ bzw. 28 Brüssel I-VO) und Art. 54b III LugÜ den eher seltenen Fall, dass sich die Zuständigkeitsgründe des EuGVÜ und LugÜ unterscheiden, s. zur restriktiven Auslegung dieses dritten Absatzes, Kropholler, EuZPR, Art. 35 Rn. 17 f.; MünchKomm/Gottwald, Art. 54b LugÜ, Rn. 5-7; Trunk, Die Erweiterung des EuGVÜ-Systems am Vorabend des Europäischen Binnenmarktes (1991), S. 58-60.

[163] So wie auch bei den Übergangsbestimmungen der einzelnen Beitrittsübereinkommen, s. unten S. 193.

1. Art. 54b II a) LugÜ

Die (direkte) internationale Zuständigkeit bestimmt sich gem. Art. 54b II a) nach dem LugÜ und nicht nach dem EuGVÜ bzw. der Brüssel I-VO, falls der Beklagte seinen Wohnsitz in einem LugÜ-Vertragsstaat[164] hat oder, wenn die Gerichte eines solchen Staates aufgrund der Art. 16 (ausschließliche Zuständigkeiten) oder 17 (Vereinbarung über die Zuständigkeit) LugÜ zuständig sind.

2. Art. 54b II c) LugÜ

Die Anerkennung und Vollstreckung richtet sich gem. Art. 54b II c) nach dem LugÜ, wenn entweder der Urteilsstaat *oder* der Vollstreckungsstaat ein LugÜ-Vertragsstaat ist.[165]

Für Vertragsstaaten des EuGVÜ und Mitgliedstaaten der Brüssel I-VO wie es zum Beispiel Deutschland und Portugal sind gilt somit: Wenn es um die Beurteilung der internationalen Zuständigkeit der eigenen Gerichte geht, wendet man das EuGVÜ bzw. die Brüssel I-VO oder das LugÜ an, je nachdem in welchem Staat der Beklagte seinen Wohnsitz hat. Hat der Beklagte seinen Wohnsitz in einem EuGVÜ bzw. EG-Staat, wird das LugÜ verdrängt. Liegt der Beklagtenwohnsitz dagegen in der Schweiz, Polen, Norwegen oder Island, wird das EuGVÜ bzw. die Brüssel I-VO verdrängt. Verweist Art. 16 I–V LugÜ auf das Territorium eines der genannten vier Staaten oder wurde wirksam die (ausschließliche[166]) Zuständigkeit eines diesen Staaten angehörigen Gerichts nach Art. 17 LugÜ vereinbart, so ist das LugÜ anzuwenden. Steht die Anerkennung einer ausländischen Entscheidung an, ist das EuGVÜ bzw. die Brüssel I-VO einschlägig, wenn die Entscheidung aus einem EuGVÜ bzw. EU-Staat herrührt. Stammt die Entscheidung dagegen aus der Schweiz, Polen, Norwegen oder Island, ist das LugÜ anzuwenden. Seit dem 1.5.2004 gehört Polen der EU und der EG an, so dass die Brüssel I-VO seit diesem Datum auch für Polen gilt.[167]

---

[164] Beachte: Gemeint sind nur die Lugano-Staaten, die nicht zugleich dem EuGVÜ bzw. der Brüssel I-VO angehören. Dies sind namentlich die Schweiz, Polen, Norwegen und Island. Gleiches ist bei Art. 54 II c) LugÜ zu berücksichtigen.

[165] Zu der Frage, ob die sog. indirekte Zuständigkeit – die ausnahmsweise bei Art. 28 EuGVÜ bzw. 35 Brüssel I-VO überprüft werden kann – unter Art. 54b II c) oder a) LugÜ fällt, s. Trunk, Die Erweiterung des EuGVÜ-Systems am Vorabend des Europäischen Binnenmarktes (1991), S. 77 f.

[166] Art. 17 I LugÜ/EuGVÜ sieht im Gegensatz zu Art. 99 II 2. Teil CPC n.F. (s. hierzu S. 133) eine ausschließliche Zuständigkeit des prorogierten Gerichts vor, s. Kropholler, EuZPR (6. Auflage 1998), Art. 17 EuGVÜ, Rn. 96. Art. 23 Brüssel I-VO, der nun eine Zweifelsregelung enthält „...ausschließlich zuständig, sofern die Parteien nichts anderes vereinbart haben" lässt neben der Ausschließlichkeitsvermutung eine Auslegung zu. Ob eine ausschließliche Zuständigkeit vorliegt, wird im Rahmen von § 38 ZPO ebenfalls durch Auslegung ermittelt, s. Zöller/Vollkommer, § 38 ZPO, Rn. 2; Geimer, IZPR, Rn. 1736.

[167] Seit dem 1.5.2004 gehören der EU und der EG insgesamt 25 Staaten an. Neu beigetreten sind Estland, Lettland und Litauen sowie Polen, Tschechien, die Slowakei, Slowenien, Ungarn, Malta und Zypern. Damit hat sich die EU-Bevölkerung um 75 Millionen auf annähernd 450 Millionen EU-Bürger vergrößert. Das in den verschiedenen, auf Art. 65 EG gestützten Verordnungen niedergelegte Europäische Zivilverfahrensrecht gilt in allen EU-Staaten (mit

III. Portugiesische Rechtsprechung

1. Entscheidung des *Tribunal da Relação de Coimbra* vom 14. Dezember 1993[168]

a) Sachverhalt

Das Amtsgericht München hat am 17. Dezember 1991 einen in Portugal ansässigen Beklagten verurteilt, einem deutschen Ehepaar eine Geldforderung in Höhe von ca. 5000 DM aus einem Mietvertrag zu zahlen. Am 14. Juli 1993 wurde vor dem Berufungsgericht Coimbra die Anerkennung und Vollstreckung der Münchener Entscheidung beantragt.

b) Gerichtliche Entscheidung

Das Berufungsgericht Coimbra befasste sich mit der Frage seiner Zuständigkeit im Hinblick auf die Vollstreckbarerklärung des deutschen Urteils. Gem. 32 I LugÜ sei nicht die „Relação" (Berufungsgericht), sondern das „Tribunal judicial de Circulo" (Kreisgericht) das für die Vollstreckung zuständige Gericht.[169] Deshalb sei der Antrag auf Vollstreckung vor dem Kreisgericht Aveiro einzureichen. Da zu dieser Zeit aber noch kein Kreisgericht in Aveiro existierte, hielt das Gericht das Amtsgericht Aveiro so lange für die Vollstreckungsanträge zuständig, bis ein Kreisgericht i. S. v. Art. 32 LugÜ in Aveiro errichtet wird.[170] Der Rechtsstreit wurde sodann an das Amtsgericht Aveiro verwiesen.

c) Bewertung

Das Berufungsgerichts Coimbra hätte zuerst beurteilen müssen, welche internationalen Übereinkommen für die Vollstreckung in Betracht kamen. Im Zeitraum der Antragsstellung im Jahr 1993 war das LugÜ und EuGVÜ für Portugal seit dem 1. Juli 1992 in Kraft. Die Anerkennung und Vollstreckung hätte sich zum maßgeblichen Zeitraum gem. Art. 54b II c) nach dem LugÜ richten können, wenn Urteilsstaat ein LugÜ-Vertragsstaat war, der nicht dem EuGVÜ in der Fassung des 3. BeitrittsÜb. 1989 angehörte; das waren 1993 Finnland, Schwe-

---

Ausnahme Dänemarks) und daher seit dem 1.5.2004 auch für die neu beigetretenen Staaten. Am 1.1.2007 sind Bulgarien und Románien der EG beigetreten.

[168] CJ, Ano XVIII, Tomo V, 1993, S. 51-52: Adolf Burger *gegen* Alexandre Casal (oder Alexandre Baumann Casal). Zu den intertemporalen Fragen in dieser Entscheidung s. S. 205.

[169] Die „Relações" (=Berufungsgerichte) sind gem. Art. 37 I, 40 I LugÜ/EuGVÜ bzw. Art. 43 II i. V. m. Anhang III Brüssel I-VO nur für die dort vorgesehen Rechtsbehelfsverfahren zuständig.

[170] Zustimmend zu dieser „Übergangszuständigkeit" der Amtsgerichte: Moura Ramos, „Portugal", in: European Case Law on the Judgments Convention, S. 795-811 (807); ablehnend: Montalvão Machado, Separata especial da Scientia Iuridica 45 (1996) S. 15. Nach Art. 39 I i. V. m. Anhang II Brüssel I-VO ist der Antrag auf Vollstreckbarerklärung in Portugal nun an das „Tribunal de Comarca" (=Amtsgericht) zu richten; dies ist eine Folge der Auflösung der „Tribunais do Círculo" in Portugal, vgl. Art. 60 I a) des DL Nr. 186-A/99 vom 31. Mai und BGBl. 2000 II, S. 1247.

den, Norwegen und die Schweiz. Die zu vollstreckende Entscheidung stammte jedoch aus Deutschland. Demzufolge konnte nur das EuGVÜ eingreifen, dessen zeitlicher Anwendungsbereich im vorliegenden Fall aber nicht eröffnet war, s. unten S. 205. Unklar ist, ob das Berufungsgericht Coimbra das Inkrafttreten des EuGVÜ für Portugal übersehen hat oder von der irrigen Vorstellung ausgegangen war, dass es gleichgültig sei, das EuGVÜ oder LugÜ, wegen ihres nahezu identischen Aufbaus, der Artikelfolge und des Wortlauts, anzuwenden.[171]

d) Fazit

Das Berufungsgericht Coimbra hätte den räumlichen Anwendungsbereich des LugÜ nach Art. 54b II c) LugÜ scheitern lassen müssen. Zudem war der intertemporale Anwendungsbereich des EuGVÜ nach Art. 29 des 3. BeitrittsÜb. 1989 nicht eröffnet (s. unten S. 206). Vielmehr war das autonome internationale Anerkennungs- und Vollstreckungsrecht gem. Art. 45 ff., 1094 ff. CPC a.F. einschlägig. Nach Art. 1095 CPC wäre das Berufungsgericht für die Urteilsanerkennung zuständig gewesen.[172] Es handelt sich hierbei um eine der einzigen Entscheidungen portugiesischer Gerichte, in der irrtümlicherweise nicht das autonome Recht angewandt worden ist. Meist verhält es sich genau kontrovers: Das autonome Recht wird angewandt, obwohl es bei richtiger Rechtsanwendung durch die Europäischen Zuständigkeitsordnungen verdrängt worden wäre.

2. Entscheidung des *Tribunal da Relação de Coimbra* vom 12. Juli 1994[173]

a) Sachverhalt

Eine französische Bank erhob in Frankreich eine Klage gegen einen portugiesischen Bauunternehmer. Die Hauptverhandlung fand am 14. November 1991 statt. Der Bauunternehmer wurde am 9. Januar 1992 zur Zahlung mehrerer Geldbeträge verurteilt. Zum Zeitpunkt des Urteilserlasses hatte der Kläger seinen Geschäftssitz und der Beklagte seinen Wohnsitz in Frankreich. Am 18. November 1993 stellte die obsiegende Klägerpartei in Portugal vor dem Berufungsgericht Coimbra einen Antrag auf Anerkennung des französischen Urteils.

b) Gerichtliche Entscheidung

Das Gericht zitierte ein Gutachten der Staatsanwaltschaft, welches für die vorliegende Falllösung die Anwendung des LugÜ vorsah. Darauf folgten verschiedene Bemerkungen zum LugÜ und EuGVÜ. Diese waren allgemeiner Art, insbesondere über den Sinn und Zweck des LugÜ. Das Berufungsgericht führte aus, dass das LugÜ unter Berücksichtigung des EuGVÜ gegründet worden ist. Das LugÜ verfolge das Ziel, die Grundsätze des EuGVÜ auf die Staaten der

[171] Tavares de Sousa, in: Jayme, Erik (Hrsg.), Das Recht der lusophonen Länder, S. 29-41 (31 f.).
[172] S. unten S. 168.
[173] CJ, Ano XIX, Tomo IV-V, 1994, S. 28-30: Banque Franco – Portugaise S.A. *gegen* Pedro Severo Lopes.

EWG zu erweitern. Bei der Schilderung der Aufgabe des Lugano-Übereinkommens einen „einheitlichen Markt von Gerichtsurteilen“ zu etablieren, zitierte das Berufungsgericht Coimbra einen Aufsatz über das EuGVÜ des Autors *João de Mota Campos*.[174] Laut dem Berufungsgericht galten die Kommentierungen zum EuGVÜ gleichermaßen für das LugÜ. Außerdem sei zwar Frankreich, nicht aber Portugal Vertragsstaat des Brüsseler-Übereinkommens. Abschließend stellte das Berufungsgericht Coimbra fest, dass nicht das Berufungsgericht, sondern das Kreisgericht gem. Art. 32 LugÜ für den Anerkennungsantrag zuständig ist.

c) Bewertung

Entgegen der Überzeugung des Berufungsgerichts trat das EuGVÜ in seiner ursprünglichen Fassung vom 27. September 1968 am 1. Februar 1973 zwischen den damaligen EWG-Mitgliedstaaten in Kraft.[175] Das Lugano-Übereinkommen von 1988 verfolgte hingegen eine Ausweitung des Systems der erleichterten Anerkennung von Urteilen auf die EFTA-Staaten, die nicht der EG angehörten.[176] Die Behauptung, dass Portugal im Jahr 1994 nicht Vertragsstaat des EuGVÜ gewesen ist, ist zudem unverständlich.[177] Zum einen zitierte das Gericht einen Aufsatz zum EuGVÜ, in dem der Autor *João de Mota Campos* auf Seite 91 den bevorstehenden Beitritt Spaniens und Portugals bekannt gibt, zum anderen ist das LugÜ und EuGVÜ für Portugal am 1. Juli 1992 zeitgleich in Kraft getreten.

d) Fazit

Da das Berufungsgericht Coimbra das EuGVÜ von vornherein aus seiner Prüfung ausschloss, wurde Art. 54b LugÜ nicht angesprochen. Ein Konkurrenzverhältnis zwischen den beiden Übereinkommen hat sich so nicht ergeben können, obwohl das LugÜ vom EuGVÜ gem. Art. 54b II c) LugÜ verdrängt worden wäre. Zu den intertemporalen Fragen in dieser Entscheidung s. unten S. 207.

3. Entscheidung des *Tribunal da Relação do Porto* vom 27. Februar 1995[178]

a) Sachverhalt

Ein portugiesischer Emigrant hat am 15. Oktober 1993 in Frankreich ein Gerichtsurteil erstritten. Der Beklagte, ein ehemaliger Arbeitgeber des Klägers,

---

[174] DDC (BMJ) 22 (1985, erschienen 1986), S. 75-235.

[175] Dies waren folgende Länder: Belgien, Frankreich, Italien, Luxemburg, Niederlande und die Bundesrepublik Deutschland.

[176] Man spricht nicht mehr von der EWG, sondern von den Europäischen Gemeinschaften (EG). Das „W“ ist im Maastrichter Unionsvertrag vom 7.2.1992 (Sart. II Nr. 152) gestrichen worden.

[177] Tavares de Sousa, in: Jayme, Erik (Hrsg.), Das Recht der lusophonen Länder, S. 29-41 (34); Moura Ramos, in: European Case Law on the Judgments Convention, S. 795-811 (811).

[178] CJ, Ano XX, Tomo I, 1995, S. 229-330: José de Castro *gegen* „Sociedade Prestasals” von Fernando Martins.

wurde verurteilt, ihm ein geschuldetes Monatsentgelt zu zahlen und verschiedene Bescheinigungen, unter anderem ein Arbeitszeugnis, auszustellen. Zum Zeitpunkt der Klageerhebung vor dem französischen Gericht wohnten die Parteien in Frankreich. Der Kläger stellte vor dem Berufungsgericht Porto einen Antrag auf Anerkennung und Vollstreckung der französischen Entscheidung. Zum Zeitpunkt des Urteilserlasses des Berufungsgerichts wohnte der Kläger in Portugal. Der Vollstreckungsgegner wandte ein, dass der sachliche Anwendungsbereich des LugÜ bei Streitigkeiten, die aus einem Arbeitsvertrag hervorgehen, nicht eröffnet ist, da das LugÜ Arbeitsverträge nicht ausdrücklich erwähnt. Daraus folge, dass das Berufungsgericht gem. Art. 1095 CPC zuständig sei und nicht, wie es Art. 32 LugÜ vorsehe, das Kreisgericht.

b) Gerichtliche Entscheidung

Das Berufungsgericht ging nicht auf das EuGVÜ ein, sondern hielt das LugÜ für anwendbar. Das Gericht betonte, dass aus einem Arbeitsvertrag hervorgehende Streitigkeiten sehr wohl unter das LugÜ fallen. Dies ergebe sich aus dem Urteil des EuGH vom 13. November 1979 „Sanicentral/Collin" in Bezug auf das Brüsseler Übereinkommen[179] und aus Art. 3 und 5 Nr. 1 LugÜ. Demzufolge sei das Kreisgericht für die Anerkennung und Vollstreckung nach Art. 32 LugÜ zuständig.

c) Bewertung

In der Entscheidung des Berufungsgerichts Porto unterblieben jegliche Ausführungen zu Art. 54b LugÜ und zu intertemporalen Fragen.[180] Die zu vollstreckende Entscheidung hätte aus der Schweiz, Norwegen, Schweden oder Finnland stammen müssen, um das LugÜ anwenden zu können (Art. 54b II c) LugÜ). Frankreich ist seit dem 1. Februar 1992 Vertragsstaat des EuGVÜ in der Fassung des 3. BeitrittsÜb. 1989. Insoweit wäre der Anwendungsbereich des EuGVÜ zu prüfen gewesen.[181] Auffallend ist, dass das Berufungsgericht bei der Zitierung des EuGH ausdrücklich erklärte, dass dessen Entscheidung das EuGVÜ und nicht das LugÜ betrifft. Das Gericht bemühte sich aber nicht, das Verhältnis der Übereinkommen zueinander darzulegen.

---

[179] Rs. 25/79, EuGHE 1979, S. 3423 = NJW 1980, S. 1218 (L) = RIW 1980, S. 285.

[180] Das ***Tribunal da Relação do Porto*** fällte am **13. Februar 1996** eine sehr ähnliche Entscheidung, in der das Berufungsgericht auf seine Entscheidung vom 27. Februar 1995 verwies. Die Entscheidung vom 13. Februar 1996 hatte ebenfalls die Anerkennung einer französischen Entscheidung zum Gegenstand, die am 2. April 1993 gegen denselben Beklagten erlassen worden ist. Auch dort wandte das Gericht das LugÜ an und ging nicht auf Art. 54b LugÜ und Art. 29 des 3. BeitrittsÜb. 1989 ein, vgl. CJ, Ano XXI, Tomo I, 1996, S. 223: Francisco Campos Ramos *gegen* „Sociedade Prestasals" von Fernando Martins.

[181] Tavares de Sousa, in: Jayme, Erik (Hrsg.), Das Recht der lusophonen Länder, S. 29-41 (33); Moura Vicente, RFDUL 35 (1994), S. 461-485 (485); Moura Ramos, in: European Case Law on the Judgments Convention, S. 795-811 (798).

Zutreffend hat das Berufungsgericht Porto das Arbeitsrecht dem sachlichen Anwendungsbereich des LugÜ/EuGVÜ zugeordnet.[182] Der Verweis auf Art. 3 LugÜ ist insoweit schlüssig, als dort bei der Auflistung der exorbitanten Gerichtsstände Art. 11 CPT a.F. (Arbeitsprozess) genannt wird.[183]

d) Fazit

Das Berufungsgericht Porto hätte das LugÜ nicht für einschlägig halten dürfen.

4. Entscheidung des *Tribunal da Relação do Porto* vom 16. Oktober 1995[184]

a) Sachverhalt

Der Kläger, mit Sitz in Frankreich, lieferte der Beklagten am 15. Juni 1993 Waren nach Portugal. Die Beklagte verweigerte die Kaufpreiszahlung. Das französische Unternehmen erhob in Portugal Klage auf Zahlung der offenstehenden Rechnung. Die Beklagte bestritt die internationale Zuständigkeit portugiesischer Gerichte. Daraufhin erklärte sich das Amtsgericht unter Anwendung autonomer Zuständigkeitsvorschriften für international unzuständig. Der Kläger wandte sich nun mit einem Rechtsmittel an das Berufungsgericht Porto. Er machte die Anwendung des EuGVÜ geltend.

b) Gerichtliche Entscheidung

Zu dem Vortrag des Rechtsmittelklägers führte das Berufungsgericht Porto aus: „Der Rechtsmittelkläger hält die portugiesischen Gerichte nach dem Luganer Übereinkommen über die gerichtliche Zuständigkeit und die Vollstreckung gerichtlicher Entscheidungen in Zivil- und Handelssachen für zuständig, welches er, sicherlich aufgrund eines Versehens, als Brüsseler-Übereinkommen bezeichnet." In keiner weiteren Passage der Entscheidung ging das Gericht auf das

---

[182] In dem zitierten Urteil „Sanicentral" des EuGH wurde klar gestellt, dass das Arbeitsrecht zum sachlichen Anwendungsbereich des EuGVÜ/Brüssel I-VO gehört. Im Vorentwurf des EuGVÜ war sogar eine ausschließliche Zuständigkeit für Streitigkeiten aus Arbeitsverträgen vorgesehen. Die Brüssel I-VO enthält nun eine Sonderregelung für Arbeitsrechtsstreitigkeiten (vgl. Art. 18-21 Brüssel I-VO).

[183] Hinsichtlich der zeitlichen Anwendung beider Übereinkommen gem. Art. 54 I EuGVÜ/LugÜ bzw. Art. 29 I des 3. BeitrittsÜb. 1989 ist zu bemerken, dass das Berufungsgericht den relevanten Zeitpunkt des Eintritts der Rechtshängigkeit der französischen Klage nicht angab. Wurde die Klage nach dem 1. Juli 1992 erhoben, als Portugal und Frankreich bereits Vertragsstaaten beider Übereinkommen waren, so war der zeitliche Anwendungsbereich eröffnet. Anderenfalls wäre Art. 54 II EuGVÜ/LugÜ bzw. Art. 29 II des 3. BeitrittsÜb. 1989 zu prüfen gewesen. Das französische Urteil erging 1993 als die Übereinkommen für die beteiligten Staaten in Kraft waren. Da das beklagte Unternehmen seinen Sitz in Frankreich hatte, liegt es nahe, dass das französische Gericht dem *„actor sequitur forum rei"*-Grundsatz des Art. 2 I EuGVÜ/LugÜ folgte. Hierzu enthält die Entscheidung aber keine Angaben; s. zum Ganzen S. 189 ff.

[184] CJ, Ano XX, Tomo IV, 1995, S. 217-218: Biscuiterie Confiserie Lor, S. A. *gegen* Doce Alimentar - Produtos Alimentares Lda.

EuGVÜ ein. Da das beklagte Unternehmen seinen Sitz in Portugal habe, seien portugiesische Gerichte gem. Art. 2 I LugÜ zuständig. Zum selben Ergebnis käme man nach Art. 65 I b) CPC a.F. (sog. Territorialprinzip).[185]

c) Bewertung

Zu missbilligen ist, dass das Berufungsgericht Porto dem Rechtsmittelkläger ein Versehen unterstellt hat, als er die Anwendung des EuGVÜ geltend machte. Das Berufungsgericht gab sich keine Mühe zu klären, ob das EuGVÜ für Portugal in Kraft war. Auf Art. 54b LugÜ ist es dann verständlicherweise nicht eingegangen. Nach Art. 54b II a) LugÜ kam es darauf an, in welchem Land der Beklagte seinen Wohnsitz hatte. Art. 16 und 17 LugÜ schieden hier offensichtlich aus. Der Schuldner hatte seinen Unternehmenssitz in Portugal.[186] Im Jahr 1995 war Portugal bereits neun Jahre EG-Mitgliedstaat und knapp drei Jahre Vertragsstaat des EuGVÜ in der Fassung des 3. BeitrittsÜb. 1989.[187] Überflüssig und irreführend ist die anschließende Zuständigkeitsprüfung nach autonomem Recht.[188]

d) Fazit

Dem Ergebnis der Entscheidung – Bejahung der internationalen Zuständigkeit der portugiesischen Gerichte nach dem Beklagtenwohnsitz – ist zuzustimmen. Jedoch wäre nicht Art. 2 I LugÜ, sondern Art. 2 I EuGVÜ anzuwenden gewesen (Art. 54b II a) LugÜ).

5. Fehlurteile auch in der neueren Rechtsprechung aus dem Jahr 2003

Ein weiteres Beispiel stellt die **Entscheidung des *Supremo Tribunal de Justiça* vom 18. Juni 2003**[189] dar. Im Rahmen der Prüfung der internationalen Zuständigkeit portugiesischer Gerichte wandte der Oberste Gerichtshof das LugÜ an, obwohl der Beklagte seinen Wohnsitz in Schweden hatte. Der Oberste Gerichtshof übersah, dass Schweden bereits seit dem 1. Januar 1999 Vertragsstaat des EuGVÜ ist, so dass das Übereinkommen zum Zeitpunkt der Klageerhebung vor dem erstinstanzlichen Gericht für Schweden bereits in Kraft war. Aus der Ent-

---

[185] Vgl. hierzu S. 101 ff.

[186] Vgl. Art. 52, 53 LugÜ: Das internationale Privatrecht der *lex fori* bestimmt den Wohnsitz einer Gesellschaft. Das portugiesische internationale Gesellschaftsrecht folgt im Grundsatz der sog. Sitztheorie (Art. 33 I CC), s. unten S. 57.

[187] Weiterhin wäre der intertemporale Anwendungsbereich des EuGVÜ zu prüfen gewesen. Die Entscheidung enthält keine *direkten* Angaben über den Zeitpunkt des Eintritts der Rechtshängigkeit der Klage in Portugal (Art. 29 I 1. HS des 3. BeitrittsÜb. 1989). Die Waren wurden am 15. Juni 1993 nach Portugal geliefert. Die Klage wurde vom französischen Unternehmen nach der Lieferung erhoben. Das EuGVÜ in der Fassung des 3. BeitrittsÜb. 1989 trat für Portugal am 1. Juli 1992 in Kraft. Der intertemporale Anwendungsbereich des EuGVÜ für die Beurteilung der internationalen Zuständigkeit portugiesischer Gerichte war somit eröffnet.

[188] So auch Moura Ramos, in: European Case Law on the Judgments Convention, S. 795-811 (800); s. zudem Tavares de Sousa, in: Jayme, Erik (Hrsg.), Das Recht der lusophonen Länder, S. 29-41 (36 a. E.).

[189] Rechtssache Nr. 03B1626, in: http://www.dgsi.pt; zu dieser Entscheidung vgl. S. 92.

scheidung geht hervor, dass die Klage in Portugal nicht vor 2001 erhoben worden ist. Nach Art. 54b II a) LugÜ wäre daher das EuGVÜ und nicht das LugÜ einschlägig gewesen.[190]

IV. Gesamtwürdigung

In den besprochenen Entscheidungen haben die Gerichte das LugÜ angewendet, ohne das Konkurrenzverhältnis zum EuGVÜ gem. Art. 54b LugÜ zu prüfen.[191] Zum Teil gingen die Gerichte irrtümlich davon aus, dass das EuGVÜ für Portugal nicht in Kraft war. Daher stellten sich naturgemäß auch keine Konkurrenzfragen.

---

[190] Der zeitliche Anwendungsbereich der Brüssel I-VO war nicht eröffnet.

[191] Ein weiteres Beispiel hierfür stellt die **Entscheidung des *Tribunal da Relação de Évora* vom 30. Januar 1997** (CJ, Ano XXII, Tomo I, 1997, S. 293-295: Banque Nationale de Paris *gegen* Francisco Vale) dar. Das Berufungsgericht Évora hat im Rahmen der Vollstreckbarerklärung einer französischen Gerichtsentscheidung, ohne auf das EuGVÜ einzugehen, Art. 31 ff. LugÜ angewandt; vgl. Lima Pinheiro, DIP, Volume III, S. 288 (dortige Fn. 1011).

E. Interpretation und Anwendung des EuGVÜ/LugÜ und der Brüssel I-VO

I. Berücksichtigung der Rechtsprechung des Europäischen Gerichtshofs (EuGH)

1. Relevanz der Rechtsprechung des EuGH

Durch das in der Praxis bedeutsame Vorabentscheidungsverfahren übt der EuGH eine beachtliche Rolle bei der Auslegung des EuGVÜ bzw. der Brüssel I-VO aus.[192] Ein oberstes bzw. letztinstanzliches Gericht muss eine Auslegungsfrage vorlegen, wenn es diese für entscheidungserheblich hält und sie vom EuGH noch nicht entschieden wurde.[193] Eine Bindungswirkung entfaltet die, vom EuGH auf Vorlage eines nationalen Gerichts, gegebene Auslegung zwar nur im Ausgangsrechtsstreit.[194] Das nationale Gericht, das von der Rechtsprechung des EuGH abweichen will, muss die Rechtsfrage aber erneut vorlegen.[195] Voraussetzung dafür ist, dass sich die Gerichte überhaupt mit der Rechtsprechung des EuGH auseinander setzen. Tun sie es nicht, können sie nicht beurteilen, ob sie zur Vorlage an den EuGH verpflichtet sind oder eine solche Vorlage für die Gewähr einer einheitlichen Interpretation des EuGVÜ bzw. der Brüssel I-VO sachdienlich ist.

2. Der EuGH in der portugiesischen Rechtsprechung

Hinweise auf die Rechtsprechung des EuGH findet man in den mehr als einhundertfünfzig in dieser Arbeit ausgewerteten portugiesischen Gerichtsentscheidungen äußerst selten, so dass hier ein Überblick über die von den Gerichten zitierte Rechtsprechung erfolgen kann. Die **Entscheidungen des *Tribunal da Relação do Porto* vom 19. Juni 1995**[196] und ***Supremo Tribunal de Justiça* vom 12. Juni 1997**[197] gingen auf das EuGH-Urteil „Estasis Salotti/Rüwa" vom 14.12.1976[198] ein. Die Gerichte befassten sich mit dem Zustandekommen einer wirksamen „Vereinbarung" i. S. v. Art. 17 I EuGVÜ (Gerichtsstandsvereinbarung) im Zu-

[192] S. dazu bereits oben S. 3 (Einleitung).

[193] Schließt sich das nationale Gericht einer vom EuGH gegebenen Auslegung an, so besteht bereits keine „Erforderlichkeit" i. S. v. Art. 3 I des Luxemburger Protokolls bzw. Art. 68 I EGV.

[194] Lima Pinheiro, DIP, Volume III, S. 58; Teixeira de Sousa/Moura Vicente, Comentário, S. 222; Kropholler, EuZPR, Einl., Rn. 38; Schack, IZVR, Rn. 87; von Hoffmann, IPR, § 3, Rn. 189.

[195] Man kann von einer „faktischen Bindungswirkung" sprechen, vgl. von Hoffmann, IPR, § 3, Rn. 189; Schack, IZVR, Rn. 87.

[196] CJ, Ano XX, Tomo III, 1995, S. 237-239 (239): Société Industrielle Meubles Monnier, S. A. R. L. *gegen* E. J. Martins, Lda.

[197] CJ-STJ, Ano V, Tomo II, 1997, S. 122-126 (125): Trenkamp & Gehle GmbH *gegen* G. Reinke Lda., auch abgedruckt in: BMJ 468 (1997), S. 325-334 (330 f.); zu dieser Entscheidung s. S. 30, 144.

[198] Rs. 24/76, EuGHE 1976, S. 1831 = NJW 1977, S. 494 = RIW 1977, S. 104 m. Anm. Mezger auf S. 163.

sammenhang mit AGB. Der EuGH äußerte sich in der zitierten Entscheidung zu der Frage, ob der Schriftform des Art. 17 I a) EuGVÜ durch eine Bezugnahme auf die AGB Genüge getan werden kann. Das ***Tribunal da Relação do Porto* vom 27. Februar 1995**[199] befasste sich mit Ansprüchen eines Arbeitnehmers gegen seinen Arbeitgeber auf der Grundlage des zwischen den Parteien abgeschlossenen Arbeitsvertrages. Der Vollstreckungsgegner vertrat die Ansicht, dass der sachliche Anwendungsbereich des LugÜ bei Streitigkeiten, die aus einem Arbeitsvertrag hervorgehen, nicht eröffnet ist. Dem hielt das Berufungsgericht Porto das EuGH-Urteil „Sanicentral/Collin" vom 13.11.1979[200] entgegen, in dem es das Arbeitsrecht unter den sachlichen Anwendungsbereich des Übereinkommens subsumierte. Das **Urteil des *Tribunal da Relação de Lisboa* vom 21. Mai 1998**[201] handelte von dem Eintritt eines Versicherungsgebers in die Rechte und Pflichten seines Versicherungsnehmers. Der Versicherungsnehmer hatte einen Seefrachtvertrag mit dem Beklagten abgeschlossen und ihm ein Konnossement ausgestellt. Es stellte sich konkret die Frage, ob der Kläger (Versicherungsgeber) die im Konnossement zwischen dem Versicherungsnehmer und Beklagten vereinbarte Gerichtsstandsklausel zu Gunsten Triester Gerichte (Italien) gegen sich gelten lassen musste. Das Gericht bejahte das u. a. mit der Bezugnahme auf das EuGH-Urteil „Tilly Russ/Nova" vom 19.06.1984.[202] Der EuGH sprach sich in der zitierten Entscheidung grundsätzlich für eine Drittwirkung einer in einem Konnossement befindlichen Prorogationsklausel aus.[203] Das ***Supremo Tribunal de Justiça*** befasste sich in seinen **Urteilen vom 1. Juli 1999**[204] und **16. Mai 2002**[205] mit der Frage, auf welche „Verpflichtung" es i.R.d. Art. 5 Nr. 1 EuGVÜ (Gerichtsstand für Vertragsklagen) ankommt. Im Ergebnis stellte der Gerichtshof zutreffend auf die konkret streitige Verpflichtung ab (Lieferungspflicht der Ware bzw. Zahlung von Rechtsberatungsgebühren). Während der Oberste Gerichtshof in seinem Urteil von 1999 seine Entscheidung zu Gunsten der konkret streitigen Verpflichtung mit der „De Bloos"-Rechtsprechung[206] des EuGH begründete, tat er dies in seinem Urteil von 2002 mit dem EuGH-

---

[199] CJ, Ano XX, Tomo I, 1995, S. 229-330 (330): José de Castro *gegen* „Sociedade Prestasals" von Fernando Martins; vgl. zu dieser Entscheidung bereits S. 38.

[200] Rs. 25/79, EuGHE 1979, S. 3423 = NJW 1980, S. 1218 (L) = RIW 1980, S. 285.

[201] CJ, Ano XXIII, Tomo III, 1998, S. 106-107 (107): Guardian Assurance, PLC *gegen* Lloyd Triestino („Lloyd Triestino SPA di navigazioni); zu dieser Entscheidung s. S. 154.

[202] Rs. 71/83, EuGHE 1984, S. 2417 = RIW 1984, S. 909 m. Anm. Schlosser = IPRax 1985, S. 152 m. Anm. Basedow auf S. 133.

[203] Vgl. hierzu S. 156.

[204] CJ-STJ, Ano VII, Tomo III, 1999, S. 11-14: Fábrica de Ladrilhos e Mosaicos Lda. *gegen* Cassani Cario SAS di Cano Cassani & C.

[205] CJ-STJ, Ano X, Tomo II, 2002, S. 75-77: Noronha-Advogados *gegen* The Boots Company PLC.

[206] EuGH 6.10.1976, Rs. 14/76, EuGHE 1976, S. 1497 = NJW 1977, S. 490 m. Anm. Geimer.

Urteil „Leathertex/Bodetex"[207], welches die „De Bloss"-Rechtsprechung bestätigte. Ebenso, zwecks Auslegung des Art. 5 Nr. 1 EuGVÜ, zitierte der ***Oberste Gerichtshof*** in seinem **Urteil vom 13. Mai 2003**[208] mehrere EuGH-Entscheidungen[209], nach denen die Begriffe „Vertrag oder Ansprüche aus einem Vertrag" autonom zu bestimmen sind und der Vertragsgerichtsstand auch dann zum Zuge kommt, wenn es um die Gültigkeit des Vertrages als solchen geht. In seinem **Urteil vom 03.03.2005**[210] hat der ***Oberste Gerichtshof*** die restriktive Anwendung des Art. 5 Nr. 3 Brüssel I-VO zutreffend mit der Gemeinschaftsrechtsprechung in Sachen „Bier/Mines de Potasse d`Alsace" (Rheinverschmutzungsfall)[211], „Kronhofer/Maier u.a."[212] und „Marinari/Lloyds Bank"[213] begründet. In der Rechtsprechung des Obersten Ziviltribunals ist deshalb eine positive Entwicklung zu beobachten. Die Rechtsprechung des EuGH gewinnt in seinen Entscheidungen an Bedeutung.

3. Hinweise auf das Vorabentscheidungsverfahren in den Gerichtsentscheidungen

Hinweise auf das Vorabentscheidungsverfahren vor dem EuGH findet man noch seltener. Es fällt auf, dass die Gerichte nur dann auf das Vorabentscheidungsverfahren zu sprechen kommen, wenn ein Verfahrensbeteiligter die Intervention des EuGH geltend macht.[214] Jeweils in einem Satz vertrat der Oberste Gerichtshof in seinen Entscheidungen aus den Jahren 1995, 1997 und 1998 die Auffassung, dass die Einleitung eines Vorabentscheidungsverfahrens nicht erforderlich war. Dem war in den genannten Entscheidungen nichts entgegenzusetzen. Z. B. stell-

---

[207] EuGH 5.10.1999, Rs. C-420/97, EuGHE 1999 I, S. 6747, beide mit Anm. Hau, IPRax 2000, S. 354-36 = NJW 2000, S. 721 = RIW 1999, S. 953 = EuZW 2000, S. 352 (L) = EWS 2000, S. 28 = ZZP Int 2000, S. 266 m. Anm. Otte.

[208] Rechtssache Nr. 03A723, in: http://www.dgsi.pt.

[209] EuGH 22.3.1983, Rs. 34/82 – „Peters/Zuid Nederlandse Aannemers Vereniging", EuGHE 1983, S. 987 = RIW 1983, S. 871 = IPRax 1985, S. 25 m. Anm. Geimer auf S. 6; EuGH 08.03.1988, Rs. 9/87 - „Arcado/Haviland", EuGHE 1988, S. 1539 = NJW 1989, S. 1424 = RIW 1988, S. 987 (L) m. Anm. Schlosser, 1989, S. 139 = IPRax 1989, S. 227 m. Anm. Mezger auf S. 207; EuGH 4.3.1982, Rs. 38/81 – „Effer/Kantner", EuGHE 1982, S. 825 = RIW 1982, S. 280 = IPRax 1983, S. 31, m. Anm. Gottwald auf S. 13.

[210] Rechtssache Nr. 04A4283, in: http://www.dgsi.pt.

[211] EuGH 30.11.1976, Rs. 21/76, EuGHE 1976, S. 1735 = NJW 1977, S. 493 = RIW 1977, S. 356 m. Anm. Linke.

[212] EuGH 10.06.2004, Rs. 168/02, EuLF 2004 (D), S. 191-193, m. Anm. Blobel auf S. 187-191.

[213] EuGH 19.9.1995, Rs. 364/93, EuGHE 1995 I, S. 2719 = JZ 1995, S. 1107 m. Anm. Geimer = IPRax 1997, S. 331 m. Anm. Hohloch auf S. 312 = EuZW 1995, S. 765 m. Anm. Holl = EWS 1995, S. 422.

[214] Vgl. die Entscheidungen des ***Supremo Tribunal da Justiça*** **vom 7. Dezember 1995**, CJ-STJ, Ano III, Tomo III, 1995, S. 146-147 (147 a. E.): Alda Radio Limited *gegen* Cerqueira & Moreira Lda., **25. November 1997**, BMJ 471 (1997), S. 339-342: Cousin Frères, S. A. *gegen* „Mecanocostura – Fabricação e Comércio de Equipamento e Indústria de Confecções, S. A. und **17. November 1998**, Rechtssache Nr. 98A998, in: http://www.dgsi.pt.

te der Gerichtshof in seinem Urteil vom 25. November 1997[215] die internationale Zuständigkeit portugiesischer Gerichte nach Art. 2 I i. V. m. 53 EuGVÜ[216] fest, weil das beklagte Unternehmen seinen Sitz in Portugal hatte und keine ausschließlichen Zuständigkeiten nach Art. 16 EuGVÜ vorlagen, die die Allzuständigkeit des Wohnsitzstaates hätten verdrängen können. Eine Vorlage zum EuGH ist dann nicht „erforderlich" i. S. v. Art. 3 I des Luxemburger Protokolls[217] bzw. Art. 68 I EGV im Rahmen der Brüssel I-VO, wenn die richtige Anwendung der Vorschrift derart offenkundig ist, dass für einen vernünftigen Zweifel keinerlei Raum bleibt.[218]
In Anbetracht der Schwierigkeiten, welche die portugiesischen Gerichte etwa mit den intertemporalen Vorschriften des EuGVÜ[219] oder dem Konkurrenzverhältnis zwischen Übereinkommen und autonomem Recht hatten, gab es aber *zahlreiche* Gelegenheiten den EuGH einzuschalten. Diese Gelegenheiten zu nutzen, liegt im Interesse einer einheitlichen und fehlerfreien Anwendung des EuGVÜ und der Brüssel I-VO.
Unter den Voraussetzungen des Art. 3 I i. V. m. Art. 2 des Luxemburger Auslegungsprotokolls vom 3. Juni 1971 oder Art. 68 i. V. m Art. 234 EGV sind die Obersten Gerichte zur Vorlage *verpflichtet.*

II. Berücksichtigung des portugiesischen und ausländischen Schrifttums und Rechtsprechung

1. Relevanz der Rechtsvergleichung

Der Verwirklichung einer internationalen Rechtseinheit durch die Anwendung der vereinheitlichten Gesetzestexte der Europäischen Zuständigkeitsordnungen kann nicht nur durch die oberste Auslegungskompetenz und der Berücksichtigung der Rechtsprechung des EuGH gedient werden. Das nationale Gericht kann, losgelöst von einer ausschließlich auf das eigene Recht fixierten Sicht, selbst nach einer Lösung suchen, die dem Ziel des Übereinkommens bzw. der Verordnung dient. Der EuGH entschied sich in zahlreichen Urteilen für eine autonome Auslegung der Gesetzesvorschriften: Es müsse „sichergestellt werden, dass sich aus dem Übereinkommen für die Vertragsstaaten und die betroffenen Personen soweit wie möglich gleiche und einheitliche Rechte und Pflichten er-

---

215 A. a. O. (Fn. 214).

216 Gleiches gilt im Rahmen der Brüssel I-VO, wobei Art. 60 Brüssel I-VO nun (im Gegensatz zu Art. 53 EuGVÜ) eine autonome Definition des Wohnsitzes von Gesellschaften und juristischen Personen vorsieht. Die beklagte Gesellschaft hatte ihren Geschäftsbetrieb inklusive Verwaltung in Portugal.

217 Die integrierte Fassung des Protokolls unter Berücksichtigung der Änderungen durch das 4. Beitrittsübereinkommen v. 29.11.1996 ist abgedruckt im ABl. EG 1998 Nr. L 27, S. 28.

218 Hierzu EuGH 6.10.1982, Rs. 283/81 - „C.I.L.F.I.T.", EuGHE 1982, S. 3415 = NJW 1983, S. 1257; ihm für das EuGVÜ folgend: BGH 12. 10.1989 = BGHZ 109, S. 29 = IPRspr. 1989 Nr. 195. Vgl. zudem: Lima Pinheiro, DIP, Volume III, S. 57; Kropholler, EuZPR, Einl., Rn. 35; Schack, IZVR, Rn. 86.

219 S. unten S. 198 ff.

geben".[220] Bei der Suche nach einer Interpretationsvariante berücksichtigte der EuGH ausdrücklich, dass die Lösung in den „meisten" Mitgliedstaaten anerkannt ist.[221] Das erfordert eine rechtsvergleichende Tätigkeit.[222] Die nationalen Gerichte tun also gut daran, sowohl nationales und ausländisches Schrifttum als auch ausländische Rechtsprechung in ihre Entscheidungsfindung einzubeziehen.[223] Dies gilt um so mehr bei ungewissen Auslegungsfragen, zu deren Beantwortung von einer Beteiligung des EuGH abgesehen wurde, und über die sich die inländische Rechtsprechung und insbesondere das Schrifttum (noch) nicht geäußert hat.

2. Portugiesische Rechtsprechung

Soweit ersichtlich wurde auf ausländische Rechtsprechung lediglich in dem **Urteil des *Tribunal da Relação de Lisboa* vom 21. Mai 1998**[224] Bezug genommen: Das Tribunal aus Livorno (Italien) habe am 20. Mai 1996 entschieden, dass ein Konnossement, das nur durch den Verfrachter unterzeichnet wurde und eine Gerichtsstandsvereinbarung vorsieht, dem internationalen Handelsbrauch i. S. v. Art. 17 EuGVÜ entspreche. Angaben zu ausländischem Schrifttum wurden ebenfalls nur in der letztgenannten Entscheidung des Berufungsgerichts Lissabon gemacht, ohne jedoch die dazu gehörigen Autoren zu nennen: Es sei allgemeine Ansicht, „z. B. im italienischen und deutschen Schrifttum, dass in Konnossements enthaltene Gerichtsstandsvereinbarungen gültig sind und den Inhaber des Konnossements binden, unabhängig davon, ob er der Befrachter, Konsignant[225] oder Empfänger ist und den Brief unterzeichnet hat". In der **Ent-**

[220] So z. B.: EuGH 08.03.1988, Rs. 9/87 - „Arcado/Haviland", EuGHE 1988, S. 1539 = NJW 1989, S. 1424 = RIW 1988, S. 987 (L) m. Anm. Schlosser, 1989, S. 139 = IPRax 1989, S. 227 m. Anm. Mezger auf S. 207; EuGH 27.09.1988, Rs. 189/87 – „Kalfelis/Schröder u. a.", EuGHE 1988, S. 5565 = NJW 1988, S. 3088 m. Anm. Geimer = RIW 1988, S. 901 m. Anm. Schlosser auf S. 987 (L) = IPRax 1989, S. 288 m. Anm. Gottwald auf S. 272.

[221] EuGH 30.11.1976, Rs. 21/76 – „Bier/Mines de Potasse d`Alsace" (der bekannte Rheinverschmutzungsfall), EuGHE 1976, S. 1735 = NJW 1977, S. 493 = RIW 1977, S. 356 m. Anm. Linke.

[222] Neben der rechtsvergleichenden Auslegungsmethode stehen die vier klassischen Auslegungskriterien: grammatische, systematische, historische und teleologische Interpretation, vgl. hierzu von Hoffmann, IPR, § 3, Rn. 191; Kropholler, EuZPR, Einl., Rn. 42-47; Schack, IZVR, Rn. 90-93.

[223] S. auch Schack, IZVR, Rn. 95. Zwar haben die nationalen Gerichte in aller Regel keinen eigenen wissenschaftlichen Dienst, wie der EuGH. Die wichtigsten nationalen Entscheidungen der größeren Staaten, wie Spanien, Frankreich, Deutschland, Italien und England werden aber in Fachzeitschriften veröffentlicht, die den Gerichten zugänglich sind. Zudem gibt es in diesen Staaten Erläuterungswerke zum Europäischen Zivilprozessrecht, die von den Richtern ebenfalls konsultiert werden können.

[224] CJ, Ano XXIII, Tomo III, 1998, S. 106-107: Guardian Assurance, PLC *gegen* Lloyd Triestino („Lloyd Triestino SPA di navigazioni").

[225] „Konsignation" ist eine Form der Kommission im Überseegeschäft. Es kann sich hierbei um eine bloße Verkaufskommission handeln; vielfach übergibt der Auftraggeber („Konsignant") die Ware an den „Konsignatar" mit dem Ziel, dass dieser deren Absatz durch Ab-

scheidung des *Tribunal da Relação de Coimbra* vom 14. Dezember 1993[226] wurde, soweit ersichtlich, zum ersten mal portugiesisches Schrifttum betreffend das EuGVÜ zitiert. Es handelte sich dabei um den Aufsatz von *João Mota de Campos*[227], Mitarbeiter des portugiesischen Justizministeriums. Im Laufe der Zeit wurde von den Gerichten nationales Schrifttum immer öfters berücksichtigt, und sie haben sich zum Teil auch den Lehrmeinungen angeschlossen. Ein Exempel hierfür stellt die **Entscheidung des *Tribunal da Relação do Porto* vom 3. Februar 2000**[228] dar. Dort werden verschiedene Werke in Fußnoten genannt, allen voran der Kommentar zum EuGVÜ von Prof. *Miguel Teixeira de Sousa* und Prof. *Dário Moura Vicente*[229]. Insoweit herrscht, was die Berücksichtigung der portugiesischen Lehre betrifft, eine positive Entwicklung.[230]

---

schluss eines (weiteren) Kommissionsauftrages vermittelt (sog. Exportkommission), s. Creifelds, Rechtswörterbuch, S. 801.

[226] CJ, Ano XVIII, Tomo V, 1993, S. 51-52: Adolf Burger *gegen* Alexandre Casal (oder Alexandre Baumann Casal); zu dieser Entscheidung vgl. S. 36, 205.

[227] Um instrumento jurídico de integração europeia. A Convenção de Bruxelas de 27 de Setembro de 1968 sobre Competência Judiciária, Reconhecimento e Execução de Sentenças, DDC (BMJ) 22 (1985), S. 75-235. Das war wohl das erste erschienene nationale Schrifttum zum EuGVÜ, noch einige Jahre vor dem Inkrafttreten des Übereinkommens für Portugal im Jahre 1992, jedoch zu dem Zeitpunkt, als das Land den Europäischen Gemeinschaften im Jahre 1986 beitrat.

[228] CJ, Ano XXV, Tomo I, 2000, S. 212-215: Ruby Fishing Limited *gegen* José Silva; s. hierzu S. 161.

[229] Vgl. das Literaturverzeichnis. Moura Vicente war, zum Zeitpunkt als das Werk publiziert wurde, noch wissenschaftlicher Assistent. Beide Autoren sind nun Professoren an der juristischen Fakultät der Universität Lissabon (Faculdade de Direito da Universidade de Lisboa; auch „Clássica" genannt).

[230] Dies hängt auch damit zusammen, dass in den letzten Jahren eine Reihe neuer Veröffentlichungen in Portugal erschienen sind. Hervorzuheben ist das Buch von Prof. Luís de Lima Pinheiro, DIP, Vol. III (vgl. das Literaturverzeichnis) über das Europäische und „interne" portugiesische internationale Zivilprozessrecht.

F. Ausgeschlossene Rechtsgebiete nach Art. 1 II EuGVÜ/Brüssel I-VO

In Art. 1 II Nr. 1 – 4 EuGVÜ und Art. 1 II a) – d) Brüssel I-VO sind einige Rechtsgebiete vom sachlichen Anwendungsbereich der Übereinkommen bzw. der Verordnung ausgenommen. Dies betrifft den Personenstand, die Rechts- und Handlungsfähigkeit sowie die gesetzliche Vertretung von natürlichen Personen, die ehelichen Güterstände, das Gebiet des Erbrechts einschließlich des Testamentsrechts, Konkurse, Vergleiche und ähnliche Verfahren, die soziale Sicherheit und die Schiedsgerichtsbarkeit. Diese Ausnahmebereiche sind grundsätzlich autonom zu bestimmen.[231]

I. Konkurse, Vergleiche und ähnliche Verfahren: Entscheidung des *Tribunal da Relação de Coimbra* vom 17. Oktober 1995

Besonderes Augenmerk ist hier der Nummer 2 bzw. dem Buchstaben b) des Absatzes 2 zu widmen. Danach fallen „Konkurse, Vergleiche und ähnliche Verfahren" nicht unter den sachlichen Anwendungsbereich der Rechtsquellen. Das ***Tribunal da Relação de Coimbra*** entschied in seinem **Urteil vom 17. Oktober 1995**[232], dass zwei Leistungsurteile, die von französischen Gerichten erlassen worden waren, in Portugal nach Art. 31 ff. EuGVÜ vollstreckt werden können, obwohl sie Finanzierungsgeschäfte betrafen, die im engen Zusammenhang mit einem konkursähnlichen Verfahren standen. Sowohl Herr und Frau Portela (natürliche Personen), als auch die Gesellschaft „Portela" (juristische Person) wurden in Frankreich gesamtschuldnerisch zur Rückerstattung von Geldbeträgen verurteilt. Die Gesellschaft „Portela" befand sich in einem Verfahren der Unternehmenssanierung („Processo de Recuperação de Empresa"[233]) infolge ihrer Zahlungsunfähigkeit. Im Rahmen dieses besonderen Konkursverfahrens gewährte die klagende Bank Finanzhilfen in Form von Krediten, die nicht vereinbarungsgemäß zurückgezahlt wurden.

Zu begutachten ist, ob die beantragte Vollstreckbarerklärung der französischen Leistungsurteile in Portugal tatsächlich dem vereinfachten Anerkennungs- und Vollstreckungsverfahren der Art. 26 ff. EuGVÜ unterlag. Die im portugiesischen Konkursgesetz vorgesehenen besonderen Verfahren über die Unternehmenssanierung fallen nämlich eindeutig unter den Begriff „ähnliche Verfahren" i. S. v. Art. 1 II Nr. 2 EuGVÜ bzw. Art. 1 II b) Brüssel I-VO.[234] Zu beachten ist

---

[231] EuGH 22.2.1979, Rs. 133/78 – „Gourdain/Nadler", EuGHE 1979, S. 733 = NJW 1979, S. 1772 (L) = RIW 1979, S. 273 = KTS 1979, S. 268; Vasconcelos, O Direito 126 (1994), S. 209-263 (252).

[232] CJ, Ano XX, Tomo IV, 1995, S. 35-38: Banco Pinto & Sotto Mayor *gegen* Manuel dos Santos Portela und Maria de Fátima do Couto; s. zu dieser Entscheidung auch S. 200.

[233] Vgl. das „Código dos Processos Especiais de Recuperação de Empresas e Falências": Gesetz Nr. 16/92 vom 6. August.

[234] Lima Pinheiro, DIP, Volume III, S. 63; dies ergibt sich nun auch aus dem Anhang A II zu Art. 2 a) der am 31.5.2002 in Kraft getretenen Verordnung (EG) Nr. 1346/2000 über Insolvenzverfahren, die erlassen wurde, um den Eigenarten der in Art. 1 II b) Brüssel I-VO enthaltenen Rechtsgebiete Rechnung zu tragen.

jedoch, dass die in Absatz 2 genannten Rechtsgebiete nur dann von der Anwendung der Übereinkommen bzw. der Verordnung ausgeschlossen sind, wenn sie den *Gegenstand* des Rechtsstreites bilden.[235] Den Gegenstand des vorliegenden Rechtsstreits bildeten die schuldrechtlichen Ansprüche aus gewährten Darlehen. Der Prozess vor den französischen Gerichten betraf nicht die gesetzliche Durchführung des konkursähnlichen Verfahrens. Schuldrechtliche Ansprüche, die ihren Rechtsgrund in einem Kreditvertrag haben, fallen unter den Begriff „Zivilsache" i. S. v. Art. 1 I der Europäischen Zuständigkeitsordnungen. Unerheblich ist, ob diese Kredite den Zweck verfolgten, das sich im konkursähnlichen Verfahren befindliche Unternehmen zu sanieren.
Aus den Art. 5 Nr. 4 EuGVÜ/Brüssel I-VO, 24 EuGVÜ (Art. 31 Brüssel I-VO) und 42 EuGVÜ (Art. 48 Brüssel I-VO) geht zudem hervor, dass Haupt- und Nebenanträge im Hinblick auf die Anwendbarkeit der Rechtsquellen nicht einheitlich zu behandeln sind.[236] Betrifft der Streitgegenstand des Verfahrens Rechtsmaterien des Ausnahmekatalogs des Art. 1 II, so können nach Art. 42 EuGVÜ (Art. 48 Brüssel I-VO) dennoch einzelne Ansprüche des Verfahrens vollstreckt werden, wenn sie dem sachlichen Anwendungsbereich der Rechtsquellen zugeordnet werden können.[237] Das Berufungsgericht Coimbra hielt den sachlichen Anwendungsbereich des EuGVÜ für die Vollstreckung der französischen Urteile daher zu Recht für eröffnet.[238]

II. Schiedsgerichtsbarkeit: Entscheidung des *Supremo Tribunal de Justiça* vom 23. September 2003

Ein negatives Beispiel des Umgangs mit einer Schiedsabrede in einem Bordkonnossement bietet die **Entscheidung des *Supremo Tribunal de Justiça* vom 23. September 2003**[239].

1. Sachverhalt

Ein portugiesischer Glashändler kaufte von einer in Spanien ansässigen Firma Glas. Die Ware, die vom Verkäufer nach Lissabon verfrachtet wurde, war mangelhaft. Nach den Angaben des Verkäufers wurden die Gläser von Russland bis nach Portugal befördert. Der Käufer erhob vor dem Amtsgericht Loures eine Klage auf vertraglichen Schadensersatz. Im vom spanischen Verkäufer (Verfrachter) ausgestellten Bordkonnossement[240], das von einem Vertreter des Käu-

---

[235] Vgl. Jenard in: ABl. EG 1979 Nr. C 59/1 (S. 10); Zöller/Geimer, Art. 2 EuGVVO, Rn. 26.
[236] Tavares de Sousa,, in: Jayme, Erik (Hrsg.), Das Recht der lusophonen Länder, S. 29-41 (39); Kropholler, EuZPR, Art. 1 EuGVO, Rn. 18.
[237] Vgl. Droz, Anmerkung zu der Entscheidung des EuGH v. 06.03.1980, Rs. 120/79 - „De Cavel/De Cavel", Rev crit (69) 1980, S. 621-629 (623 ff.).
[238] So auch Moura Ramos, in: European Case Law on the Judgments Convention, S. 795-811 (808); Tavares de Sousa, in: Jayme, Erik (Hrsg.), Das Recht der lusophonen Länder, S. 29-41 (39).
[239] Rechtssache Nr. 03A2119, in: http://www.dgsi.pt.
[240] Das sog. „Bordkonnossement" wird nur erteilt, sobald das Frachtgut an Bord genommen ist, während das sog. „Übernahme - Konnossement" über Güter ausgestellt wird, die zur Be-

fers (Befrachters) unterzeichnet worden ist, befand sich eine Schiedsabrede. Nach dieser Abrede war die *„Schiedskommission der Industrie- und Handelskammer von C“* (ohne deutliche Angabe des Gerichts in welchem Land sich die Kommission der IHK situierte) für alle aus dem Bordkonnossement hervorgehenden Streitigkeiten zuständig. Das Amtsgericht und das Berufungsgericht Lissabon entschieden zu Gunsten der internationalen Zuständigkeit portugiesischer Gerichte. Die Beklagte legte Beschwerde ein. Nach ihrer Auffassung waren die Schiedskommission der IHK „C“ oder hilfsweise die spanischen Gerichte international zuständig.

2. Gerichtliche Entscheidung

Zunächst ging der Oberste Gerichtshof auf die autonomen Zuständigkeitsvorschriften der Art. 65 ff. CPC n.F. ein. Unerwartet unterbrach er seine Prüfung auf der Ebene des autonomen Prozessrechts und widmete sich dem Art. 17 EuGVÜ. Art. 17 EuGVÜ setze voraus, dass ein Gericht eines Vertragsstaates vereinbart worden sei. Die Zuständigkeitsvereinbarung eines Gerichts oder Organs eines Drittstaates, wie es die Schiedskommission der IHK „C“ sei, werde von Art. 17 EuGVÜ nicht geregelt. Vielmehr müsse die Gültigkeit der Klausel nach der autonomen Vorschrift des Art. 99 CPC n.F. (Gerichtsstandsvereinbarung) begutachtet werden. Da aus der Klausel aber bereits nicht hervorgehe, dass die Schiedskommission der IHK „C“ ausschließlich zuständig sein sollte, seien die portugiesischen Gerichte jedenfalls gem. Art. 99 II CPC n.F. alternativ zuständig (s. hierzu S. 133). Wie Art. 65 I b) i. V. m. 74 CPC n.F. (vgl. S. 69) begründe auch Art. 5 Nr. 1 EuGVÜ einen Gerichtsstand am Erfüllungsort. Den Gegenstand des Verfahrens bilde die Übergabe der Waren in Portugal. Die portugiesischen Gerichte seien daher international zuständig für die Entscheidung über den vertraglichen Schadensersatzanspruch.

3. Bewertung

Der Oberste Gerichtshof übersah, dass gem. Art. 1 II Nr. 4 EuGVÜ[241] die Schiedsgerichtsbarkeit nicht unter den sachlichen Anwendungsbereich des Übereinkommens fällt.[242] Selbst wenn die Wirksamkeit einer Schiedsabrede und damit (bei Unwirksamkeit der Schiedsabrede) die Anwendbarkeit des Übereinkommens bzw. nun der Verordnung in Frage steht, ist die mit einer Schiedsabrede einhergehende Derogation staatlicher Gerichte nicht anhand Art. 17 EuGVÜ bzw. Art. 23 Brüssel I-VO zu überprüfen.[243] Auch erfasst Art. 99 CPC nach

förderung übernommen werden, aber noch nicht an Bord gekommen sind (vgl. im deutschen Recht § 642 HGB).

[241] S. nun Art. 1 II d) Brüssel I-VO.

[242] Vgl. in der portugiesischen Literatur etwa: Teixeira de Sousa/Moura Vicente, Comentário, S. 71 f.; Teles, RFDUL 37 (1996), S. 119-169 (163 f.).

[243] EuGH 25.7.1991, Rs. 190/89 – „Marc Rich/Socièta Italiana Impianti", EuGHE 1991 I, S. 3855 = NJW 1993, S. 189 = IPRax 1992, S. 312 mit Anm. Haas auf S. 292 = EuZW 1993, S. 136 m. Anm. Wiegand, EuZW 1992, S. 529; von Hoffmann, IPR, § 3, Rn. 201; Schlosser, EU-ZPR, Art. 1 EuGVVO, Rn. 23; Killias, Die Gerichtsstandsvereinbarungen nach dem Lu-

seinem Wortlaut keine Schiedsvereinbarungen.[244] Vielmehr war vom Obersten Gerichtshof in erster Linie das New Yorker UN-Übereinkommen über die Anerkennung und Vollstreckung ausländischer Schiedssprüche vom 10. Juni 1958 (UNÜ)[245] und das nationale Gesetz über die freiwillige Schiedsgerichtsbarkeit Nr. 31/86 vom 29. August (LAV)[246] zu berücksichtigen. Wird ein staatliches Gericht eines Vertragsstaates wegen einer Streitsache angerufen und erhebt eine der Parteien im Verfahren die Schiedseinrede (vgl. Art. III Abs. 3 UNÜ), so hat das Gericht zu überprüfen, ob die Formerfordernisse des Art. II UNÜ eingehalten worden sind, wenn die Schiedsvereinbarung der Parteien aus der Sicht des angerufenen Gerichts zu einem ausländischen Schiedsspruch i.S.v. Art. I UNÜ führen könnte, wobei allein die Möglichkeit ausreicht.[247] Weniger strenge nationale Formvorschriften werden nach Art. VII Abs. 1 UNÜ (sog. Meistbegünstigungsklausel) vom Anwendungsbereich des UNÜ nicht verdrängt.[248] Wurde al-

---

gano-Übereinkommen (1993), S. 24 f.; Massano, A arbitragem voluntária e a Convenção de Bruxelas/Regulamento (CE) n.° 44/2001 do Conselho (2001), S. 12 ff.; kritisch: Moura Vicente, ROA 56 (1996), S. 595-618 (602 ff.), der auch auf streitige Fragen, z. B. ob eine Entscheidung eines Vertrags- bzw. Mitgliedstaates trotz Vorliegen eines Schiedsvertrages anzuerkennen ist, eingeht; s. auch Kropholler, EuZPR, Art. 1 EuGVO, Rn. 40-46.

[244] „Pactos privativo e atributivo de jurisdição“; vgl. zudem Art. 1 f. des Gesetzes über die freiwillige Schiedsgerichtsbarkeit Nr. 31/86 vom 29. August; Teixeira de Sousa, A Competência Declarativa dos Tribunais Comuns, S. 99 ff.; zu denken ist aber an eine *analoge* Anwendung von Art. 99 CPC, wenn das nationale Gesetz über die freiwillige Schiedsgerichtsbarkeit nicht eingreift, s. dazu sogleich.

[245] Das UNÜ ist für Portugal am 16. Januar 1995 in Kraft getreten (Dekret des Präsidenten der Republik Nr. 54/92 vom 8. Juli - Bekanntmachung des Auswärtigen Amtes Nr. 142/95 vom 21. Juni). Gem. dessen Art. VII Abs. 2 verdrängt das UNÜ das Genfer Protokoll über die Schiedsklauseln im Handelsverkehr vom 24.9.1923 (für Portugal am 28. Juli 1924 in Kraft getreten) und das Genfer Abkommen zur Vollstreckung ausländischer Schiedssprüche von 1927 (für Portugal am 25. Juli 1929 in Kraft getreten). Die Übereinkommen sind im Jayme/Hausmann Nr. 240-242 und im Marques dos Santos, DIP-Colectânea, S. 1369-1382 abgedruckt. Portugal ist ***nicht*** Vertragsstaat des Genfer Europäisches Übereinkommen über die internationale Handelsschiedsgerichtsbarkeit vom 21. April 1961 (EuÜ).

[246] „Lei da arbitragem voluntária" Nr. 31/86 vom 29.8.1986, DR, I-A, vom 29. August 1986, S. 2259-2264. Das sog. notwendige Schiedsverfahren (geregelt in den Art. 1525 ff. CPC) findet Anwendung, wenn das Gesetz für bestimmte Fälle eine solche Prozessart vorsieht. Im portugiesischen Recht wird also zwischen *notwendigem* (geregelt im CPC) und *freiwilligem* (geregelt in einem externen Gesetz) Schiedsverfahren unterschieden.

[247] Dazu: Stein/Jonas/Schlosser, vor § 1044 ZPO, Rn. 24; MünchKomm/Gottwald, Art. II UNÜ, Rn. 4; Schwab/Walter, Schiedsgerichtsbarkeit, S. 437 f.; s. auch Lima Pinheiro, DIP, Volume III, S. 414. Die Einrede ist unbeachtlich, wenn die Schiedsvereinbarung hinfällig, unwirksam oder nicht erfüllbar ist. Darüber entscheidet das Recht, das gem. Art. V Abs. 1 a) auf die Vereinbarung anzuwenden ist, s. von Hoffmann, Internationale Handelsschiedsgerichtsbarkeit (1970), S. 85. Haben die Parteien kein anwendbares Recht bestimmt, so ist anstelle des Rechts, in dem der Schiedspruch ergangen ist, auf das Recht des vereinbarten Schiedsortes abzustellen, vgl. MünchKomm/Gottwald, Art. II UNÜ, Rn. 24; Reithmann/Martiny/Hausmann, IntVertragsR, Rn. 2363.

[248] S. nur Pimenta Coelho, rev. jur. 20 (1996), S. 37-69 (46 f.; 52 f.). Beachte jedoch, dass der räumliche Anwendungsbereich des nationalen Gesetzes über die freiwillige Schiedsgerichts-

lerdings ein Schiedsort in einem Nichtvertragsstaat vereinbart, so war das UNÜ vom portugiesischen Richter unanwendbar.[249] Portugal hat nämlich den Territorialitätsvorbehalt des Art. I Abs. 3 UNÜ erklärt, der auch i.R.d. Art. II UNÜ zu beachten ist.[250] Es hing demnach davon ab, in welchem Land sich die IHK „C" befand. Befand sich die IHK „C" in einem Nichtvertragsstaat des UNÜ, hätte man an die Anwendung des nationalen Gesetzes über die freiwillige Schiedsgerichtsbarkeit denken können. Gem. Art. 37 LAV findet dieses aber nur Anwendung, wenn der Schiedsort in Portugal liegt. Da hier davon auszugehen ist, dass sich die IHK „C" nicht in Portugal situierte, war der räumliche Anwendungsbereich des LAV nicht eröffnet. Um diese Regelungslücke zu schließen, hätte das Gericht Art. 99 CPC analog auf die Schiedsabrede anwenden können. Wäre der Oberste Gerichtshof nach dem UNÜ bzw. Art. 99 CPC analog zu dem Ergebnis gekommen, dass die Schiedsabrede wirksam war, so hätte er die Klage wegen Unzuständigkeit des Gerichts gem. Art. 494 j), 493 II i. V. m. 288 I e) CPC[251] abweisen müssen. Anderenfalls (bei Unwirksamkeit der Abrede) hätte er die Zuständigkeitsordnung des EuGVÜ anwenden müssen. Ungewiss ist, ob der Oberste Gerichtshof bei Art. 5 Nr. 1 EuGVÜ eine wirksame Erfüllungsortvereinbarung mit Portugal als Erfüllungsort annahm. Das Vertragsstatut nach der „Tessili"-Regel des EuGH[252] wurde vom Gericht nicht ermittelt.

barkeit im vorliegenden Fall nicht eröffnet war (dazu sogleich); vgl. zu den Formvorschriften des LAV: Mallmann, RIW 1989, S. 691-696 (692); Hauschild, Gerichtsstandsvereinbarungen in Portugal und Spanien (1995), S. 157 f.; Marques dos Santos, Rev Corte Esp Arb 1987, S. 15-50 (28). Wird die Schiedsvereinbarung nach den autonomen Formvorschriften für gültig erachtet, so stellt sich dann allerdings die Frage, ob der aufgrund einer solchen Vereinbarung ergangene Schiedsspruch nach dem UNÜ vereinfacht anerkannt werden kann, hierzu: Stein/Jonas/Schlosser, Anhang zu § 1044 ZPO, Rn. 38; MünchKomm/Gottwald, Art. II UNÜ, Rn. 13.

[249] Über 100 Staaten gehören dem UNÜ an, vgl. die Übersicht bei Schwab/Walter, Schiedsgerichtsbarkeit, S. 438 ff.; MünchKomm/Gottwald, Art. I UNÜ (vor Rn. 1); Jayme/Hausmann, Nr. 242.

[250] S. van den Berg, New York Arbitration Convention of 1958 (1981), S. 60; Schlosser, Das Recht der internationalen privaten Schiedsgerichtsbarkeit (2. Auflage 1989), Rn. 79.

[251] Man spricht von „absolvição *do réu* [*des Beklagten*] da instância": Der Beklagte wird aus dem Verfahren entlassen.

[252] EuGH 6.10.1976, Rs. 12/76 – „Tessili/Dunlop", EuGHE 1976, S. 1473 = NJW 1977, S. 490 mit Anm. Geimer.

G. Gerichtsstand des Beklagtenwohnsitzes

I. Der Grundsatz *actor sequitur forum rei* in Art. 65 I a) CPC n.F.

1. Die Aufwertung des Grundsatzes *actor sequitur forum rei*

Hat der Beklagte, oder einer der Beklagten, den Wohnsitz im portugiesischen Gebiet, so sind die portugiesischen Gerichte nach Art. 65 I a) CPC n.F. international zuständig, es sei denn, es handelt sich um Klagen betreffend dingliche Rechte oder persönliche Nutzrechte an unbeweglichen Sachen, die im Ausland belegen sind. Die Einfügung des Grundsatzes *actor sequitur forum rei* als eigenständige Alternative im Zuständigkeitskatalog des Art. 65 CPC stellt m. E. die wichtigste Neuregelung in Portugal dar.[253] Genaugenommen handelt es sich um eine *Aufwertung* des Beklagtengerichtsstandes. Die Anknüpfung der internationalen Zuständigkeit an den inländischen Wohnsitz des Beklagten spielte nämlich bereits eine untergeordnete Rolle. Die örtliche Zuständigkeitsregelung des Art. 85 I CPC stellt auf den Beklagtenwohnsitz ab. Im Wege des doppelfunktionalen Ausbaus der örtlichen Zuständigkeiten über Art. 65 I a) CPC a.F. konnte der Wohnsitz des Beklagten Bedeutung erlangen. Allerdings war er nur *äußerst subsidiär* zu beachten, wenn es sich um einen Rechtsfall handelte, der nicht bereits unter eine der anderen besonderen örtlichen Anknüpfungsmomente der Art. 73 bis 89 CPC a.F. subsumiert werden konnte. Dies ergab sich aus dem Wortlaut von Art. 85 I CPC, der den Beklagtenwohnsitz als örtliches Zuständigkeitskriterium nur als zweitrangige Anknüpfung zur Anwendung kommen lässt.[254]
Beispielsfall zur alten Rechtslage:[255] Ein schwedischer Verkäufer erhob eine Vertragsklage gegen den in Portugal ansässigen Käufer. Erfüllungsort und Ort des Vertragsabschlusses waren Stockholm. Die internationale Zuständigkeit für Vertragsklagen war nach Art. 65 I a) i. V. m. 74 CPC a.F. (Koinzidenzprinzip[256]) am Erfüllungsort begründet (Stockholm). Nach Art. 65 I b) CPC a.F.

[253] Der Beklagtenwohnsitz findet breite Anerkennung, vgl. z. B. Art. 2 I EuGVÜ/LugÜ/Brüssel I-VO; Art. 13 ZPO; Art. 2 des schweizerischen IPR-Gesetzes von 1987; Art. 3 I des italienischen IPR-Gesetzes von 1995; Art. 22 II des spanischen Gesetzes von 1985; Art. 88 des brasilianischen CPC von 1973.

[254] Art. 85 I CPC lautet: „In den von den vorangegangenen Artikeln und besonderen Bestimmungen *nicht* geregelten Fällen ist das Gericht des Wohnsitzes des Beklagten zuständig." (Hervorhebung des Verf.); vgl. Brito, Dos Acordos sobre o Tribunal Competente em Situações Internacionais (1988), S. 42; Ferreira Pinto, in: Ein internationales Zivilverfahrensrecht für Gesamteuropa, S. 369-382 (371); Baptista Machado, BFDC 41 (1965), S. 97-115 (106); Alberto dos Reis, Comentário ao Código de Processo Civil I, S. 121; Anselmo de Castro, Direito Processual Civil Declaratório II, S. 24 f.; ders., Lições de Processo Civil II, S. 408; Lebre de Freitas/Pinto/Redinha, CPC anotado I, S. 131; Machado Vilela, BFDC 18 (1942), S. 1-70 (50 f.); Palma Carlos, Código de Processo Civil Anotado, S. 220 f.

[255] Entscheidung des *Supremo Tribunal de Justiça* vom 24. November 1983, Rechtssache Nr. 071431, in: http://www.dgsi.pt; hierzu bereits Jayme/Kohler, IPRax 1988, S. 133-140 (135; dortige Fn. 40).

[256] S. 69.

(Territorialprinzip[257]) war eine Zuständigkeit ferner gegeben, wenn „die Tatsache, die als Grundlage für das Klagebegehren dient, sich auf portugiesischem Gebiet ereignet hat". Als ein solcher Umstand kam nur der Ort des Vertragsabschlusses in Betracht (Stockholm). Die Zuständigkeit der Gerichte am Wohnsitz des Beklagten (Portugal) nach Art. 85 I CPC wurde nicht mehr geprüft.
Nach der neuen Rechtslage kann der Kläger die in Portugal ansässige Person stets vor portugiesischen Gerichten verklagen.[258] Das zeigt auch die neue Rechtsprechung zu Art. 65 I a) CPC n.F.[259] Eine Einschränkung von diesem Grundsatz macht nur Art. 65 I a) 2. HS CPC n.F. (s. hierzu S. 60).
Unter „Wohnsitz" i.S.v. Norm ist bei natürlichen Personen deren gewöhnlicher Aufenthalt zu verstehen, Art. 82 CC (*lex fori*).[260] Art. 82 CC gilt ebenso im Bereich der Brüssel I-VO (Art. 59 I Brüssel I-VO).[261] Mit dem DL Nr. 329-A/95 wurde der alte Abs. 2 von 65 CPC beseitigt, der in bestimmten Fällen den gelegentlichen Aufenthalt einem inländischen Wohnsitz gleichstellte (vgl. S. 61). Der gewöhnliche Aufenthalt ist der Ort, an dem eine Person ihren Lebensmittelpunkt hat. Voraussetzung ist, dass der Aufenthalt für einen längeren Zeitraum angelegt wurde (Aufenthaltswille) und von einer beachtlichen tatsächlichen Dauer ist.[262] Für juristische Personen enthält Art. 65 II CPC n.F. eine Legaldefinition: Für die Zwecke des lit. a) des vorherigen Absatzes (d. h. des Beklagtenwohnsitzmerkmals) gilt die juristische Person, deren satzungsmäßiger *oder* tatsächlicher Sitz im portugiesischen Gebiet liegt, *oder* die dort eine Zweignieder-

---

[257] S. 101.

[258] Begründet Art. 65 I a) n.F. CPC die internationale Zuständigkeit, so stellt sich die Frage anhand welcher Normen die *örtliche* Zuständigkeit ermittelt wird. Zwei Fallkonstellationen sind denkbar: (1) Der Beklagte hat seinen Wohnsitz in Portugal und es gibt keine weiteren Berührungspunkte mit der portugiesischen Rechtsordnung. In diesem Fall ist das Gericht am Ort des Wohnsitzes des Beklagten nach Art. 65 I a) CPC n.F. zuständig, so Teixeira de Sousa, Estudos sobre o novo Processo Civil, S. 122; (2) Der Beklagte hat seinen Wohnsitz in Portugal und es sind weitere Berührungspunkte mit der portugiesischen Rechtsordnung i.S.v. Art. 73 ff. CPC n.F. vorhanden. In dieser Fallgruppe bestimmt sich die örtliche Zuständigkeit nach den Art. 73 ff. CPC n.F. und nicht nach dem Wohnsitzmerkmal, da die Anknüpfung an den Wohnsitz im System der örtlichen Zuständigkeiten keinen alternativen, sondern einen subsidiären Charakter besitzt (vgl. vorherige Fn.); lediglich i.R.v. Art. 74 I CPC n.F. steht der Beklagtenwohnsitz im Verhältnis der Alternativität zu den übrigen Anknüpfungsmerkmalen (hierzu S. 75).

[259] Entscheidungen des *Supremo Tribunal de Justiça* vom 19. Juni 2001 (CJ-STJ, Ano IX, Tomo II, 2001, S. 125-127 (127): João Vaz *gegen* Sociedade Cidade de Bissau Lda., Manuel Neves und Manuel Cruz) und 15. Oktober 2002 (Rechtssache Nr. 02A2154, in: http://www.dgsi.pt).

[260] Moura Vicente, Direito Internacional Privado – Ensaios I, S. 256; Moura Ramos, A reforma do direito processual civil internacional, S. 17; Alberto dos Reis, Comentário ao Código de Processo Civil I, S. 121 f.; Lima Pinheiro, DIP, Volume III, S. 189; Teixeira de Sousa, Estudos sobre o novo Processo Civil, S. 104; Machado Vilela, BFDC 18 (1942), S. 1-70 (24).

[261] S. dazu S. 64.

[262] So Lima Pinheiro, DIP, Volume I, S. 352.

lassung, Agentur, Filiale *oder* Zweigstelle hat, als in Portugal ansässig.[263] Hat die juristische Person ihren satzungsmäßigen und tatsächlichen Sitz im Ausland, so genügt es, dass sie in Portugal eine Zweigstelle hat, damit sie dort verklagt werden kann.[264] Nur eine der sechs Anknüpfungsalternativen muss nach Portugal verweisen.[265] Art. 65 II CPC n.F. geht über das portugiesische Internationale Gesellschaftsrecht hinaus, dessen Kollisionsnormen grundsätzlich auf den tatsächlichen Sitz der Hauptverwaltung abstellen.[266] Dem statuarischen Gesellschaftssitz kommt im portugiesischen IPR nur in bestimmten Fällen Bedeutung zu.[267] Im Rahmen der Brüssel I-VO steht der satzungsmäßige Sitz dagegen gleichwertig neben dem Sitz der Hauptverwaltung und Hauptniederlassung. Mit seiner zusätzlichen Bezugnahme auf die Zweigniederlassung, Agentur, Filiale und Zweigstelle der juristischen Person enthält Art. 65 II CPC n.F. zudem eine extensivere Begriffsbestimmung als Art. 60 I Brüssel I-VO. Der portugiesische Gesetzgeber hat sich über die herrschende Tendenz in Europa hinweggesetzt, nach der Agenturen und sonstige Niederlassungen von ausländischen Gesellschaften nur dann zuständigkeitsrelevant sind, wenn es um Rechtsstreitigkeiten

---

[263] Vor der Reform wurden juristische Personen als in Portugal ansässig angesehen, wenn sie dort eine Zweigniederlassung, Agentur, Filiale, Zweigstelle (Art. 65 III CPC a.F.) oder ihre Hauptverwaltungsniederlassung hatten (vgl. Art. 86 II CPC), s. Vitorino, in: Aspectos do novo Processo Civil, S. 93-104 (94). Art. 65 II CPC n.F. erklärt nun zusätzlich den satzungsmäßigen Sitz für zuständigkeitsrelevant. Auf die einfache Niederlassung (Agentur, Filiale etc.) stellen auch die besonderen Gerichtsstände betreffend Seerechtsstreitigkeiten ab, vgl. Art. 20 I d) des DL Nr. 349/86 vom 17. Oktober (Seebeförderungsvertrag für Personen); Art. 30 I d) des DL Nr. 352/86 vom 21. Oktober (Seehandelsvertrag); Art. 16 I d) des DL Nr. 431/86 vom 30. Dezember (Schleppvertrag), Art. 47 I d) des DL 191/87 vom 29. April (Chartervertrag) und Art. 15 I d) des DL Nr. 203/98 vom 10. Juli (Seenot; Verträge betreffend Rettungsmaßnahmen).

[264] Moura Vicente, Direito Internacional Privado – Ensaios I, S. 257; Lima Pinheiro, DIP, Volume III, S. 189; die Gerichte am Sitz der Zweigniederlassung, Agentur, Filiale oder Zweigstelle sind dann nach Art. 86 II CPC n.F. *örtlich* zuständig.

[265] Vgl. die Entscheidung des *Supremo Tribunal de Justiça* vom 15. Oktober 2002, Rechtssache Nr. 02A2154, in: http://www.dgsi.pt: dort lag der verwaltungsmäßige Sitz der beklagten Gesellschaft zwar in Panama, ihr tatsächlicher Sitz befand sich aber in Portugal, so dass sie als in Portugal ansässig i. S. v. Art. 65 I a) i. V. m. II CPC n.F. angesehen wurde.

[266] S. Art. 33 I CC, Art. 3 I 1 CSC und Art. 159 CC.

[267] Vgl. Art. 3 I 2 CSC; danach kann sich eine Gesellschaft, deren *satzungsmäßiger Sitz* in Portugal liegt, gegenüber Dritten nicht darauf berufen, dass sie einem anderen als dem portugiesischen Recht unterliege (s. dazu: Lima Pinheiro, DIP, Volume II, S. 98 ff.); nach der Ansicht von Lima Pinheiro (DIP, Volume III, S. 125, 209) kommt es demnach für die Frage, ob auf den Hauptverwaltungssitz oder statuarischen Sitz abgestellt wird, darauf an, welcher Sitz als Anknüpfungspunkt im konkreten Fall für die Ermittlung des auf die Streitfrage anzuwendenden Rechts maßgeblich ist. Gem. Art. 3 II und IV CSC sind Sitzverlegungen von Gesellschaften aus und nach Portugal unter Wahrung der Rechtspersönlichkeit möglich, vgl. dazu Lima Pinheiro, DIP, Volume II, S. 116 ff.; Steiger, Grenzüberschreitende Fusion und Sitzverlegung von Kapitalgesellschaften innerhalb der EU nach spanischem und portugiesischem Recht (1997), S. 260-272, 275; Gause, Europäisches Konzernrecht im Vergleich (2000), S. 65 f.

geht, die aus deren Betrieb hervorgehen.[268] Das ist zu beanstanden, weil im europäischen Rechtsverkehr grundsätzlich nur derjenige damit rechnen muss im Forumstaat für Geschäfte gerade stehen zu müssen, die er planmäßig von seiner dort sesshaften Niederlassung aus betreibt. In Portugal wird auch derjenige verklagt, der sich am inländischen Wirtschaftsleben nicht beteiligt. Der juristischen Person die Last aufzubürden, sich in Portugal verteidigen zu müssen, stellt m. E. aber keine schwere und ungerechte Benachteiligung des Beklagten dar, da er mit der Unterstützung seiner in Portugal ansässigen Geschäftsstelle rechnen kann.[269] Zu fordern ist nur, dass die Geschäftsstelle für eine gewisse Dauer eingerichtet ist und dort laufende Geschäftshandlungen stattfinden.[270] Die internationale Zuständigkeit portugiesischer Gerichte wird dann nicht übermäßig ausgedehnt.[271] Ein hinreichender Bezug zu Portugal besteht. Im Einzelnen kann die Abgrenzung zwischen Zweigniederlassung, Agentur, Filiale und Zweigstelle schwierig sein. Da keine großen Anforderungen an diese Begriffe zu stellen sind, wird es in den meisten Fällen ohne Bedeutung bleiben, welche Art von Geschäftsstelle sich in Portugal befindet. Es fällt auf, dass Art. 65 II CPC n.F. im Gegensatz zu Art. 7 CPC und 86 II CPC n.F. nicht von einer „Vertretung" der juristischen Person spricht.[272] Nach Art. 7 CPC n.F. wird den Zweigniederlassungen, Agenturen, Filialen, Zweigstellen *und Vertretungen* von „ausländischen" juristischen Personen unter konkreten Umständen Rechtsfähigkeit verliehen.[273] Zusätzlich

---

[268] Vgl. Art. 5 Nr. 5, 8 II, 15 II, 18 II Brüssel I-VO, Art. 21 ZPO und Art. 10 II des Haager Übereinkommens über die Anerkennung und Vollstreckung von ausländischen Entscheidungen vom 1.2.1971 (abgedruckt bei Marques dos Santos, DIP-Colectânea, S. 1229 ff.); Ferrer Correia, Lições DIP I, S. 443 f.; Lima Pinheiro, DIP, Volume III, S. 190; kritisch: Machado Vilela, BFDC 18 (1942), S. 1-70 (64 f.); ders. BFDC 17 (1940/1941), S. 274-346 (340 ff.): Vilela stand der ähnlichen Vorschrift des Art. 65 § 2 des CPC von 1939 sehr kritisch gegenüber und forderte *de lege lata* einen weiteren Bezug des Sachverhalts zu Portugal. In den USA hält man es wie in Portugal für die Zuständigkeitsbegründung als ausreichend, dass die „ausländische" Gesellschaft im Inland über eine bloße Geschäftsstelle verfügt, ohne dass es auf eine Betriebsbezogenheit der Streitigkeit ankäme, s. Lowenfeld, RCADI 196 (1994), S. 9-320 (84 f.); die US-Rechtsprechung ist hingegen etwas undeutlich, s. Scoles/Hay/Borchers/Symeonides, Conflict of Laws, S. 312 ff; 344, 350 ff. und dortige Fn. 19.

[269] So auch Ferrer Correia, Lições DIP I, S. 444; Ferrer Correia/Ferreira Pinto, RDE 1987, S. 25-64 (41).

[270] Ähnlich: Lima Pinheiro, DIP, Volume III, S. 190 (Zentrum wirtschaftlicher Betätigung); demnach kann z. B. eine Agentur einer „ausländischen" Gesellschaft in Portugal zuständigkeitsrechtlich bedeutungslos sein, wenn sie nur für ein bestimmtes Event angelegt wurde.

[271] Moura Ramos, A reforma do direito processual civil internacional, S. 18.

[272] Die „Vertretung" wurde zudem in Art. 13 II CPT n.F. (Arbeitsprozessgesetzbuch) eingefügt, s. S. 95.

[273] Art. 7 CPC n.F. (DL 180/96 vom 25. September) lautet: „1. Die Zweigniederlassungen, Agenturen, Filialen, Delegationen und Vertretungen können klagen und verklagt werden, wenn die Klage auf einer durch sie vorgenommenen Tatsache beruht. 2. Hat die Hauptverwaltung ihren Sitz oder Domizil im Ausland, können die in Portugal ansässigen Zweigniederlassungen, Agenturen, Filialen, Delegationen und Vertretungen klagen und verklagt werden und zwar auch dann, wenn die Klage von einer durch die Hauptverwaltung vorgenommen Tatsa-

auf die „Vertretung" stellt auch Art. 86 II CPC n.F. ab, der die allgemeine örtliche Zuständigkeitsregelung bei Klagen gegen „ausländische" juristische Personen und Gesellschaften bereitstellt.[274] In der Literatur wird deshalb die Ansicht vertreten, dass die „Vertretung" auch in Art. 65 II CPC n.F. hineinzulesen ist.[275] Es ist anzuzweifeln, ob der Anwendungsbereich des Art. 65 II CPC n.F. dadurch erweitert wird, da eine Firmenvertretung in aller Regel unter den Begriff der Zweigniederlassung, Agentur, Filiale oder Zweigstelle subsumiert werden kann.[276] Wie erwähnt ist nämlich eine gewisse Standfestigkeit der Geschäftsstelle in Portugal unbedingt zu fordern, damit die Regelung keinen exorbitanten Charakter annimmt.

2. Streitgenossenschaft

Nach Art. 65 I a) CPC n.F. muss bei einem Mehrparteienprozess nur einer der Beklagten im portugiesischen Gebiet ansässig sein: „...einer der Beklagten...".[277] Dieser Gerichtsstand der Streitgenossenschaft findet sich in Art. 6 Nr. 1 EuGVÜ/Brüssel I-VO wieder und ist den romanischen Rechtsordnungen bekannt.[278] Bei mehreren Klageansprüchen müssen diese in ihrem Inhalt und Begründung im wesentlichen identisch sein (sog. *Konnexität*).[279] Unter dem Gesichtspunkt der Vermeidung widersprechender Entscheidungen und der Prozessökonomie ist dann eine gemeinsame Verhandlung und Entscheidung zweckdienlich. Die Regelung des Art. 65 I a) CPC n.F. gilt auch für die Klage auf Gewährleistung und für die Interventionsklage, sofern beide Beteiligte eine nachträgliche Streitgenossenschaft bilden. Hierin ist eine Parallele zu Art. 6 Nr. 2 Brüssel I-VO zu sehen.[280]

---

che herrührt, sofern die Verpflichtung gegenüber einem Portugiesen oder einem in Portugal wohnhaften Ausländer eingegangen worden ist.".

[274] Der Wortlaut von Art. 86 II CPC n.F. (DL 180/96 vom 25. September) ist abgedruckt im Anhang I (portugiesisch) und II (deutsch) dieser Arbeit.

[275] Moura Vicente, Direito Internacional Privado – Ensaios I, S. 257; Lebre de Freitas/Pinto/Redinha, CPC anotado I, S. 131 f.; a. A. Vitorino, in: Aspectos do novo Processo Civil, S. 93-104 (96).

[276] S. Lima Pinheiro, DIP, Volume III, S. 190 (dortige Fn. 699).

[277] Vgl. die Entscheidung des *Supremo Tribunal de Justiça* vom 19. Juni 2001, CJ-STJ, Ano IX, Tomo II, 2001, S. 125-127: João Vaz *gegen* Sociedade Cidade de Bissau Lda., Manuel Neves und Manuel Cruz.

[278] Rechtsvergleichender Überblick bei Brandes, Der gemeinsame Gerichtsstand: Die Zuständigkeit im europäischen Mehrparteienprozess nach Art. 6 Nr. 1 EuGVÜ/LÜ (1998), S. 70 ff.; Otte, Umfassende Streitentscheidung durch Beachtung von Sachzusammenhängen: Gerechtigkeit durch Verfahrensabstimmung?, (1998), S. 654 ff.; das autonome deutsche Recht kennt den Gerichtsstand nur für Sonderfälle, s. § 35a ZPO; §§ 603 II, 605a ZPO.

[279] Entscheidung des *Tribunal da Relação de Lisboa* vom 20. Januar 1983 (zu Art. 27 CPC: sog. „freiwillige Streitgenossenschaft"), CJ, Ano VII, Tomo I, 1983, S. 108-112: Tellus *gegen* Tracável; Lebre de Freitas/Pinto/Redinha, CPC anotado I, S. 56; vgl. in diesem Zusammenhang die Ausführungen zu Art. 6 Nr. 1 EuGVÜ/Brüssel I-VO auf S. 66.

[280] Teixeira de Sousa, IPRax 1997, S. 352-360 (354); zu Art. 6 Nr. 2 EuGVÜ s. S. 67.

3. Ausnahme bei unbeweglichen Sachen im Ausland, Art. 65 I a) 2. HS CPC n.F.

Handelt es sich um eine Klage betreffend dinglicher Rechte oder persönlicher Nutzrechte („direitos pessoais de gozo") an unbeweglichen Sachen, die im Ausland belegen sind, so begründet der Beklagtenwohnsitz keinen inländischen Gerichtsstand. In Abweichung von Art. 2 I i. V. m. Art. 22 Nr. 1-5 Brüssel I-VO wird der Beklagtengerichtsstand des Art. 65 I a) CPC n.F. ausschließlich für Streitigkeiten über dingliche Rechte und persönliche Nutzrechte an Grundstücken eingeschränkt.[281] Die Gerichte am Belegenheitsort sind wegen ihrer Sachnähe meist am besten in der Lage, über Grundstücksstreitigkeiten zu entscheiden, und ein öffentliches Interesse am Belegenheitsort wird allgemein anerkannt.[282] Für Streitigkeiten über persönliche Nutzrechte an Grundstücken, d. h. vor allem aus Miete oder Pacht, kommt hinzu, dass diese Rechtsverhältnisse oft komplizierten nationalen Schutzvorschriften unterliegen, mit deren Anwendung am besten das Gericht vor Ort vertraut ist.[283] Was im einzelnen eine unbewegliche Sache und was ein dingliches und persönliches Nutzrecht ist, ist nach der *lex fori*, also nach portugiesischem Recht zu bestimmen.

Das *Supremo Tribunal de Justiça* hat in seiner Entscheidung vom 19. Juni 2001[284] verkannt, dass Streitigkeiten, die aus der Nichterfüllung eines gewerblichen Mietvertrages über in Neu Guinea belegene Räumlichkeiten resultieren, unter „persönliche Nutzrechte an Grundstücken" i. S. v. Art. 65 I a) 2. HS CPC n.F. fallen. In seiner Begründung führte der Oberste Gerichthof aus, dass die vorliegende Streitigkeit ausschließlich schuldrechtlicher Natur sei. Persönliche Nutzrechte an Grundstücken („direitos pessoais de gozo sobre imóveis") sind in Abgrenzung zu den dinglichen Rechten schuldrechtlicher Natur![285] Der Beklagte wurde in Anspruch genommen, weil er den Mietzins und die Instandsetzungskosten an der Mietsache nicht beglich sowie für die Wasser-, Strom- sowie Telefonkosten nicht aufkam. Entgegen der Überzeugung des Obersten Gerichtshofs begründete der Beklagtenwohnsitz keinen inländischen Gerichtsstand gem. Art. 65 I a) CPC n.F.

Der Fallgruppe der Klagen betreffend dingliche Rechte oder persönliche Nutzrechte an unbeweglichen Sachen kommt noch in Art. 65-A a) CPC n.F. (*aus-*

---

[281] Moura Ramos, in: ab vno ad omnes, 75 anos da Coimbra Editora, S. 863-892 (870).

[282] Urteil des *Supremo Tribunal de Justiça* vom 13. Januar 2005, Rechtssache Nr. 04B3808, in: http://www.dgsi.pt; Ferreira Pinto, in: Ein internationales Zivilverfahrensrecht für Gesamteuropa, S. 369-382 (377); Ferrer Correia, Lições DIP I, S. 443; Teixeira de Sousa/Moura Vicente, Comentário, S. 114; Musielak/Weth, ZPO, Art. 22 EG-VO, Rn. 1; Kropholler, EuZPR, Art. 22 EuGVO, Rn. 10.

[283] Kropholler, IPR, S. 606.

[284] CJ-STJ, Ano IX, Tomo II, 2001, S. 125-127 (127): João Vaz *gegen* Sociedade Cidade de Bissau Lda., Manuel Neves und Manuel Cruz.

[285] Prata, Dicionário Jurídico, S. 371. Nach unbestrittener Ansicht fallen Mietrechtstreitigkeiten unter Art. 65 I a) 2. HS, 65-A a) und 73 I CPC n.F., die alle von „direitos pessoais de gozo sobre imóveis" sprechen, vgl. Lebre de Freitas/Pinto/Redinha, CPC anotado I, S. 136; Teixeira de Sousa, IPRax 1997, S. 352-360 (357); Lima Pinheiro, DIP, Volume III, S. 208.

schließliche Zuständigkeiten) Bedeutung zu, wenn sich die Liegenschaft in Portugal befindet (s. hierzu S. 126). Außerdem ergibt sich aus Art. 100 I 2. Teil i. V. m. 110 I a) CPC n.F., dass die *örtliche* Zuständigkeit des portugiesischen Gerichts am Belegenheitsort der unbeweglichen Sache (vgl. Art. 73 CPC n.F.) nicht durch Parteivereinbarung abbedungen werden kann.[286]

II. Wegfall des exorbitanten Gerichtsstandes in Art. 65 II CPC a.F.

In den seltenen Fällen[287], wo Art. 85 I CPC zur Anwendung kam (zur Subsidiarität des Beklagtenwohnsitzmerkmals s. oben S. 55) weitete Art. 65 II CPC a.F. den Anwendungsbereich des Beklagtengerichtsstandes aus. Hatte der Beklagte seinen Wohnsitz i. S. v. Art. 85 I CPC („domicílio") nicht in Portugal, so genügte es dennoch für die Begründung der internationalen Zuständigkeit portugiesischer Gerichte, wenn er länger als sechs Monate in Portugal ansässig war („residência") oder sich nur zeitweilig („acidentalmente") in Portugal aufhielt, vorausgesetzt, dass im letzteren Falle die Verpflichtung gegenüber einem Portugiesen eingegangen worden war (Art. 65 II CPC a.F.).[288] Für juristische Personen galt Art. 65 III CPC a.F.[289] Hatte der Beklagte seinen gewöhnlichen Aufenthalt i. S. v. Art. 85 I CPC i. V. m. Art. 82 I CC[290] nicht in Portugal, hielt er sich aber in Portugal länger als sechs Monate auf (schlichter Aufenthalt), so sah man Art. 65 II 1. Alt. CPC a.F. als gegeben an.[291] Bedeutung kam vor allem Art. 65 II 2.

[286] S. Lebre de Freitas, Revisão do Processo Civil, ROA 55 (1995), S. 417-518 (442).

[287] Namentlich in solchen betreffend personenrechtliche Angelegenheiten mit Ausnahme von Scheidungen, Personen- und Gütertrennungen, und Klagen betreffend den Nachlass und die Erbenstellung.

[288] So Alberto dos Reis, Comentário ao Código de Processo Civil I, S. 121; Palma Carlos, Código de Processo Civil Anotado, S. 220; Brito, Dos Acordos sobre o Tribunal Competente em Situações Internacionais (1988), S. 41; Barbosa de Magalhães, Estudos sobre o novo Código de Processo Civil II, S. 104; Machado Vilela, BFDC 17 (1940/1941), S. 274-346 (321 ff.). Der Oberste Gerichtshof nahm hingegen an, dass Art. 65 II CPC a.F. anordne, dass der Beklagte *nur dann* als in Portugal wohnhaft anzusehen sei, wenn eine seiner beiden Alternativen gegeben war. Nach dieser Auffassung trat Art. 65 II CPC a.F. nicht neben den allgemeinen Wohnsitzbegriff des Art. 85 I CPC, so dass Art. 65 II CPC a.F. keine Erweiterung, sondern eher eine Einschränkung („restrição") von Art. 85 I CPC bewirkte, s. *Supremo Tribunal de Justiça* vom 17. Juli 1986, BMJ 359 (1986), S. 631-633 (633): N. N.; Teixeira de Sousa, A Competência Declarativa dos Tribunais Comuns, S. 51 f.; Lima Pinheiro, DIP, Volume III, S. 195 (dortige Fn. 718).

[289] S. oben Fn. 263.

[290] Art. 41 des Código Civil von 1939 definierte den Wohnsitz als den ständigen Aufenthaltsort („residência permanente").

[291] Machado Vilela, BFDC 17 (1940/1941), S. 274-346 (323 f.); Alberto dos Reis, Comentário ao Código de Processo Civil I, S. 122; Palma Carlos, Código de Processo Civil Anotado, S. 220; auch die Ansicht in der Literatur, welche für den Begriff der „residência" i. S. v. Art. 65 II 1. Alt. CPC a.F. eine bestimmte Verweildauer und einen *animus manendi* forderte, sah diese Voraussetzungen als gegeben an, wenn der Beklagte in Portugal über sechs Monate ansässig war, s. Barbosa de Magalhães, Estudos sobre o novo Código de Processo Civil II, S. 107. Art. 65 II 1. Alt. CPC a.F. spielte deshalb keine große Rolle, da man nach einem Zeit-

Alt. CPC a.F. zu. Befand sich der Beklagte im Zeitpunkt der Klageerhebung nur zeitweilig in Portugal (z. B. um ein Geschäft abzuwickeln) und wurde die Verpflichtung gegenüber einem Portugiesen eingegangen, so war Art. 65 II 2. Alt. CPC a.F. erfüllt. Unter „Verpflichtung“ fielen nicht nur vermögensrechtliche Forderungen, sondern alle zivilrechtlichen Verbindlichkeiten.[292] Wurde die Forderung an einen Portugiesen abgetreten, so schadete es nicht, wenn der ursprüngliche Schuldner ein Ausländer war.[293] Diese einseitig den Portugiesen begünstigende Vorschrift verstieß gegen den Grundsatz der Gleichbehandlung von In- und Ausländern im Prozess.[294] Wegen ihres exorbitanten Charakters wurde sie in Art. 3 II EuGVÜ/LugÜ aufgenommen. Die Aufhebung von Art. 65 II CPC a.F. durch das DL Nr. 329-A/95 ist zu begrüßen.

III. Der allgemeine Gerichtsstand gem. Art. 2 I EuGVÜ/LugÜ/Brüssel I-VO in der portugiesischen Rechtsprechung

1. Verhinderung eines Prozessbeginns in Portugal durch die dort ansässigen Beklagten

Der Beklagtenwohnsitz stellt den allgemeinen Gerichtsstand dar.[295] Dieser Grundsatz erklärt sich daraus, dass er dem Beklagten im allgemeinen die Verteidigung erleichtert.[296] Der Beklagte soll sich in seinem gewohnten Umfeld, d. h. in dem Staat, dessen Sprache er mächtig ist, verteidigen dürfen.[297] Die Ausübung der Gerichtsgewalt richtet sich in erster Linie gegen den Beklagten.[298] Der Kläger soll als Angreifer daher die Last des Weges zum Beklagten auf sich

---

raum von über sechs Monaten i. d. R. bereits einen gewöhnlichen Aufenthalt (Art. 85 I CPC i. V. m. Art. 82 I CC) des Beklagten in Portugal annehmen konnte.

[292] Machado Vilela, BFDC 17 (1940/1941), S. 274-346 (325 f.); Alberto dos Reis, Comentário ao Código de Processo Civil I, S. 123;

[293] Anselmo de Castro, Direito Processual Civil Declaratório II, S. 25; ders. Lições de Processo Civil II, S. 409.

[294] So bereits Machado Vilela, BFDC 18 (1942), S. 1-70 (63 f.); Ferrer Correia/Ferreira Pinto, RDE 1987, S. 25-64 (39); Barbosa de Magalhães schlug vor Art. 65 II CPC a.F. dahingehend zu ändern, dass die Verpflichtung auf portugiesischem Territorium begründet wurde, s. Estudos sobre o novo Código de Processo Civil II, S. 114 f.; a. A. (kein Verstoß gegen den Gleichbehandlungsgrundsatz): Alberto dos Reis, Comentário ao Código de Processo Civil I, S. 123 f.

[295] Der Satz *„actor sequitur forum rei“* ist auch der Ausgangspunkt der meisten Zuständigkeitsordnungen, s. oben Fn. 253; vgl. auch Schröder, Internationale Zuständigkeit, S. 120.

[296] Vgl. Jenard in: ABl. EG 1979 Nr. C 59/1 (S. 18 f.); EuGH 19.06.1992, Rs. 26/91 – „Handte/TMCS“, EuGHE 1992 I, S. 3967 = JZ 1995, S. 90 m. Anm. Peifer = RIW 1994, S. 680 = EWS 1994, S. 245, 286; EuGH 13.07.2000, Rs. 412/98 – „Group Josi Reinsurance/Universal General Insurance“, EuGHE 2000 I, S. 5925 = NJW 2000, S. 3121 = IPRax 2000, S. 520 m. Anm. A. Staudinger auf S. 483 = EurLForum 2000, S. 49 m. Anm. Geimer.

[297] von Hoffmann, RIW/AWD 1973, S. 57-64 (60).

[298] So bereits Neuner, Internationale Zuständigkeit (1929), S. 23; ihm folgend etwa: Schack, IZVR, Rn. 192.

nehmen.[299] Dem Kläger kommt zugute, dass er damit rechnen kann, das erstrittene Urteil erfolgreich zu vollstrecken, da sich das Vermögen des Beklagten i. d. R. an seinem Wohnsitz befindet.[300]
Auffallend ist, dass die Beklagten den Mangel der internationalen Zuständigkeit vor portugiesischen Gerichten wiederholt rügen, obwohl die Europäischen Zuständigkeitsordnungen den Beklagten einen heimischen Gerichtsstand bereitstellen.[301] Offensichtlich raten deren Anwälte dazu, die fehlende Zuständigkeit portugiesischer Gerichte zu rügen, obwohl sie sich im klaren darüber sind, dass sich die Klage gegen ihre Mandanten richtet, die in Portugal ansässig sind und der zeitliche, sachliche und räumlich-persönliche Anwendungsbereich des EuGVÜ/LugÜ bzw. der Brüssel I-VO eröffnet ist. Der Grund dafür mag darin liegen, dass ein Prozessbeginn im Inland überhaupt verhindert werden soll. Dann besteht aber die Gefahr einer insbesondere mit Kosten und Zeitaufwand verbundenen Prozessführung im Ausland.[302] Ein Verfahren vor Gerichten eines ausländischen Staates kann aber auch erhebliche Vorteile mit sich bringen, etwa wenn das IPR des Forumstaates ein für den Beklagten günstigeres Sachrecht zur Anwendung beruft als das inländische.[303] In den zitierten acht Entscheidungen er-

---

[299] von Hoffmann, IPRax 1982, S. 217-222 (218).
[300] Ferrer Correia, Lições DIP I, S. 442.
[301] Vgl. die Entscheidungen des ***Tribunal da Relação do Porto*** **vom 19. Juni 1995**, CJ, Ano XX, Tomo III, 1995, S. 237-239: Société Industrielle Meubles Monnier, S. A. R. L . *gegen* E. J. Martins, Lda. und **vom 16. Oktober 1995**, CJ, Ano XX, Tomo IV, 1995, S. 217-218: Biscuiterie Confiserie Lor, S. A. *gegen* Doce Alimentar - Produtos Alimentares Lda.; ***Tribunal da Relação de Coimbra*** **vom 17. Dezember 1996**, CJ, Ano XXI, Tomo V, 1996, S. 44-46: JANGAARD EXPORT AS *gegen* J. GIL & Cª LDA; ***Tribunal da Relação do Porto*** **vom 7. Februar 1997**, CJ, Ano XXII, Tomo I, 1997, S. 226-228: INVOCA AG *gegen* Telmo de Macedo; ***Tribunal da Relação de Lisboa*** **vom 24. April 1997**, CJ, Ano XXII, Tomo II, 1997, S. 119-120: Societé Bancaire de Paris, S. A. *gegen* Filipe Rocha und Ehefrau Maria da Conceição Rocha; ***Supremo Tribunal de Justiça*** **vom 12. Juni 1997**, CJ-STJ, Ano V, Tomo II, 1997, S. 122-126: Trenkamp & Gehle GmbH *gegen* G. Reinke Lda., auch abgedruckt in: BMJ 468 (1997), S. 325-334 und **vom 25. November 1997**, BMJ 471 (1997), S. 339-342: Cousin Frères, S. A. *gegen* Mecanocostura – Fabricação e Comércio de Equipamento e Indústria de Confecções, S. A.; ***Tribunal da Relação de Coimbra*** **vom 19. Oktober 1999**, CJ, Ano XXIV, Tomo IV, 1999, S. 39-42: Trefimetaux, S. A. *gegen* Fundalba – Indústria de Fundição Lda.
[302] Während Art. 2 I EuGVÜ/LugÜ/Brüssel I-VO einen Beklagtengerichtsstand im Inland begründet, besteht oftmals gleichzeitig ein forum actoris im Ausland gem. Art. 5 Nr. 1 EuGVÜ (zum Verhältnis zwischen Art. 2 I und 5 EuGVÜ/LugÜ/Brüssel I-VO, vgl. S. 76). Beispiel: Der in Portugal ansässige Fischhändler verkauft Stockfische an einen Großhändler in Italien. Vereinbart wurde die Lieferung der Fische nach Italien. Der Verkäufer liefert nicht. Der Käufer kann in Italien nun gem. Art. 5 I b) Brüssel I-VO gegen den Verkäufer auf Vertragserfüllung bzw. Schadensersatz wegen Vertragsverletzung klagen.
[303] Ein in Portugal ansässiger Beklagter hat vor dem ***Obersten Gerichtshof*** **(Urteil vom 12. Juni 1997**, CJ-STJ, Ano V, Tomo II, 1997, S. 122-126: Trenkamp & Gehle GmbH *gegen* G. Reinke Lda.) sogar die Anwendung des deutschen Rechts geltend gemacht, s. hierzu S. 144. Mit dem *Inkrafttreten des Römischen EWG-Übereinkommens über das auf vertragliche Schuldverhältnisse anzuwendende Recht vom 19. Juni 1980*, welches mittlerweile in allen Mitgliedstaaten der EG in Kraft trat, existiert in diesen Staaten das gleiche IPR auf dem Ge-

klärten sich die portugiesischen Gerichte gem. Art. 2 EuGVÜ/LugÜ/Brüssel I-VO für international zuständig. Den Einwendungen der Beklagten wurde in keinem Fall entsprochen.

2. Bestimmung des „Wohnsitzes“ nach Art. 52, 53 EuGVÜ/LugÜ bzw. Art. 59, 60 Brüssel I-VO

Die portugiesischen Gerichte sind nur selten auf die allgemeinen Vorschriften über die Bestimmung des Wohnsitzes eingegangen. Im Hinblick auf die Relevanz der Ermittlung des Wohnsitzes, insbesondere des Beklagtenwohnsitzes, für die Eröffnung des räumlich-persönlichen Anwendungsbereichs der Europäischen Zuständigkeitsordnungen (vgl. deren Art. 4 I) vermag dies überraschen.[304] Es ergaben sich im Hinblick auf die Wohnsitzermittlung des Klägers oder Beklagten keine Schwierigkeiten. Deshalb begnügten sich die Gerichte den Wortlaut der Art. 52, 53 EuGVÜ/LugÜ wiederzugeben. Ist zu entscheiden, ob eine Partei ihren Wohnsitz im Gerichtsstaat hat, weil davon die Anwendbarkeit des Übereinkommens bzw. der Verordnung oder ein bestimmter Gerichtsstand abhängt, so wendet das Gericht gem. Art. 52 I EuGVÜ/LugÜ bzw. Art. 59 I Brüssel I-VO sein eigenes Sachrecht an.[305] In drei Entscheidungen[306] wurde auf Art. 82 I 1 1. HS CC eingegangen, welcher den Wohnsitz natürlicher Personen regelt. Nach Art. 82 I 1. HS CC hat eine natürliche Person ihren Wohnsitz am Ort ihres gewöhnlichen Aufenthaltes.[307] Welche Anforderungen an den Begriff des

---

biet der vertraglichen Schuldverhältnisse. Mit dem Inkraftttreten der Verordnung (EG) über das auf vertragliche Schuldverhältnisse anzuwendende Recht („Rom I-VO“, vgl. Fn. 74) und der Verordnung (EG) über das auf ausservertragliche Schuldverhältnisse anzuwendende Recht („Rom II-VO“), wird es eine noch weitreichendere Rechtsvereinheitlichung auf dem Gebiet des IPR geben. Dann macht es für die Parteien im Hinblick auf das anzuwendende Sachrecht keinen Unterschied mehr, welches Gericht innerhalb der Europäischen Union sich mit der Klage befasst; der Wettlauf nach dem günstigeren Forum hört dann auf, vgl. von Hoffmann, RIW/AWD 1973, S. 57-64 (57).

[304] Die Wohnsitzbestimmung hat zudem eine große Bedeutung bei Art. 5 Nr. 2 EuGVÜ/LugÜ/Brüssel I-VO und Art. 8 EuGVÜ/LugÜ bzw. Art. 9 Brüssel I-VO; vgl. auch Art. 32 II, 36 II EuGVÜ/LugÜ bzw. Art. 39 II, 43 V Brüssel I-VO im Rahmen des Vollstreckungsverfahrens.

[305] Die Verweisung auf „...sein Recht..." i. S. v. Art. 52 I EuGVÜ/LugÜ bzw. Art. 59 I Brüssel I-VO ist als Sachnormverweisung zu verstehen, vgl. nur Teixeira de Sousa/Moura Vicente, Comentário, S. 177.

[306] Vgl. ***Tribunal da Relação do Porto* vom 7. Februar 1997**, CJ, Ano XXII, Tomo I, 1997, S. 226-228: INVOCA AG *gegen* Telmo de Macedo; ***Tribunal da Relação de Lisboa* vom 24. April 1997**, CJ, Ano XXII, Tomo II, 1997, S. 119-120: Societé Bancaire de Paris, S. A. *gegen* Filipe Rocha und Ehefrau Maria da Conceição Rocha; ***Supremo Tribunal de Justiça* vom 12. März 2002**, Rechtssache Nr. 01A4092, in: http://www.dgsi.pt.

[307] Art. 82 I 2. HS CC bestimmt: „...hat die Person ihren Aufenthalt an unterschiedlichen Orten, so gilt sie als wohnhaft an einem dieser Orte“. Art. 82 II CC besagt: „Fehlt es an einem gewöhnlichen Aufenthalt, so ist der gelegentliche Aufenthalt oder, falls ein solcher nicht ermittelt werden kann, der Ort maßgebend, an dem sich die Person befindet.“

„gewöhnlichen Aufenthalts" zu stellen sind ließen die Gerichte offen.[308] Ebenso wenig haben sich die Gerichte mit dem portugiesischen Internationalen Gesellschaftsrecht, das von Art. 53 I 2 EuGVÜ/LugÜ zur Anwendung berufen wird, auseinandergesetzt bzw. auseinander setzen müssen.[309] Gem. Art. 33 I CC, Art. 3 I 1 CSC bestimmt sich das Personalstatut einer juristischen Person grundsätzlich nach dem Recht des Staates, in dem sich deren Hauptverwaltungssitz befindet.[310] In den meisten Gerichtsentscheidungen fehlen genauere Angaben über die am Verfahren beteiligten Unternehmen.

3. Maßgeblicher Zeitpunkt für das Bestehen eines Wohnsitzes in einem Vertrags- bzw. Mitgliedstaat

Das ***Supremo Tribunal de Justiça*** befasste sich in seinem **Urteil vom 24. Oktober 2002**[311] mit der Frage, zu welchem Zeitpunkt des Verfahrens der Wohnsitz des Beklagten in Portugal feststehen muss, damit die eigenen Gerichte international gem. Art. 2 I bzw. 6 Nr. 1 EuGVÜ zuständig sind. Eine Handelsgesellschaft mit Sitz in Holland wurde auf Zahlung einer Schadensersatzsumme verklagt. Zum Zeitpunkt der Klageerhebung begründeten die Art. 2 I, 5 Nr. 1, 3 EuGVÜ keinen inländischen Gerichtsstand.[312] Während des erstinstanzlichen Verfahrens wurde ein bislang unbekannter Dritter als Zweitbeklagter auf Antrag des Erstbeklagten in das Verfahren einbezogen (Beklagtenbeitritt; Intervention).[313] Der dem Verfahren beigetretene Beklagte hatte seinen Wohnsitz in Portugal, also im Gerichtsstaat. Das erstinstanzliche Gericht hielt sich daher (womöglich nach Art. 6 Nr. 1 EuGVÜ) für international zuständig.[314] Nach Auffassung des Berufungsgerichts und Obersten Gerichtshofs fehlte den portugiesi-

---

[308] Ausführlich: Sequeira Ferreira, O conceito de domicílio na Convenção de Bruxelas de 27 de Setembro de 1968 (1994), S. 41 ff.

[309] Der ***Oberste Gerichtshofs*** zitierte in seinem **Urteil vom 12. März 2002** (a. a. O., Fn. 306) Art. 3 I CSC.

[310] Vgl. o. Fn. 267.

[311] Rechtssache Nr. 02A2420, in: http://www.dgsi.pt.

[312] So die Auffassung aller drei Gerichtsinstanzen; von deren Richtigkeit wird hier ausgegangen.

[313] Vgl. Art. 320 ff. CPC und insbesondere die Art. 325 ff. CPC (Intervention durch Aufforderung einer Prozesspartei). Zu Art. 6 Nr. 2 EuGVÜ/Brüssel I-VO (Gerichtsstand der Gewährleistungs- und Interventionsklage), s. sogleich S. 67.

[314] Gem. Art. 6 Nr. 1 EuGVÜ können mehrere Personen vor dem Gericht des Ortes verklagt werden, an dem einer der Beklagten seinen Wohnsitz hat. Art. 6 Nr. 1 EuGVÜ/Brüssel I-VO erfasst auch die Fälle, in denen die Klage *nach Anhängigkeit des Rechtsstreits* auf weitere Personen erweitert wird (arg. Art. 22 EuGVÜ bzw. 28 Brüssel I-VO), s. Geimer/Schütze, EuZVR, Art. 6 EuGVÜ, Rn. 24; Kropholler, EuZPR, Art. 6 EuGVO, Rn. 14; der Wortlaut von Art. 16 Nr. 1 Brüssel I-VO fordert nun zusätzlich, dass zwischen den Klagen eine so enge Beziehung besteht, dass eine gemeinsame Verhandlung und Entscheidung geboten ist, um zu vermeiden, dass in getrennten Verfahren widersprechende Entscheidungen ergehen können. Ein Zusammenhang zwischen den Klagen gegen die verschiedenen Beklagten (sog. Konnexität) wurde bereits i.R.d. EuGVÜ gefordert, vgl. etwa Geimer/Schütze, EuZVR, Art. 6 EuGVÜ, Rn. 16 ff. und unten Fn. 321.

schen Gerichten hingegen die internationale Entscheidungszuständigkeit. Der Oberste Gerichtshof stützte seine Ansicht auf Art. 22 I 1. HS LOFTJ.[315] Gem. Art. 22 I 1. HS LOFTJ wird die Zuständigkeit zum Zeitpunkt der Klageerhebung bestimmt.[316] Nach Ansicht des Gerichtshofs sind nachträgliche subjektive Änderungen (Beitritt eines Dritten) irrelevant, auch dann, wenn die Zuständigkeit vom Gericht erst nach dem Beklagtenbeitritt geprüft wird.[317] Zum Zeitpunkt der Klageerhebung war der in Lissabon ansässige Zweitbeklagte noch nicht dem Verfahren beigetreten.
Fraglich ist, ob dieser sehr engen Auffassung des Obersten Gerichtshofs zuzustimmen ist. Das EuGVÜ und die Brüssel I-VO enthalten keine Regelungen über den Zeitpunkt, zu dem die zuständigkeitsbegründenden Tatsachen, insbesondere der Wohnsitz, vorliegen müssen. Eine Ansicht bevorzugt eine autonome Lösung.[318] Von dieser abweichend, halten manche Autoren wie der Oberste Gerichtshof, die *lex fori* für maßgeblich.[319] Unabhängig davon, ob man eine autonome oder eine an der *lex fori* orientierte Lösung favorisiert, wird beim Vorliegen einer Fallkonstellation, in der der Kläger nach Abweisung der Klage diese sofort im Anschluss wieder erheben kann, von der ganz überwiegenden Meinung zu Recht eine Ausnahme gemacht.[320] Im Schrifttum wird der Beispielsfall genannt, in dem der Beklagte seinen Wohnsitz in den Gerichtsstaat verlegt. Eine ähnliche Situation liegt vor, wenn ein im Gerichtsstaat ansässiger Beklagter dem Verfahren beitritt. Wird die Klage abgewiesen, kann der Kläger gem. Art. 6 Nr. 1 EuGVÜ gegen mehrere Personen Klage erheben – was ganz in seinem Interesse liegt. Voraussetzung ist, dass ein gewisser Zusammenhang zwischen den

---

[315] „Lei de organização e funcionamento dos tribunais judiciais": Gesetz über die Organisation und Tätigkeit der Gerichte Nr. 3/99 vom 13. Januar.

[316] Art. 22 I LOFTJ: „A competência fixa-se no momento em que a acção se propõe, sendo irrelevantes as modificações de facto que ocorram posteriormente". Art. 22 I 2. HS lautet: „...unerheblich sind nachträgliche tatsächliche Veränderungen"; vgl. im deutschen Recht § 261 III Nr. 2 ZPO, Art. 17 I 1 GVG *(sog. perpetuatio fori).*

[317] In einer ähnlichen Entscheidung, der ein fast identischer Sachverhalt zugrunde lag, hat der ***Oberste Gerichtshof*** diese Rechtsprechung bestätigt: vgl. seine **Entscheidung vom 27. Februar 2003**, CJ-STJ, Ano XXVIII, Tomo I, 2003, S. 111-112: Gralpe – Sociedade Industrial de Granitos de Alpendorada Lda. *gegen* Poseidon Chartering BV und Sea River Chartering BV.

[318] Lima Pinheiro, DIP, Volume III, S. 79; Kropholler, EuZPR, vor Art. 2 EuGVO, Rn. 12; Geimer/Schütze, EuZVR, Art. 2 EuGVÜ, Rn. 90 f.; Thomas/Putzo/Hüßtege, ZPO, Art. 2 EuGVVO, Rn. 8; Zöller/Geimer, ZPO, Art. 2 EuGVVO, Rn. 17; Wieczorek / Schütze / Hausmann, Art. 2 EuGVÜ, Rn. 25.

[319] Teixeira de Sousa/Moura Vicente, Comentário, S. 78; Musielak/Weth, ZPO, Art. 2 EG-VO, Rn. 5; Rauscher, IPR, S. 349; MünchKomm/Gottwald, Art. 2 EuGVÜ, Rn. 16.

[320] Vgl. Teixeira de Sousa/Moura Vicente, Comentário, S. 78 a. E. und 25; Musielak/Weth, ZPO, Art. 2 EG-VO, Rn. 5; MünchKomm/Gottwald, Art. 2 EuGVÜ, Rn. 17 (der Zuständigkeitsmangel entfällt ex nunc); Kropholler, EuZPR, vor Art. 2 EuGVO, Rn. 13; Wieczorek/Schütze/Hausmann, Art. 2 EuGVÜ, Rn. 26; Geimer/Schütze, EuZVR, Art. 2 EuGVÜ, Rn. 92 ff.; s. auch Schack, IZVR, Rn. 388.

Klageansprüchen besteht.[321] Im vom Obersten Gerichtshof zu entscheidenden Fall richtete sich ein und dieselbe Klage gegen beide Beklagten. Liegt eine solche Fallkonstellation vor, so muss genügen, dass die Zuständigkeitsvoraussetzungen im Entscheidungszeitpunkt vorliegen.[322] Das erstinstanzliche Gericht hatte noch nicht einmal über die Frage der internationalen Zuständigkeit portugiesischer Gerichte entschieden, als die Klage auf den in Portugal ansässigen Zweitbeklagten erweitert wurde.
Beachte: Vom Gericht nicht geprüft und hier auch nicht relevant war der Gerichtsstand der Interventionsklage nach Art. 6 Nr. 2 EuGVÜ. Im vorliegenden Fall wurde zwar ein Dritter Partei des zwischen zwei Parteien anhängigen Verfahrens (vgl. Art. 320 ff. CPC, obige Fn. 313), so dass eine „Intervention" i.S.d. Art. 6 Nr. 2 EuGVÜ gegeben war.[323] Art. 6 Nr. 2 EuGVÜ setzt jedoch voraus, dass das Gericht seine internationale Zuständigkeit für den Hauptprozess auf einen Gerichtsstand des EuGVÜ stützt.[324] Vor dem Beitritt des in Portugal ansässigen Beklagten zum Verfahren fehlte den portugiesischen Gerichten die internationale Zuständigkeit nach dem Übereinkommen.

---

[321] Zur sog. Konnexität vgl. etwa Kropholler, EuZPR, Art. 6 EuGVO, Rn. 8; MünchKomm/Gottwald, Art. 6 EuGVÜ, Rn. 6; Wieczorek/Schütze/Hausmann, Art. 6 EuGVÜ, Rn. 7 f.; Vasconcelos, O Direito 126 (1994), S. 531-574 (534 ff.).

[322] Ausdrücklich auf den Entscheidungszeitpunkt stellen etwa Kropholler, EuZPR, vor Art. 2 EuGVO, Rn. 13; Thorn, IPRax 2004, S. 354-357 (354) und Lima Pinheiro, DIP, Volume III, S. 79 ab. Im Gegensatz zu Gottwald (MünchKomm, Art. 2 EuGVÜ, Rn. 16) muss nach Ansicht von Rauscher (IPR, S. 349) nach deutschem Recht die internationale Zuständigkeit als Prozessvoraussetzung nicht bereits bei Klageerhebung (§ 253 I ZPO), sondern erst bei Schluss der mündlichen Verhandlung bestehen.

[323] Zur autonomen Definition des Begriffs „Interventionsklage" vgl. Mansel in: Hommelhoff/Jayme/Mangold (Hrsg.), Europäischer Binnenmarkt: IPR und Rechtsangleichung, S. 161-262 (230 ff.); Kropholler, EuZPR, Art. 6 EuGVO, Rn. 26-29; beachte, dass Art. 6 Nr. 2 EuGVÜ/Brüssel I-VO nach Art. V des Protokolls Nr. 1 zum EuGVÜ bzw. nun Art. 65 I Brüssel I-VO weder in Deutschland noch in Österreich geltend gemacht werden kann, s. dazu etwa Kropholler, EuZPR, Art. 6 EuGVO, Rn. 19-25.

[324] Kropholler, EuZPR, Art. 6 EuGVO, Rn. 30; Bülow/Böckstiegel/Auer, Art. 6 EuGVÜ, Rn. 30; von Hoffmann/Hau, RIW 1997, S. 89-94 (91); Teixeira de Sousa/Moura Vicente, Comentário, S. 99; Vasconcelos, O Direito 126 (1994), S. 531-574 (543); a. A. (Zuständigkeit nach dem autonomen Prozessrecht genügt): MünchKomm/Gottwald, Art. 6 EuGVÜ, Rn. 10; Mansel in: Hommelhoff/Jayme/Mangold (Hrsg.), Europäischer Binnenmarkt: IPR und Rechtsangleichung, S. 161-262 (245); Wieczorek/Schütze/Hausmann, Art. 6 EuGVÜ, Rn. 21.

H. Gerichtsstand für Vertragsklagen

I. Der Gerichtsstand des Erfüllungsortes in Art. 65 I b) i. V. m. 74 I CPC n.F.

1. Doppelfunktionalität der örtlichen Gerichtsstände

Nach Art. 65 I b) CPC n.F. besitzen die portugiesischen Gerichte die internationale Zuständigkeit, wenn die Klage nach den Regelungen über die örtliche Zuständigkeit erhoben wird (Koinzidenzprinzip). Ein die örtliche Zuständigkeit begründendes Anknüpfungselement muss auf das portugiesische Territorium verweisen.[325] Vor der Reform von 1997 befand sich das Koinzidenzprinzip in Art. 65 I a) CPC a.F. Eine ähnliche Regelung wurde in Art. 3 II 2 des italienischen IPR-Gesetzes vom 30. Oktober 1995 aufgenommen.[326] In Deutschland wird in den gesetzlich nicht geregelten Fällen die internationale Zuständigkeit aufgrund der ähnlichen Interessenlage in analoger Anwendung der Regelungen über die örtliche Zuständigkeit bestimmt.[327] Die Art. 73 (*forum rei sitae*), 74 I (*forum obligationis*), 74 II (*forum commissi delicti*), 75 (*Scheidung und Trennung*), 76 (*Honorare*), 77 (*Nachlass und Erbenstellung*), 78-81 (*Regelungen betreffend Schiffe*) und 82 (*Unternehmenssanierung und Konkurs*) CPC n.F. stellen besondere örtliche Zuständigkeiten bereit (*ratione materiae*).[328] Art. 85 CPC (*allgemeine Regel*) knüpft an den Wohnsitz des Beklagten an und sieht örtliche Notzuständigkeiten vor. Die Verteilung örtlicher Zuständigkeit wird hier insbesondere durch räumliche Beziehungen der Parteien oder des streitigen Rechtsverhältnisses zum Gerichtsbezirk bestimmt. Beide Kriterien sind auch für die Bestimmung *internationaler* Zuständigkeit von maßgeblicher Bedeutung.[329] Die Anwendung der örtlichen Gerichtsstände für die Ermittlung der internationalen Zuständigkeit ist daher *in der Regel* sachgerecht, weil sich in der Praxis zeigt, dass die Anknüpfungspunkte der örtlichen Zuständigkeit meist auch für die internationale Zuständigkeit zu angemessenen Ergebnissen führen.[330]

2. Einzelmeinung von *Teixeira de Sousa*

Eine Einzelmeinung von *Teixeira de Sousa,* die der Autor auch nach der Gesetzesreform von 1997 weiterhin vertritt, blieb vom Gesetzgeber unberücksichtigt

---

[325] Art. 65 I b) CPC n.F. ist etwas unschicklich formuliert, in dem er von „... die Klage *soll* in Portugal (...) erhoben werden" spricht (Hervorhebung des Verf.).

[326] „Rispetto alle altre materie la giurisdizione sussiste anche in base ai criteri stabiliti per la competenza per territorio"; zu weiteren Auslandsvergleichen s. Kropholler, Hdb. IZVR I, Rn. 36-104.

[327] von Hoffmann, IPR, § 3, Rn. 38; nach a. A. ist die internationale Zuständigkeit in der örtlichen stillschweigend mitgeregelt, so Kropholler, IPR, S. 593; Schack, IZVR, Rn. 236.

[328] Vom System her vergleichbar mit Art. 5 und 6 Brüssel I-VO, s. Moura Ramos, A reforma do direito processual civil internacional, S. 19; Lima Pinheiro, DIP, Volume III, S. 197.

[329] Vgl. von Hoffmann, IPRax 1982, S. 217-222 (220).

[330] Kropholler, Hdb. IZVR I, Rn. 133.

und hat auch im übrigen Schrifttum keine Resonanz gefunden.[331] Nach seiner Ansicht kommen die zuständigkeitsbegründenden Merkmale des Art. 65 I CPC n.F. (die er mit Ausnahme von lit. b) als „Empfangsnormen" bezeichnet) nur dann zur Anwendung, wenn sich die internationale Zuständigkeit portugiesischer Gerichte nicht bereits aus den örtlichen Zuständigkeitsregeln der Art. 73 bis 89 CPC n.F. ableiten lässt (Doppelfunktionalität der örtlichen Gerichtsstände).[332] Da dem Art. 65 I b) CPC n.F.[333], der auf die örtlichen Gerichtsstände verweist, deshalb keinerlei Bedeutung zukomme, hat er sich für die Abschaffung der Bestimmung ausgesprochen.[334] *De lege lata* verweise Art. 65 I b) CPC n.F. nur auf die Fälle der internationalen ausschließlichen Zuständigkeit (Art. 65-A CPC n.F.).[335] Letzteres ergebe sich vor allem aus dem Wortlaut der Vorschrift.[336]

Diese Auffassung überzeugt nicht. Seine These, dass Art. 65 I b) CPC n.F. auf Art. 65-A CPC n.F. verweise, scheint eine Notlösung zu sein, damit Art. 65 I b) CPC n.F. nicht völlig leer läuft. Er selbst hat die Abschaffung der Norm wegen deren angeblichen Nutzlosigkeit vorgeschlagen. Der deutliche Wortlaut der Vorschrift des Art. 65 I b) CPC n.F. spricht nicht für, sondern gegen seine Auffassung. Im Unterschied z. B. zum deutschen enthält das portugiesische Recht in Art. 65 I b) CPC eine ausdrückliche Bestimmung, die den örtlichen Zuständigkeitsregelungen die Aufgabe erteilt über die internationale Zuständigkeit mitzuentscheiden.[337] Im übrigen könnte nach der geschilderten Ansicht von *Teixeira de Sousa* der Grundsatz *actor sequitur forum rei* allenfalls subsidiär gem. Art. 85 I CPC oder aber nach Art. 65 I a) CPC n.F. eingreifen, wenn die Streitigkeit zwar unter einem besonderen örtlichen Gerichtsstand subsumiert werden kann, sich aus diesem Gerichtsstand jedoch nicht die internationale Zuständigkeit portugiesischer Gerichte ergibt.[338] Das alternative Anknüpfungssystem des Art. 65 I CPC n.F. wäre auf den Kopf gestellt.

---

[331] S. aber Ditandy, Internationale Zuständigkeit – Neuregelung durch die LOPJ 1985 (2003), S. 235 f.

[332] A Competência Declarativa dos Tribunais Comuns, S. 46 f.

[333] Genauer: Art. 65 I a) CPC in der Fassung vor der Gesetzesreform.

[334] ROA 55 (1995), S. 353-416 (367 f.).

[335] Estudos sobre o novo Processo Civil, S. 99 f.; IPRax 1997, S. 352-360 (354).

[336] IPRax 1997, S. 352-360 (354); das „teleologische Argument", das der Autor dort vorbringt, besteht darin, dass er, wie bereits erwähnt, Art. 65 I b) CPC für überflüssig hält, weil Art. 65 I CPC n.F. nach seiner Meinung nur dann Anwendung findet, falls sich aus dem allgemeinen – ungeschriebenen – Grundsatz der Doppelfunktionalität der örtlichen Gerichtsstände die internationale Zuständigkeit portugiesischer Gerichte nicht ermitteln lässt.

[337] Art. 65 I b) CPC n.F. enthält wie Art. 10 CPT n.F. (hierzu S. 95) eine *intra-systematische Verweisung* auf die örtlichen Gerichtsstände, vgl. Moura Vicente, Direito Internacional Privado – Ensaios I, S. 257; Lima Pinheiro, DIP, Volume III, S. 191 (dortige Fn. 703 a. E.). Unter dem Gesichtspunkt der Deutlichkeit ist eine ausdrückliche Verweisung auf die örtlichen Zuständigkeitsregeln vorzugswürdiger als die Annahme einer – ungeschriebenen – Doppelfunktionalität der örtlichen Gerichtsstände so wie es in Deutschland der Fall ist, s. Moura Vicente, a. a. O., S. 258.

[338] Vgl. Teixeira de Sousa, Estudos sobre o novo Processo Civil, S. 117 f.

3. Ermittlung des Gerichtsstandes nach Art. 65 I b) i. V. m. 74 I CPC n.F.

Nach Art. 74 I CPC in der Fassung der Reform von 1997 war die Klage auf Erfüllung einer Verpflichtung, die Schadenersatzklage wegen Nichtleistung oder Schlechtleistung und der Rücktritt vom Vertrag wegen Nichtleistung vom Gläubiger nach seiner Wahl, beim Gericht des Ortes geltend zu machen, an dem die Verpflichtung hätte erfüllt werden müssen oder der Beklagte seinen Wohnsitz hat.[339] Art. 74 I CPC in der Fassung *vor* der Reform von 1997 lautete noch: „Die Klage auf Erfüllung einer Verpflichtung oder wegen Nichterfüllung ist beim Gericht des Ortes einzureichen, an dem, nach dem Gesetz oder schriftlicher Parteienvereinbarung, die jeweilige Verpflichtung hätte erfüllt werden müssen."
Dieser Gerichtsstand wurde kürzlich abermals geändert und hat eine massive Einschränkung erfahren, die sich nicht nur auf die örtliche, sondern auch auf die internationale Zuständigkeit auswirkt. Am 26. April 2006 ist das Gesetz Nr. 14/2006 mit dem Hauptziel ergangen, den Verbraucher zu schützen und den Besonderheiten der Metropolen Lissabon und Porto Rechnung zu tragen.[340] Gem. Art. 74 I CPC n.F. ist die Vertragsklage am Wohnsitz des Beklagten zu erheben, wobei der Gläubiger auch das Gericht des Ortes in Anspruch nehmen kann, an dem die jeweilige Verpflichtung hätte erfüllt werden müssen, vorausgesetzt, der Beklagte ist eine juristische Person oder, falls sich das Domizil des Gläubigers innerhalb der Metropolen Lissabon oder Porto befindet, der Beklagte dort auch seinen Wohnsitz hat. Daraus folgt dreierlei: (1) Zuständig ist stets das Gericht des Wohnsitzes bzw. Sitzes des Beklagten.[341] Diesem *örtlichen* Gerichtsstand kommt bei der Ermittlung der internationalen Zuständigkeit wegen dem eigenständigen internationalen Beklagtengerichtsstand in Art. 65 I a) CPC n.F. keine Bedeutung zu. Der *örtliche* Beklagtengerichtsstand, dem ansonsten nur eine subsidiäre Bedeutung zukommt, wird dadurch allerdings gestärkt.[342] (2) Weicht dieser Sitz von dem Ort ab, an dem die jeweilige vertragliche Verpflichtung hätte erfüllt werden müssen, ist auch an diesem Ort ein Forum gegeben, wenn der Beklagte eine juristische Person ist. (3) Ist der Kläger in den Metropolen Lissabon oder Porto ansässig, wird zwar nach dem Gesetzeswortlaut nicht vorausgesetzt, dass der Beklagte eine juristische Person ist, allerdings ist ein Gerichts-

---

[339] Art. 76 I CPC sieht einen Gerichtsstand für Honorarklagen und Klagen auf Erstattung vorausgeleisteter Beträge von *Verfahrensbevollmächtigten* (Rechtsanwälten) und *technischen Beauftragten i. S. v. Art. 42 CPC* vor, deren Entgelte *im Rahmen eines gerichtliches Verfahrens* entstanden sind, s. Lebre de Freitas/Pinto/Redinha, CPC anotado I, S. 148; Neto, CPC anotado, S. 193. Zuständig ist dann das Gericht, vor dem die Leistung erbracht wurde. Dieser Vorschrift kommt bei Auslandsfällen nur eine geringe Bedeutung zu und wird daher nicht weiter behandelt. Wurde die rechtsberatende bzw. unterstützende Leistung vor einem Berufungsgericht oder dem Obersten Gerichtshof erbracht, so ist das Amtsgericht am Wohnsitz des Schuldners zuständig, Art. 76 II CPC.

[340] Begründung zum Gesetz Nr. 14/2006.

[341] Wann i.S.d. Norm eine *juristische Person* in dem jeweiligen Gerichtsbezirk bzw. in Portugal ansässig ist, regelt Art. 86 Abs. 2 CPC, wonach es bereits genügt, wenn z.B. eine Zweigniederlassung vorhanden ist, s. dazu S. 58.

[342] S. oben S. 55.

stand am Erfüllungsort nur dann gegeben, wenn der Beklagte ebenfalls in der jeweiligen Metropole ansässig ist. Für den ausländischen Kläger, der nicht in einem der beiden großen Städten ansässig ist, bedeutet die Gesetzesänderung insbesondere, dass eine Wahl zugunsten des Erfüllungsortes nur getroffen werden kann, wenn der Beklagte eine juristische Person ist. Insoweit erfährt dieser besondere Gerichtsstand eine massive Einschränkung. Ungenau ist m.E. der Begriff „juristische Person", da auch natürliche Personen Gewerbe betreiben können und nicht vor einem (zusätzlichen) Erfüllungsortgerichtsstand geschützt werden müssen. Außerdem kann es Situationen geben, in denen auch eine juristische Person schutzwürdig ist, wenn sie wie ein Verbraucher tätig wird. Die im europäischen Zivilprozessrecht gängigen Begriffe „Verbraucher/Unternehmer" werden nicht verwendet, obwohl in der Gesetzesbegründung von dem „consumidor" (Verbraucher) gesprochen wird, dessen Schutz die Verfassung vorschreibe.[343]

a) Vertragliche Ansprüche

Dem Art. 74 I CPC lässt sich entnehmen, dass er in Abgrenzung zu Art. 74 II CPC (Gerichtsstand für Deliktsklagen) auf vertragliche Verpflichtungen zugeschnitten ist.[344] Ein Vertrag wird dadurch gekennzeichnet, dass eine Partei gegenüber einer anderen freiwillig eine Verpflichtung eingegangen ist.[345] Bei Abgrenzungsschwierigkeiten ist die *lex fori* nach einer Lösung zu befragen.[346] Bereits die Fassung von 1997 stellte klar, dass auch auf *Sekundär*pflichten gestützte Klagen unter den Tatbestand des Vertragsgerichtsstandes fallen. Obwohl es der Wortlaut der Vorschrift nicht explizit anordnet, sollte man Art. 74 I CPC n.F. ebenso anwenden, wenn die Parteien über die *Existenz* des Vertrages streiten.[347] Anderenfalls könnte sich der Beklagte durch Bestreiten des Vertrags-

---

[343] Vgl. Art. 81 Buchstabe i) CRP: „Im Bereich der Wirtschafts- und Sozialpolitik hat der Staat vorrangig die folgenden Aufgaben: i) die Interessen und Rechte der Verbraucher zu gewährleisten und zu schützen" und Art. 99 Buchstabe e) CRP: "Zielsetzungen der Handelspolitik sind: e) der Verbraucherschutz". S. auch Art. 60 CRP: 1. Die Verbraucher haben das Recht auf Qualität der Güter und Dienstleistungen, auf Schulung und Information, auf Schutz der Gesundheit, der Sicherheit und ihrer wirtschaftlichen Interessen sowie auf Ersatz für erlittene Schäden. 2. Die Werbung wird durch Gesetz geregelt, und alle Formen der versteckten, indirekten oder betrügerischen Werbung sind untersagt. 3. Die Verbrauchervereinigungen und Konsumgenossenschaften haben nach Maßgabe des Gesetzes das Recht vom Staat unterstützt und in Fragen des Verbraucherschutzes angehört zu werden; ihnen steht die Prozessführungsbefugnis zu, um ihre Mitglieder oder kollektive oder einzelne Interessen zu schützen (Übersetzung des Verf., in: Kimmel, A. (Hrsg.), Verfassungen der EU-Mitgliedstaaten, 6. Auflage 2005).

[344] Barbosa de Magalhães, Estudos sobre o novo Código de Processo Civil II, S. 161.

[345] So auch der EuGH bei Art. 5 Nr. 1 EuGVÜ, s. EuGH 27.10.1998, Rs. 51/97 – „Réunion européenne/Spliethoff's Bevrachtingskantoor", EuGHE 1998 I, S. 6511 = RIW 1999, S. 57 = IPRax 2000, S. 210 m. Anm. Koch auf S. 186 = EuZW 1999, S. 59.

[346] Jede Rechtsordnung hat in erster Linie selbst über ihre Auslegung zu befinden, s. Kropholler, Hdb. IZVR I, Rn. 352; Schack, IZVR, Rn. 261.

[347] A. A. eine ältere Entscheidung des *Supremo Tribunal de Justiça* vom 10. Dezember 1974, BMJ 242 (1974), S. 229-233: Carlos Campolonghi, S.P.A. *gegen* Carlos Vida Larga.

schlusses dem Gerichtsstand entziehen.[348] Für die wichtigsten Fälle des Rücktritts vom Vertrag machte bereits der Wortlaut der Reform von 1997 eine ausdrückliche Aussage zugunsten des Erfüllungsortgerichtsstandes.

b) Maßgebliche Verpflichtung

Nicht der Vertrag hat einen Erfüllungsort, sondern die konkrete Leistungspflicht. Das lässt bereits der Wortlaut der Vorschrift „...die Verpflichtung..." erkennen. Art. 74 I CPC n.F. wie Art. 5 Nr. 1 EuGVÜ/LugÜ ordnen nicht einen einheitlichen Gerichtsstand an, sondern mehrere am Erfüllungsort der jeweils streitigen Verpflichtung.[349] Im Unterschied zu Art. 4 II EVÜ sowie nunmehr auch Art. 5 Nr. 1 b) Brüssel I-VO ist nicht die vertragscharakteristische Leistung entscheidend, denn hierdurch würde deren Erbringer, in der Regel der gewerblich handelnde Unternehmer, zuständigkeitsrechtlich bevorzugt. Das Abstellen auf die jeweils streitige Verpflichtung wahrt das Zuständigkeitsgleichgewicht zwischen den Parteien.[350] Zudem soll hierfür die besondere Sachnähe des Gerichts sprechen.[351]

c) Maßgebliche Rechtsordnung zur Bestimmung des Erfüllungsortes

In der portugiesischen Rechtsprechung finden sich Entscheidungen, die den Erfüllungsort nach portugiesischem Recht bestimmen, ohne dass sich ersehen ließe, ob sie das eigene materielle Recht als *lex fori* oder *lex causae* anwandten.[352] Da die Gerichte den Erfüllungsort i. S. v. Art. 5 Nr. 1 EuGVÜ/LugÜ bis zum Jahr 2003 stets nach der materiellen portugiesischen *lex fori* ermittelt haben, ist anzunehmen, dass sie gleichermaßen bei Art. 74 I CPC verfuhren.[353] In einer einzigen Entscheidung ließ das Gericht erkennen, dass es auf das Vertragsstatut abstellte.[354] Letzteres entspricht der Meinung, welche in der Literatur vertreten wird. Der Erfüllungsort in Auslandsfällen ist nach derjenigen Rechtsordnung zu bestimmen, die nach dem Kollisionsrecht des erkennenden Gerichts für die strei-

---

[348] Gleiches gilt im Rahmen von Art. 5 Nr. 1 EuGVÜ/LugÜ/Brüssel I-VO, vgl. dazu S. 77 ff. (die dortige Begründung gilt gleichermaßen für das autonome Zivilprozessrecht).

[349] Vgl. z. B. die Entscheidungen des *Tribunal da Relação de Coimbra* vom 17. Dezember 1996, CJ, Ano XXI, Tomo V, 1996, S. 44-46 (45): JANGAARD EXPORT AS *gegen* J. GIL & Cª LDA.; *Tribunal da Relação do Porto* vom 2. April 1998, CJ, Ano XXIII, Tomo II, 1998, S. 223-225: RISCA TÊXTIL, LIMITADA *gegen* BELFE S. P. A.

[350] von Hoffmann, IPR, § 3, Rn. 51; Schack, IZVR, Rn. 265; Geimer, IZPR, Rn. 1483 f.

[351] von Hoffmann, a. a. O. (Fn. 350).

[352] Vgl. etwa: *Tribunal da Relação do Porto* vom 2. April 1998 a. a. O. (Fn. 349).

[353] Zum Erfüllungsort i. S. v. Art. 5 Nr. 1 EuGVÜ/LugÜ/Brüssel I-VO in der portugiesischen Rechtsprechung s. S. 82 ff.; s. auch die neuere Entscheidung des *Supremo Tribunal de Justiça* vom 2. Februar 2000, Rechtssache Nr. 99B1147, in: http://www.dgsi.pt (Leitsatz; das komplette Urteil ist nur beim Obersten Gerichtshof in Lissabon erhältlich) in der das Gericht zur Ermittlung des Erfüllungsortes i. S. v. Art. 74 I CPC n.F., ohne IPR-Prüfung, Art. 774 CC (Zahlungsort) anwendet.

[354] *Tribunal da Relação de Coimbra* vom 17. Dezember 1996 a. a. O. (Fn. 349).

tige Verpflichtung maßgeblich ist, also nach der sog. *lex causae*.[355] Ist portugiesisches Recht auf den Vertrag anwendbar, so entscheiden die 772 (allgemeiner Leistungsort)[356], 773 (Übergabe beweglicher Sachen)[357], 774 (Zahlungsort)[358], 885 (Zahlungsort beim Kauf)[359], 1039 (Zahlungsort des Mietzinses)[360] und 1195 (Rückgabeort bei Verwahrung)[361] CC über den Ort der Erfüllung. Für die Maßgeblichkeit der *lex causae* spricht, dass die Zuständigkeit am Erfüllungsort gerade zur Durchsetzung des materiellrechtlich gebotenen Verhaltens gewährt wird.[362] Die Aussicht, dass die Gerichte der EG-Staaten den Erfüllungsort nach derselben Rechtsordnung beurteilen (EVÜ), dient der Vorhersehbarkeit des Erfüllungsortes und daher der Rechtssicherheit. Auf die *lex causae* wird ebenso in Art. 5 Nr. 1 EuGVÜ/LugÜ und Art. 5 Nr. 1 c) i. V. m. a) Brüssel I-VO abgestellt.[363] Eine prozessrechtliche Festlegung des Erfüllungsortes auf der Ebene des autonomen Rechts findet keine Stütze im Gesetz und würde daher die Rechtsunsicherheit schüren.[364]

d) Erfüllungsortvereinbarungen

In Art. 74 I CPC n.F. wurde der Hinweis auf die Zulässigkeit einer „schriftlichen Parteienvereinbarung" gestrichen. Die Zulässigkeit einer solchen Vereinbarung bei Auslandsfällen ergibt sich m. E. jetzt unmittelbar aus Art. 100 I CPC n.F., obwohl diese Vorschrift nicht ausdrücklich von Vereinbarungen über den Erfüllungsort spricht. Nach Art. 100 I CPC n.F. können die *örtlichen* Zuständigkeitsregeln, die nicht in Art. 110 CPC n.F. aufgelistet sind, durch ausdrückliche Ver-

---

[355] Teixeira de Sousa, A Competência Declarativa dos Tribunais Comuns, S. 84; Brito, Dos Acordos sobre o Tribunal Competente em Situações Internacionais (1988), S. 85 f.

[356] Art. 772 I CC: „In Ermangelung einer Vereinbarung oder besonderen gesetzlichen Bestimmung, hat die Leistung am Wohnsitz des Schuldners zu erfolgen."; zur Anwendung des Art. 772 I CC bei einer *Schickschuld* s. oben Fn. 87.

[357] Art. 773 I CC: „Besteht die Leistung in der Übergabe einer beweglichen Sache, so hat die Leistung an dem Ort zu erfolgen, wo sich die Sache zum Zeitpunkt des Vertragsschlusses befand."

[358] Art. 774 CC: „Eine Geldschuld ist am Wohnsitz des Gläubigers, den er zum Zeitpunkt der Erfüllung hat, zu erbringen."

[359] Art. 884 CC: „1. Der Kaufpreis ist zum Zeitpunkt und am Ort der Übergabe des Kaufgegenstandes zu entrichten. 2. Ist der Kaufpreis infolge einer Vereinbarung zwischen den Parteien oder eines Brauches nicht zum Zeitpunkt der Übergabe zu entrichten, so hat die Zahlung am Wohnsitz des Gläubigers, den er zum Zeitpunkt der Erfüllung hat, zu erfolgen."

[360] Art. 1039 I CC (gilt auch für bewegliche Sachen: „aluguer"): „Der Mietzins ist am letzten Tag der Gültigkeit des Vertrages oder des ihm betreffenden Zeitraumes und zwar am Wohnsitz des Mieters zum Zeitpunkt der Fälligkeit zu entrichten, falls sich aus einer Vereinbarung der Parteien oder einem Brauch nicht Gegenteiliges ergibt."

[361] Art. 1195 CC: „Der Verwahrer hat die bewegliche Sache an dem Ort zurückzugeben, wo die Sache gemäß dem Vertrag aufbewahrt werden muss, falls sich aus einer Parteivereinbarung nicht Gegenteiliges ergibt."

[362] Kropholler, IPR, S. 600; Geimer, IZPR, Rn. 1482.

[363] S. hierzu S. 82, 89.

[364] Es gibt keinen prozessualen Erfüllungsortsbegriff; a. A. offenbar Schack, IZVR, Rn. 271 (im Rahmen von § 29 ZPO).

einbarung abgeändert werden.[365] Nach Art. 100 II i. V. m. 99 IV CPC n.F. unterliegt die Vereinbarung der Schriftform, welche auch für die Gerichtsstandsvereinbarung gilt.[366] Diese Formstrenge erklärt sich daraus, dass Erfüllungsortvereinbarungen bei grenzüberschreitenden Fällen wie Gerichtsstandsvereinbarungen wirken.[367] Fordert man die Einhaltung der Schriftform, so kommt es nicht auf die schwer zu beurteilende Frage an, ob eine Umgehung der Vorschriften über Gerichtsstandsvereinbarungen (Art. 99 CPC n.F.) bezweckt wurde.[368]

e) Die Wahl zwischen dem Erfüllungsort und Beklagtenwohnsitz

Art. 74 I CPC n.F. gewährt dem Kläger alternativ zum Erfüllungsort einen Gerichtsstand am Wohnsitz des Beklagten. Im Rahmen der Begutachtung der *internationalen* Zuständigkeit portugiesischer Gerichte kommt den *örtlichen* Zuständigkeitsregelungen, welche auf den Beklagtenwohnsitz abstellen, keine Bedeutung mehr zu. Art. 65 I a) CPC n.F. sieht nämlich bereits den internationalen Gerichtsstand des Beklagtenwohnsitzes vor.[369] Eine weitere Vorschrift, die den Beklagtenwohnsitz zur Anwendung beruft, ist Art. 85 I CPC (allgemeine Regel), dessen Anwendungsbereich nun auf die Ermittlung der örtlichen Zuständigkeit beschränkt ist.[370]

II. Der Gerichtsstand des Erfüllungsortes gem. Art. 5 Nr. 1 EuGVÜ/LugÜ/Brüssel I-VO in der portugiesischen Rechtsprechung

Im folgenden wird der Umgang der portugiesischen Gerichte mit den besonderen Zuständigkeiten des Art. 5 der Europäischen Zuständigkeitsordnungen examiniert. Bedeutung haben die in der Praxis wichtigsten besonderen Gerichtsstände der Art. 5 Nr. 1 (Vertragsklagen) und Art. 5 Nr. 3 (Deliktsklagen) erlangt.

---

[365] Dagegen sind Vereinbarungen welche die örtlichen arbeitsrechtlichen Gerichtsstände der Art. 13-18 CPT n.F. abbedingen nach Art. 19 CPT nichtig. Zu den besonderen Arbeitsgerichtsständen der Art. 10 ff. CPT n.F. (Arbeitsprozessgesetzbuch) vgl. S. 95 ff.

[366] Zudem muss die Vereinbarung, die von ihr erfassten Fragen (Bestimmtheitsgrundsatz) und das Anknüpfungsmerkmal, welches das zuständig gewordene Gericht bestimmt, bezeichnen; gem. Art. 100 IV CPC kann die Bezeichnung der von der Vereinbarung erfassten Fragen durch die genaue Angabe der sie auslösen könnenden Rechtstatsache vorgenommen werden, s. dazu die Entscheidung des *Tribunal da Relação de Coimbra* vom 26. Januar 1999, CJ, Ano XXIV, Tomo I, 1999, S. 9-12: Joaquina Silva *gegen* Eagle Sat Vie, Companhia de Seguros. Zu Art. 99 IV CPC n.F. vgl. S. 125 und zu Art. 74 I CPC a.F.: Teixeira de Sousa, A Competência Declarativa dos Tribunais Comuns, S. 85.

[367] Bei reinen Inlandsfällen kann man der Ansicht sein, dass nach der neuen Fassung von Art. 74 I CPC (Wegfall des Satzes „schriftliche Parteienvereinbarung“) eine Erfüllungsortvereinbarung auch mündlich, so wie z. B. im Rahmen von Art. 772 I CC allgemein anerkannt, vereinbart werden kann, so wohl Lebre de Freitas/Pinto/Redinha, CPC anotado I, S. 146; Neto, CPC anotado, S. 189.

[368] Zu sog. „abstrakten“ Erfüllungsortvereinbarungen i.R.v. Art. 5 Nr. 1 EuGVÜ/LugÜ/Brüssel I-VO s. S. 87.

[369] S. Lima Pinheiro, DIP, Volume III, S. 196; Moura Ramos, A reforma do direito processual civil internacional, S. 19.

[370] Zur Subsidiarität der in Art. 85 I CC enthaltenen allgemeinen Regel s. S. 55.

Vorab wird kurz auf das Verhältnis der besonderen Gerichtsstände zum allgemeinen Beklagtengerichtsstand und auf die Grundvoraussetzung des Art. 5, dass der Beklagte seinen Wohnsitz in einem anderen Vertrags- bzw. Mitgliedstaat als dem Gerichtsstaat haben muss, eingegangen.

1. Das Verhältnis zwischen Art. 2 I und 5 der Europäischen Zuständigkeitsordnungen

In Abweichung von dem Grundsatz der Zuständigkeit der Gerichte am Wohnsitz des Beklagten, können die Zuständigkeitsregelungen des Art. 5 Nr. 1-7 einen besonderen Gerichtsstand begründen. Die besonderen Gerichtsstände sollen – zusätzlich zum Wohnsitz des Beklagten – ein sachnäheres Forum eröffnen oder den Kläger privilegieren.[371] Sie treten neben den allgemeinen Gerichtsstand. Der Kläger kann die Klage nach seiner Wahl im allgemeinen Gerichtsstand oder in einem der besonderen Gerichtsstände des Art. 5 erheben.[372] Dieses Optionsrecht des Klägers zwischen dem allgemeinen und den besonderen Gerichtsständen wurde in der portugiesischen Rechtsprechung zutreffend berücksichtigt. In einigen Entscheidungen wurde auf den alternativen Charakter der besonderen Zuständigkeiten ausdrücklich hingewiesen.[373]

2. Bezug zu einem anderen Vertrags- bzw. Mitgliedstaat (Eingangssatz zu Art. 5)

Nach dem Wortlaut des Art. 5 gelten die besonderen Zuständigkeiten nicht, wenn der Beklagte seinen Wohnsitz im Gerichtsstaat hat. Hat der Beklagte sei-

---

[371] Vgl. nur von Hoffmann, IPR, § 3, Rn. 220.

[372] Das ist allgemeine Meinung, vgl. z. B.: Rauscher, IPR, S. 350; Siehr, IPR, S. 509; Koch/Magnus/von Mohrenfels, IPR und Rechtsvergleichung, S. 30; von Hoffmann, IPR, § 3, Rn. 220; Zöller/Geimer, ZPO, Art. 3 EuGVVO, Rn. 4; Musielak/Weth, ZPO, Art. 5 EG-VO (S. 2433); Lima Pinheiro, DIP, Volume III, S. 81; Teixeira de Sousa/Moura Vicente, Comentário, S. 86; Teixeira de Sousa, Estudos sobre o novo Processo Civil, S. 95; Campos, DDC (BMJ) 22 (1985), S. 75-235 (123). Vgl. nun auch den Erwägungsgrund Nr. 12 der Brüssel I-VO: „Der Gerichtsstand des Wohnsitzes des Beklagten muss durch alternative Gerichtsstände ergänzt werden, die entweder aufgrund der engen Verbindung zwischen Gericht und Rechtsstreit oder im Interesse einer geordneten Rechtspflege zuzulassen sind".

[373] Vgl. die Entscheidungen des ***Tribunal da Relação do Porto* vom 19. Juni 1995**, CJ, Ano XX, Tomo III, 1995, S. 237-239 (239): Société Industrielle Meubles Monnier, S. A. R. L. *gegen* E. J. Martins, Lda; ***Tribunal da Relação de Lisboa* vom 7. November 1996**, CJ, Ano XXI, Tomo V, 1996, S. 85-88 (87): Trenkamp & Gehle GmbH *gegen* G. Reinke Lda.; ***Tribunal da Relação de Coimbra* vom 17. Dezember 1996**, CJ, Ano XXI, Tomo V, 1996, S. 44-46 (45): JANGAARD EXPORT AS *gegen* J. GIL & Cª LDA.; ***Tribunal da Relação do Porto* vom 7. Februar 1997**, CJ, Ano XXII, Tomo I, 1997, S. 226-228 (227): INVOCA AG *gegen* Telmo de Macedo; ***Supremo Tribunal de Justiça* vom 25. November 1997**, BMJ 471 (1997), S. 339-342 (341): Cousin Frères, S. A. *gegen* Mecanocostura – Fabricação e Comércio de Equipamento e Indústria de Confecções, S. A.; ***Tribunal da Relação de Coimbra* vom 26. Januar 1999**, CJ, Ano XXIV, Tomo I, 1999, S. 12-14 (13): Fábrica de Ladrilhos e Mosaicos Lda. *gegen* Cassani Cario SAS di Cano Cassani & C.; ***Tribunal da Relação de Lisboa* vom 18. Dezember 2001**, CJ, Ano XXVI, Tomo V, 2001, S. 124-126 (125): Noronha-Advogados *gegen* The Boots Company PLC.

nen Wohnsitz im Gerichtsstaat, so ergibt sich die internationale Zuständigkeit bereits aus Art. 2 I EuGVÜ/LugÜ/Brüssel I-VO. Vereinzelt finden sich in portugiesischen Entscheidungen lange Ausführungen über die besonderen Gerichtsstände des Art. 5, obwohl der Beklagte seinen Wohnsitz in Portugal (Gerichtsstaat) hatte.[374] Im Anschluss an diese Ausführungen wird in den genannten Urteilen darauf hingewiesen, dass die besonderen Zuständigkeiten keinen zwingenden, sondern einen - neben den Beklagtengerichtsstand - alternativen Charakter besitzen. Man gewinnt dabei den Eindruck, dass die grundsätzliche Anwendungsvoraussetzung des Art. 5 übersehen wurde, wonach der Beklagte in einem anderen Vertrags- bzw. Mitgliedstaat als dem Gerichtsstaat ansässig sein muss. Zumindest waren die Auseinandersetzungen mit den Tatbestandsmerkmalen der besonderen Gerichtsstände in den zitierten Entscheidungen überflüssig.

3. Die vertragliche Rückabwicklung und der Gerichtsstand des Erfüllungsortes

Von Interesse sind zwei Entscheidungen der Berufungsgerichte Coimbra und Lissabon. Die Kläger machten jeweils die Rückabwicklung eines Vertrages und den mit der Vertragsaufhebung in Zusammenhang stehenden Schadensersatz wegen Vertragsverletzung geltend.

a) Entscheidung des *Tribunal da Relação de Coimbra* vom 26. Januar 1999

Nach dem zugrundeliegenden Sachverhalt der **Entscheidung des *Tribunal da Relação de Coimbra* vom 26. Januar 1999**[375] geriet der in Italien ansässige Beklagte mit seiner vertraglichen Lieferungspflicht von Apparaturen zur Herstellung von Kacheln und Fliesen in Verzug. Käufer der Apparaturen war ein in Portugal ansässiges Unternehmen. Laut Vertrag übernahm der Verkäufer die Verpflichtung, die Ausrüstung nach Portugal zu liefern und dort zu montieren. Trotz zahlreicher Mahnungen lieferte er die Waren nicht. Das portugiesische Unternehmen teilte dem Schuldner mit, dass es verzugsbedingte Vermögensschäden erlitten habe, an der Lieferung der Ausrüstung kein Interesse mehr bestehe und deshalb vom Vertrag zurücktrete. Vor portugiesischen Gerichten erhob der Käufer Klage auf Rückgewährung des vorgeleisteten Kaufpreises und Schadensersatz wegen Nichterfüllung. Das Amtsgericht Pombal bejahte die internationale Zuständigkeit portugiesischer Gerichte.
Der italienische Hersteller der Ausrüstungen forderte das Berufungsgericht Coimbra dazu auf, die internationale Unzuständigkeit des erstinstanzlichen Gerichts festzustellen. Seine Berufung hatte Erfolg. Das Berufungsgericht stellte

---

[374] Vgl. ***Tribunal da Relação do Porto* vom 19. Juni 1995**, CJ, Ano XX, Tomo III, 1995, S. 237-239 (239): Société Industrielle Meubles Monnier, S. A. R. L . *gegen* E. J. Martins, Lda; ***Tribunal da Relação de Lisboa* vom 7. November 1996**, CJ, Ano XXI, Tomo V, 1996, S. 85-88 (87): Trenkamp & Gehle GmbH *gegen* G. Reinke Lda.; ***Tribunal da Relação do Porto* vom 7. Februar 1997**, CJ, Ano XXII, Tomo I, 1997, S. 226-228 (227): INVOCA AG *gegen* Telmo de Macedo.

[375] CJ, Ano XXIV, Tomo I, 1999, S. 12-14: Fábrica de Ladrilhos e Mosaicos Lda. *gegen* Cassani Cario SAS di Cano Cassani & C.

zunächst fest, dass der Beklagtengerichtsstand gem. Art. 2 I i. V. m. Art. 53 EuGVÜ in Italien liegt. Anschließend befasste es sich mit dem Erfüllungsortgerichtsstand und hielt Art. 5 Nr. 1 HS. 1 EuGVÜ für unanwendbar: „In casu wird weder die Erfüllung einer vertraglichen Verpflichtung verlangt, die in Portugal zu erfüllen gewesen wäre, noch wird ein Recht geltend gemacht, dass seine Grundlage in der Erfüllung einer vertraglichen Pflicht hat, die in Portugal erfüllt worden wäre,...". Die Klage betreffe die Feststellung eines vertraglichen Rücktritts und ein mit dem Rücktritt verknüpftes Schadensersatzbegehren. Es werde keine vertragliche Erfüllungsverpflichtung verlangt. Im Ergebnis sei daher ausschließlich Art. 2 I EuGVÜ anwendbar, der aber die internationale Zuständigkeit portugiesischer Gerichte nicht herbeiführe.

b) Entscheidung des *Tribunal da Relação de Lisboa* vom 13. März 2001

Ein ähnlicher Sachverhalt lag der **Entscheidung des *Tribunal da Relação de Lisboa* vom 13. März 2001**[376] zugrunde. Diesem Urteil lässt sich entnehmen, dass ein portugiesisches Unternehmen mit einer in Frankreich ansässigen Firma einen Vertrag abgeschlossen hat. Das Urteil sagt nichts über den Vertragstyp aus. Das portugiesische Unternehmen verklagte seinen französischen Vertragspartner vor portugiesischen Gerichten. Es erklärte vor Gericht die außerordentliche Kündigung des Vertrages[377] und beantragte die Zahlung von Schadensersatz wegen vertraglicher Leistungsstörungen. Wie im zuvor geschilderten Fall des Berufungsgerichts Coimbra stellte das Berufungsgericht Lissabon zunächst fest, dass Art. 2 I I. V. m. Art. 53 EuGVÜ die internationale Zuständigkeit portugiesischer Gerichte nicht begründete. Ferner sei Art. 5 Nr. 1 EuGVÜ unanwendbar, da keine „Erfüllung einer Verpflichtung" i. S. v. Art. 5 Nr. 1 HS. 1 EuGVÜ verlangt werde. Es gehe um eine Kündigung und ein mit der Kündigung zusammenhängendes Schadensersatzbegehren. Es seien daher nach Art. 2 I EuGVÜ nur die französischen Gerichte international zuständig.

aa) Bewertung der beiden Entscheidungen

Der Interpretation des Art. 5 Nr. 1 EuGVÜ durch die Berufungsgerichte Coimbra und Lissabon kann nicht zugestimmt werden. Aus dem deutschen Wortlaut des Art. 5 Nr. 1 EuGVÜ/LugÜ bzw. Art. 5 Nr. 1 a) Brüssel I-VO „wenn *ein Vertrag* oder Ansprüche aus einem Vertrag den Gegenstand des Verfahrens bilden..."[378] folgt, dass die Frage über den Bestand oder Nichtbestand eines Ver-

---

[376] CJ, Ano XXV, Tomo II, 2001, S. 71-73: MANN S. A. *gegen* FONDIS S. A.

[377] Es handelte sich daher bei dem zwischen den Parteien abgeschlossenen Vertrag wohl um ein Dauerschuldverhältnis. Von einer Kündigung („denúncia") wird auch in der portugiesischen Rechtsterminologie i. d. R. nur bei Dauerschuldverhältnissen („contratos de execução duradoura") gesprochen.

[378] Hervorhebung des Verf. Der portugiesische Text des Art. 5 Nr. 1 EuGVÜ/LugÜ bzw. Art. 5 Nr. 1 a) Brüssel I-VO ist ebenso weit gefasst, aber nicht so eindeutig: „Em matéria contratual,..." („Bei Vertragsgegenständen..."); so auch die englische Fassung „In matters relating to a contract...". Die portugiesische Literatur ging aber stets davon aus, dass auch die Fälle, in denen es um die Frage des Bestehens/Nichtbestehens eines Vertrages geht, unter Art. 5 Nr. 1

tragsverhältnisses im Ganzen von Art. 5 Nr. 1 geregelt werden soll.[379] Anderenfalls müsste die Partei, die sich nicht in Portugal oder in einem anderen Vertrags- bzw. Mitgliedstaat verklagen lassen möchte, in dessen Territorium der „Erfüllungsort" liegt, nur das Nichtbestehen des Vertrages behaupten, um die Zuständigkeit auszuschalten.[380] Es bestünde dann die Gefahr, dass die Vorschrift des Art. 5 Nr. 1 rechtlich bedeutungslos würde.[381] Die Berufungsgerichte hätten sich mit der Frage auseinandersetzen müssen, wo in derartigen Fällen, in denen der Kläger infolge einer Vertragsverletzung die Rückabwicklung des Vertrages geltend macht, der „Erfüllungsort" i.S.v. Norm liegen kann.

bb) Vertretene Meinungen

Der Erfüllungsort ist bei Streit über den Bestand des Vertrages als Ganzes in den Übereinkommen und der Brüssel I-VO nicht geregelt. Der EuGH hat zu dieser Frage bisher noch nicht umfassend Stellung genommen.[382] Er hat jedoch in seinem Urteil vom 6.10.1976, Rs. 14/76 – „De Bloos/Bouyer"[383] entschieden, dass in einem Fall, in dem ein Kläger die Auflösung des Vertrages aus Verschulden des Gegners beansprucht, diejenige vertragliche Verpflichtung heranzuziehen ist, deren Nichterfüllung zur Begründung dieser Anträge behauptet wird. An dieses EuGH-Urteil knüpft die Ansicht[384] an, danach zu differenzieren, ob der Bestand/Nichtbestand des Vertragsverhältnisses als Konsequenz einer Vertragsverletzung einer der Parteien und einer sich anknüpfenden rechtsgestaltenden Wirkung entsteht, oder ob er aus sonstigen Gründen streitig ist. Im letztgenannten Fall soll an jedem Erfüllungsort einer Hauptpflicht der Gerichtsstand eröffnet sein. In dem anderen Fall, der dem der portugiesischen Berufungsgerichte entspricht, soll der Erfüllungsort der Hauptpflicht, die nicht oder schlecht erfüllt worden ist, ausschlaggebend sein. Anderer Ansicht nach[385] soll bei Klagen, die den Vertrag als Ganzen betreffen, die Klage am Erfüllungsort jeder Hauptpflicht

---

EuGVÜ/LugÜ fallen, vgl. Teixeira de Sousa/Moura Vicente, Comentário, S. 87 ff; Campos, DDC (BMJ) 22 (1985), S. 75-235 (126 f.); Lima Pinheiro, DIP, Volume III, S. 83.

[379] EuGH 4.3.1982, Rs. 38/81 – „ Effer/Kantner", EuGHE 1982, S. 825 = RIW 1982, S. 280 = IPRax 1983, S. 31, m. Anm. Gottwald auf S. 13; Bülow/Böckstiegel/Auer, Art. 5 EuGVÜ, Rn. 46.

[380] Vgl. Schack, Erfüllungsort, Rn. 312; Kropholler, EuZPR, Art. 5 EuGVO, Rn. 11.

[381] Bereits in der allerersten Entscheidung des EuGH zu Art. 5 Nr. 1 EuGVÜ und zum EuGVÜ überhaupt (EuGH 6.10.1976, Rs. 12/76 – „Tessili/Dunlop", EuGHE 1976, S. 1473 = NJW 1977, S. 490 mit Anm. Geimer) waren Gegenstand des Verfahrens Rückabwicklungsansprüche nach erklärter Wandlung.

[382] Vgl. den Rechtsprechungsbericht zu Art. 5 Nr. 1 EuGVÜ von Bajons, in: Schütze, Rolf A. (Hrsg.), Einheit und Vielfalt des Rechts, FS für Reinhold Geimer, S. 15-66 (36 f.).

[383] EuGHE 1976, S. 1497 = NJW 1977, S. 490 m. Anm. Geimer; auch in Portugal wurde dieses Urteil, lange vor den Entscheidungen der Berufungsgerichte kommentiert, vgl. Campos, DDC (BMJ) 22 (1985), S. 75-235 (126 f.).

[384] Kropholler, EuZPR (6. Auflage 1998), Art. 5 EuGVÜ, Rn. 17; Wieczorek / Schütze / Hausmann, Art. 5 EuGVÜ, Rn. 21.

[385] Grunsky, RIW 1977, S. 1-9 (5); Geimer, IZPR, Rn. 1486; ders. NJW 1977, S. 492-493 (492).

möglich sein. Weitere Meinungen stellen auf die Verpflichtung ab, die der Beklagte[386] bzw. der Kläger[387] zu erfüllen haben würde. Andere halten die vertragscharakteristische Leistung für maßgebend.[388]

cc) Stellungnahme

Die Berufungsgerichte Coimbra und Lissabon befassten sich jeweils mit einem Begehren, dem eine behauptete Pflichtverletzung zugrunde lag, die zur Aufhebung des Vertrages geführt haben soll. In der Sache geht es um diese Pflicht.[389] Sie muss nach der hier vertretenen Meinung gerichtsbestimmend sein. Dies entspricht auch der EuGH-Rechtsprechung im Fall „De Bloos/Bouyer“[390] und ergibt sich aus dem Sinn und Zweck des Art. 5 Nr. 1. Der Beklagte soll sich vor dem Gericht verantworten, wo er leisten musste. Es kann zuständigkeitsmäßig keinen Unterschied machen, ob der Kläger aus einem Vertragsverstoß des Beklagten nur einen Schadenersatzanspruch geltend macht (der unstreitig am Ort der Hauptverpflichtung zu erfüllen ist[391]) oder ob er eine Vertragsverletzung des Beklagten zum Anlass nimmt, das Vertragsverhältnis zu kündigen oder vom Vertrag zurückzutreten und eine – etwa inzidente[392] – Feststellung der Wirksamkeit der Vertragsaufhebung bei Gericht begehrt.[393] Die Ansicht, die dem Kläger die Option gibt, an jedem Ort zu klagen, wo irgendeine Hauptpflicht zu erbringen ist, hätte eine missliche Vermehrung von Gerichtsständen zur Folge.[394] In den geschilderten Urteilen der portugiesischen Berufungsgerichte ging es in der Sache um eine Vertragspflichtverletzung, auf die es ankommen muss. Die Meinungen, die entweder auf die Verpflichtung des Klägers oder Beklagten abstellen, übersehen, dass die besonderen Zuständigkeiten des Art. 5 nicht zwischen der Beklagten- und Klägerrolle unterscheiden. Schließlich darf nicht auf die charakteristische Leistung abgestellt werden, will man nicht eine Partei bevorzugen ohne dass es auf die vertraglichen Verpflichtungen ankäme. Art. 5 Nr. 1 misst „vertraglichen Verpflichtungen“ Bedeutung zu – nicht der jeweiligen vertragscharakteristischen Leistung. Die Partei würde bevorzugt, die die charak-

---

[386] Vgl. OLG Stuttgart, 7.8.1998 – 5 W 26/98, IPRax 1999, S. 103.

[387] Vgl. OLG Frankfurt am Main, 28.11.1979 – 21 U 59/79, RIW 1980, S. 585 = IPRspr. 1979 Nr. 174.

[388] S. etwa Gaudemet-Tallon, Rev crit 72 (1983), S. 518-521 (520).

[389] So auch Schlosser, EU-ZPR, Art. 5 EuGVVO, Rn. 9.

[390] S. Fn. 383.

[391] Es ist anerkannt, dass nicht am Erfüllungsort jeder vertraglichen Nebenpflicht ein Forum eröffnet ist, sondern, dass es jeweils auf den Erfüllungsort der Hauptverpflichtung ankommt, vgl. EuGH 15.1.1987, Rs. 266/85 – „Shenavai/Kreischer“, EuGHE 1987, S. 239 = NJW 1987, S. 1131 m. Anm. Geimer = RIW 1987, S. 213 = IPRax 1987, S. 366 m. Anm. Mezger auf S. 346.

[392] Vgl. OLG Hamm, 3.12.1993 –12 U 18/92, IPRax 1995, S. 105.

[393] So auch Bülow/Böckstiegel/Auer, Art. 5 EuGVÜ, Rn. 48.

[394] So auch Schlosser, EU-ZPR, Art. 5 EuGVVO, Rn. 9.

teristische Leistung zu erbringen hat, da sie meist an ihrem Wohnsitz zu erfüllen ist.[395]

dd) Ergebnis

Die Berufungsgerichte Coimbra und Lissabon hätten, nach unbestrittener Ansicht,[396] die internationale Zuständigkeit bzw. Unzuständigkeit portugiesischer Gerichte unter Anwendung von Art. 5 Nr. 1 EuGVÜ ermittteln müssen. Nach der hier vertretenen Auffassung wäre auf die Hauptverpflichtung abzustellen gewesen, zu der die Sekundäransprüche (vertraglicher Schadensersatz) zugeordnet werden konnten. In der Entscheidung des Berufungsgerichts Coimbra vom 26. Januar 1999[397] war demnach die Verpflichtung des italienischen Beklagten zur Lieferung der Apparaturen nach Portugal maßgeblich.[398]

c) Neuere Rechtsprechung des Obersten Gerichtshofs aus dem Jahr 2003

Zum EuGVÜ erließ der Oberste Gerichtshof noch zwei begrüßenswerte Entscheidungen zur Rückabwicklung von Verträgen. Es sind die Entscheidungen des ***Supremo Tribunal de Justiça* vom 1. Juli 1999**[399] und **13. Mai 2003**[400]. Unter Berufung auf das Urteil des EuGH „De Bloos/Bouyer"[401] stellte der Oberste Gerichtshof i.R.d. Art. 5 Nr. 1 EuGVÜ auf die Hauptverpflichtung ab, der die Sekundäransprüche zugeordnet werden konnten. Das entspricht der hier vertretenen Meinung. Es bleibt zu hoffen, dass er diese Rechtsprechung auch bei Art. 5 Nr. 1 Brüssel I-VO beibehält und künftig die unteren Instanzen der höchstrichterlichen Rechtsprechung Beachtung schenken. Die Entscheidung des Obersten

---

[395] Vgl. etwa § 269 I, II BGB (Wohnsitz bzw. gewerbliche Niederlassung des Schuldners) und Art. 774 CC (Wohnsitz des Schuldners).

[396] Beachte: Ob Art. 5 Nr. 1 EuGVÜ/LugÜ/Brüssel I-VO Anwendung findet kann dagegen strittig sein, wenn dem Streit über den Fortbestand eines Vertrages *keine* Pflichtverletzung zugrunde liegt, vgl. Schlosser, EU-ZPR, Art. 5 EuGVVO, Rn. 9 a. E. Auch in solch einem Fall sollte man aber Art. 5 Nr. 1 anwenden, da der deutsche Wortlaut der Vorschrift „wenn ein Vertrag oder..." insoweit eindeutig ist; hierfür spricht auch die Rechtsprechung des EuGH in der Rs. „Effer/Kantner", a. a. O. (Fn. 379).

[397] A. a. O. (Fn. 375).

[398] Im Hinblick darauf, dass der Verkäufer die vertragliche Verpflichtung übernommen hat, die Ausrüstung nach Portugal zu liefern, hätte man von einer wirksamen Vereinbarung über den Erfüllungsort ausgehen können. Die Wirksamkeit der Vereinbarung wäre nach italienischem Sachrecht zu ermitteln gewesen (vgl. Art. 4 II EVÜ). An dem Zustandekommen des Vertrages bestanden aber keine Bedenken. Zudem wäre die Form des Art. 17 EuGVÜ gewahrt worden, hätte man eine sog. „abstrakte Erfüllungsortvereinbarung" angenommen (vgl. zum Ganzen S. 87). Das lässt vermuten, dass das Berufungsgericht im Ergebnis zu Unrecht die internationale Zuständigkeit portugiesischer Gerichte verneinte. Zu diesem Ergebnis ist auch das **Revisionsgericht *Supremo Tribunal de Justiça*** in seiner **Entscheidung vom 1. Juli 1999** gekommen, s. CJ-STJ, Ano VII, Tomo III, 1999, S. 11-14 (14): Fábrica de Ladrilhos e Mosaicos Lda. *gegen* Cassani Cario SAS di Cano Cassani & C.

[399] CJ-STJ, Ano VII, Tomo III, 1999, S. 11-14 (14): Fábrica de Ladrilhos e Mosaicos Lda. *gegen* Cassani Cario SAS di Cano Cassani & C.

[400] Rechtssache Nr. 03A723, in: http://www.dgsi.pt.

[401] Vgl. Fn. 383.

Gerichtshofs vom 1. Juli 1999 erging nämlich vor dem geschilderten Urteil des Berufungsgerichts Lissabon vom 13. März 2001.

4. Die Ermittlung des Erfüllungsortes i. S. v. Art. 5 Nr. 1 HS. 1 EuGVÜ/LugÜ und Art. 5 Nr. 1 a) Brüssel I-VO

Bei der Ermittlung des Erfüllungsortes i. S. v. Art. 5 Nr. 1 HS. 1 EuGVÜ ist die Rechtsprechung des EuGH in seinen beiden ersten Entscheidungen aus dem Jahr 1976 von besonderer Relevanz. Dies gilt auch für die unverändert belassene Regelung des Art. 5 Nr. 1 a) Brüssel I-VO.[402] Nach der sog. „Tessili"-Regel bestimmt sich der Erfüllungsort nach der *lex causae*, d. h. nach dem Recht, das nach dem IPR des Forums für das Vertragsverhältnis maßgebend ist.[403] In dem Urteil „de Bloss/Bouyer" entschied der EuGH, dass die für die Bestimmung des Erfüllungsortes maßgebliche Verpflichtung die konkret streitige Verpflichtung ist.[404] Diese Rechtsprechung wird in der Literatur stark kritisiert.[405] Es existieren verschiedene Kritikpunkte. Unter ihnen ist die unangemessene Belastung der gerichtlichen Zuständigkeitsprüfung hervorzuheben. Zur Bestimmung der internationalen Zuständigkeit muss stets erst das anwendbare materielle Recht ermittelt werden.[406] Die portugiesischen Gerichte befassten sich auf der Ebene der Übereinkommen bzw. der Brüssel I-VO bis zum Jahr 2003 in keinem Fall mit der Frage der einschlägigen Kollisionsnorm zur Ermittlung des maßgeblichen Sachrechts,[407] geschweige denn mit ausländischem Recht.[408]

---

[402] Ob die neue Regelung in Art. 5 Nr. 1 b) Brüssel I-VO auf die Auslegung von Art. 5 Nr. 1 a) Brüssel I-VO ausstrahlen vermag, bleibt abzuwarten. Nach der jetzigen Lage ist die EuGH-Rechtsprechung zu Art. 5 Nr. 1 EuGVÜ auch bei Art. 5 Nr. 1 a) Brüssel I-VO zu berücksichtigen, vgl. von Hoffmann, IPR, § 3, Rn. 224a; Schlosser, EU-ZPR, Art. 5 EuGVVO, Rn. 10c; Hau, IPRax 2000, S. 354-361 (359); Kropholler/von Hinden, in: Schack, Haimo (Hrsg.), GS Lüderitz, S. 401-414 (408 f.), Schack, IZVR, Rn. 273.

[403] EuGH 6.10.1976, Rs. 12/76 – „Tessili/Dunlop", EuGHE 1976, S. 1473 = NJW 1977, S. 490 mit Anm. Geimer; bestätigt durch EuGH 29.6.1994, Rs. 288/92 – „Custom Made Commercial/Stawa Metallbau", EuGHE 1994 I, S. 2913 = NJW 1995, S. 183 = JZ 1995, S. 244 m. Anm. Geimer = RIW 1994, S. 676, 876; 1996, S. 379 m. Anm. Robert Koch = IPRax 1995, S. 31 m. Anm. Jayme auf S. 13 = EuZW 1994, S. 763 = EWS 1994, S. 281 = ZEuP 1995, S. 655 m. Anm. Schack = ZZP Int 1996, S. 167 m. Anm. Peter Huber.

[404] S. obige Fn. 383.

[405] Vgl. etwa Jayme, IPRax 1995, S. 13-14; Schack, ZEuP 1995, S. 659-668; Leipold, in: Schack, Haimo (Hrsg.), GS Lüderitz, S. 431-453 (445 f.).

[406] Weitere Kritikpunkte sind insbesondere: Eine je nach Vertragsstatut unterschiedliche Lokalisierung des Erfüllungsortes sei für ein der Rechtsvereinheitlichung dienendes supranationales Recht, wie das EuGVÜ inakzeptabel; die Maßgeblichkeit des materiellrechtlichen Leistungsortes insbesondere bei Geldleistungen führe zu sachfernen Gerichtsständen und privilegiere grundlos deren Gläubiger, sofern das Vertragsstatut die Geldschuld als Bringschuld ausgestalte; schließlich verberge die Maßgeblichkeit der jeweils streitigen Verpflichtung die Gefahr einer zuständigkeitsrechtlichen Zersplitterung von Streitigkeiten aus einem einheitlichen Rechtsverhältnis.

[407] Anders dagegen die deutsche und z. B. französische Rechtsprechung, vgl. etwa BGH NJW 1981, S. 1905-1906 (1905): Zahlungsansprüche aus Seefrachtvertrag; OLG Schleswig, RIW 1993, S. 669-670 (669) = IPRax 1993, S. 95-96 m. Anm. Vollkommer auf S. 79: Klage auf

a) Entscheidung des *Tribunal da Relação do Porto* vom 2. April 1998[409]

aa) Sachverhalt

Der in Portugal ansässige Werkunternehmer stellte für einen italienischen Besteller maßgeschneiderte Hemden her. Auf den Rechnungen des Werkunternehmers stand, dass der Werklohn innerhalb von 30 Tagen nach Lieferung der Hemden nach Italien zu entrichten ist bzw. dass die Lieferung gegen sofortige Zahlung erfolgt. Trotz Fälligkeit wurden die Rechnungsbeträge nicht beglichen. Der Gläubiger erhob Zahlungsklage vor dem Kreisgericht Braga. Das erstinstanzliche Gericht hielt sich für örtlich und international zuständig. Gegen diese Entscheidung legte der italienische Beklagte Berufung ein. Das Berufungsgericht Porto befasste sich mit der Frage der internationalen Zuständigkeit portugiesischer Gerichte.

bb) Gerichtliche Entscheidung

Laut dem Berufungsgericht hätte der Kläger gem. Art. 2 I EuGVÜ „zweifellos" in Italien klagen können. Nach Art. 5 Nr. 1 EuGVÜ dürfe er zudem an dem Ort klagen, an dem die vertragliche Verpflichtung erfüllt worden ist oder zu erfüllen wäre. An dieser Stelle brach das Berufungsgericht seine Prüfung auf der Ebene des Übereinkommens ab und beschäftigte sich von nun an mit dem autonomen Zivilprozessrecht. Es zitierte den Wortlaut von Art. 74 I CPC a.F., der wie Art. 5 Nr. 1 EuGVÜ einen Vertragsgerichtsstand vorsieht.[410] Da keine „schriftliche Vereinbarung" i.S.v. Art. 74 I CPC a.F. vorlege, müsse der Erfüllungsort der Geldleistungspflicht nach Art. 774 CC bestimmt werden. Dieser bestimme, dass Geldschulden am Wohnsitz des Gläubigers, den er zum Zeitpunkt der Erfüllung hat, zu erbringen seien. Da der Kläger (Gläubiger) in Portugal ansässig sei, habe sich das erstinstanzliche Gericht zu Recht für international zuständig erachtet. Bemerkenswert ist, dass das Berufungsgericht Porto noch auf Art. 17 EuGVÜ und Art. 99 CPC (Gerichtsstandsvereinbarung) zu sprechen kam. Es prüfte, ob die in den Warenrechnungen enthaltenen Sätze, wonach die Zahlung innerhalb von 30 Tagen nach Lieferung der Hemden nach Italien bzw. nach Lieferung zu erfolgen hat, den Anforderungen an eine Zuständigkeitsvereinbarung genügten. Das Gericht folgerte aus dem Inhalt der Klausel, dass die Zahlung in Italien zu erfolgen habe. Es verneinte die Wirksamkeit der Vereinbarung mit der Behauptung, dass „sowohl Art. 17 EuGVÜ als auch Art. 99 CPC die Schriftform anord-

---

Werklohn; Cass. Civ. 28.10.1986, Rev crit (76) 1987, S. 612-613 m. krit. Anm. Gaudemet-Tallon auf S. 613-617.

[408] Vgl. die Beispiele aus der deutschen Rechtsprechung: OLG Frankfurt, RIW 1979, S. 204 (französisches Recht); OLG Koblenz, IPRax 1991, S. 241, 243 = RIW 1990, S. 316 (italienisches Recht).

[409] CJ, Ano XXIII, Tomo II, 1998, S. 223-225: RISCA TÊXTIL, LIMITADA *gegen* BELFE S. P. A.

[410] Gemeint war wohl Art. 65 I a) CPC a.F. *in Verbindung mit* Art. 74 I CPC a.F., da Art. 74 I CPC isoliert betrachtet lediglich die örtliche Zuständigkeit regelt; vgl. hierzu S. 69.

nen" würden. Die Rechnungen seien einseitige Dokumente, die nicht als schriftliche Vereinbarungen i. S. v. Art. 17 EuGVÜ und Art. 74 I CPC a.F. gedeutet werden könnten.

cc) Bewertung

Das Berufungsgericht Porto hat die Prüfung des Art. 5 Nr. 1 HS. 1 EuGVÜ nicht zu Ende geführt. Zur Bestimmung des Erfüllungsortes der Geldleistung zog es die materiellen Vorschriften des CC heran, ohne das einschlägige IPR (EVÜ[411]) zur Ermittlung des Vertragsstatuts dazwischenzuschalten. Der Vorrang des Übereinkommens vor den autonomen Gerichtsständen wurde auch in dieser Entscheidung übersehen.[412] Überflüssig war, dass sich das Berufungsgericht mit der Frage befasst hat, ob die nach den Rechnungen zu erfolgende Lieferung der Ware nach Italien eine wirksame Erfüllungsortvereinbarung begründete. Es kam nämlich auf den Erfüllungsort der Geldleistungspflicht (konkret streitige Leistung) an.[413] Entgegen der Überzeugung des Gerichts enthielten die Rechnungen keinerlei Angaben über den Zahlungsort. Im übrigen unterliegt eine Vereinbarung über den Erfüllungsort grundsätzlich nicht der Form des Art. 17 I S. 2 EuGVÜ.[414]

b) Entscheidung des *Tribunal da Relação de Coimbra* vom 17. Dezember 1996[415]

aa) Sachverhalt

Ein norwegischer Stockfischverkäufer erhob vor dem Kreisgericht Covilhã Klage auf Zahlung des Kaufpreises gegen den in Portugal ansässigen Abnehmer der Fische. Das erstinstanzliche Gericht (Kreisgericht) bejahte die internationale Zuständigkeit portugiesischer Gerichte. Der Beklagte gab sich damit nicht zufrieden und wandte sich mit einem Rechtsmittel an das Berufungsgericht Coimbra. Der norwegische Kläger berief sich auf die Entscheidungsgründe des Kreisgerichts und trug vor, dass der Kaufvertrag in Norwegen abgeschlossen wurde und daher norwegischem Recht unterliegt.

---

[411] Das EVÜ wäre unter der Voraussetzung, dass der Vertrag nach dem 1. September 1994 abgeschlossen wurde, anzuwenden gewesen, vgl. 17 EVÜ. Das Urteil enthält keine Angaben über den Zeitpunkt des Abschlusses des Kaufvertrages; wurde er vor dem 1. September 1994 abgeschlossen, so wären die Art. 41 ff. CC heranzuziehen gewesen.

[412] Zu weiteren Entscheidungen s. S. 12 ff.

[413] Vgl. EuGH 6.10.1976, Rs. 14/76 – „De Bloos/Bouyer", a. a. O. (Fn. 383).

[414] MünchKomm/Gottwald, Art. 5 EuGVÜ, Rn. 22; Bülow/Böckstiegel/Auer, Art. 5 EuGVÜ, Rn. 53; Schlosser, EU-ZPR, Art. 5 EuGVVO, Rn. 11; Kropholler, EuZPR, Art. 5 EuGVO, Rn. 28; Rauscher, IPR, S. 355; Lima Pinheiro, DIP, Volume III, S. 83; Teixeira de Sousa/Moura Vicente, Comentário, S. 89; das Berufungsgericht versäumte zudem die Prüfung der Formalternativen des Art. 17 I 2 b) (Gepflogenheiten) und c) (Handelsbrauch); s. zum internationalen Handelsbrauch S. 136 ff.

[415] CJ, Ano XXI, Tomo V, 1996, S. 44-46 (45): JANGAARD EXPORT AS *gegen* J. GIL & Cª LDA.

bb) Gerichtliche Entscheidung

Die Entscheidungspunkte des Berufungsgerichts Coimbra ähneln denen des Berufungsgerichts Porto im vorstehend genannten Fall. Die portugiesischen Gerichte seien „unzweifelhaft" gem. Art. 2 I LugÜ zuständig, da der Beklagte in Portugal ansässig sei. Der portugiesische Käufer der Fische könne aber auch am Erfüllungsort i. S. v. Art. 5 Nr. 1 LugÜ verklagt werden. Das Berufungsgericht brach seine Prüfung auf der Ebene des Übereinkommens ab und wandte sich dem autonomen Zivilprozessrecht zu: Die Art. 65 I a), 74 I CPC a.F. (Erfüllungsortgerichtsstand) i. V. m. Art. 885 II CC könnten die internationale Zuständigkeit portugiesischer Gerichte begründen. Art. 885 II CC regele den Erfüllungsort von Geldleistungen beim Kauf, wenn der Kaufpreis nicht bereits bei Übergabe des Kaufgegenstandes fällig ist. Im zu entscheidenden Fall hätten die Vertragsparteien einen späteren Zahlungszeitpunkt vereinbart. Der Kaufpreis sei dann am Wohnsitz des Gläubigers, den er zum Zeitpunkt der Erfüllung hat, zu erbringen.[416] Das Berufungsgericht Coimbra kam somit zum Zwischenergebnis, dass der Erfüllungsort des Kaufpreises in Norwegen liegt. Voraussetzung sei jedoch, dass der Kaufvertrag portugiesischem Recht unterliege. Nach der Kollisionsnorm des Art. 42 II CC[417] käme es darauf an, an welchem Ort der Kaufvertrag abgeschlossen wurde: In Betracht kämen Portugal und Norwegen. Das Berufungsgericht ermittelte aber nicht den Abschlussort des Vertrages, sondern betonte, dass es nicht über das norwegische Recht aufgeklärt worden ist, und der Nachweis (bzw. Beweis) des fremden Rechts von der Partei erbracht werden muss, die sich auf dessen Anwendung beruft (zu diesem Verstoß gegen Art. 348 I, II CC, s. sogleich S. 86). Unabhängig von dem Vertragsgerichtsstand gem. Art. 65 I a) i. V. m. 74 I CPC a.F., ergebe sich die internationale Zuständigkeit portugiesischer Gerichte auch aus Art. 65 I b) CPC a.F. (Territorialitätsprinzip[418]).

cc) Bewertung

Das Berufungsgericht Coimbra hätte den Erfüllungsort der Kaufpreisleistungspflicht i. S. v. Art. 5 Nr. 1 HS. 1 LugÜ prüfen müssen als es sich mit dem Vertragsgerichtsstand des Übereinkommens befasste. Stattdessen setzte es sich unerwartet mit dem autonomen Recht auseinander. Dort hat das Gericht zwar das Kollisionsrecht richtigerweise bei der Ermittlung des Erfüllungsortes i. S. v. Art.

---

[416] Entspricht der allgemeinen Vorschrift des Art. 774 CC.

[417] Die Kollisionsnorm des Art. 42 CC lautet: „1. Fehlt es an einer Rechtswahl, unterliegen einseitige Rechtsgeschäfte dem Recht des gewöhnlichen Aufenthaltsortes des Erklärenden und Verträge dem Recht des gemeinsamen gewöhnlichen Aufenthaltsortes der Vertragsparteien. „2. Fehlt es an einem gemeinsamen Aufenthalt der Vertragsparteien, ist auf unentgeltliche Verträge das Recht des gewöhnlichen Aufenthaltsortes des Schenkenden anzuwenden; auf die übrigen Verträge ist in diesem Falle das Recht des Abschlussortes des Vertrages maßgebend". Es handelt sich hierbei i. d. R. um eine Sachnormverweisung, vgl. Art. 16, 17 CC. Beachte: Das EVÜ, das für Portugal am 1. September 1994 in Kraft trat (s. Fn. 62), war zeitlich nicht anwendbar, da der Kaufvertrag vor 1994 abgeschlossen wurde, vgl. Art. 17 EVÜ.

[418] S. hierzu S. 101.

65 I a) i. V. m. 74 I CPC a.F. beachtet[419], jedoch auch diese Prüfung mit dem Einwand abgebrochen, es sei nicht über das norwegische Recht informiert worden. Im übrigen waren die Ausführungen des Berufungsgerichts Coimbra zu Art. 5 Nr. 1 LugÜ und zum autonomen Recht überflüssig, da nach Art. 2 I LugÜ ein portugiesischer Gerichtsstand bereits feststand und Art. 5 EuGVÜ/LugÜ voraussetzt, dass der Beklagte in einem anderen als dem Gerichtsstaat ansässig ist. Auch in dieser Entscheidung wurde der Vorrang des Übereinkommens verkannt.

dd) Exkurs: Die Vorschrift des Art. 348 CC (≈ 293 ZPO)

Art. 348 CC ähnelt dem deutschen § 293 ZPO, hebt aber insbesondere die Verpflichtung des Gerichts, das fremde Recht von Amts wegen zu ermitteln, deutlicher hervor.[420] Berief das IPR norwegisches Recht zur Anwendung, oblag es dem Berufungsgericht Coimbra gem. Art. 348 I, II CC von Amts wegen („*ex officio*") festzustellen, an welchem Ort die Geldschuld nach norwegischem Recht zu erbringen war.[421] Eine Pflicht der Parteien zur Aufklärung des ausländischen Rechts besteht nicht.[422] Der Wortlaut von Art. 348 I, II CC „von Amts wegen" spricht klar gegen eine solche Mitwirkungspflicht bzw. -last. Eine Mitwirkungspflicht widerspräche auch dem im portugiesischen, wie im deutschen Recht herrschenden Grundsatz *iura novit curia*, aus dem sich eine Ermittlungspflicht

---

419 S. oben S. 73.

420 Art. 348 CC lautet: „1. Demjenigen, der sich auf Gewohnheitsrecht, Ortsrecht oder fremdes Recht beruft, obliegt es, die Existenz und den Inhalt dieses Rechtes zu beweisen; aber das Gericht muss selbst und zwar von Amts wegen die jeweilige Kenntnis erlangen. 2. Die Kenntnis ist von Amts wegen auch immer dann von dem Gericht zu ermitteln, wenn es auf der Grundlage des Gewohnheitsrechts, Ortsrechts oder fremden Rechts zu entscheiden hat, und wenn keine der Parteien sich auf eines dieser Rechte berief, oder die Gegenpartei seine Existenz und Inhalt anerkannte, oder kein Einspruch erhoben wurde. 3. Kann der Inhalt des anzuwendenden Rechts nicht ermittelt werden, so wendet das Gericht die Vorschriften des portugiesischen Rechts an."

421 Lima Pinheiro, DIP, Volume I, S. 456; Baptista Machado, Lições DIP, S. 247 f.; Neto/Martins, Código Civil anotado, S. 161; auch in Deutschland geht die allgemeine Auffassung in Rechtsprechung und Schrifttum trotz des Wortlauts des § 293 ZPO („es ist befugt") davon aus, dass der Richter von Amts wegen verpflichtet ist, den Inhalt des maßgeblichen ausländischen Rechts zu ermitteln, vgl. etwa BGHZ 77, S. 32-45 (38); BGH, WM 1996, S. 2255-2256 (2256); von Hoffmann, IPR, § 3, Rn. 133; Zöller/Geimer, § 293 ZPO, Rn. 14; Mäsch, NJW 1996, S. 1453-1455 (1454); Otto, IPRax 1995, S. 299-305 (301 f.); Schack, IZVR, Rn. 626. Für eine Einführung eines Vorabentscheidungsverfahrens zum Inhalt des Rechts eines EU-Mitgliedstaates plädiert Remien, in: Aufbruch nach Europa, S. 617-631 (627 ff.).

422 Vgl. das zitierte Schrifttum (Fn. 421). Dies entspricht einer starken Meinung in Deutschland, vgl. MünchKomm/Prütting, § 293 ZPO, Rn. 52: weder Pflicht noch echte Last; Kindl, ZZP 111 (1998), S. 177-203 (192); Lindacher, in: Gottwald, Peter u. a. (Hrsg.), FS Schumann, S. 283-294 (284 f.); Nagel/Gottwald, IZPR, § 10, Rn. 27. Aber auch die Stimmen, die von einer Mitwirkungspflicht der Parteien sprechen, weisen darauf hin, dass keine Entscheidung nach Beweislastgrundsätzen erfolgt, sollten die Parteien ihrer Mitwirkungspflicht nicht nachkommen, vgl. von Bar/Mankowski, IPR, Band I, § 5, Rn. 98 m. w. N.

des Gerichts herleiten lässt.[423] Der Einfluss, den die Parteien ausüben können, liegt ausschließlich in der Steuerung des gerichtlichen Ermessens im Hinblick auf die Art und Weise der Feststellung des ausländischen Rechts.[424]

c) Entscheidung des *Tribunal da Relação de Lisboa* vom 18. Dezember 2001[425]

aa) Sachverhalt

Eine in Brasilien ansässige Anwaltskanzlei erhob gegen ein in England ansässiges Unternehmen vor dem Amtsgericht Lissabon Klage auf Zahlung von Rechtsberatungsgebühren. Im Rechtsberatungsvertrag wurde die Zahlung der anfallenden Gebühren an ein auf den Kanalinseln[426] befindliches Bankkonto vereinbart. Das erstinstanzliche Gericht lehnte eine Sachentscheidung mangels internationaler Zuständigkeit portugiesischer Gerichte ab. Der Kläger legte Berufung ein.

bb) Gerichtliche Entscheidung

Das Berufungsgericht Lissabon ging gleich auf Art. 5 Nr. 1 EuGVÜ ein. Die Verpflichtung zur Zahlung der in Anspruch genommenen Rechtsberatung bilde den Gegenstand des Verfahrens. Es müsse nur noch ermittelt werden, wo diese Verpflichtung hätte erfüllt werden müssen. Da sich die Parteien über die Kanalinseln als Erfüllungsort des anwaltlichen Honorars im Rechtsberatungsvertrag geeinigt hätten, läge er auf dem Territorium des Vereinigten Königreichs. Das Berufungsgericht bestätigte damit die erstinstanzliche Gerichtsentscheidung. Die Berufung blieb erfolglos.

cc) Bewertung

Der Erfüllungsort kann auch durch eine vertragliche Vereinbarung festgelegt werden.[427] Die Vereinbarung muss die Wirksamkeitsvoraussetzungen des Art. 17 EuGVÜ/Lug bzw. Art. 23 Brüssel I-VO (Gerichtsstandsvereinbarung) erfüllen, wenn sie alleine darauf abzielt, einen bestimmten Gerichtsstand festzulegen (sog. „abstrakte" Erfüllungsortvereinbarung).[428] Denn anderenfalls wären diese

---

[423] Vgl. Schütze, Deutsches IZPR, S. 117; Kindl, ZZP 111 (1998), S. 177-203 (192).

[424] So auch für das deutsche Recht: Kindl, ZZP 111 (1998), S. 177-203 (184, 192).

[425] CJ-STJ, Ano XXVI, Tomo V, 2001, S. 124-126 Noronha-Advogados *gegen* The Boots Company PLC.

[426] Die Kanalinseln (Guernsey, Jersey, Alderney und Sark) gehören zu dem Vereinigten Königreich; sie zählen aber nicht zu den „Vertragsstaaten" bzw. „Mitgliedstaaten" des EuGVÜ/LugÜ bzw. der Brüssel I-VO, s. den Nachweis bei Kropholler, EuZPR, Einl., Rn. 29 a. E.

[427] EuGH 17.1.1980, Rs. 56/79 – „Zelger/Salinitri", EuGHE 1980, S. 89 = NJW 1980, S. 1218 (L) = RIW 1980, S. 726 = WM 1980, S. 720 m. Anm. Schütze = IPRax 1981, S. 89 m. Anm. Spellenberg auf S. 75; vgl. nun auch den Wortlaut von Art. 5 Nr. 1 b) Brüssel I-VO: „...- sofern nichts anderes vereinbart worden ist -...".

[428] EuGH 20.2.1997, Rs. 106/95 – „MSG, Mainschiffahrts-Genossenschaft/Les Gravières Rhénanes", EuGHE 1997 I, S. 911 = NJW 1997, S. 1431 = JZ 1997, S. 839 m. Anm. Koch =

Vorschriften weitgehend entwertet und ihrer Umgehung Tür und Tor geöffnet.[429] Soweit ersichtlich, gab es im vor dem Berufungsgericht Lissabon ausgetragenen Rechtsstreit aber keine Verdachtsgründe, die auf eine solche, von der Vertragswirklichkeit losgelöste Erfüllungsortvereinbarung, hindeuteten. Im übrigen ist anzunehmen, dass die Gültigkeitsvoraussetzungen des Art. 17 EuGVÜ beachtet wurden, so dass dieser Problematik keine Relevanz zukam. Es ist davon auszugehen, dass der Rechtsberatungsvertrag schriftlich verfasst wurde.[430] Die Wirksamkeit des Vertrages wäre nach dem Vertragsstatut (*lex causae*) zu ermitteln gewesen.[431] Es lagen allerdings keine Indizien vor, die gegen die Gültigkeit des Vertrages sprachen. Den portugiesischen Gerichten fehlte die internationale Zuständigkeit für die Entscheidung über den Honoraranspruch der brasilianischen Rechtsanwaltskanzlei.

dd) Urteil der Revisionsinstanz

Gegen die Entscheidung des Berufungsgerichts Lissabon legte der Kläger ein Rechtsmittel zum Obersten Gerichtshof ein. Das **Urteil des *Supremo Tribunal de Justiça*** erging am **16. Mai 2002**[432] und bestätigte die Entscheidung des Berufungsgerichts. Der Gerichtshof befasste sich ausschließlich mit der Frage auf welche „Verpflichtung“ i. S. v. Art. 5 Nr. 1 EuGVÜ abzustellen ist, da der Kläger die Ansicht vertrat, dass die Verpflichtung zur Rechtsberatung maßgeblich war. Zutreffend hielt der Oberste Gerichtshof diejenige Verpflichtung für maßgeblich, die dem vertraglichen Anspruch entspricht, auf den der Kläger seine Klage stützt (Zahlung von Rechtsberatungsgebühren) und berief sich auf das EuGH-Urteil „Leathertex/Bodetex“ vom 5.10.1999[433], das die „De Bloos“-Rechtsprechung bestätigte.

RIW 1997, S. 415 m. Anm. Holl = IPRax 1999, S. 31 m. Anm. Kubis auf S. 10 = EuZW 1997, S. 209 = EWS 1997, S. 127 = ZZP Int 1997, S. 161 m. Anm. Peter Huber; bestätigt durch EuGH 28.9.1999, Rs. 440/97 – „GIE Groupe Concorde/Kapitän des Schiffes Suhadiwarno Panjan“, EuGHE 1999 I, S. 6307 = NJW 2000, S. 719 = RIW 1999, S. 951 = IPRax 2000, S. 399 m. Anm. Hau auf S. 354 = EWS 2000, S. 31 = ZEuP 2001, S. 737 m. Anm. Kubis = ZZP Int 2000, S. 279 m. Anm. Hau. Dass die Vereinbarung nicht ernsthaft auf die materielle Begründung eines Leistungsortes abzielt, muss ggf. vom Kläger bewiesen werden (wie auch andere Zuständigkeitsvoraussetzungen), vgl. Spellenberg, IPRax 1981, S. 75-79 (79); Rauscher, ZZP 104 (1991), S. 271-320 (306 f.); Wieczorek/Schütze/Hausmann, Art. 5, Rn. 28; anders: Geimer/Schütze, EuZVR, Art. 5 EuGVÜ, Rn. 83.

[429] Wieczorek/Schütze/Hausmann, Art. 5 EuGVÜ, Rn. 28; Kropholler, EuZPR, Art. 5 EuGVO, Rn. 29.

[430] Durch die schriftliche Vereinbarung wurde die Form des Art. 17 I a) EuGVÜ gewahrt und zudem lag kein Verstoß gegen die Schranken des Art. 17 III EuGVÜ (Art. 23 V Brüssel I-VO) vor.

[431] Micklitz/Rott, EuZW 2001, S. 325-334 (328); Kropholler/von Hinden, in: Schack, Haimo (Hrsg.), GS Lüderitz, S. 401-414 (409).

[432] CJ-STJ, Ano X, Tomo II, 2002, S. 75-77: Noronha-Advogados *gegen* The Boots Company PLC.

[433] Rs. C-420/97, EuGHE 1999 I, S. 6747, beide mit Anm. Hau, IPRax 2000, S. 354-361.

ee) Die Regelung in Art. 5 Nr. 1 b) Brüssel I-VO

Durch die teilweise autonome Regelung des Erfüllungsortes für Kauf- und Dienstleistungsverträge in Art. 5 Nr. 1 b) Brüssel I-VO[434] hat die Suche nach der ausschlaggebenden Verpflichtung an Bedeutung verloren. Der Erfüllungsort wird bei den genannten Vertragstypen unabhängig davon bestimmt, welcher Art die streitige vertragliche Verpflichtung ist.[435] Das Nebeneinander der „alten" EuGH-Rechtsprechung und der teilweise autonomen Regelung führt eher zu Verwirrungen, als es dem Richter einen klareren Durchblick über die Auslegung der Norm verschafft.[436] Insbesondere macht der Wortlaut von Art. 5 Nr. 1 b) Brüssel I-VO nicht deutlich, dass es nicht mehr auf den Erfüllungsort der konkret streitigen Verpflichtung („De Bloos/Bouyer"[437]) ankommt. Deswegen überrascht der Inhalt der ersten **Entscheidung des *Obersten Gerichtshofs* vom 3. März 2005**[438] zu Art. 5 I b) Brüssel I-VO. Eine spanische Handelsgesellschaft schloss mit einem portugiesischen Unternehmen einen Kaufvertrag über die Lieferung von Eisenteilen. Das portugiesische Unternehmen lieferte – entsprechend seiner vertraglichen Verpflichtung – die Ware nach Spanien. Einige Monate später verklagte es die spanische Gesellschaft in Portugal auf Zahlung des Kaufpreises. Der Oberste Gerichtshof verneinte zutreffend die internationale Entscheidungszuständigkeit portugiesischer Gerichte, da die Eisenteile nach Spanien geliefert wurden.[439] Er stellte fest, dass Art. 5 Nr. 1 b) Brüssel I-VO den Erfüllungsort für den Kaufvertrag einheitlich festlegt. Sämtliche Klagen aus dem Vertrag seien vor den Gerichten des nach Art. 5 I b) Brüssel I-VO allein maßgeblichen Erfüllungsortes zu erheben. Insbesondere bestehe unter der Brüssel I-VO kein eigenständiger Gerichtsstand für die Zahlungsklage. Dem ist zuzustimmen. Das Gericht geht in seiner Entscheidung zwar auf keine Rechtsprechung oder Schrifttum zur Brüssel I-VO ein, es hat sich aber offenbar mit der neuen Regelung in Art. 5 I b) Brüssel I-VO auseinander gesetzt, zumal dessen

---

[434] Beachte, dass Art. 5 Nr. 1 a) Brüssel I-VO nach Art. 5 Nr. 1 c) Brüssel I-VO auch bei einem Kauf- oder Dienstleistungsvertrag Anwendung finden kann, wenn der durch Art. 5 I Nr. 1 b) Brüssel I-VO ermittelte Erfüllungsort in einem *Drittstaat* liegt. Dies folgt aus dem Wortlaut der beiden Spiegelstriche des Art. 5 Nr. 1 b): „...in einem Mitgliedstaat..."; vgl. dazu von Hoffmann, IPR, § 3, Rn. 224.

[435] Der autonom bestimmte Erfüllungsort begründet also einen einheitlichen Gerichtsstand für sämtliche Klagen aus dem Kauf- bzw. Dienstleistungsvertrag, vgl. die Begründung des Kommissionsentwurfs, KOM 1999 (348) endg., S. 7, 15.

[436] Kritisch auch: Hau, IPRax 2000, S. 354-361 (359 f.); Kropholler/von Hinden, in: Schack, Haimo (Hrsg.), GS Lüderitz, S. 401-414 (408 ff.), Schack, IZVR, Rn. 273; Moura Vicente, Scientia Iuridica 2002, S. 347-379 (378).

[437] EuGH 6.10.1976, Rs. 14/76, EuGHE 1976, S. 1497 = NJW 1977, S. 490 m. Anm. Geimer; zuletzt bestätigt in EuGH 28.9.1999, Rs. C-440/97 – „Groupe Concorde", EuGHE 1999 I, S. 6307; EuGH 5.10.1999, Rs. C-420/97 – „Leathertex/Bodetex", EuGHE 1999 I, S. 6747, beide mit Anm. Hau, IPRax 2000, S. 354-361 = NJW 2000, S. 721 = RIW 1999, S. 953 = EuZW 2000, S. 352 (L) = EWS 2000, S. 28 = ZZP Int 2000, S. 266 m. Anm. Otte.

[438] Rechtssache Nr. 05B316, in: http://www.dgsi.pt

[439] Ebenso führte der Beklagtengerichtsstand des Art. 2 Brüssel I-VO nach Spanien.

Wortlaut nicht erkennen lässt, dass es nicht mehr auf den Erfüllungsort der konkret streitigen Verpflichtung („*De Bloos/Bouyer*“) ankommt. Es handelt sich um eine begrüßenswerte Entscheidung. Es bleibt abzuwarten wie die anderen portugiesischen Gerichte Art. 5 Nr. 1 Brüssel I-VO handhaben werden.

d) Entscheidung des *Tribunal da Relação do Porto* vom 7. Februar 1997[440]

aa) Sachverhalt

Das Berufungsgericht Porto befasste sich am 7. Februar 1997 mit einer Klage auf Rückzahlung einer Darlehenssumme. Darlehensnehmer war der in Portugal wohnhafte Beklagte, Kläger (Darlehensgeber) eine in Bern (Schweiz) ansässige Bank. Die Rückzahlung des Darlehens sollte laut Darlehensvertrag auf ein schweizerisches Bankkonto erfolgen. Das Amtsgericht Braga nahm den Rechtsfall nicht zur Sachentscheidung an, weil ihm die internationale Entscheidungszuständigkeit fehle. Der Kläger legte Berufung ein.

bb) Gerichtliche Entscheidung

Das Berufungsgericht Porto führte aus, dass die portugiesischen Gerichte nach Art. 2 I i. V. m. 52 LugÜ international zuständig sind. Des weiteren sehe Art. 5 Nr. 1 LugÜ einen vertraglichen Gerichtsstand vor. Zum Erfüllungsort i.S.v. Vorschrift machte das Berufungsgericht folgende Aussage: „Der Erfüllungsort muss grundsätzlich nach dem Kollisionsrecht des Forumstaates ermittelt werden, es sei denn, es existiert ein einheitliches materielles Recht, wie zum Beispiel das UN-Kaufrecht[441] oder eine Vereinbarung zwischen den Parteien über den Erfüllungsort der Verpflichtung.“. In casu hätten die Vertragsparteien im Darlehensvertrag vereinbart, dass die Rückzahlung des Darlehens auf ein schweizerisches Bankkonto zu erfolgen habe. Der Erfüllungsortgerichtsstand liege demnach in der Schweiz. Die internationale Zuständigkeit portugiesischer Gerichte ergebe sich jedoch aus Art. 2 I LugÜ.

cc) Bewertung

Die obigen Ausführungen zur Entscheidung des Berufungsgerichts Lissabon (S. 87) gelten hier entsprechend. Allerdings sind hier zwei Unterschiede zu vermerken: Erstens waren für die Entscheidung über den Rückzahlungsanspruch die portugiesischen Gerichte gem. Art. 2 I, 52 LugÜ international zuständig. Zweitens ist das die einzige Entscheidung, die im Rahmen der Prüfung von Art. 5 Nr. 1 HS. 1 der Übereinkommen darauf hingewiesen hat, dass der Erfüllungsort grundsätzlich nach dem Vertragsstatut oder vereinheitlichtem Vertragsrecht zu ermitteln ist. Weil aber eine Erfüllungsortvereinbarung angenommen wurde, kam es nicht zur Anwendung des UN-Kaufrechts bzw. der einschlägigen Kollisionsnorm.

---

[440] CJ, Ano XXII, Tomo I, 1997, S. 226-228 (227): INVOCA AG *gegen* Telmo de Macedo.
[441] Das CISG ist für Portugal nicht in Kraft.

e) Entscheidung des *Supremo Tribunal de Justiça* vom 3. März 1998[442]

aa) Sachverhalt

In dieser Entscheidung des Obersten Gerichtshofs vom 3. März 1998 ging es gleichsam um einen Darlehensvertrag. Eine französische Bank gewährte dem Beklagten, der ebenfalls in Frankreich ansässig war, ein Darlehen. Die klagende Bank (Darlehensgeber) verklagte den Darlehensnehmer vor einem portugiesischen Gericht auf Rückzahlung des Darlehens einschließlich der Zinsen. Nach Auffassung des Amtsgerichts Melgaço und des Berufungsgerichts Porto fehlte den portugiesischen Gerichten die internationale Zuständigkeit zur Entscheidung über den vertraglichen Rückzahlungsanspruch. Die französische Bank wandte sich letztinstanzlich an den Obersten Gerichtshof.

bb) Gerichtliche Entscheidung

Portugiesische Gerichte seien nicht gem. Art. 2 I EuGVÜ international zuständig, da der Beklagte in Frankreich wohne. Ebenso wenig begründe der Vertragsgerichtsstand des Art. 5 Nr. 1 EuGVÜ eine inländische Entscheidungskompetenz. Der einzige Berührungspunkt des Sachverhalts zu Portugal bestehe darin, dass der Beklagte in Portugal Vermögenswerte besitze. Der Darlehensvertrag sei in Frankreich abgeschlossen worden und alles weise darauf hin, dass er auch in Frankreich erfüllt werden müsse.

cc) Bewertung

Im Ergebnis kann man der Entscheidung des Obersten Gerichtshofs zustimmen. Er hätte aber seine Vermutung, dass der Erfüllungsort der Rückzahlungspflicht in Frankreich lag, durch die Anwendung des einschlägigen materiellen Rechts („Tessili"-Regel)[443] überprüfen müssen.

f) Weitere Entscheidungen im Überblick

Das ***Supremo Tribunal de Justiça*** hatte am **29. April 2003**[444] über die internationale Zuständigkeit portugiesischer Gerichte nach Art. 5 Nr. 1 EuGVÜ zu entscheiden. Die Entscheidung betraf eine Schadensersatzklage wegen Schlechtleistung. Im Kaufvertrag wurde eine Klausel aufgenommen, nach der die Handelsware vom italienischen Verkäufer nach Porto (Portugal) zu liefern war. Als „Erfüllungsort" i. S. v. Art. 5 Nr. 1 EuGVÜ hielt das Gericht Italien für bestim-

---

[442] CJ-STJ, Ano VI, Tomo I, 1998, S. 113-114: Banque de L'Économie-Crédit Mutuel *gegen* Manuel Alves.

[443] Wurde der Darlehensvertrag nach dem 1. September 1994 abgeschlossen (vgl. Art. 17 EVÜ), so wäre nach Art. 4 II EVÜ französisches Sachrecht (vgl. 15 EVÜ) für die Ermittlung des Erfüllungsortes anzuwenden gewesen. Zur vertragscharakteristischen Leistung i. S. v. Art. 4 II EVÜ (≈ Art. 28 II EGBGB) bei einem Darlehensvertrag: von Hoffmann, IPR, § 10, Rn. 46.

[444] Rechtssache Nr. 03B704, in: http://www.dgsi.pt; der Oberste Gerichtshof bestätigte das zweitinstanzliche **Urteil des *Tribunal da Relação do Porto* vom 4. November 2002** (Rechtssache Nr. 0251081, in: http://www.dgsi.pt).

mend. Zur Begründung zitierte es die obengenannte Vertragsklausel. Über die Frage, ob der Erfüllungsort i. S. v. Art. 5 Nr. 1 EuGVÜ überhaupt durch Erfüllungsortvereinbarungen festgelegt werden kann, äußerte sich der Gerichtshof nicht. In zwei weiteren Entscheidungen **vom 12. März 2002**[445] und **27. Februar 2003**[446] hat der Oberste Gerichtshof den Erfüllungsort i. S. v. Art. 5 Nr. 1 EuGVÜ in einem bestimmten Land festgelegt, ohne vorab zu prüfen, ob dem anwendbaren Recht („Tessili"-Regel) dieses Ergebnis zu entnehmen war. Der Gerichtshof hat auch nicht zu erkennen gegeben, ob er wirksame Vereinbarungen über den Erfüllungsort annahm.

g) Neuere Rechtsprechung des Obersten Gerichtshofs aus dem Jahr 2003

In drei **Entscheidungen aus dem Jahr 2003**[447] hat der Oberste Gerichtshof zur Ermittlung des Erfüllungsortes i. S. v. Art. 5 Nr. 1 EuGVÜ[448] zum ersten mal das EVÜ herangezogen. Das ist zu begrüßen. Es fällt indes auf, dass der Gerichtshof in allen drei Entscheidungen nicht auf die EuGH-Rechtsprechung „Tessili/Dunlop"[449] zu sprechen kam, sondern dem Vorbringen der Verfahrensbeteiligten stillschweigend folgte, welche die Anwendung des EVÜ zur Bestimmung des Erfüllungsortes geltend machten. Eine neuere Entscheidung des ***Obersten Gerichtshofs*** bestätigt die Annahme, dass er die *lex causae* zur Erforschung des Vertragsstatus tatsächlich nur ermittelte, weil die Verfahrensbeteiligten sich in ihrem Vorbringen darauf beriefen. In seiner neueren **Entscheidung vom 12. Februar 2004**[450] ermittelte der Gerichtshof den Erfüllungsort i.S.v. Art. 5 Nr. 1 EuGVÜ nämlich – erneut – nach der portugiesischen *lex fori*. Im Vorfeld dieser Entscheidung hat sich keine der Parteien auf die Anwendung des EVÜ berufen.
Die *Tessili*-Rechtsprechung des EuGH findet demnach auch weiterhin keine Beachtung in der höchstrichterlichen Rechtsprechung.

h) Exkurs: Anwendung des EVÜ durch den Obersten Gerichtshof

In seiner **Entscheidung vom 18. Juni 2003**[451] hielt der Gerichtshof den räumlichen Anwendungsbereich des EVÜ für nicht eröffnet, weil Schweden im Gegensatz zu Portugal nicht Vertragsstaat des EVÜ sei. Er wandte daher die autonome Kollisionsnorm des Art. 42 II 2. HS CC (Ort des Vertragsabschlusses) an,

---

[445] Rechtssache Nr. 01A4092, in: http://www.dgsi.pt.

[446] CJ-STJ, Ano XXVIII, Tomo I, 2003, S. 111-112: Gralpe – Sociedade Industrial de Granitos de Alpendorada Lda. *gegen* Poseidon Chartering BV und Sea River Chartering BV.

[447] **Entscheidungen des *Supremo Tribunal de Justiça* vom 28. Januar 2003** (Rechtssache Nr. 02A4323, in: http://www.dgsi.pt), **18. März 2003** (Rechtssache Nr. 03A581, in: http://www.dgsi.pt) und **18. Juni 2003** (Rechtssache Nr. 03B1626, in: http://www.dgsi.pt).

[448] Der ***Oberste Gerichtshof*** hat in seiner **Entscheidung vom 18. Juni 2003** (a. a. O., Fn. 447) fälschlicherweise das LugÜ angewandt, vgl. hierzu oben S. 30.

[449] EuGH 6.10.1976, Rs. 12/76, EuGHE 1976, S. 1473 = NJW 1977, S. 490 mit Anm. Geimer.

[450] Rechtssache Nr. 04B128, in: http://www.dgsi.pt.

[451] A. a. O. (Fn. 447).

die auf das portugiesische Recht verwies. Der Oberste Gerichtshof verkannte in dieser Entscheidung zweierlei: Zum einen ist das EVÜ für Schweden bereits seit dem 1.2.2000 im Verhältnis zu Portugal in Kraft.[452] Zum anderen verlangt der räumliche Anwendungsbereich des EVÜ nur, dass das Übereinkommen in dem Staat in Kraft ist, der über die Frage des anwendbaren Rechts entscheidet. Entsprechend Art. 2 EVÜ schadet es auch nicht, wenn auf das Recht eines Nichtvertragsstaates verwiesen wird (sog. „loi uniforme“).[453] In dem am **18. März 2003** erlassenen **Urteil**[454] hat der Oberste Gerichtshof den Wortlaut des Art. 4 I, IV und V EVÜ wiedergegeben und hielt das portugiesische Recht für einschlägig, weil keine engere Verbindung des Vertrages zu einem anderen Staat bestünde. Unklar ist, ob der Gerichtshof überhaupt eine der Vermutungen der Abs. 1, 2 und 4 geprüft hat oder ob er sein Ergebnis ausschließlich auf die Ausweichklausel des Abs. 5 stützte.[455] Eine gründliche Prüfung des anwendbaren Rechts nach dem EVÜ ist dagegen in der **Entscheidung vom 28. Januar 2003**[456] zu konstatieren. Gestritten wurde über Verpflichtungen aus einem Kaufvertrag. Der Oberste Gerichtshof sah, dass Art. 4 II EVÜ eine Vermutung ausspricht. Zutreffend stellte er auf die Leistung des Verkäufers ab, die bei einem Kaufvertrag die „charakteristische Leistung“ i.S.v. Norm darstellt.[457] Der Verkäufer hatte seinen Unternehmenssitz in Italien. Der Gerichtshof wandte daher italienisches Sachrecht an, um zu bestimmen, wo die Leistung des Verkäufers (Übergabe der Ware) zu erbringen war, vgl. Art. 1510 des italienischen *Codice Civile.*

i) Gesamtbewertung

Bis zum Jahr 2003 haben die Gerichte der „Tessili“ und „De Bloos“-Rechtsprechung des EuGH keine Beachtung geschenkt.

Weitere Beispiele hierfür stellen die **Entscheidungen des *Tribunal da Relação do Porto* vom 3. Februar 2000**[458] und ***Tribunal da Relação de Coimbra* vom 4. Juni 2002**[459] dar: Die Berufungsgerichte betonten in ihren Entscheidungen aus-

---

[452] Aviso (Bekanntmachung) Nr. 5/2000, DR, I-A, 1, vom 3.1.2000.

[453] Vgl. etwa Lima Pinheiro, DIP, Volume II, S. 181.

[454] A. a. O. (Fn. 447).

[455] Zur Prüfungsreihenfolge des Art. 28 EuGVÜ (≈ Art. 4 EVÜ), s. von Hoffmann, IPR, § 10, Rn. 44. Auch in der portugiesischen Literatur mangelt es nicht an Veröffentlichungen, die sich mit Art. 4 EVÜ auseinandersetzten, vgl. z. B. Moura Ramos, Separata da BFDUC 63 (1988), S. 30 f.; ders., in: Estudos de Direito Internacional Privado e de Direito Processual Civil Internacional, S. 209-244 (229 ff.); Lima Pinheiro, DIP, Volume II, S. 194 ff.

[456] A. a. O. (Fn. 447).

[457] Vgl. von Hoffmann, IPR, § 10, Rn. 45 f.; Reithmann/Martiny/Martiny, IntVertragsR, Rn. 111. Engere Verbindungen zu einem anderen Land i. S. v. Art. 4 V EVÜ wies der Kaufvertrag nicht auf, vgl. dazu von Hoffmann, IPR, § 10, Rn. 58-60 m. w. N.

[458] CJ, Ano XXV, Tomo I, 2000, S. 212-215 (213; dortige Fn. 3): Ruby Fishing Limited *gegen* José Silva; zum Sachverhalt s. S. 161.

[459] CJ, Ano XXVII, Tomo III, 2002, S. 32-34 (34): Pedro Magalhães *gegen* Autohaus Krauth GmbH & CO KG.

drücklich, dass der Erfüllungsort i. S. v. Art. 5 Nr. 1 EuGVÜ nach Art. 774 CC zu ermitteln ist.

Lag nach Ansicht der Gerichte eine Erfüllungsortvereinbarung vor, so gingen sie ohne weiteres von der Maßgeblichkeit des jeweiligen Ortes aus. Auch in diesen Fällen hätten die Gerichte auf die EuGH-Rechtsprechung („Zelger" und „MSG") eingehen müssen, um klarzustellen, wann und unter welchen Voraussetzungen eine Vereinbarung über den Erfüllungsort ausschlaggebend sein kann.

Die Entscheidungen des Obersten Gerichtshofs aus dem Jahr 2003 lassen erhebliche Unsicherheiten bei der Ermittlung des Vertragsstatuts nach dem EVÜ erkennen. Obwohl das EVÜ für Portugal bereits seit dem 1. September 1994 in Kraft ist, haben die portugiesischen Gerichte mit dessen Anwendung bisher kaum Erfahrungen gesammelt.

I. Sonderregelungen betreffend Arbeitsrechtsstreitigkeiten

I. Die arbeitsrechtlichen Zuständigkeitsvorschriften in Art. 10 ff. CPT n.F.

Im Gegensatz zum deutschen Recht enthält das portugiesische Arbeitsprozessgesetzbuch besondere Vorschriften über die internationale und örtliche Zuständigkeit in arbeitsrechtlichen Streitigkeiten. Art. 10 und 11 CPT n.F. (Art. 11 und 12 CPT a.F.[460]) regeln die internationale Zuständigkeit und sind in ihrer geänderten Fassung am 1. Januar 2000 in Kraft getreten (DL Nr. 480/99, vom 9. November).[461] Auf den Wegfall des ausschließlichen Arbeitsgerichtsstandes in Art. 65-A c) CPC a.F. und die Vorschrift des Art. 11 CPT n.F., welche Derogationen ausnahmslos verbietet, wird i.R.d. Gerichtsstandsvereinbarungen eingegangen.[462] Nach Art. 10 CPC n.F. sind die Arbeitsgerichte international zuständig, wenn die Klage nach den örtlichen Arbeitsgerichtsständen der Art. 13 ff. CPT n.F. erhoben werden kann oder sich auf portugiesischem Territorium, im ganzen oder zum Teil, die Tatsachen ereignet haben, die zum Klagegrund gehören.

1. Die Doppelfunktionalität der örtlichen Arbeitsgerichtsstände

a) Allgemeiner Gerichtsstand des Beklagtenwohnsitzes gem. Art. 10 1. HS i. V. m. 13 CPT n.F.

Klagen betreffend arbeitsrechtliche Streitigkeiten sind vor dem Gericht des Wohnsitzes des Beklagten zu erheben, Art. 13 I CPT n.F. Ist der Beklagte eine natürliche Person, so wird nach Art. 82 I CC ermittelt, ob er einen inländischen Wohnsitz hat.[463] Der „Wohnsitz" von juristischen Personen wird nach dem Internationalen Gesellschaftsrecht bestimmt: Gem. Art. 33 I CC, Art. 3 I 1 CSC kommt es grundsätzlich darauf an, ob die Gesellschaft ihren Hauptverwaltungssitz in Portugal hat.[464] Arbeitgeberfirmen, Versicherungs-, und Versorgungsträger werden gem. Art. 13 II CPT n.F. darüber hinaus als in Portugal „wohnhaft" angesehen, wenn sie dort eine Zweigniederlassung, Agentur, Filiale, Zweigstelle oder Vertretung haben. Diese Regelung ähnelt dem Art. 65 II 2. HS CPC n.F.; auf die dortigen Ausführungen wird daher verwiesen.[465] Hier wie dort ist insbesondere zu kritisieren, dass die Niederlassungen auch dann zuständigkeitsrelevant sind, wenn es um Rechtsstreitigkeiten geht, die nicht aus deren Betrieb hervorgehen.[466] Dem klagenden Arbeitgeber kommt Art. 13 II CPT n.F. nicht zu Nutze, worin ein erster Schutzgedanke des Arbeitnehmers erblickt werden kann.

---

[460] DL Nr. 272-A/81 vom 30. September.

[461] Zur Aufhebung des einseitig einen portugiesischen Arbeitnehmer begünstigenden Gerichtsstandes in Art. 11 2. Fall CPC a.F. s. oben S. 2.

[462] S. 132.

[463] Vgl. hierzu S. 64.

[464] Vgl. Fn. 267.

[465] S. oben 56.

[466] Vgl. Lima Pinheiro, DIP, Volume III, S. 206.

b) Besondere Arbeitsgerichtsstände nach Art. 10 i. V. m. 14 ff. CPT n.F.

Mit dem allgemeinen Beklagtengerichtsstand konkurrieren besondere Arbeitsgerichtsstände, die ausschließlich dem Arbeitnehmer als sozial schwächere Partei weitere Klagemöglichkeiten gewähren.

Die Klage des Arbeitgebers kann nur vor den Gerichten des Staates erhoben werden, in dem der Arbeitnehmer seinen Wohnsitz hat (Art. 10 1. HS i. V. m. 13 CPT n.F.).[467] Der Schein trügt jedoch: Wie gleich zu sehen sein wird (S. 97), eröffnet Art. 10 2. HS CPT n.F. (sog. Territorialprinzip) dem Arbeitgeber einen unerwünschten Klägergerichtsstand.

Ansprüche, die sich aus einem Arbeitsvertrag ergeben, kann der Arbeitnehmer gem. Art. 10 i. V. m. 14 I CPT n.F. vor den Gerichten des Staates geltend machen, in dem er seine Arbeit verrichtet oder seinen Wohnsitz hat.[468] Liegt der Klage ein Arbeitsunfall oder eine Berufskrankheit zu Grunde, so ist diese vor dem Gericht des Ortes zu erheben, an dem sich der Unfall ereignete oder der Kranke zuletzt einer die Krankheit möglicherweise auslösenden Arbeitstätigkeit nachgegangen ist. Hat sich der Unfall im Ausland ereignet, so ist die Klage in Portugal vor dem Gericht des Wohnsitzes des Unfallopfers zu erheben (Art. 10 i. V. m. 15 I, II CPT n.F.). Art. 15 V CPT n.F. betrifft Arbeitsunfälle und Berufskrankheiten die während einer See- oder Flugreise eintreten. Zusätzlich zum Arbeitnehmerwohnsitz sind die Gerichte der ersten portugiesischen Ortschaft zuständig, die das Schiff oder Luftfahrzeug erreicht oder wo diese registriert sind. Schließlich ist auf Art. 16 CPT n.F. hinzuweisen. Bei betriebsbedingten Kündigungen sind die gegen sie gerichteten einstweiligen Verfahren und Anfechtungen vor dem Gericht des Ortes einzuleiten, an dem sich die Betriebsstätte befindet (Art. 16 I CPT[469]).[470]

---

[467] Moura Ramos, Da lei aplicável ao contrato de trabalho internacional (1991), S. 778; Lima Pinheiro, DIP, Volume III, S. 207. Das entspricht der Regelung in Art. 5 Nr. 1 EuGVÜ und Art. 20 I Brüssel I-VO.

[468] Art. 14 II, III CPT n.F. lautet: „2. Im Falle einer Klägerhäufung ist das Gericht des Ortes zuständig, an dem einer der Kläger seine Arbeit verrichtet oder seinen Wohnsitz hat. 3. Wird die Arbeit an mehreren Orten verrichtet, können die im Abs. 1 genannten Klagen vor den Gerichten an irgendeinem dieser Orte erhoben werden."

[469] Art. 16 II CPT lautet: „ 2. Werden von der Kündigung Arbeitnehmer mehrerer Betriebsstätten erfasst, ist das Gericht des Ortes zuständig, an dem sich die Betriebsstätte mit der größten Anzahl von gekündigten Arbeitnehmern befindet."

[470] Art. 18 CPT behandelt noch Klagen gegen Versorgungseinrichtungen und Gewerkschaften: „1. Klagen betreffend die Liquidation und Vermögensteilung von Versorgungseinrichtungen und Gewerkschaften [vgl. dazu Art. 173 ff. CPT] und andere Klagen, die sich gegen sie richten, sind vor dem Gericht ihres jeweiligen Sitzes zu erheben. 2. Wenn die Klage darauf abzielt ein Recht geltend zu machen oder eine Verpflichtung der Institution oder Vereinigung gegenüber dem Begünstigten oder Mitglied durchzusetzen, ist auch das Gericht des Wohnsitzes des Klägers zuständig."

2. Das exorbitante Territorialprinzip in Art. 10 2. HS CPT n.F.

Haben sich auf portugiesischem Territorium, im ganzen oder zum Teil, die Tatsachen ereignen, die zum Klagegrund gehören, so sind portugiesische Arbeitsgerichte international für die Entscheidung über die Klage zuständig, Art. 10 2. HS CPT n.F. Alle rechtlich relevanten Tatsachen, die den Anspruchstatbestand des Klägers gestalten, werden dem Klagegrund i.S.v. Vorschrift zugeordnet.[471] Dieses sog. Territorialprinzip[472] gilt für arbeitsrechtliche Streitigkeiten erst seit dem 1. Januar 2000 (DL Nr. 480/99, vom 9. November). Es war bereits in Art. 65 I b) CPC a.F. aufzufinden und findet sich nun mit leicht geändertem Wortlaut in Art. 65 I c) CPC n.F. wieder. Wegen der besonderen Relevanz des Territorialprinzips bei Deliktsklagen, wird es dort eingehend behandelt; die dortigen Ausführungen gelten gleichermaßen für das Arbeitsrecht (s. unten S. 101). Wie bei Art. 65 I c) CPC n.F. („...eine der Tatsachen...") muss nach dem Wortlaut von Art. 10 2. HS CPT n.F. („...im ganzen oder zum Teil...") lediglich eine der relevanten Tatsachen auf portugiesischem Gebiet verwirklicht worden sein. Wurde z. B. der Arbeitsvertrag in Portugal abgeschlossen oder ließ sich der Arbeitnehmer infolge eines Arbeitsunfalls in Portugal medizinisch behandeln, können portugiesische Gerichte über den arbeitsvertraglichen Anspruch bzw. die deliktische Schadensersatzhaftung urteilen (vgl. die Beispielsfälle auf S. 102). Die durch Art. 10 1. HS CPT n.F. i. V. m. den örtlichen Arbeitsgerichtsständen erreichten arbeitnehmerfreundlichen Ergebnisse werden vom Territorialprinzip systemwidrig überlagert. Jeder Arbeitnehmer, der in einem Staat wohnt, der nicht zur EU gehört und auch nicht Vertragsstaat des LugÜ ist[473], kann von seinem Arbeitgeber in Portugal verklagt werden, wenn das Gericht zur Ansicht gelangt, dass der Arbeitsvertrag in Portugal abgeschlossen wurde bzw. die Annahme des Vertragsangebots, im Falle eines Vertragsschlusses unter Abwesenden, dem Annehmenden in Portugal nach portugiesischem Sachrecht (Art. 224 ff. CC) zugegangen ist (was völlig vom Zufall abhängt!).[474] In Portugal ansässigen Arbeitgebern, die ihre Arbeitsverträge in aller Regel in Portugal abschließen, steht somit ein vertraglicher Klägergerichtsstand zur Verfügung. Das hat selbstverständlich nichts mehr mit einer Begünstigung des Arbeitnehmers gemein. Eine einschränkende Anwendung des Territorialprinzips durch die Rechtsprechung ist nicht zu erwarten, da der Gesetzgeber durch die Neuschaffung des Art. 10 1. HS CPT n.F. und

---

[471] Vgl. Art. 498 IV 1 CPC „...pretensão deduzida [...] procede do [...] facto jurídico..."; Moura Vicente, Direito Internacional Privado – Ensaios I, S. 259; Castro Mendes, DPC I, S. 416.

[472] Überwiegend wird die auch in Art. 65 I c) CPC n.F. enthaltene Anknüpfung als „Kausalitätsprinzip" bezeichnet; mir scheint „Territorialprinzip" passender zu sein.

[473] Anderenfalls wäre der Anwendungsbereich der Brüssel I-VO bzw. des LugÜ eröffnet, die dem Arbeitgeber bei arbeitsvertraglichen Streitigkeiten grundsätzlich nur einen Gerichtsstand am Wohnsitz des Arbeitnehmers gewähren, vgl. Art. 20 I Brüssel I-VO (*Wohnsitz des Arbeitnehmers*); Art. 5 Nr. 1 2. HS LugÜ [*gewöhnlicher Arbeitsort* der des öfteren mit dem Wohnsitz des Arbeitnehmers übereinstimmt; Ausnahme: Art. 5 Nr. 1 3. HS lugÜ (Niederlassung, die den Arbeitnehmer eingestellt hat)].

[474] Vgl. hierzu S. 103.

die Erweiterung des Territorialprinzips in Art. 65 I c) CPC n.F. seine Begeisterung für diesen exorbitanten Gerichtsstand unzweideutig zu erkennen gab.[475]

II. Die besondere Zuständigkeit für individuelle Arbeitsverträge gem. Art. 5 Nr. 1 HS. 2, 3 EuGVÜ (Art. 18-21 Brüssel I-VO[476]) in der portugiesischen Rechtsprechung

Im Jahr 1989, als Portugal dem EuGVÜ beitrat, wurde in Art. 5 Nr. 1 HS. 2, 3 EuGVÜ ein Erfüllungsort für Arbeitsverträge eingeführt.[477] Art. 5 Nr. 1 HS. 2, 3 LugÜ sah zu diesem Zeitpunkt bereits einen besonderen Gerichtsstand für Arbeitsverträge vor. Zwei Gerichtsurteile befassten sich mit dem Arbeitsgerichtsstand.

1. Entscheidung des *Supremo Tribunal de Justiça* vom 11. Mai 2000

Das ***Supremo Tribunal de Justiça*** prüfte in seinem **Urteil vom 11. Mai 2000**[478], ob portugiesische Gerichte nach Art. 5 Nr. 1 2. HS LugÜ für die Entscheidung über vertragliche Ansprüche eines Arbeitnehmers zuständig waren. Art. 5 Nr. 1 2. HS LugÜ begründet einen Gerichtsstand am Ort, an dem der Arbeitnehmer gewöhnlich seine Arbeit verrichtet. Da der Beklagte in Norwegen wohnte und der Kläger in Norwegen seine Arbeit verrichtete, hielt der Gerichtshof portugiesische Gerichte zu Recht für nicht zuständig; Art. 2 I und 5 Nr. 1 2., 3. HS LugÜ eröffneten kein inländisches Forum.

2. Entscheidung des *Supremo Tribunal de Justiça* vom 4. Dezember 2002

In einem weiteren **Urteil des *Supremo Tribunal de Justiça* vom 4. Dezember 2002**[479] hielt das Gericht Art. 5 Nr. 1 3. HS EuGVÜ für einschlägig. Danach sind die Gerichte des Vertragsstaates zuständig, in dem sich die Niederlassung, die den Arbeitnehmer eingestellt hat, befindet bzw. befand, vorausgesetzt der Arbeitnehmer verrichtet seine Arbeit gewöhnlich nicht in ein und demselben Staat.[480] Letzteres war nach der Auffassung des Gerichtshofs im zu entscheidenden Fall gegeben: Der klagende Arbeitnehmer verrichtete seine Arbeit in Ango-

[475] Kritisch auch Lima Pinheiro, DIP, Volume III, S. 207.

[476] Mit dem Erlass der Brüssel I-VO wurde die Zuständigkeit für individuelle Arbeitsverträge in einem eigenen Abschnitt systematisch den Regelungen über Versicherungs- und Verbrauchersachen angeglichen.

[477] Vgl. zum Arbeitsgerichtsstand des EuGVÜ: Moura Ramos, in: Estudos de Direito Internacional Privado e de Direito Processual Civil Internacional, S. 41-72 (46 ff.).

[478] CJ-STJ, Ano VIII, Tomo II, 2000, S. 261-262: Lisete Gouveia *gegen* Color Line und Meridianus; vgl. zu dieser Entscheidung bereits S. 20; fünf Tage später (**Urteil vom 16. Mai 2000**) befasste sich der ***Oberste Gerichtshof*** erneut (Rechtssache Nr. 00S053, in: http://www.dgsi.pt) mit dem Arbeitsgerichtsstand (Art. 5 Nr. 1 2. HS LugÜ); leider sind nur die Leitsätze der Entscheidung verfügbar, die zu wenig hergeben.

[479] Rechtssache Nr. 02S3074, in: http://www.dgsi.pt.

[480] Beachte, dass das EuGVÜ die Niederlassungszuständigkeit nur für Klagen gegen den Arbeitgeber, während das LugÜ sie auch für Klagen gegen den Arbeitnehmer gewährt. Vgl. nun Art. 20 I Brüssel I-VO, der dem Arbeitgeber nur am Ort des Wohnsitzes des Arbeitnehmers einen besonderen Arbeitsgerichtsstand gewährt.

la, Gabun, Kamerun und in den Vereinigten Staaten.[481] Streitig war nur, ob sich der Ort der einstellenden Niederlassung in Portugal oder England befand. Das erstinstanzliche Gericht[482] wurde mit der Beweiserhebung zu dieser Frage beauftragt.[483]

---

[481] S. zum Begriff des gewöhnlichen Arbeitsortes und wann ein solcher fehlt: Kropholler, EuZPR (6. Auflage 1998), Art. 5 EuGVÜ, Rn. 31.

[482] „Tribunal do Trabalho do Porto".

[483] Das Urteil des Obersten Gerichtshofs enthält noch eine erwähnenswerte Passage zu dem *räumlich-persönlichen Anwendungsbereich des EuGVÜ*: Der Arbeitnehmer verklagte insgesamt drei Personen. Zwei der Beklagten hatten ihren Wohnsitz in Nichtvertragsstaaten (Bermudas und USA), während einer in England ansässig war. Der Oberste Gerichtshof hielt den Anwendungsbereich der Zuständigkeitsordnung des EuGVÜ nur für die Klage gegen den in England ansässigen Beklagten für eröffnet, da „keine Beziehung der in den Nichtvertragsstaaten ansässigen Beklagten zum EuGVÜ und LugÜ bestand". Im Hinblick auf den Wortlaut von Art. 4 I und die Eingangsworte zu Art. 5 EuGVÜ, ist dem im Ergebnis zuzustimmen. Eine andere Frage, die hier nicht zur Diskussion stand, weil keiner der Beklagten in Portugal ansässig war, ist, ob eine erweiterte Anwendung des Art. 6 Nr. 1 EuGVÜ (Mehrparteiengerichtsstand) auf Personen in Nichtvertragsstaaten geboten ist. Dies wird von der h. M. zu Recht bejaht, vgl. Bülow/Böckstiegel/Auer, Art. 6 EuGVÜ, Rn. 15; MünchKomm/Gottwald, Art. 6 EuGVÜ, Rn. 3; Kropholler, EuZPR, Art. 6 EuGVO, Rn. 7 a. E.; Schack, IZVR, Rn. 360; Geimer/Schütze, EuZVR, Art. 6 EuGVÜ, Rn. 4-8; a. A. Vogenauer, IPRax 2001, S. 253-257 (256 f.); Brandes, Der gemeinsame Gerichtsstand [Art. 6 Nr. 1 EuGVÜ/LugÜ] (1998), S. 91-95; Teixeira de Sousa/Moura Vicente, Comentário, S. 98; wohl auch Vasconcelos, O Direito 126 (1994), S. 531-574 (532): „...réus domiciliados na Comunidade,...".

J. Gerichtsstand für Deliktsklagen

I. Die Behandlung von Deliktsklagen im autonomen Recht

1. Art. 65 I b) i. V. m. Art. 74 II CPC n.F. (*forum comissi delicti*)

Für Klagen gerichtet auf einen Anspruch aus zivilrechtlicher Haftung infolge einer unerlaubten Handlung oder eines Gefährdungstatbestandes ist das Gericht des Ortes zuständig, an dem das Ereignis eingetreten ist, Art. 65 I b) i. V. m. 74 II CPC n.F. Zu Art. 74 II CPC, dessen Wortlaut von 1967 herrührt, gibt es keine nennenswerte Rechtsprechung und auch die Literatur hierzu ist äußerst bescheiden.[484] Das überrascht nicht, da die internationale Entscheidungszuständigkeit für eine Deliktsklage nach dem exorbitanten Territorialprinzip des Art. 65 I c) CPC n.F. bereits feststeht, wenn ein Schaden - sei es auch nur ein sog. Folgeschaden – in Portugal eingetreten ist.[485]

2. Das exorbitante Territorialprinzip in Art. 65 I c) CPC n.F. und dessen besondere Bedeutung bei Deliktsklagen

Gem. Art. 65 I c) CPC n.F. besitzen portugiesische Gerichte die internationale Zuständigkeit, wenn die Tatsache, die als Klagegrund dient, oder eine der Tatsachen, die zu diesem gehören, sich auf portugiesischem Gebiet ereignet hat. Neu durch das DL 329-A/95 in lit. c) eingefügt wurde „oder eine der Tatsachen, die zu diesem gehören".[486] Gemeint sind alle rechtlich relevanten Tatsachen worauf sich der Anspruch des Klägers stützt.[487] Dieses sog. Territorialprinzip gilt seit dem 1. Januar 2000 auch im Arbeitsrecht und wurde dort bereits angesprochen.[488] Der Reformgesetzgeber hat die seit Jahren in der Literatur und Rechtsprechung vertretene Ansicht gesetzlich fixiert, nach der bei komplexen Anspruchstatbeständen lediglich eine der relevanten Tatsachen auf portugiesischem Gebiet verwirklicht worden sein muss.[489] Für die Begründung der internationa-

---

[484] S. Teixeira de Sousa, A Competência Declarativa dos Tribunais Comuns, S. 85 f.: Bei Pressedelikten begründe jeder Schadensort einen Gerichtsstand und sowohl der Handlungs- als auch der Erfolgsort wirke bei Distanzdelikten zuständigkeitsbegründend; zudem erfasse die Norm Ansprüche aus *culpa in contrahendo*. Eine nähere Konkretisierung dieser Begriffe durch das übrige Schrifttum und Rechtsprechung blieb aus.

[485] Art. 65 I c) CPC n.F. ist als exorbitanter Gerichtsstand in Art. 3 II EuGVÜ/LugÜ aufgelistet; zu Art. 3 II i. V. m. Anhang I Brüssel I-VO s. oben S. 11.

[486] Das Territorialprinzip befand sich vor der Reform von 1997 in Art. 65 I b) CPC a.F.; nach Art. 65 lit. b) des CPC von 1939 musste sich die „...Tatsache, aus der die Klage unmittelbar hervorgeht" auf portugiesischem Territorium ereignet haben, hierzu: Barbosa de Magalhães, Estudos sobre o novo Código de Processo Civil II, S. 367-381.

[487] S. Art. 498 IV 1 CPC „...pretensão deduzida [...] procede do [...] facto jurídico..."; Moura Vicente, Direito Internacional Privado – Ensaios I, S. 259; Castro Mendes, DPC I, S. 416.

[488] Vgl. S. 97.

[489] So die überwiegende Literatur und Rechtsprechung vor der Reform von 1997: Anselmo de Castro, Lições de Processo Civil II, S. 412 f.; ders. Direito Processual Civil Declaratório II, S. 27 f.; Teixeira de Sousa, A Competência Declarativa dos Tribunais Comuns, S. 52; Brito, Dos

len Zuständigkeit portugiesischer Gerichte ist es demnach nicht erforderlich, dass sich alle Tatsachen, welche den Klagegrund (mit-)bilden, in Portugal ereignet haben. Diese weit gefasste Anknüpfungsregel findet wohl nur im brasilianischen Recht eine Parallele.[490]

a) Der nahezu uferlose Anwendungsbereich des Territorialprinzips

Der nahezu uferlose Anwendungsbereich des Territorialprinzips soll anhand einiger Beispielsfälle verdeutlicht werden.

Beispiel 1:[491] Bei der Jagd in Spanien erleidet der Kläger Verletzungen am Körper infolge eines unkontrollierten Schusses seines Jagdpartners. Er wird zunächst in Spanien und dann in portugiesischen Krankenhäusern medizinisch behandelt. Die portugiesischen Gerichte sind international zuständig, weil die *Behandlungskosten*, welche in Portugal entstehen, zum Klagegrund gehören.[492]

Abwandlung:[493] Der Kläger erleidet keine Jagdschäden, sondern sein Kraftfahrzeug wird in Spanien durch einen Verkehrsteilnehmer beschädigt. Den *Haftpflichtversicherungsvertrag* für sein Kraftfahrzeug schloss der Unfallverursacher in Portugal ab. Der Kläger macht von seinem Direktanspruch gegen den Versicherer des Unfallgegners Gebrauch. Die portugiesischen Gerichte sind international zuständig, da der Direktanspruch des Klägers von der Wirksamkeit des in Portugal abgeschlossenen Versicherungsvertrages abhängt, und der Versicherungsvertrag daher zum Klagegrund zählt.

Beispiel 2:[494] In New Jersey/USA schließen Kläger und Beklagter einen Darlehensvertrag ab. Nach mehreren Monaten stellt der Darlehensnehmer dem Darlehensgeber in Portugal ein *Schuldanerkenntnis* mit der Zusicherung, dass er die Darlehensschuld im Monat März begleichen werde, aus. Die portugiesischen Gerichte sind international für die Entscheidung über den Rückzahlungsan-

---

Acordos sobre o Tribunal Competente em Situações Internacionais (1988), S. 49; Varela/Bezerra/Sampaio e Nora, Manual de Processo Civil, S. 202; Alberto dos Reis, Comentário ao Código de Processo Civil I, S. 136; Entscheidungen des *Supremo Tribunal de Justiça* vom 19. April 1979, BMJ 286 (1979), S. 222-227: Belmiro Soares Pinto *gegen* Fernando Martins dos Santos; vom 14. Januar 1993, CJ-STJ, Ano I, Tomo I, 1993, S. 57-59: N. N. und das Grundsatzurteil („assento") Nr. 6/94 vom 17. Februar 1994 (DR, I-A, vom 30. März 1994); *Tribunal da Relação de Coimbra* vom 23. Oktober 1990, CJ, Ano XV, Tomo IV, 1990, S. 83-85: António Melo *gegen* Olímpio Caseiro und Andalucia y Fénix AGRICULA.

[490] Vgl. Art. 88 III des brasilianischen CPC (Gesetz Nr. 5.869 vom 11.01.1973): „...a ação se originar de fato ocorrido ou de fato praticado no Brasil." Brasilianische Gerichte sind international zuständig, wenn die Klage Ereignisse oder Handlungen betrifft, die in Brasilien stattgefunden haben. Das Tatbestandsmerkmal der Ereignisse betrifft die unerlaubten Handlungen; das Tatbestandsmerkmal der Handlungen jede rechtliche relevante Tatsache, wie z. B. einen Vertragsschluss, s. Miranda, Comentários ao CPC II, S. 224.

[491] *Tribunal da Relação de Coimbra* vom 23. Oktober 1990, a. a. O. (Fn. 489).

[492] Zu den ähnlichen Fällen (Verkehrsunfall in Frankreich - Behandlungskosten bzw. Reparaturkosten in Portugal) s. unten S. 107.

[493] Angelehnt an das Urteil des *Obersten Gerichtshofs* vom 19. April 1979, a. a. O. (Fn. 489); s. auch den Beispielsfall bei Castro Mendes, DPC I, S. 417 f.

[494] *Supremo Tribunal de Justiça* vom 14. Januar 1993, a. a. O. (Fn. 489).

spruch der Darlehenssumme zuständig, weil das in Portugal unterzeichnete Schuldanerkenntnis zum Klagegrund gehört.
Art. 65 I c) CPC n.F. findet gleichermaßen auf dem Gebiet des Familien- und Erbrechts Anwendung.[495]
Beispiel 3:[496] Ein brasilianisches Ehepaar macht an der Algarve Urlaub. Sie geraten in heftigen Streit. Die Ehefrau beantragt die Scheidung vor portugiesischen Gerichten mit der Behauptung, dass der Scheidungstatbestand (schuldhafte Verletzung ehelicher Pflichten, vgl. Art 1779 I CC) in Portugal verwirklicht worden ist. Die Gerichte werden sich nach Art. 65 I c) CPC n.F. (Territorialprinzip) für international zuständig erklären.[497]
Bei Erbschaftsklagen, welche Testamente betreffen, dürfte es ausreichen, wenn die letztwillige Verfügung in Portugal errichtet worden ist.
Für die in der Praxis wichtigen Delikts- und Vertragsklagen bleibt festzuhalten: Bei Deliktsklagen genügt es, dass in Portugal sog. Folgeschäden eingetreten sind, um die internationale Zuständigkeit zu begründen. Wie zu sehen sein wird, zwang der Oberste Gerichtshof bis zu seiner Entscheidung vom 3. März 2005 dieses autonome Zuständigkeitsergebnis dem Art. 5 Nr. 3 EuGVÜ auf, während das Berufungsgericht Coimbra diese gemeinschaftswidrige Rechtsanwendung auf Art. 5 Nr. 3 Brüssel I-VO übertrug.[498] Bei Vertragsklagen sind die Gerichte international zuständig, wenn der Vertrag in Portugal zustande gekommen ist (*locus celebrationis*).[499] Das gilt übrigens auch bei einem *Vertragsschluss unter*

---

[495] Für die Entscheidung über die **Wirksamkeit einer Adoption** sind portugiesische Gerichte international zuständig, wenn der Annehmende in Portugal seinen Adoptionsantrag stellte und die Mutter des Angenommenen dort ihre Einwilligung erteilte, s. *Tribunal da Relação de Lisboa* vom 29. September 1984, CJ, Ano IX, Tomo V, 1984, S. 158; als die „...Tatsache, aus der die Klage unmittelbar hervorgeht" i. S. v. Art. 65 lit. b) des CPC von 1939 wurde bei **Vaterschaftsfeststellungsklagen** die Geburt des Kindes bezeichnet - wurde das Kind in Portugal geboren, so waren die portugiesischen Gerichte international für die Entscheidung über die Vaterschaftsfeststellung zuständig, s. *Supremo Tribunal de Justiça* vom 27. Juli 1943: RLJ 76 (1943), S. 155-160; kritisch: Alberto dos Reis, Comentário ao Código de Processo Civil I, S. 136 f.; am 25. November 2004 ist ein Urteil des *Supremo Tribunal de Justiça* (Rechtssache Nr. 04B3758, in: http://www.dgsi.pt) ergangen, in dem die internationale Zuständigkeit portugiesischer Gerichte für die Entscheidung über eine Vaterschaftsfeststellung nach Art. 65 I lit. c) CPC n.F. bejaht wurde, weil u. a. der Taufschein mit der Vaterschaftserklärung in Portugal unterzeichnet wurde.

[496] Beispiel nach Varela/Bezerra/Sampaio e Nora, Manual de Processo Civil, S. 202; s. auch die Entscheidung des *Tribunal da Relação de Coimbra* vom 28. September 1999, Rechtssache Nr. 807/99, in: http://www.dgsi.pt; Teixeira de Sousa, IPRax 1997, S. 352-360 (354); ders. Teixeira de Sousa, A Competência Declarativa dos Tribunais Comuns, S. 52; Ferrer Correia/Ferreira Pinto, RDE 1987, S. 25-64 (34); Pais de Amaral, DPC, S. 116 f.

[497] Haben sich die Eltern eines Kindes während des Urlaubs in Portugal getrennt, so sind portugiesische Gerichte gem. Art. 65 I c) CPC n.F. auch international zuständig für die Entscheidung über die **Ausübung der elterlichen Gewalt**, s. das Urteil des *Tribunal da Relação de Coimbra* vom 17. September 2000, Rechtssache Nr. 1534/2000, in: http://www.dgsi.pt.

[498] S. 107 ff.

[499] Auf den Abschlussort des jeweiligen Vertrages stellen auch die besonderen Gerichtsstände betreffend Seerechtsstreitigkeiten ab, vgl. Art. 20 I b) des DL Nr. 349/86 vom 17. Oktober

Abwesenden, wenn die Vertragspartner in unterschiedlichen Staaten ansässig sind. Das Gericht prüft dann, ob die Annahme des Vertragsangebots dem Annehmenden in Portugal nach portugiesischem Sachrecht (Art. 224 ff. CC) zugegangen ist.[500]

b) Die Systemwidrigkeit des Territorialprinzips

Für das Territorialprinzip in Art. 65 I c) CPC n.F. wird in der Literatur angeführt, dass die sachliche Aufklärung und Beweiserhebung am besten an dem Ort erfolgen kann, wo sich die Tatsachen ereignet haben, welche zum Klagegrund gehören.[501] Ob portugiesische Gerichte im konkreten Fall für die Sachverhaltsermittlung am besten in der Lage sind, hängt jedoch vom reinen Zufall ab. Der von Art. 65 I c) CPC n.F. geforderte Inlandsbezug ist gering. Gelangt das Gericht zu der Überzeugung, dass auf portugiesischem Territorium eine Tatsache eingetreten ist (z. B.: Arztkosten; Vertragsschluss), die zum objektiven Tatbestand des geltend gemachten Anspruchs gehört, so steht das Ergebnis fest: Art. 65 I c) CPC n.F. ist erfüllt. Auf die Nähe des Sachverhalts zum Forum kommt es nicht an. Auch bleiben Kläger- und Beklagteninteressen außer Betracht.
Die Rechtsprechung beruft sich vorwiegend auf den Autor *Anselmo de Castro*[502]: Der Zweck des weit auszulegenden Territorialprinzips liege darin begründet zu vermeiden, dass die portugiesischen Gerichte sich immer dann für international unzuständig befinden müssten, wenn eine Tatsache, sei sie auch noch so gering, im Ausland verwirklicht wurde. Wer so argumentiert verkennt, dass die anderen Gerichtsstände des Art. 65 CPC bereits als ein geschlossenes Zuständigkeitssystem bezeichnet werden können, die bei der Ermittlung der internationalen Zuständigkeit in der Regel zu angemessenen Ergebnissen führen und alle denkbaren Sachverhalte erfassen. Völlig zu Recht wurde daher die Abschaffung von Art. 65 I b) CPC a.F. vorgeschlagen.[503]
Innerhalb des autonomen Zuständigkeitssystems stellt das fast schon imperialistische Territorialprinzip einen Fremdkörper dar; andere Gerichtsstände werden praktisch ausgehebelt. Das betrifft vor allem den Beklagtengerichtsstand in Art.

(Seebeförderungsvertrag für Personen); Art. 30 I b) des DL Nr. 352/86 vom 21. Oktober (Seehandelsvertrag); Art. 16 I b) des DL Nr. 431/86 vom 30. Dezember (Schleppvertrag), Art. 47 I b) des DL 191/87 vom 29. April (Chartervertrag) und Art. 15 I b) des DL Nr. 203/98 vom 10. Juli (Seenot; Verträge betreffend Rettungsmaßnahmen).

[500] Vgl. das Urteil des *Supremo Tribunal de Justiça* vom 24. November 1983, Rechtssache Nr. 071431, in: http://www.dgsi.pt (Leitsatz) (weitere Fundstelle: BMJ 331 (1983), S. 461); zum Problem: Jayme/Götz, IPRax 1985, S. 113-114; s. auch Taborda Ferreira, Sistema do Direito Internacional Privado segundo a lei e a jurisprudência, S. 151; Alberto dos Reis, Comentário ao Código de Processo Civil I, S. 132.

[501] Ferrer Correia, Lições DIP I, S. 444; Ferrer Correia/Ferreira Pinto, RDE 1987, S. 25-64 (33); Lima Pinheiro, DIP, Volume III, S. 199; Brito, Dos Acordos sobre o Tribunal Competente em Situações Internacionais (1988), S. 48; Ferreira Pinto, in: Ein internationales Zivilverfahrensrecht für Gesamteuropa, S. 369-382 (371).

[502] Direito Processual Civil Declaratório II, S. 29; ders. Lições de Processo Civil II, S. 414.

[503] Teixeira de Sousa, ROA 55 (1995), S. 353-416 (368).

65 I a) CPC n.F. und die örtlichen Gerichtsstände, welche durch Art. 65 I b) CPC n.F. doppelfunktional ausgebaut werden.[504] Ist das Gericht der Meinung, dass das Vertragsangebot in Portugal angenommen wurde, so kommt es nicht mehr darauf an, wo der Erfüllungsort der streitigen Leistung i. S. v. Art. 74 I CPC n.F. liegt. Das ist zu bedauern, da der Abschlussort keinen Bezug zum Leistungsaustausch aufweist und daher auch im IPR nur eine untergeordnete Rolle spielt.[505] Kann ein Unfallopfer seiner Erwerbstätigkeit in Portugal zeitweilig nicht mehr nachgehen und entstehen ihm dadurch Vermögensverluste, so ist es belanglos, was unter dem Begriff des Tatortes i. S. v. Art. 74 II CPC zu verstehen ist und ob der Beklagte seinen Wohnsitz in Portugal hat (Art. 65 I a) CPC n.F.).[506] Die Gerichte sind in all diesen Fällen bereits nach dem Territorialprinzip international zuständig.[507] In der Literatur wurde vorschlagen das Territori-

[504] Die Systemwidrigkeit des Territorialprinzips wird auch im Arbeitsrecht besonders deutlich: Obwohl die doppelfunktionalen Gerichtsstände der Art. 13 ff. CPT n.F. den Arbeitnehmer schützen wollen (der Arbeitnehmer kann nur vor den Gerichten seines Wohnsitzes verklagten werden), eröffnet Art. 10 2. HS CPT n.F. dem Arbeitgeber einen Klägergerichtsstand, s. oben S. 97.

[505] Z. B. bleibt der Abschlussort i.R.d. Ermittlung einer „engeren Verbindung zu einem anderen Staat" i. S. v. Art. 4 V 2 EVÜ außer Betracht, s. Soergel-von Hoffmann, Art. 28 EGBGB, Rn. 103; ders. IPR, § 10, Rn. 60; s. auch Art. 42 CC (die Anknüpfung an den Abschlussort erfolgt nur, wenn sich kein gemeinsamer gewöhnlicher Aufenthalt der Parteien ermitteln lässt). Die ZPO ließ bis zum 31.12.1996 den Abschlussort als Kompetenzanknüpfung nur in der rudimentären Form des § 30 ZPO a.F. (Geschäfte, welche auf Messen und Märkten abgeschlossen wurden) zu, s. Geimer, IZPR, Rn. 1466.

[506] Vgl. die Entscheidung des *Supremo Tribunal de Justiça* vom 23. September 1997 auf S. 107.

[507] Zu denken ist auch an die Vorschriften die das Familien- und Erbrecht betreffen und vom Territorialprinzip überlagert werden können: Gem. Art. 65 I b) i. V. m. 75 CPC n.F. ist für **Scheidungs- und Trennungsklagen von Personen und des Vermögens** das Gericht des Ortes zuständig, an dem der Kläger seinen Wohnsitz oder Aufenthaltsort hat; einen Gerichtsstand für den **Nachlass und die Erbenstellung** sieht Art. 65 I b) i. V. m. 77 CPC n.F. vor: Das Gericht des Ortes des Anfalls der Erbschaft (gemeint ist der Ort des letzten Wohnsitzes des Erblassers, Art. 2031 CC) ist für den Nachlass und die Frage der Rechtsstellung einer Person als Erbe zuständig (Art. 77 I CPC); hatte der Erblasser seinen letzten Wohnsitz im Ausland ist das Gericht des Ortes zuständig, wo sich der Nachlass befindet, wobei vorrangig (falls vorhanden) auf den Belegenheitsort unbeweglicher Sachen abgestellt wird (Art. 77 II a) CPC); befindet sich in Portugal kein Nachlass, so sind die portugiesischen Gerichte für den Nachlass nicht zuständig, wohl aber für die Frage der Erbenstellung, wenn der mutmaßliche Erbe in Portugal wohnhaft ist (Art. 77 II b) CPC), s. *Tribunal da Relação de Lisboa* vom 17. November 1991, Rechtssache Nr. 0059141, in: http://www.dgsi.pt. Sind portugiesische Gerichte international für die Entscheidung über den Nachlass zuständig ist umstritten, ob über den im Ausland befindlichen Nachlass mitentschieden werden kann. Grundsätzlich verneint die Rechtsprechung diese Frage, wenn die ausländischen Gerichte am Ort des Nachlasses sich für zuständig erklären und ein portugiesisches Urteil dort nicht anerkannt werden würde, s. z. B. *Supremo Tribunal de Justiça* vom 13. November 1959, BMJ 91 (1959), S. 484-487; a. A. Lima Pinheiro, DIP, Volume III, S. 193 f. m. w. N. Bei der Berechnung des Pflichtteilsanspruchs wird hingegen von der Rechtsprechung der im Ausland befindliche Nachlass mitbe-

alprinzip mit einer von der Lehre vom *forum non conveniens* geprägten Ausweichklausel zu kombinieren.[508] Das Gericht sollte die Möglichkeit haben, bei unzureichendem Inlandsbezug des Sachverhalts auf die Ausübung seiner Jurisdiktion zu verzichten.[509] Der Gesetzgeber hat sich gegen solch eine einschränkende Kombination entschieden.[510] Er hat den Anwendungsbereich des Territorialprinzips durch das DL 329-A/95 sogar erweitert.[511] Die Aufnahme des Territorialprinzips in Art. 10 2. HS des neuen Arbeitsprozessgesetzbuches von 2000 bestätigte den Willen des Gesetzgebers.

II. Der Gerichtsstand für Deliktsklagen gem. Art. 5 Nr. 3 EuGVÜ/LugÜ/Brüssel I-VO in der portugiesischen Rechtsprechung

1. Vorbemerkung

Neben dem Beklagten- und Erfüllungsortgerichtsstand ist der Gerichtsstand für Deliktsklagen eine der praxisrelevantesten Zuständigkeitsregelungen. In der portugiesischen Rechtsprechung sind mehrere Urteile zu finden, welche die (vermeintliche) internationale Zuständigkeit ihrer Gerichte auf Art. 5 Nr. 3 EuGVÜ/Brüssel I-VO stützten. In Frage stand die Ausdehnbarkeit der Tatbestandsmerkmale „schädigendes Ereignis eingetreten" i. S. v. Art. 5 Nr. 3 der Europäischen Zuständigkeitsordnungen. Es ging also um die begriffliche Konkretisierung des Tatortes. Der EuGH interpretiert den Ausdruck „Ort, an dem das schädigende Ereignis eingetreten ist" vertragsautonom in dem Sinne, dass er sowohl den Ort, an dem der Schaden eingetreten ist, als auch den Ort des ursächlichen

---

rücksichtigt, s. *Supremo Tribunal de Justiça* vom 21. März 1985, BMJ 345 (1985), S. 355-361.

[508] Ferrer Correia/Ferreira Pinto, RDE 1987, S. 25-64 (34); s. auch Teixeira de Sousa, A Competência Declarativa dos Tribunais Comuns, S. 61 ff.

[509] M. E. wäre die Ablehnung der Zuständigkeit eines inländischen Gerichts als *forum non conveniens* mit einer erheblichen Rechtsunsicherheit verbunden, so dass anzuzweifeln ist, ob der exorbitante Charakter des Territorialprinzips durch solch eine Ausweichklausel hätte überwunden werden können. Vgl. dagegen Lima Pinheiro, DIP, Volume III, S. 24, der sich *de facto* für die Übernahme der Lehre vom *forum non conveniens* in das gesamte portugiesische Verfahrensrecht ausspricht; a. A. zu Recht (für das deutsche Verfahrensrecht): Kropholler, Hdb. IZVR I, Rn. 207-212; von Hoffmann, IPR, § 3, Rn. 68 m. w. N.

[510] Moura Ramos, A reforma do direito processual civil internacional, S. 20; Ferrer Correia, Lições DIP I, S. 445; Lima Pinheiro, DIP, Volume III, S. 199.

[511] Zur *örtlichen* Zuständigkeit ist auf folgendes hinzuweisen: Halten sich die Gerichte nach Art. 65 I c) CPC n.F. für international zuständig, verweist aber kein örtlicher Gerichtsstand der Art. 73 ff. CPC auf das portugiesische Gebiet, so ist das Gericht des Ortes zuständig, wo sich der Beklagte aufhält (Art. 85 III 1. Teil CPC); hält sich der Beklagte nicht in Portugal auf, ist das Gericht am Wohnsitz des Klägers örtlich zuständig (Art. 85 III 2. Teil CPC); hat der Kläger seinen Wohnsitz im Ausland, so ist das Amtsgericht Lissabon örtlich zuständig (Art. 85 III 3. Teil CPC), s. Teixeira de Sousa, Estudos sobre o novo Processo Civil, S. 122; ders. IPRax 1997, S. 352-360 (355 f.); Lima Pinheiro, DIP, Volume III, S. 199.

Geschehens meint.[512] Bei einer unerlaubten Handlung kann je nach Sachlage sowohl der Ort des ursächlichen Geschehens, als auch der Ort der Verwirklichung des Schadenserfolges eine kennzeichnende Verknüpfung für die gerichtliche Zuständigkeit begründen.[513] Auf den ersten Blick deutet diese EuGH-Rechtsprechung auf eine generell weite Auslegung der Vorschrift hin. Das ist aber nicht der Fall. Der EuGH hat mehrmals betont, dass die in Art. 5 ff. EuGVÜ aufgezählten „besonderen Zuständigkeiten" einschränkend auszulegen sind, weil sie Ausnahmen vom Grundsatz der Zuständigkeit der Gerichte am Wohnsitz des Beklagten darstellen.[514]

2. Portugiesische Rechtsprechung

a) Entscheidung des *Supremo Tribunal de Justiça* vom 23. September 1997[515]

aa) Sachverhalt

Der in Portugal ansässige Geschädigte erlitt, infolge eines sich in Frankreich ereigneten Verkehrsunfalls, körperliche Schäden. Nach einem langen Krankenhausaufenthalt in Frankreich, kehrte er nach Portugal zurück. In Portugal dauerte die medizinische Behandlung fort. Es entstanden weitere Heilungskosten. Aufgrund der intensiven ärztlichen Behandlung war der Geschädigte temporär arbeitsunfähig. Zudem wurde eine dauerhafte verminderte Erwerbsfähigkeit des Geschädigten festgestellt. Er erhob eine deliktische Schadensersatzklage vor dem Amtsgericht Ílhavo (Portugal), die jedoch mangels internationaler Zuständigkeit nicht zur Sachentscheidung angenommen wurde. Das Berufungsgericht Coimbra bestätigte die Entscheidung des erstinstanzlichen Gerichts. Der Kläger wandte sich letztinstanzlich an das Revisionsgericht.

bb) Gerichtliche Entscheidung

Der Oberste Gerichtshof entschied, dass die vorgenannten in Portugal eingetretenen Vermögensschäden „schädigende Ereignisse" i. S. v. Art. 5 Nr. 3 EuGVÜ

---

[512] EuGH 30.11.1976, Rs. 21/76 – „Bier/Mines de Potasse d'Alsace" (Rheinverschmutzungsfall), EuGHE 1976, S. 1735 = NJW 1977, S. 493 = RIW 1977, S. 356 m. Anm. Linke; bestätigend: EuGH 27.10.1998, Rs. 51/97 – „Réunion européenne/Spliethoff's Bevrachtingskantoor", EuGHE 1998 I, S. 6511 = RIW 1999, S. 57 = IPRax 2000, S. 210 m. Anm. Koch auf S. 186 = EuZW 1999, S. 59.

[513] Vgl. Wieczorek/Schütze/Hausmann, Art. 5 EuGVÜ, Rn. 59; Kropholler, EuZPR, Art. 5 EuGVO, Rn. 73.

[514] EuGH 27.9.1988, Rs. 189/87 – „Kalfelis", EuGHE 1988, S. 5565 = NJW 1988, S. 3088 m. Anm. Geimer auf S. 3089 = RIW 1988, S. 901 m. Anm. Schlosser auf S. 987 = IPRax 1989, S. 288 m. Anm. Gottwald auf S. 272. Z. B. versucht der EuGH die für den Kläger günstige Wahl zwischen Handlungs- und Erfolgsort bei Persönlichkeitsrechtsverletzungen einzuschränken, vgl. hierzu S. 111.

[515] BMJ 469 (1997), S. 445-451: Euclides Domingues *gegen* Mutuelle Assurance des Instituteurs de France; vgl. zu dieser Entscheidung bereits S. 27.

sind. Als Begründung hob das Gericht die enge Beziehung zwischen den entstandenen Schäden und der zur Sachentscheidung berufenen portugiesischen Justiz hervor. Ein Teil der Schäden habe sich „innerhalb unserer Grenzen" ereignet und der Beweis hierfür müsse in Portugal erbracht werden. Dies genüge für die Begründung der internationalen Zuständigkeit portugiesischer Gerichte gem. Art. 65 I c) CPC n.F. (Territorialprinzip); so wie Art. 65 I c) CPC n.F. müsse auch Art. 5 Nr. 3 EuGVÜ/LugÜ interpretiert werden.

cc) Bewertung

Mit seiner Entscheidung setzte sich der Oberste Gerichtshof über die Rechtsprechung des EuGH[516] und das Schrifttum[517] hinweg, demzufolge der bloße Schadensort nicht unter Art. 5 Nr. 3 EuGVÜ/LugÜ fällt und somit kein Forum in Portugal begründen konnte. Schadensort ist der Ort, wo (nach vollendetem Delikt oder Quasidelikt) sog. Folgeschäden oder mittelbare Schäden eintreten. Keine Gerichtspflichtigkeit besteht also in Portugal, wo ein Vermögensschaden als Folge eines in einem anderen Vertragsstaat (Frankreich) erlittenen Erstschadens (Verkehrsunfall) eingetreten ist. Für die Belanglosigkeit von sog. Folgeschäden gibt es gute Gründe. Es wird vermieden, dass die Deliktszuständigkeit auf Kosten des in Art. 2 I verankerten Grundsatzes des Beklagtenwohnsitzes zu stark ausgedehnt und einem Klägergerichtsstand angenähert wird. Zu berücksichtigen ist nämlich, dass Vermögensschäden wie die Krankenhauskosten oder die infolge der Arbeitsunfähigkeit entstandenen Verdienstverluste, häufig am Wohnsitz bzw. Sitz des Klägers auftreten.[518] Zudem muss der Unfallort die Deliktszuständigkeit festschreiben, damit der Kläger sie nicht nachträglich manipulieren kann.[519] Bei dem Verkehrsunfall (sog. „Platzdelikt" oder „Punktdelikt"[520]) wurde die deliktische Handlung einschließlich der Verletzung des Rechtsgutes (kör-

---

[516] EuGH 19.9.1995, Rs. 364/93 – „Marinari/Lloyds Bank", EuGHE 1995 I, S. 2719 = JZ 1995, S. 1107 m. Anm. Geimer = IPRax 1997, S. 331 m. Anm. Hohloch auf S. 312 = EuZW 1995, S. 765 m. Anm. Holl = EWS 1995, S. 422.

[517] Teixeira de Sousa/Moura Vicente, Comentário, S. 94; Lima Pinheiro, DIP, Volume III, S. 87; Campos, DDC (BMJ) 22 (1985), S. 75-235 (129), der bereits lange Zeit vor dem Urteil des EuGH „Marinari" aus dem Jahre 1995 auf die Gefahr hinwies, dass uferlose Klägergerichtsstände Folge des Rheinverschmutzungsfalles sein könnten; s. ferner: Kropholler, EuZPR, Art. 5 EuGVO, Rn. 77; Geimer/Schütze, EuZVR, Art. 5 EuGVÜ, Rn. 191; Schack, IZVR, Rn. 304; Nagel/Gottwald, IZPR, § 3, Rn. 68; deutlich: MünchKomm/Gottwald, Art. 5 EuGVÜ, Rn. 43: „Entgegen Ansichten zum autonomen Recht anderer Staaten genügt niemals der bloße Ort des Schadenseintritts".

[518] EuGH 11.1.1990, Rs. 220/88 – „Dumez France/Hessische Landesbank", EuGHE 1990 I, S. 49 = NJW 1991, S. 631; Kaye, Law, Volume II, S. 1324 ff.; Kropholler, EuZPR, Art. 5 EuGVO, Rn. 77; Geimer/Schütze, EuZVR, Art. 5 EuGVÜ, Rn. 192.

[519] Schack, IZVR, Rn. 302.

[520] Zu den sog. Distanz- und Platzdelikten im Internationalen Deliktsrecht vgl. von Hoffmann, IPR, § 11, Rn. 22 f.

perliche Unversehrtheit) in Frankreich vollendet.[521] Im vorliegenden Fall des Obersten Gerichtshofs hätte Art. 5 Nr. 3 EuGVÜ, nach der hier vertretenen Ansicht, die internationale Zuständigkeit portugiesischer Gerichte nicht herbeiführen können. Vielmehr waren nach Art. 5 Nr. 3 EuGVÜ die französischen Gerichte international für die Entscheidung über die Schadensersatzansprüche zuständig.[522]

b) Entscheidung des *Tribunal da Relação de Coimbra* vom 11. November 2003

Unter Berufung auf die soeben geschilderte Rechtsprechung des Obersten Gerichtshofs hat das ***Tribunal da Relação de Coimbra*** in seiner **Entscheidung vom 11. November 2003**[523] die gemeinschaftswidrige Auslegung von Art. 5 Nr. 3 EuGVÜ auf Art. 5 Nr. 3 Brüssel I-VO ausgeweitet. Wiederum ereignete sich ein Verkehrsunfall in Frankreich. Im Unterschied zum obigen Fall des Obersten Gerichtshofs machte der Geschädigte keine Körperverletzungen, sondern Reparaturkosten geltend, die in Portugal anfielen, nachdem er das Unfallfahrzeug nach Portugal abschleppen ließ. Außerdem musste er in Portugal, während das Fahrzeug in der Werkstatt war, öffentliche Verkehrsmittel benutzen. Auch diese Kosten verlangte er von dem in der Schweiz ansässigen Unfallverursacher ersetzt. Laut dem Berufungsgericht Coimbra stand die extensive Interpretation von Art. 65 I c) CPC n.F. (Territorialprinzip) im Einklang mit Art. 5 Nr. 3 LugÜ und Art. 5 Nr. 3 Brüssel I-VO.

c) Entscheidung des *Tribunal da Relação do Porto* vom 28. September 1998[524]

aa) Sachverhalt

Der in Portugal wohnhafte Kläger erhob vor dem Amtsgericht Porto eine Schadensersatzklage wegen erlittener materieller und immaterieller Schäden gegen eine in Madrid (Spanien) ansässige Versicherungsgesellschaft. Der Kläger warf der Beklagten vor, sie habe unwahre Tatsachen über seine Kreditwürdigkeit gegenüber ihren Kunden behauptet und verbreitet.[525] Die Banken in Portugal hätten von der unwahren Behauptung – der Kläger befinde sich in finanziellen Schwierigkeiten – Kenntnis erlangt und ihm daraufhin die Kredite gekürzt. Zudem würden seine spanischen Geschäftspartner seit den Äußerungen der Be-

---

[521] Geimer, EuR 1977, S. 341-365 (360); differenzierend: Müller, Die internationale Zuständigkeit bei grenzüberschreitenden Umweltbeeinträchtigungen (1994), S. 110, 113, sowie Rauscher, ZZP Int 1996, S. 151-166 (160).

[522] Die internationale Zuständigkeit der französischen Gerichte ergab sich wohl bereits aus Art. 2 I EuGVÜ; der Obersten Gerichtshof ließ dies offen.

[523] Rechtssache Nr. 2581/03, in: http://www.dgsi.pt.

[524] CJ, Ano XXIII, Tomo IV, 1998, S. 194-196: Manuel Queiroz *gegen* CESCE – Companhia Española de Seguros de Crédito à La Exportacion, S. A.

[525] Vgl. die deliktsrechtlichen Vorschriften des materiellen Rechts: Art. 484 CC und § 824 BGB.

klagten Waren nur noch Zug-um-Zug gegen sofortige Erbringung der pekuniären Gegenleistung liefern. Das erstinstanzliche Gericht kam zum Ergebnis, dass den portugiesischen Gerichten die internationale Deliktszuständigkeit fehlte. Der Kläger erhob Berufungsklage.

bb) Gerichtliche Entscheidung

Das Berufungsgericht Porto zitierte den Wortlaut des Art. 5 Nr. 3 EuGVÜ und befasste sich danach nur noch mit dem autonomen Territorialprinzip des Art. 65 I b) CPC a.F. Laut dem Berufungsgericht hatte der Beklagte die rechtswidrigen Behauptungen zwar in Spanien geäußert, jedoch beschränkten sich die verursachten Schäden nicht auf das spanische Territorium. Vielmehr hätten auch die portugiesischen Kreditgeber des Beklagten von den Äußerungen Kenntnis erlangt und ihm die Kredite gekürzt. Es bestünde daher eine enge Beziehung zwischen dem Geschehen und der portugiesischen Justiz. Da in Portugal ein Teil des schädigenden Ereignisses eingetreten sei, begründe das autonome Prozessrecht und Art. 5 Nr. 3 EuGVÜ die internationale Zuständigkeit portugiesischer Gerichte für die Entscheidung über die Schadensersatzansprüche. Die Berufung hatte Erfolg.

cc) Bewertung

(1) Ubiquitätsprinzip

Der Kläger machte Schadensersatzansprüche wegen erlittener Vermögensschäden und solche Schäden geltend, die er offenbar auf die Verletzung seines Persönlichkeitsrechts stützte. Die Rechtsprechung des EuGH über die Bedeutung des Handlungs- und Erfolgsorts, die im Zusammenhang mit materiellen Schäden getroffen wurde[526], gilt auch bei immateriellen Schäden. In der „Shevill"- Entscheidung[527] wurde der Ubiquitätsgedanke auf Presseveröffentlichungen übertragen und konkretisiert. Bei einer ehrverletzenden Presseveröffentlichung ist nach der Rechtsprechung des EuGH gem. Art. 5 Nr. 3 EuGVÜ der Gerichtsstand am Sitz der Niederlassung des Herausgebers (Beklagten) oder in jedem Vertrags- bzw. Mitgliedsstaat, in dem die Veröffentlichung verbreitet und das Ansehen des Betroffenen beeinträchtigt wurde, gegeben.[528] Dieses Wahlrecht zwischen Handlungs- und Erfolgsort stand auch dem Kläger im vorliegenden Fall der kreditschädigenden Behauptungen zu. Das konnte man bereits aus der „Rheinwasser-Entscheidung" des EuGH folgern.[529] Der Ort des Schadenein-

[526] EuGH (Rheinverschmutzungsfall), a. a. O. (Fn. 512).

[527] EuGH 7.3.1995, Rs. 68/93 – „Shevill/Presse Alliance", EuGHE 1995 I, S. 415 = NJW 1995, S. 1881 = IPRax 1997, S. 111 m. Anm. Kreuzer/Klötgen auf S. 90 = EuZW 1995, S. 248 = EWS 1995, S. 165 = ZEuP 1996, S. 295 m. Anm. P. Huber = ZZP Int 1996, S. 145 m. Anm. Rauscher; vgl. den Erwägungsgrund Nr. 23 des Urteils.

[528] EuGH, a. a. O. (Fn. 527).

[529] EuGH, a. a. O. (Fn. 512); seit dieser Entscheidung wurde die Einbeziehung des Erfolgsortes in den Gerichtsstand des Art. 5 Nr. 3 EuGVÜ/Brüssel I-VO zu Recht nicht mehr ernsthaft in Zweifel gezogen.

tritts[530], d. h. der Rufschädigung des Opfers, ist auch nach Auffassung des EuGH im Anschluss an das „Shevill"-Urteil zuständigkeitsrechtlich unbeachtlich, sofern an diesem Ort keine Verbreitung stattgefunden hat.[531] Die in Portugal (Forumstaat) ansässigen Kreditgeber des Klägers haben von den schädigenden Behauptungen Kenntnis erlangt (Verbreitung[532]). Dem Kläger entstanden hierdurch in Portugal materielle und immaterielle Schäden. In Spanien, wo der Beklagte die schädigenden Handlungen vornahm, war die Situation ähnlich. Die spanischen Lieferanten des Geschädigten leisteten nur noch Zug-um-Zug, wodurch seine Liquidität zusätzlich beeinträchtigt wurde. Demzufolge konnte der Rufgeschädigte in Portugal als dem Erfolgsort gem. Art. 5 Nr. 3 EuGVÜ klagen. Der Handlungsort lag dagegen in Spanien.

(2) Zuständigkeit für den gesamten Schaden?

Fraglich ist aber, ob die internationale Zuständigkeit portugiesischer Gerichte hinsichtlich des gesamten in Portugal und Spanien eingetretenen Schadens begründet war. Das Berufungsgericht Porto machte diesbezüglich keine Differenzierung, ging also von der Zuständigkeit des erstinstanzlichen Gerichts auch für den Schaden aus, der möglicherweise in Spanien eingetreten war. Der EuGH hat in seiner „Shevill"-Entscheidung[533] die internationale Zuständigkeit der Gerichte an den Verbreitungsorten von ehrverletzenden Printmedien dadurch eingeschränkt, dass – der französischen Lösung folgend[534] – dort nicht über den Gesamtschaden entschieden werden kann. Der Kläger dürfe am jeweiligen Verbreitungsort nur den im Forumstaat entstandenen Schaden geltend machen (sog. *„Mosaiktheorie"*). Lediglich den Gerichten am Wohnsitz des Beklagten (Beklagtengerichtsstand gem. Art. 2 I) und am Niederlassungsort des Herausgebers der rufschädigenden Veröffentlichung (Handlungsort; hier: Spanien)[535] bleibe die Kognitionsbefugnis für den gesamten materiellen wie immateriellen Schaden.[536] Es stellt sich die Frage, ob diese EuGH-Rechtsprechung im vorliegenden

---

[530] Vgl. hierzu bereits S. 108.

[531] So interpretiert den EuGH auch Kubis, Internationale Zuständigkeit bei Persönlichkeits- und Immaterialgüterrechtsverletzungen, S. 121; anders etwa Rauscher, ZZP Int 1996, S. 151-166 (152), der von einer stillschweigenden weiten Sicht der prozessualen Ubiquitätsregel spricht.

[532] Diese Verbreitung war dem beklagten Versicherungsunternehmen auch *zurechenbar*, sollte man eine Art Zurechnung bereits bei der Ermittlung der internationalen Zuständigkeit, wie etwa Kubis, a. a. O. (Fn. 531), S. 146 ff. m. w. N., fordern.

[533] EuGH a. a. O. (Fn. 527).

[534] Vgl. etwa Cour d'Appel Paris, Rev. crit. 1985, S. 141 = IPRax 1985, S. 233.

[535] Der EuGH lässt hierbei außer Acht, dass nach seiner Interpretation des Handlungsortsgerichtsstands, das für den Wohnsitz des Beklagten und das für den Ort der Niederlassung des Herausgebers zuständige Gericht, in aller Regel zusammenfallen. Der Kläger hat im Ergebnis lediglich die Alternative zwischen dem allgemeinen Gerichtsstand (Art. 2 I) und den Erfolgsortsgerichtsständen, vgl. Staudinger/von Hoffmann, Vorbem. zu Art. 40 EGBGB, Rn. 94; Kreuzer/Klötgen, IPRax 1997, S. 90-96 (94 f.).

[536] Kritisch zu dieser Rechtsprechung: Staudinger/von Hoffmann, Vorbem. zu Art. 40 EGBGB, Rn. 94; Ehmann/Thorn, AfP 1996, S. 20-25 (23); Rauscher, IPR, S. 359; ders., ZZP

Fall hätte Berücksichtigung finden sollen. Der EuGH begrenzte seine Entscheidung in „Shevill“ auf (Print-)Medien.[537] Im vom Berufungsgericht Porto zur Entscheidung angenommenen Streitfall ging es hingegen um kreditschädigende – womöglich mündliche und schriftliche – Äußerungen des Beklagten gegenüber einem begrenzten Personenkreis (seinen Kunden). Es handelte sich nicht um ein Medienunternehmen, das die schädigenden mutmaßlichen Unwahrheiten pressetechnisch verbreitet hat. Für die Beantwortung der Frage muss der Sinn und Zweck einer solchen Entwertung der Verbreitungsorte ermittelt werden. In einem einzigen Satz begründete der EuGH sein Ergebnis mit dem Erfordernis einer „geordneten Rechtspflege“.[538] Die Gerichte am Verbreitungsort seien am besten geeignet, die in diesem Staat erfolgte Ehrverletzung zu beurteilen und den Umfang des lokalen Schadens zu bestimmen. Unklar ist dann aber, warum die angeblich ausschlaggebende Sachnähe zu Opfer und Schädigung am Niederlassungsort, als dem Ort der Tathandlung, so groß sein soll, dass sie eine umfassende Kognitionsbefugnis rechtfertigt.[539] Für die Beschränkung der Kognitionsbefugnis ließe sich ins Feld führen, dass einem grenzenlosen *forum shopping* des Opfers Einhalt geboten werden soll.[540] Nur durch Zufall hatten die kreditschädigenden Behauptungen nicht noch weitere – über Spanien und Portugal hinaus – Verbreitung gefunden. Grenzenloses *forum shopping* soll zwar durch die Zuständigkeitsordnung vermieden werden, nur selten wird es sich jedoch für den Geschädigten lohnen, an einem Verbreitungsort zu klagen, wenn der Gesamtschaden dort nicht liquidiert werden kann.[541] Außerdem hat der EuGH dem Kläger im Rahmen des Art. 5 Nr. 3 EuGVÜ die Möglichkeit des *forum shopping* selbst in die Hand gegeben.[542] Andererseits verstärkt die Rechtsprechung des EuGH eher den Schutz des Beklagten, da er vorweg am Handlungsort, der mit dem Niederlassungsort in aller Regel übereinstimmt (d. h. an seinem allgemeinen Gerichtsstand), eine negative Feststellungsklage erheben kann. Wird ihr stattgegeben, dann ist über den ganzen Streit entschieden. Nach der Ansicht von *Droz*[543] spricht für die Lösung des EuGH, dass die maßgebliche Tathandlung nur die Verbreitung im Inland ist; die länderübergreifende Verbreitung von

---

Int 1996, S. 151-166 (153 ff.); Kreuzer/Klötgen, IPRax 1997, S. 90-96 (93 ff.); Wagner, RabelsZ 62 (1998), S. 243-285 (277 ff.); Coester-Waltjen, in: Geimer, Reinhold (Hrsg.), FS Schütze, S. 175-185 (182 f.); im Rahmen des Internationalen Deliktsrechts, vgl. Staudinger/von Hoffmann, Art. 40 EGBGB, Rn. 58 m. w. N.

[537] EuGH a. a. O. (Fn. 527), Erwägungsgründe Nr. 24, 29.

[538] EuGH a. a. O. (Fn. 527), Erwägungsgrund Nr. 31.

[539] Rauscher, ZZP Int 1996, S. 151-166 (159); Kreuzer/Klötgen, IPRax 1997, S. 90-96 (94).

[540] So Kropholler, EuZPR, Art. 5 EuGVO, Rn. 76; Schack, IZVR, Rn. 293.

[541] Vgl. Kreuzer/Klötgen, IPRax 1997, S. 90-96 (94); Gaudemet-Tallon, Rev crit (74) 1985, S. 146-150 (147); erhebt der Geschädigte in einem Verbreitungsort Klage, dann wird er in der Praxis in aller Regel nur die in seinem Heimatland erlittenen Schäden geltend machen; häufig kann er nur dort das mit einer Klage verbundene Kostenrisiko einschätzen.

[542] „Rheinverschmutzungsfall“ des EuGH (Fn. 512); Staudinger/von Hoffmann, Vorbem. zu Art. 38 ff. EGBGB, Rn. 15; Teixeira de Sousa/Moura Vicente, Comentário, S. 94.

[543] Vgl. Droz, D. 1975, S. 639-642 (641 f.).

Presseerzeugnissen sei nicht eine einheitliche Handlung, sondern ein „Bündel" selbständiger, voneinander unabhängiger Einzelakte. Das trifft jedoch nicht für Presseerzeugnisse und schon gar nicht für die im vorliegenden Fall verbreiteten kreditschädigenden Behauptungen zu. Die Verbreitung von Presseerzeugnissen stellt meist ein einheitliches Geschehen dar.[544] Die Annahme einer selbständigen Verbreitungshandlung in jedem Staat ist willkürlich. Die Rechtsprechung des EuGH verdeckt außerdem die Gefahr der Entstehung von Parallelverfahren und einander widersprechender Entscheidungen, wenn ein Gericht die ihm auferlegte Kognitionsbefugnis nicht beachtet.[545] Art. 22, 23 EuGVÜ/LugÜ bzw. 27, 28 Brüssel I-VO bezweckten eine umfassende Erledigung des jeweiligen Rechtsstreits in einem einzigen Verfahren. Übereinkommen und Brüssel I-VO kennen keinen Fall der Aufspaltung der einheitlichen Zuständigkeit für einen einheitlichen Sachverhalt.[546] Schließlich verstößt die Schwächung der Verbreitungsorte gegen den Sinn und Zweck der Übereinkommen bzw. Verordnung, wonach der Rechtsschutz innerhalb der Gemeinschaft verstärkt werden soll. Verfahren sollen erleichtert und beschleunigt werden.[547] Der portugiesische Kläger müsste nach der Mosaikbetrachtung in Spanien und Portugal klagen, um insgesamt zu seinem Recht zu kommen. Die „Shevill"-Rechtsprechung des EuGH überzeugt nicht.[548] Sie war nicht auf den vom Berufungsgericht Porto zu entscheidenden Fall zu übertragen. Das Berufungsgericht Porto hat daher im Ergebnis zu Recht die internationale Zuständigkeit der Gerichte am Erfolgsort (Portugal) der kreditschädigenden Äußerungen für den gesamten, in Portugal und Spanien, erlittenen materiellen und immateriellen Schaden angenommen. Dies entspricht auch der insbesondere vor der EuGH-Rechtsprechung („Shevill") vertretenen Meinung im Rahmen des EuGVÜ.[549] Leider hat das Berufungsgericht Art. 5 Nr. 3 EuGVÜ gemeinschaftswidrig anhand des autonomen internationalen Zivilverfahrensrechts interpretiert und mit keinem Wort die EuGH-Rechtsprechung auf diesem Gebiet angesprochen.

d) Weitere Berufungsgerichtsentscheidungen und der Wandel der Rechtsprechung des Obersten Gerichtshofs im Jahr 2005

Die gemeinschaftswidrige Interpretation des Art. 5 Nr. 3 der Europäischen Zuständigkeitsordnungen wurde auch in neueren Berufungsgerichtsentscheidungen

---

[544] So bereits RGZ 72 (1910), S. 41-46 (45 f.).

[545] Generalanwalt Darmon, Schlussantrag, EuGHE 1995, S. 417-439 (Rn. 100 ff.); Droz, Anm. zu TGI Paris 16.6.1974, in: D. 1975, S. 639-642 (641). Zudem ergeben sich bei der „Mosaiktheorie" Probleme, wenn der Kläger statt Geld Unterlassung und Widerruf bestimmter Äußerungen begehrt, s. Kubis, a. a. O. (Fn. 531), S. 139.

[546] Kreuzer/Klötgen, IPRax 1997, S. 90-96 (95).

[547] Schack, UFITA 108 (1988), S. 51-72 (69 f.).

[548] Im Ergebnis ist die sog. Mosaikbeurteilung auch nicht im Rahmen des Internationalen Deliktsrechts überzeugend, vgl. Fuchs/Hau/Thorn, Fälle zum IPR, S. 53 f; Wagner, RabelsZ 62 (1998), S. 243-285 (277-279).

[549] Zu § 32 ZPO vgl. etwa Stein/Jonas/Schumann, § 32 ZPO, Rn. 32 m. w. N. und zu Art. 5 Nr. 3 EuGVÜ/LugÜ: Wieczorek/Schütze/Hausmann, Art. 5 EuGVÜ, Rn. 62 m. w. N.

fortgeführt. Der **Entscheidung des *Berufungsgerichts Guimarães* vom 19. November 2003**[550] ist zu entnehmen, dass sich ein Straßenverkehrsunfall in Spanien ereignete. Das geschädigte Kraftfahrzeug des Klägers wurde nach Portugal verschleppt und dort repariert. Das Berufungsgericht Guimarães entschied, dass das erstinstanzliche Gericht (Amtsgericht Monção), das die portugiesischen Gerichte im Ergebnis zutreffend für international unzuständig hielt, gegen das autonome Territorialprinzip in Art. 65 I c) CPC n.F. und Art. 5 Nr. 3 EuGVÜ verstoßen hat.
Dem **Urteil des *Berufungsgerichts Coimbra* vom 22. Februar 2005**[551] liegt ebenso ein Straßenverkehrsunfall zugrunde. Dieser ereignete sich in Deutschland. Das klägerische Kraftfahrzeug wurde auf portugiesischem Territorium repariert. Das Berufungsgericht Coimbra urteilte, dass die extensive Anwendung des Art. 65 I c) CPC n.F. auf sog. Folgeschäden im Einklang mit Art. 5 Nr. 3 LugÜ steht. Offen bleibt die Frage, ob der Anwendungsbereich des LugÜ gem. Art. 54b II a) LugÜ eröffnet war. Aus den veröffentlichten Leitsätzen lässt sich nicht entnehmen, ob der Beklagte seinen Wohnsitz in einem Lugano-Vertragsstaat hatte. Es spricht aber vieles dafür, dass das Berufungsgericht Coimbra irrigerweise das Lugano-Übereinkommen für einschlägig hielt. In der Vergangenheit hat es wiederholt das LugÜ angewandt, obwohl dieses vom EuGVÜ verdrängt worden wäre.[552]
Um Straßenverkehrsunfälle auf spanischem Territorium ging es auch in zwei **Entscheidungen des *Berufungsgerichts Porto* vom 15. Oktober 2004**[553] und **11. November 2004**[554]. Die Kläger haben jeweils in Portugal sog. Folgeschäden in Form von Heilungs- und/oder Reparaturkosten erlitten, so dass das autonome – exorbitante – Territorialprinzip in Art. 65 I c) CPC n.F. an sich erfüllt war. Der sachliche, räumlich-persönliche und zeitliche Anwendungsbereich der Brüssel I-VO war in beiden Fällen eröffnet. Letzteres stellte das Berufungsgericht fest. Höchst kritikwürdig ist allerdings die Vorgehensweise und das Zuständigkeitsergebnis des Berufungsgerichts Porto. Es führte aus, Art. 5 Nr. 3 Brüssel I-VO sei entsprechend Art. 65 I c) CPC n.F. zu interpretieren. Der EuGH habe nämlich in seiner Entscheidung vom 11.1.1990[555] entschieden, dass unter dem Tatortbegriff des Art. 5 Nr. 3 EuGVÜ auch der Ort des Schadenseintritts fallen könne. Diese Ausführungen des Berufungsgerichts Porto beruhen auf einer Fehlinterpretation der Rechtsprechung des EuGH. Dem vom Berufungsgericht zitierten EuGH-Urteil „*Dumez France/Hessische Landesbank*" lag ein Sachverhalt zugrunde, der den Verkehrsunfällen ähnelt: Ursprung und unmittelbare Folgen des Schadens lagen in ein und demselben Staat (sog. *Platzdelikt*). Der EuGH

[550] Rechtssache Nr. 38/03-2, in: http://www.dgsi.pt.
[551] Rechtssache Nr. 3631/04, in: http://www.dgsi.pt (Leitsätze).
[552] Vgl. S. 36 ff.
[553] Rechtssache Nr. 0434740, in: http://www.dgsi.pt
[554] Rechtssache Nr. 0435762, in: http://www.dgsi.pt.
[555] Rs. 220/88 – „Dumez France/Hessische Landesbank", EuGHE 1990 I, S. 49 = NJW 1991, S. 631.

stellte fest, dass mit dem Begriff „Ort, an dem das schädigende Ereignis eingetreten ist" in Art. 5 Nr. 3 EuGVÜ der Ort, an dem der Schaden eingetreten ist, gemeint sein kann, doch kann der letztgenannte Begriff nur so verstanden werden, dass es den Ort bezeichnet an dem das haftungsauslösende Ereignis den unmittelbar Betroffenen direkt geschädigt hat.[556]
Des weiteren ist im Zusammenhang mit Art. 5 Nr. 3 Brüssel I-VO und dem autonomen Territorialprinzip die neuere **Entscheidung des *Berufungsgerichts Coimbra* vom 1. Juni 2004**[557] erwähnenswert. In Andorra erlitt der portugiesische Kläger einen Skiunfall. Auf portugiesischem Territorium entstanden Folgeschäden in Form von Heilbehandlungskosten. Der Unfallverursacher wohnte in Frankreich. Die Vorinstanz (Amtsgericht Águeda) prüfte die internationale Zuständigkeit portugiesischer Gerichte ausschließlich nach den autonomen Zuständigkeitsvorschriften der Art. 65 ff. CPC n.F. Das Berufungsgericht Coimbra hielt hingegen das EuGVÜ für einschlägig. Im Ergebnis hat es Art. 5 Nr. 3 EuGVÜ zutreffend restriktiv ausgelegt, obwohl die Voraussetzungen des Art. 65 I c) CPC n.F. zugunsten portugiesischer Gerichte vorlagen. Das Gericht weist in seinem Urteil auf den Anwendungsvorrang des EuGVÜ hin und führt aus, dass die autonomen Zuständigkeitsvorschriften nicht unter Außerachtlassung der vorrangigen Rechtsquellen angewandt werden dürfen. Zum einen hat das Berufungsgericht allerdings übersehen, dass bereits der intertemporale Anwendungsbereich der Brüssel I-VO eröffnet war, da die Klage am 29.11.2002 erhoben wurde (s. Art. 66 I, 76 Brüssel I-VO). Zum anderen hat es die restriktive Anwendung des Art. 5 Nr. 3 EuGVÜ nicht mit der Rechtsprechung des EuGH begründet, sondern weist auf Art. 74 II CPC (*forum delicti commissi*) hin, der eng auszulegen sei. Art. 74 II CPC (der über Art. 65 I b) CPC doppelfunktionell ausgebaut wird) lautet sinngemäß: Für Klagen gerichtet auf einen Anspruch aus zivilrechtlicher Haftung infolge einer unerlaubten Handlung oder eines Gefährdungstatbestandes ist das Gericht des Ortes (international) zuständig, an dem das Ereignis eingetreten ist. Die Bezugnahme auf Art 74 II CPC, dessen Wortlaut von 1967 herrührt, überrascht, weil es bisher keine nennenswerte Rechtsprechung hierzu gibt, zumal der international-zivilprozessuale Anwendungsbereich der Norm praktisch null ist. Die internationale Entscheidungszuständigkeit für eine Deliktsklage steht nämlich nach dem exorbitanten Territorialprinzip des Art. 65 I c) CPC n.F. bereits fest, wenn ein Schaden – sei es auch nur ein sog. Folgeschaden – in Portugal eingetreten ist. M. a. W.: Art. 74 II CPC wurde bisher in der Gerichtspraxis in *allen* deliktischen (internationalen) Haftungsfällen von Art. 65 I c) CPC n.F. überlagert.
Mit dieser Entscheidung des Berufungsgerichts Coimbra gab sich der Rechtsmittelkläger nicht zufrieden und legte Revision zum Obersten Gerichtshof ein.

---

[556] Diese Rechtsprechung, die insbesondere eine Entwertung des in Art. 2 zum Ausdruck kommenden Grundsatzes des *favor defensoris* vermeiden will, hat der EuGH zuletzt in seinen Urteil vom 10.06.2004, C-168/02 – „Kronhofer/Maier u.a.", EuLF 2004 (D), S. 191-193, m. Anm. Blobel auf S. 187-191, bestätigt.
[557] Rechtssache Nr. 1481/04, in: http://www.dgsi.pt.

Das **Urteil des *Obersten Gerichtshofs***, das am **3. März 2005**[558] erging, ist zu begrüßen. Der Oberste Gerichtshof bestätigte das Urteil des Berufungsgerichts im Ergebnis, nicht jedoch in seiner Begründung. Er erkannte, dass bereits der zeitliche Geltungsbereich der Brüssel I-VO eröffnet war. Die restriktive Anwendung des Art. 5 Nr. 3 Brüssel I-VO hat der Gerichtshof nicht mit Art. 74 II CPC begründet, sondern zutreffend mit der Gemeinschaftsrechtsprechung in Sachen „*Bier/Mines de Potasse d`Alsace*" (Rheinverschmutzungsfall)[559], „*Kronhofer/Maier u.a.*"[560] und „*Marinari/Lloyds Bank*"[561]. Der Oberste Gerichtshof urteilte, dass mittelbare bzw. sog. Folgeschäden nach der Rechtsprechung des EuGH nicht unter den Begriff des „Ortes, an dem das schädigende Ereignis eingetreten ist„ subsumiert werden können.
Es handelt sich bei dieser Entscheidung des Obersten Gerichtshofs vom 3. März 2005 nicht nur um eine der einzigen Entscheidungen portugiesischer Gerichte, die sich seit 1992 ausdrücklich mit der Gemeinschaftsrechtsprechung befassten, sondern zugleich um eine der wenigen, die die zitierte Rechtsprechung des EuGH zutreffend auf den zu entscheidenden Fall anwandten.
Es bleibt zu hoffen, dass der Gerichtshof auch künftig Art. 5 Nr. 3 Brüssel I-VO restriktiv – ohne auf Art. 65 I c) CPC n.F. einzugehen – interpretieren wird und die unteren Gerichte dem folgen werden.

e) Gesamtbewertung

Von 1992 bis 2005 haben sowohl die Berufungsgerichte als auch der Oberste Gerichtshof bei der Beurteilung von Deliktsklagen wiederholt die internationale Zuständigkeit nach den autonomen Regelungen des Prozessrechts geprüft und den eher „lästigen" Europäischen Zuständigkeitsordnungen das durch das sog. Territorialprinzips gefundene Ergebnis aufgezwungen. Die eklatanten Unterschiede zwischen Art. 65 I c) CPC n.F. (Art. 65 I b) CPC a.F.) und Art. 5 Nr. 3 EuGVÜ/LugÜ/Brüssel I-VO, unter Berücksichtigung der Rechtsprechung des EuGH, wurden nicht herausgearbeitet. Die erfreuliche Entscheidung des Obersten Gerichtshofs vom 3. März 2005, in der die obersten Zivilrichter Art. 5 Nr. 3 Brüssel I-VO zutreffend interpretiert haben, lässt auf eine künftige gemeinschaftskonforme Rechtsprechung des höchsten Zivilgerichts zum Deliktsgerichtsstand hoffen. Ob die unteren Gerichte dem folgen werden, ist aber völlig offen.

---

[558] Rechtssache Nr. 04A4283, in: http://www.dgsi.pt.

[559] EuGH 30.11.1976, Rs. 21/76, EuGHE 1976, S. 1735 = NJW 1977, S. 493 = RIW 1977, S. 356 m. Anm. Linke.

[560] EuGH 10.06.2004, Rs. 168/02, EuLF 2004 (D), S. 191-193, m. Anm. Blobel auf S. 187-191.

[561] EuGH 19.9.1995, Rs. 364/93, EuGHE 1995 I, S. 2719 = JZ 1995, S. 1107 m. Anm. Geimer = IPRax 1997, S. 331 m. Anm. Hohloch auf S. 312 = EuZW 1995, S. 765 m. Anm. Holl = EWS 1995, S. 422.

K. Gerichtsstandsvereinbarungen

I. Vereinbarungen über die internationale Zuständigkeit nach Art. 99 CPC n.F.

Das autonome Recht der Gerichtsstandsvereinbarungen hat durch die Reform von 1997 bedeutsame Änderungen erfahren. Wer aber eine bezeichnende Annäherung an Art. 17 EuGVÜ erhoffte, wurde enttäuscht. Art. 99 CPC hat in den letzten hundert Jahren Fortschritte hin zu einer freizügigeren Zulässigkeit von Zuständigkeitsvereinbarungen gemacht.[562] Rechtshistorisch bedeutend ist, dass in Portugal bis in das Jahr 1978 Gerichtsstandsvereinbarungen praktisch ausnahmslos verboten waren, welche die portugiesische Gerichtszuständigkeit derogierten.[563] Bei der Ausarbeitung des aktuellen Wortlauts von Art. 99 CPC n.F. hat sich der Gesetzgeber weitgehend an den Vorschlag von *Ferrer Correia/Ferreira Pinto*[564] gehalten. Im Wesentlichen sieht Art. 99 CPC n.F. sechs Voraussetzungen vor, von denen die Wirksamkeit einer internationalen Gerichtsstandsvereinbarung abhängt.[565] Die *lex fori*, d. h. portugiesisches Recht, entscheidet über die Zulässigkeit, Form und Wirkung der Zuständigkeitsvereinbarung.[566] Sie kann trotz Nichtigkeit des Hauptvertrages wirksam vereinbart

---

562 Der Gesetzeswortlaut von Art. 99 CPC n.F. ist im Anhang I (offizieller Text) und II (Übersetzung) dieser Arbeit abgedruckt.

563 Der bis zum Inkrafttreten des Änderungsgesetzes Nr. 21/78 vom 03.05.1978 (DR 1978, Nr. 101, Suplemento, S. 816) geltende Art. 99 CPC bestimmte in seiner Fassung von 1961 unter der Überschrift „Gerichtsbarkeit entziehende Vereinbarung“: „1. Die Vereinbarung, die darauf gerichtet ist, die Gerichtsbarkeit der portugiesischen Gerichte in den Fällen auszuschließen, in denen sie nach Art. 65 zuständig sind, ist unwirksam, es sei denn, die Parteien sind Ausländer und es handelt sich um eine Verbindlichkeit, die im Ausland zu erfüllen ist und sich nicht auf in Portugal belegene Vermögenswerte bezieht. 2. Wirksam ist dagegen die Vereinbarung, durch die eine Zuständigkeit der portugiesischen Gerichte in denjenigen Fällen begründet werden soll, in denen sie ohne die Vereinbarung nicht gegeben ist.“ Man kann von vier Zeitabschnitten sprechen: 1876-1939 (keine ausdrückliche Regelung über Gerichtsstandsvereinbarungen im Gesetz), 1939-1978 (Art. 99 CPC mit dem Wortlaut des obigen Absatzes 1; erst 1961 wurde der Absatz 2 hinzugefügt), 1978-1997 (Derogation einer an sich gegebenen internationalen Zuständigkeit der portugiesischen Gerichte grundsätzlich möglich; fortan: Art. 99 CPC a.F.) und 1997 bis heute (Art. 99 CPC n.F.), vgl. zu den historischen Entwicklungen bis zur Fassung von 1978: Brito, Dos Acordos sobre o Tribunal Competente em Situações Internacionais (1988), S. 133-145; Moura Ramos, A reforma do direito processual civil internacional, S. 28 (dortige Fn. 69); Ferreira da Rocha, RDE 1987, S. 161-234 (176-182); Radtke, RIW 1984, S. 270-282 (273 f.); Hauschild, Gerichtsstandsvereinbarungen in Portugal und Spanien (1995), S. 162-165.

564 RDE 1987, S. 25-64 (57).

565 Die Voraussetzungen im Überblick: (1) Internationalität des Streits; (2) Bestimmbarkeit der Rechtsstreitigkeit und des Gerichts; (3) Verfügbarkeit der Rechte; (4) ernsthaftes Interesse; (5) Beachtung der ausschließlichen Zuständigkeit portugiesischer Gerichte; (6) Schriftform.

566 Lima Pinheiro, DIP, Volume III, S. 212; Ferreira da Rocha, RDE 1987, S. 161-234 (175); Teixeira de Sousa, A Competência Declarativa dos Tribunais Comuns, S. 105 f.; s. auch Brito, in: Estudos em memória do Professor Doutor João de Castro Mendes, S. 47-60 (55 ff.);

worden sein, wenn der Rechtsmangel nicht auch die Gerichtsstandsvereinbarung erfasst (Auslegungsfrage).[567] In Abgrenzung zu intranationalen Vereinbarungen, die die örtliche Gerichtszuständigkeit betreffen (Art. 100 CPC n.F.[568]), setzt Art. 99 I CPC n.F. voraus, dass eine Verbindung des streitigen Rechtsverhältnisses zu mehr als einer Rechtsordnung besteht. Eine weiterführende einschränkende Funktion, als die Abgrenzung zu sog. reinen Inlandsfällen, sollte man dieser Voraussetzung nicht beimessen; alles andere würde die Rechtsunsicherheit vergrößern, die, wie zu sehen sein wird, den Art. 99 CPC n.F. unglücklicherweise kennzeichnet.[569]

1. Derogation und Prorogation

Unstreitig ist, dass Art. 99 CPC n.F. Derogationen und Prorogationen regeln soll.[570] Auf Prorogationen wie auf Derogationen finden die Bestimmungen des Art. 99 CPC n.F. Anwendung.[571]

2. Auf die „Vereinbarung" i. S. v. Art. 99 I CPC n.F. anwendbares Recht

Für das Zustandekommen der Vereinbarung (Konsens und Willensmängel) gilt bei einer Gerichtsstandsvereinbarung, die in einem Hauptvertrag enthalten ist, das für das Zustandekommen des Hauptvertrages maßgebliche Recht.[572] Dieses ist in analoger Anwendung des EVÜ zu ermitteln.[573] Handelt es sich um eine Gerichtsstandsklausel, die in Allgemeinen Geschäftsbedingungen enthalten ist,

Kropholler, Hdb. IZVR I, Rn. 480; von Hoffmann, IPR, § 3, Rn. 80. Dagegen sind bestimmte Begriffe, wie „disponible Rechte" i. S. v. Art. 99 III a) CPC n.F. nach der *lex causae* zu ermitteln, s. unten S. 130.

[567] Lima Pinheiro, DIP, Volume III, S. 211; Teixeira de Sousa, A Competência Declarativa dos Tribunais Comuns, S. 104.

[568] S. dazu bereits S. 74 und unten S. 134 (Art. 99 I d) CPC a.F. verwies auf die in Art. 100 II CPC a.F. enthaltenen Formerfordernisse für Gerichtsstandsvereinbarungen; nun enthält Art. 99 I e), IV CPC n.F. eigenständige Formvorschriften).

[569] Schwer nachvollziehbar sind etwa solche Ausführungen wie z. B. diejenigen von Lima Pinheiro (DIP, Volume III, S. 213) zu der Internationalität des Streits: Gefordert werde eine Beziehung des Rechtsstreits mit der sozialen Sphäre mehrerer Staaten die, in Anbetracht der allgemeinen Werte und Prinzipien des Rechts der internationalen Zuständigkeit, ausreichend sein müsse, um die freie Gerichtswahl zu rechtfertigen.

[570] Das bringt die amtliche Überschrift von Art. 99 CPC n.F. unzweideutig zum Ausdruck: „Pactos *privativo* e *atributivo* de jurisdição" (Hervorhebung des Verf.).

[571] Das ist seit dem Gesetz Nr. 21/78 vom 03.05.1978 allgemein anerkannt, vgl. z. B.: Moura Ramos, A reforma do direito processual civil internacional, S. 28 (dortige Fn. 69); Lebre de Freitas/Pinto/Redinha, CPC anotado I, S. 178 f.; Teixeira de Sousa, Estudos sobre o novo Processo Civil, S. 125; Hauschild, Gerichtsstandsvereinbarungen in Portugal und Spanien (1995), S. 171 m. w. N.

[572] Ferreira da Rocha, RDE 1987, S. 161-234 (175); Teixeira de Sousa, A Competência Declarativa dos Tribunais Comuns, S. 106; Lima Pinheiro, DIP, Volume III, S. 212; Kropholler, Hdb. IZVR I, Rn. 482.

[573] von Hoffmann, IPR, § 3, Rn. 75-79; Kropholler, IPR, S. 610; Lima Pinheiro, DIP, Volume III, S. 212. Eine unmittelbare Anwendung scheitert an Art. 1 II d) EVÜ, der Gerichtsstandsvereinbarungen vom sachlichen Anwendungsbereich des EVÜ ausnimmt.

ist das RCCG (AGB-Gesetz[574]) zu beachten. Dieses findet Anwendung auf Geschäfte zwischen Gewerbetreibenden sowie Angehörigen der freien Berufe[575] und auf Rechtsgeschäfte zwischen Unternehmern und Endverbrauchern[576], wenn der Vertrag portugiesischem Recht unterliegt (EVÜ). Bei Verbraucherverträgen ist zusätzlich die Kollisionsnorm des Art. 23 RCCG von Bedeutung. Art. 23 RCCG beruht auf einer lückenhaften Umsetzung des Art. 6 II der Richtlinie 1993/13/EWG des Rates vom 5. April 1993 über missbräuchliche Klauseln in Verbraucherverträgen[577] und findet als vorrangiges Gemeinschaftsrecht neben dem EVÜ Anwendung.[578] Gem. Art. 23 I RCCG finden die Art. 20 ff. RCCG (Beziehungen mit Endverbrauchern)[579] unabhängig von einer Rechtswahl der Parteien Anwendung, wenn der Vertrag einen engen Zusammenhang mit dem portugiesischen Gebiet aufweist.[580]

3. Wählbare Gerichte

Nach dem Wortlaut von Art. 99 I CPC a.F. konnten die Parteien nur die Zuständigkeit ihrer eigenen sowie internationaler Gerichte vereinbaren.[581] Diese unbillige und mehrdeutige Regelung wurde aufgehoben.[582] Die Parteien können nun die Gerichte eines beliebigen Staates für zuständig erklären.[583] Beziehungen der

---

574 „Regime jurídico das cláusulas contratuais gerais", DL Nr. 249/99 vom 7. Juli (DR, I-A, 156 vom 7.7.1999, S. 4202).

575 S. Art. 17, 18 und 19 RCCG.

576 S. Art. 20, 21 und 22 RCCG; zum alten AGB-Gesetz (DL Nr. 446/85 vom 25. Oktober) s. Schwarz, Schutzkollisionen im internationalen Verbraucherschutz (1991), S. 136 ff.; Jayme, IPRax 1987, S. 44-45.

577 ABl. EG 1993 Nr. L 95/29; Art. 6 II der RL lautet: „Die Mitgliedstaaten treffen die erforderlichen Maßnahmen, damit der Verbraucher den durch diese Richtlinie gewährten Schutz nicht verliert, wenn das Recht eines Drittstaates als das auf den Vertrag anzuwendende Recht gewählt und der Vertrag einen engen Zusammenhang mit dem Gebiet der Mitgliedstaaten aufweist".

578 Vgl. Art. 20 EVÜ.

579 Beachte, dass auf Verbraucherverträge gem. Art. 20 RCCG auch die Art. 15 ff. RCCG, welche für Beziehungen zwischen Unternehmern gelten, Anwendung finden.

580 Art. 23 II RCCG lautet: „2. Steht der Vertrag in einem engen Zusammenhang mit dem Gebiet eines anderen Mitgliedstaates der Europäischen Gemeinschaft, so finden die entsprechenden Vorschriften dieses Staates nach dessen Vorgaben Anwendung." Art. 23 RCCG macht insbesondere nicht deutlich, dass es Zielvorgabe der Richtlinie an den Gesetzgeber ist, zu verhindern, dass dem Verbraucher durch die *Wahl drittstaatlichen Rechts* der durch die Richtlinie gewährte Schutz entzogen wird, vgl. von Hoffmann, ZRvgl. 1995, S. 45-54 (51 ff.); Herkenrath, Die Umsetzung der Richtlinie 93/13/EWG über missbräuchliche Klauseln in Verbraucherverträgen in Deutschland, dem Vereinigten Königreich, Frankreich und Italien (2003), S. 170; Lima Pinheiro, ROA 61 (2001), S- 155-170 (166 ff.); ders. DIP, Volume II, S. 223-226.

581 S. dazu Radtke, RIW 1984, S. 270-282 (275 f.); Hauschild, Gerichtsstandsvereinbarungen in Portugal und Spanien (1995), S. 162-165 (173-178).

582 Moura Vicente, Direito Internacional Privado – Ensaios I, S. 262; vgl. auch Ferrer Correia/Ferreira Pinto, RDE 1987, S. 25-64 (43 f.).

583 Moura Vicente a. a. O. (Fn. 582).

Rechtsstreitigkeit und der Parteien zum prorogierten Gerichtsstaat können allenfalls i.R.d. Prüfung des „ernsthaften Interesses“ i. S. v. Art. 99 III c) CPC n.F. Bedeutung erlangen (s. unten S. 121). Eine Ansicht in der Literatur[584] fordert hingegen eine gewichtige sachliche oder persönliche Verbindung des Streits mit dem gewählten Forumstaat. Die anderen internationalen Gerichtsstände (Art. 65; 65-A CPC) würden ebenfalls Bezugspunkte zum Gerichtsstaat voraussetzen, wenn es um die Frage der internationalen Zuständigkeit portugiesischer Gerichte gehe. Diese Ansicht übersieht freilich, dass Art. 99 CPC n.F. im Gegensatz zu den übrigen internationalen Zuständigkeitsregeln die Parteiautonomie anerkennt. Die Gerichtswahl wird vom Willen der Parteien getragen. Sie können z. B. ein für sie neutrales Forum wählen. Ein Inlandsbezug ist nicht erforderlich für die Prorogation portugiesischer Gerichte.[585] Auch hängt das Vorliegen eines „ernsthaften Interesses“ i. S. v. Art. 99 III c) CPC n.F. nicht notwendigerweise von etwaigen Berührungen des Sachverhalts zum prorogierten Forumstaat ab.[586]

4. Annahme der Prorogation durch das bestimmte Gericht, Art. 99 III b) CPC n.F. (Art. 99 III a) CPC a.F.)

Wird die ausschließliche Zuständigkeit eines ausländischen Gerichts vereinbart, und hält das ausländische Gericht seine Prorogation für unwirksam, so entsteht ein negativer Kompetenzkonflikt.[587] Der Kläger kann keinen Rechtsschutz finden. Die Derogation der internationalen Zuständigkeit Portugals steht daher unter der Bedingung, dass das *forum prorogatum* die Gerichtsstandsvereinbarung anerkennt.[588] Die Annahme der Prorogation durch ausländische Gerichte stellt auch in Deutschland eine (ungeschriebene) Wirksamkeitsvoraussetzung für internationale Zuständigkeitsvereinbarungen dar.[589] Der Normzweck des Art. 99 III b) CPC n.F. Rechtsschutzverweigerungen als Folge einer internationalen Zuständigkeitsvereinbarung zu verhindern, wird auch dann erfüllt, wenn das gewählte Gericht oder ein anderes ausländisches Gericht für sich eine andere ge-

---

[584] Lebre de Freitas/Pinto/Redinha, CPC anotado I, S. 180.

[585] Das Erfordernis eines Inlandbezugs fand auch in den älteren Fassungen von Art. 99 CPC keine Stütze im Gesetz, s. aber Barbosa de Magalhães, Estudos sobre o novo Código de Processo Civil II, S. 425 f. zu Art. 99 CPC von 1939; vgl. zum deutschen Recht: Geimer, IZPR, Rn. 1745-1747 (kein Inlandsbezug erforderlich). In Art. 17 EuGVÜ und Art. 23 Brüssel I-VO wird ebenso kein objektiver Zusammenhang zwischen dem streitigen Rechtsverhältnis und dem vereinbarten Gericht gefordert, s. EuGH 7.6.1984, Rs. 129/83 – „Zelger/Salinitri“, EuGHE 1984, S. 2397 = NJW 1984, S. 2759 = RIW 1984, S. 737 m. Anm. Linke = IPRax 1985, S. 374 m. Anm. Rauscher.

[586] So aber Lebre de Freitas/Pinto/Redinha, a. a. O. (Fn. 584), S. 181.

[587] Brito, Dos Acordos sobre o Tribunal Competente em Situações Internacionais (1988), S. 175; s. auch Machado Vilela, Tratado Elementar de DIP II, S. 191, der sich im Jahre 1922 dafür aussprach, dass die Vollstreckbarkeit aus dem im vereinbarten Gerichtsstand ergangenen Urteil in Portugal gewährleistet sein müsse.

[588] Diese Regelung in Art. 99 III b) CPC n.F. kann daher nur Bedeutung erlangen, falls sich jemand gegen die Wirksamkeit der Derogation portugiesischer Gerichte wendet, wenn, entgegen der Zuständigkeitsvereinbarung, in Portugal Klage erhoben wird.

[589] Vgl. nur Geimer, IZPR, Rn. 1763 m. z. N.

setzliche Zuständigkeit in Anspruch nimmt. Über den Wortlaut des lit. b) hinaus ist die Derogation portugiesischer Gerichte in diesem Falle als wirksam anzusehen.[590]

5. Das „ernsthaftes Interesse" i. S. v. Art. 99 III c) CPC n.F. (Art. 99 III b) CPC a.F.)

Die Wahl des Gerichts muss sich durch ein ernsthaftes Interesse („interesse sério") beider oder einer der Parteien, sofern sie der anderen keinen schweren Nachteil bereitet, rechtfertigen. Neu durch das DL 329-A/95 in lit. c) eingefügt wurde „sofern sie der anderen keinen schweren Nachteil bereitet" und die Gerichtswahl muss nicht mehr nur dem Interesse „entsprechen" („corresponder"), sondern sich durch das Interesse „rechtfertigen" („justificar"). Der Reformgesetzgeber hätte diese, die Rechtsunsicherheit fördernde Regelung, aufheben und einen Harmonisierungsschritt in Richtung Art. 17 EuGVÜ wagen sollen.[591] Der Schutz schwächerer Parteien kann auf anderer Weise erreicht werden.[592] Auch im internationalen Schuldvertragsrecht können die Parteien nach Art. 3 EVÜ das auf die Vertragsbeziehung maßgebliche Recht bestimmen, ohne dass es etwa auf ein „anzuerkennendes Interesse" der Parteien an dem gewählten Recht ankäme.[593] Im Vergleich zur a.F. wirft Art. 99 III c) CPC n.F. die gleichen Auslegungsfragen auf. Die elementare Frage bleibt, was unter einem „ernsthaften Interesse" zu verstehen ist. Eine Auffassung in der Literatur, welche auch in der uneinheitlichen Rechtsprechung vertreten wird, verlangt einen objektiven Zusammenhang zwischen den Parteien und dem streitigen Rechtsverhältnis zum vereinbarten Gerichtsstaat.[594] Dem kann und darf nicht gefolgt werden. Der Sinn

---

[590] Ferreira da Rocha, RDE 1987, S. 161-234 (197); Radtke, RIW 1984, S. 270-282 (279 f.); Hauschild, Gerichtsstandsvereinbarungen in Portugal und Spanien (1995), S. 178 f.; so wohl auch Lebre de Freitas/Pinto/Redinha, CPC anotado I, S. 183.

[591] Die Rechtsunsicherheit, die gerade bei Gerichtsstandsvereinbarungen das Vertrauen der Parteien auf die Wirksamkeit der Vereinbarung enttäuschen und erheblichen Schaden verursachen kann, wird in der portugiesischen Literatur zu Recht kritisiert: Lima Pinheiro, DIP, Volume III, S. 214 f.; Moura Ramos, A reforma do direito processual civil internacional, S. 25; zu Art. 99 III b) CPC a.F.: Varela/Bezerra/Sampaio e Nora, Manual de Processo Civil, S. 223 (dortige Fn. 1: „Quelle großer Unsicherheit"); Radtke, RIW 1984, S. 270-282 (277: „Unsicherheitsfaktor"); vgl. zudem Machado Vilela, BFDC 18 (1942), S. 1-70 (24).

[592] Zu denken ist insbesondere an die Bereitstellung eines verbraucherschützenden alternativen Gerichtsstandes, so wie in Art. 14 EuGVÜ und Art. 16 Brüssel I-VO vorgesehen.

[593] Vgl. von Hoffmann, IPR, § 3, Rn. 27; s. auch Moura Ramos, A reforma do direito processual civil internacional, S. 25; die Kollisionsnorm des Art. 41 II CC, wonach die Parteien das auf das Rechtsgeschäft anzuwendende Recht frei bestimmen können, soweit das Rechtsgeschäft zu der anzuwendenden Rechtsordnung eine kollisionsrechtlich bedeutsame Verbindung aufweist oder deren Anwendbarkeit dem ernsthaften Interesse einer der Parteien entspricht, wird vom EVÜ verdrängt.

[594] Pais de Amaral, DPC, S. 114; Lebre de Freitas/Pinto/Redinha, CPC anotado I, S. 181; Teixeira de Sousa, Estudos sobre o novo Processo Civil, S. 127; *Supremo Tribunal de Justiça* vom 23. September 2003, Rechtssache Nr. 03A2119, in: http://www.dgsi.pt (vgl. zu dieser Entscheidung S. 50).

und Zweck der Regelung besteht darin, eine Art Interessenausgleich vorzunehmen, wenn es für eine der Parteien unangemessen wäre, vor dem prorogierten Gericht zu klagen bzw. verklagt zu werden.[595] Entscheidend ist, ob eine Partei einen schweren Nachteil erleiden würde und deshalb besonderen Schutz verdient. Das kommt nun in Art. 99 III c) 2. HS CPC n.F. deutlich zum Ausdruck.[596] Art. 99 III c) 1. HS CPC n.F. läuft praktisch leer, da kaum Fälle vorstellbar sind, in denen beide Parteien durch die Gerichtsstandsvereinbarung schwer benachteiligt werden.[597] Ein schwerer Nachteil für eine Partei kann z. B. vorliegen, wenn ein Handelsvertreter, der in Portugal jahrelang für ein international operierendes Unternehmen tätig war, für die Durchsetzung seiner Ansprüche aufgrund der getroffen Zuständigkeitsvereinbarung am Sitz des Unternehmens klagen müsste.[598] Die Rechtsunsicherheit liegt darin, dass das jeweilige Gericht von Fall zu Fall zu entscheiden hat, ob eine besondere Schutzwürdigkeit einer Partei vorliegt. Davon hängt die Wirksamkeit der gesamten Gerichtsstandsvereinbarung ab. Die Grenzziehung ist mühsam. Entsprechend der herrschenden Tendenz ist der Zuständigkeitsvereinbarung die Wirksamkeit nur in besonders gelagerten Ausnahmefällen abzuerkennen.[599] In der Literatur und Rechtsprechung wird der Versuch unternommen, das „ernsthafte Interesse" positiv zu umschreiben, in dem man es im Sinne eines anerkennenswerten Interesses weit auslegt. Jeder einleuchtende Grund bildet ein solches Interesse.[600] Das Interesse kann sich auf den Inhalt des ausländischen Prozessrechts oder mate-

---

[595] S. Ferrer Correia/Ferreira Pinto, RDE 1987, S. 25-64 (44 f.); Teixeira de Sousa, Estudos sobre o novo Processo Civil, S. 127.

[596] Art. 99 III c) CPC n.F. ähnelt dem Art. 19 g) RCCG (AGB-Gesetz). Danach können Gerichtsstandsklauseln in AGB grundsätzlich nicht wirksam in den Vertrag einbezogen werden, wenn die Vereinbarung Nachteile für eine der Parteien mit sich bringt, ohne dass dies durch die Interessen der anderen Partei gerechtfertigt wird; zu Art. 19 g) RCCG und zum internationalen Anwendungsbereich des AGB-Gesetzes vgl. S. 119, 132.

[597] Parteien schließen keine Gerichtsstandsvereinbarungen ab, wenn die Vereinbarungen für beide Parteien schwere Nachteile mit sich bringen; vgl. Radtke, RIW 1984, S. 270-282 (276).

[598] Vgl. *Supremo Tribunal de Justiça* vom 10. Juli 1997, BMJ 469 (1997), S. 418-427 (424): QUIMINOVA – Química Industrial e Agrícola, Lda. *gegen* General Electric Plastics, B. V.; 4. Dezember 1997, Rechtssache Nr. 97B774, in: http://www.dgsi.pt und vom 5. November 1998, CJ-STJ, Ano VI, Tomo III, 1998, S. 97-102 (101): Grupo Sousa Morais – Criação e Difusão de Moda Lda. *gegen* Itierre, S. P. A. (vgl. zur letztgenannten Entscheidung S. 22).

[599] Vgl. bereits Radtke, RIW 1984, S. 270-282 (277).

[600] S. Radtke, RIW 1984, S. 270-282 (276 f.); Brito, Dos Acordos sobre o Tribunal Competente em Situações Internacionais (1988), S. 170-174; Neto, CPC Anotado, S. 206 (unter Heranziehung von Art. 398 II CC); Lima Pinheiro, DIP, Volume III, S. 215; *Tribunal da Relação do Porto* vom 18. März 2004, Rechtssache Nr. 0430562, in: http://www.dgsi.pt (Keine Gültigkeit von Gerichtsstandsvereinbarungen, die lediglich auf der Kundgabe eines Opportunismus, bloßer Laune oder reiner Bequemlichkeit beruhen), so auch unter Heranziehung von Art. 398 II CC: *Supremo Tribunal de Justiça* vom 5. November 1998 a. a. O. (Fn. 598) und vom 10. Juli 1997 a. a. O. (Fn. 598). Art. 398 CC lautet: „1. Die Parteien können innerhalb der von dem Gesetz gezogenen Grenzen den positiven oder negativen Inhalt der Leistung frei bestimmen. 2. Die Leistung muss keinen Geldwert haben; sie muss jedoch einem Interesse des Gläubigers entsprechen, das dem rechtlichen Schutz würdig ist."

riellen Rechts beziehen, welches durch das im Forumstaat geltende IPR Anwendung findet.[601] Die Parteien können die Gerichte eines Staates wählen, in dem die Entscheidung, falls notwendig, vollstreckt werden soll oder dessen Gerichte für die Streitentscheidung besonders geeignet sind.[602] Gerade im Interesse der Zuständigkeitsgleichheit unter den Parteien kann es erwünscht sein, dass Gerichte angegangen werden, die beiden Parteien die gleiche Distanz aufweisen (sog. neutrales Gericht).[603] Jede Partei hat zudem ein ernstes Interesse daran, dass die Gerichte ihres Wohnsitzes bzw. Sitzes ausschließlich zuständig sind.[604]

6. Bestimmbarkeit der Rechtsstreitigkeit und des Gerichts nach Art. 99 I, III e) CPC n.F.

Nach Art. 99 I CPC n.F. ist erforderlich, dass sich die Vereinbarung auf einen bestimmten Rechtsstreit oder auf Rechtsstreitigkeiten bezieht, die möglicherweise aus einem konkreten Rechtsverhältnis (a.F.: „einer bestimmten Tatsache“) resultieren. Der Wortlaut lässt erkennen, dass eine Zuständigkeitsvereinbarung nicht nur nachträglich für bereits entstandene Rechtsstreitigkeiten getroffen werden kann, sondern auch im Voraus für Rechtsstreitigkeiten, die möglicherweise aus einem konkreten Rechtsverhältnis resultieren. Das Wort „Rechtsverhältnis“ macht nun deutlich, dass damit insbesondere das Vertragsverhältnis zwischen den Parteien gemeint ist. Die gebräuchliche Vertragsklausel, dass für alle Streitigkeiten aus dem Vertrag ein bestimmtes Gericht zuständig sein soll, genügt dem Erfordernis.[605] Der Sinn des Bestimmtheitsgrundsatzes, der darin besteht, einen Überraschungseffekt zu vermeiden, wird gewahrt.[606] Unzulässig sind abstrakte und nicht eindeutige Vereinbarungen, die sämtliche rechtliche Konflikte der Parteien einem bestimmten Gericht zuweisen.[607] Konkurrieren mit Ansprüchen aus dem Vertrag Ansprüche aus unerlaubter Handlung, die sich mit Vertragsverletzungen decken, so sollten diese wegen des inneren Zusammenhangs von der Prorogation und Derogation miterfasst sein.[608]

---

[601] Vgl. Ferrer Correia, Lições DIP I, S. 449.

[602] S. Lima Pinheiro, DIP, Volume III, S. 215.

[603] Vgl. Ferrer Correia/Ferreira Pinto, RDE 1987, S. 25-64 (44); Brito, Dos Acordos sobre o Tribunal Competente em Situações Internacionais (1988), S. 172 f.; Radtke, RIW 1984, S. 270-282 (277, dortige Fn. 66).

[604] Lima Pinheiro, a. a. O. (Fn. 602).

[605] So bereits zur a.F.: Radtke, RIW 1984, S. 270-282 (278); Ferreira da Rocha, RDE 1987, S. 161-234 (193) m. w. N.

[606] S. dazu bereits S. 25.

[607] Vgl. nur Ferreira da Rocha, RDE 1987, S. 161-234 (192).

[608] Vgl. Radtke, RIW 1984, S. 270-282 (278, dortige Fn. 76); Ferreira da Rocha, RDE 1987, S. 161-234 (194); a. A. eine ältere Entscheidung des *Supremo Tribunal de Justiça* vom 12. Dezember 1978, Rechtssache Nr. 067644, in: http://www.dgsi.pt (Leitsätze). Bei *örtlichen* Gerichtsstandsvereinbarungen ist zu beachten, dass der gesetzliche Gerichtsstand der unerlaubten Handlung (Art. 74 II CPC n.F.) gem. Art. 100 I, 110 I a) CPC n.F. von Amts wegen zu berücksichtigen ist und nicht abbedungen werden kann, vgl. Hauschild, Gerichtsstandsvereinbarungen in Portugal und Spanien (1995), S. 126 f.

Ferner muss sich auch das für international zuständig erklärte Gericht aus der Vereinbarung ermitteln lassen können. Vor der Reform von 1997, als Art. 100 II CPC a. F („das zuständig gewordene Gericht bezeichnen") über Art. 99 III d) CPC a.F. auf internationale Zuständigkeitsvereinbarungen Anwendung fand, wurde von der h. M. nicht zugelassen, dass der vereinbarte Gerichtsstand nur bestimmbar war.[609] Der Wortlaut von Art. 99 I CPC n.F. („vereinbaren, welche Gerichtsbarkeit zuständig ist") und auch des Art. 100 II CPC n.F. „...*Kriterium*, welches das zuständig gewordene Gericht bestimmt, bezeichnen" (Hervorhebung des Verf.) ist nicht so streng konzipiert. Klauseln, nach denen z. B. die Gerichte am Wohnsitz einer der Parteien bestimmt werden ohne diesen zu benennen, sollten nun zulässig sein, wenn der Wohnsitz ermittelbar ist.[610] Hiergegen steht nicht Art. 99 III e) CPC n.F., wonach die Gerichtswahl aus einer schriftlichen Vereinbarung oder schriftlichen Bestätigung hervorgehen muss, in der „*ausdrücklich* die zuständige Gerichtsbarkeit bestimmt wird" (Hervorhebung des Verf.). Diese Regelung ist Ausdruck der in der h. L. vertretenen Meinung, dass Gerichtsstandsvereinbarungen nicht *stillschweigend* zustande kommen können (s. dazu sogleich).

7. Formelle Anforderungen gem. Art. 99 III e), IV CPC n.F. (Art. 99 III d) i. V. m. 100 II CPC a.F.)

Die Gerichtwahl muss aus einer „schriftlichen Vereinbarung oder schriftlichen Bestätigung hervorgehen, in der ausdrücklich die zuständige Gerichtsbarkeit bestimmt wird", Art. 99 III d) CPC n.F. Nach Art. 99 III d) i. V. m. 100 II CPC a.F. musste die Vereinbarung den Formerfordernissen des Vertrages genügen, die für den Vertrag galten, aus dem der Anspruch hergeleitet wurde, vorausgesetzt, dass (mindestens) die einfache Schriftform gewahrt war. Das Schriftformerfordernis wurde in der n.F. beibehalten. Allerdings ist es nicht mehr erforderlich, dass die Gerichtswahl der Form des Vertrages entspricht.[611] Unterlag der Vertrag einer strengeren Form (z. B. notarielle Beurkundung), dann war die strengere Vertragsform auch für die Zuständigkeitsvereinbarung maßgeblich.[612] Der Wegfall dieser Notwendigkeit war schon deshalb überfällig, weil sie den falschen Anschein erweckte, dass Gerichtsstandsvereinbarungen nur bei vertrag-

---

[609] *Tribunal da Relação de Lisboa* vom 30. Januar 1992, CJ, Ano XVII, Tomo II, 1992, S. 115-117 (117): Fidelidade *gegen* Fruticambra; Teixeira de Sousa, A Competência Declarativa dos Tribunais Comuns, S. 109; Varela/Bezerra/Sampaio e Nora, Manual de Processo Civil, S. 224; Hauschild, Gerichtsstandsvereinbarungen in Portugal und Spanien (1995), S. 127-129.

[610] S. die neuere Entscheidung des *Tribunal da Relação de Lisboa* vom 20. Januar 2004 (Rechtssache Nr. 9662/2003-1, in: http://www.dgsi.pt); dort wurden die Gerichte des „Auftraggebers" gewählt und die Gerichtsstandsvereinbarung wurde ohne weiteres nach Art. 99 CPC n.F. für gültig erachtet.

[611] Moura Ramos, A reforma do direito processual civil internacional, S. 28; Lima Pinheiro, DIP, Volume III, S. 215; beachte, dass diese Notwendigkeit weiterhin für intranationale Vereinbarungen nach Art. 100 II CPC n.F. gilt, s. unten S. 134.

[612] S. nur Radtke, RIW 1984, S. 270-282 (278 f.) m. w. N. (dortige Fn. 81).

lichen Schuldverhältnissen möglich seien.[613] Art. 99 III d) CPC n.F. lässt nun ausdrücklich die sog. „halbe Schriftlichkeit“ genügen und ähnelt somit dem Art. 17 I 2 a) EuGVÜ (Art. 23 I 3 a) Brüssel I-VO). Voraussetzung ist, dass sich die Parteien mündlich über den Gerichtsstand geeinigt haben und die schriftliche Bestätigung vollinhaltlich mit der vorher erzielten Einigung übereinstimmt. Es kommt nicht darauf an, ob die eine oder die andere Partei die mündliche Vereinbarung bestätigt. Entgegen einer Ansicht in der Literatur[614] muss die schriftliche Bestätigung nicht von beiden Parteien unterzeichnet sein; anderenfalls würde diese dem internationalen Handelsverkehr dienliche Formerleichterung neben der strengen Schriftform bedeutungslos sein. Die Schriftform wird durch Art. 99 IV CPC n.F. näher konkretisiert: Als in Schriftform abgefasst wird die „Vereinbarung angesehen, die in einem von den Parteien unterzeichneten Dokument festgehalten ist oder die aus dem Austausch von Briefen, Telefaxen, Telegrammen oder anderen Kommunikationsmitteln, die einen schriftlichen Nachweis erbringen, hervorgeht.“.[615] Es genügt auch, dass eines dieser Mittel „auf ein Dokument verweist, in dem die Vereinbarung enthalten ist“.[616] Für den letztgenannten Fall beispielhaft ist, wenn auf AGB verwiesen wird, die sich in einem vom Hauptvertrag getrennten Schriftstück befinden.[617] Bedeutsam ist, dass nach der Lehre[618] und der neuen Rechtsprechung des Obersten Gerichtshofs[619] Art. 99 CPC n.F. keine stillschweigenden Gerichtsstandsvereinbarungen zulässt. Die gesetzliche Grundlage hierfür liefert Art. 99 III d) CPC n.F., der eine „ausdrückliche“ Gerichtswahl fordert.[620] Die Willenseinigung – Angebot und Annahme –

---

613 Vgl. Moura Ramos, A reforma do direito processual civil internacional, S. 28, 30.

614 Lebre de Freitas/Pinto/Redinha, CPC anotado I, S. 184.

615 Zur Ausfüllung des Begriffs der „Kommunikationsmittel“ kann das DL Nr. 7/2004 vom 7. Januar herangezogen werden, das die Richtlinie 2000/31/EG über den elektronischen Geschäftsverkehr ins portugiesische Recht umsetzt; vgl. auch Art. 23 II Brüssel I-VO.

616 Art. 99 IV CPC n.F. entspricht weitgehend dem Art. 2 II des Gesetzes Nr. 31/86 vom 29. August über die freiwillige Schiedsgerichtsbarkeit.

617 Lebre de Freitas/Pinto/Redinha, CPC anotado I, S. 184.

618 Vaz Serra, RLJ 101 (1968-1969), S. 375-378 (377 f.); Ferreira da Rocha, RDE 1987, S. 161-234 (195 f.); Lebre de Freitas/Pinto/Redinha, CPC anotado I, S. 184; Lima Pinheiro, DIP, Volume III, S. 215.

619 *Supremo Tribunal de Justiça* vom 2. Februar 2000, Rechtssache Nr. 99B1147, in: http://www.dgsi.pt (Leitsatz; der Volltext dieser wichtigen Entscheidung wurde anscheinend nicht veröffentlicht; das komplette Urteil ist nur beim Obersten Gerichtshof in Lissabon erhältlich); der Oberste Gerichtshof korrigierte seine frühere Rechtsprechung, die ein stillschweigendes Zustandekommen von Zuständigkeitsvereinbarungen zuließ, vgl. die Entscheidungen vom 23. Januar 1968, BMJ 173 (1968), S. 263-267: Américo Barbosa *gegen* Fábricas Alvorada, S. A. R. L. (Kostenvoranschlag mit Gerichtsstandsklausel); 23. Juli 1981, BMJ 309 (1981), S. 303-309: Companhia de Seguros „Alentejo“ *gegen* Companhia Nacional de Navegação Arca Verde und Sociedade Bachke & Co. (Gerichtsstandsklausel im Konnossement) und vom 23. April 1996, BMJ 456 (1996), S. 350-356: Metalcapote – Indústrias metalúrgicas, Lda. *gegen* Metalsider – Metais e Produtos Siderúrgicos Lda. und Hoogovens Ijunviden Verhoopkantoor BV (Gerichtsstandsklausel im kaufmännischen Bestätigungsschreiben).

620 S. Lima Pinheiro, DIP, Volume III, S. 215.

muss ausdrücklich erfolgen. Der Gerichtshof begründet dies mit der Rechtssicherheit.[621] Auch bei einer schriftlichen Bestätigung (Art. 99 III e) 2. Alt. CPC n.F.) wird man einen vorangehenden mündlichen Konsens fordern müssen, der auf zwei ausdrücklichen Willenserklärungen beruht. Die in Art. 17 I 2 b), c) EuGVÜ und Art. 23 I 3 b), c) enthaltenen Formalternativen (Gepflogenheiten zwischen den Parteien/internationaler Handelsbrauch) finden in Art. 99 CPC n.F. keine Entsprechung. Wie zu sehen sein wird, wirkt sich dies negativ auf den Umgang der portugiesischen Gerichte mit den Gerichtsstandsvereinbarungen aus, die unter den Anwendungsbereich der Europäischen Zuständigkeitsordnungen fallen.[622]

8. Einschränkungen

a) Ausschließliche internationale Zuständigkeiten, Art. 99 III d) i. V. m. Art. 65-A CPC n.F.

Eine Gerichtswahl ist gem. Art. 99 III d) CPC n.F. (Art. 99 III c) 2. Fall CPC a.F.) nur zulässig, wenn sie sich nicht auf Fragen bezieht, die unter Art. 65-A CPC n.F. (ausschließliche Zuständigkeiten) fallen. Den ausschließlichen Gerichtsständen kommt auch bei der Anerkennung ausländischer Entscheidungen Bedeutung zu (vgl. Art. 1096 c) 2. HS CPC n.F.).[623] Der äußerst umstrittene ausschließliche Gerichtsstand für arbeitsrechtliche Beziehungen in Art. 65-A c) CPC a.F. wurde aufgehoben[624] und neben vereinzelten Änderungen des alten Wortlauts wurden in Art. 65-A c), d) und e) CPC n.F. drei neue Tatbestände aufgenommen, die an Art. 16 Nr. 2, 3 und 5 EuGVÜ[625] angelehnt sind. Lit. a) betrifft Klagen, die dingliche oder persönliche Rechte an im portugiesischen Gebiet belegenen unbeweglichen Sachen betreffen. Diese Regelung stimmt mit der in Art. 65 I a) 2. HS CPC n.F. überein.[626] Im Gegensatz zu Art. 65 I a) 2 HS. CPC n.F. bezieht sich Art. 65-A a) CPC n.F. aber auf im Inland befindliche un-

---

[621] Neben der Beweiserleichterung wird in der Literatur auch der Schutz der Parteien vor einer unüberlegten Vereinbarung genannt.

[622] Vgl. S. 134 ff.

[623] Vgl. S. 170.

[624] Nach Art. 65-A c) CPC a.F. waren portugiesische Gerichte ausschließlich zuständig für „Klagen betreffend arbeitsrechtliche Beziehungen“. Diese sehr weite Regelung (ein Bezug des Sachverhalts zu Portugal war nach dem Gesetzeswortlaut nicht erforderlich!) wurde heftig kritisiert, vgl. insbesondere Moura Ramos, Da lei aplicável ao contrato de trabalho internacional (1991), S. 779 f.; zum Wegfall dieser Regelung s. Marques dos Santos, in: Martínez, Pedro Romano (Hrsg.), Estudos do Instituto de Direito do Trabalho III, S. 13-47 (34); Lima Pinheiro, DIP, Volume III, S. 207; Moura Ramos, A reforma do direito processual civil internacional, S. 31; Lebre de Freitas, ROA 55 (1995), S. 417-518 (445); beachte, dass trotz der Aufhebung des ausschließlichen Arbeitsgerichtsstandes die Derogation portugiesischer Gerichte in Arbeitssachen gem. Art. 11 CPT n.F. verboten bleibt, s. dazu S. 132.

[625] Vgl. Art. 22 Nr. 2, 3 und 5 Brüssel I-VO.

[626] S. dazu bereits S. 60.

bewegliche Sachen.[627] Anders als bei Art. 22 Nr. 1 Brüssel I-VO (Art. 16 Nr. 1 EuGVÜ) kann der Beklagtengerichtsstand bei kurzen Miet- oder Pachtverträgen nicht neben den ausschließlichen treten. Des weiteren fallen Vergleichs- und Konkursverfahren bezüglich in Portugal wohnhafter Personen und dort ansässiger juristischer Personen oder Gesellschaften unter den Ausschließlichkeitskatalog.[628] Der Sitz von juristischen Personen und Gesellschaften ist i.R.v. Art. 65-A CPC n.F. nach Art. 33 I CC, Art. 3 I 1 CSC zu ermitteln. Es kommt grundsätzlich darauf an, ob sich ihr tatsächlicher Hauptverwaltungssitz in Portugal befindet.[629] Die kritikwürdige Regelung des Art. 65 II CPC n.F. ist nicht analog anzuwenden.[630] Lit. c) erfasst Klagen, welche die Gültigkeit eines Gesellschaftsvertrages oder die Auflösung von juristischen Personen oder Gesellschaften, die in Portugal ansässig sind, zum Gegenstand haben, sowie solche Klagen, die die Beurteilung der Gültigkeit der Beschlüsse der entsprechenden Organe betreffen. Unter Art. 65-A d) CPC n.F. fallen Klagen, deren Hauptgegenstand die Gültigkeit von Eintragungen von Rechten in öffentlichen Registern betrifft, die in Portugal einzutragen sind.[631] Schließlich wurde mit dem DL Nr. 38/2003 vom 8. März lit. e) hinzugefügt, nach dem portugiesische Gerichte ausschließlich für die Vollstreckung von Vermögen, das sich auf portugiesischem Territorium befindet, zuständig sind.[632] Diese Angleichung an die Brüssel I-VO ist zu begrüßen.

---

[627] Das *Supremo Tribunal de Justiça* hat in einem Urteil vom 13. Januar 2005 (Rechtssache Nr. 04B3808, in: http://www.dgsi.pt) deutlich gemacht, dass der neue Art. 65-A lit. a) CPC auf der Vorschrift des Art. 16 Nr. 1 EuGVÜ (Art. 22 Nr. 1 Brüssel I-VO) beruht und es sich deswegen eine Anwendung des Art. 65-A lit. a) CPC n.F. unter besonderer Berücksichtigung der EuGH-Rechtsprechung anbietet. Diese Ausführungen des Obersten Gerichtshofs sind zu begrüßen.

[628] Vgl. das DL Nr. 132/93 vom 23. April („Código dos processos especiais de recuperação da empresa e de falência", DR, Série I, vom 23. April 1993, S. 1976-2005); Art. 13 des genannten Gesetzes enthält eine örtliche Zuständigkeitsregel, die nach Art. 65 I b) CPC n.F. doppelfunktional angewandt werden kann. Abgestellt wird primär auf den Wohnsitz des Schuldners (Art. 13 I; s. aber bereits Art. 65 I a) CPC n.F.); ist der Schuldner im Ausland ansässig, so kann ein Konkursverfahren in Portugal eingeleitet werden, wenn er dort eine ständige oder eine andere Art von Vertretung bzw. Betätigungszentrum besitzt, vorausgesetzt, es handelt sich um Verfahren, die aus in Portugal eingegangenen Verpflichtungen hervorgehen oder dort erfüllt werden müssen, wobei sich die Liquidation auf das in Portugal vorhandene Vermögen beschränkt, Art. 13 III des Gesetzes.

[629] S. obige Fn. 267.

[630] So aber Teixeira de Sousa, IPRax 1997, S. 352-360 (356), ohne Begründung; zu Art. 65 II CPC n.F. s. S. 56.

[631] Die Zuständigkeit ist also nur dann ausschließlich, wenn der *Haupt*gegenstand der Klage die Gültigkeit der Eintragungen von Rechten in öffentliche Register betrifft, welche in Portugal einzutragen sind; man wollte vermeiden, dass eine ausländische Entscheidung nicht anerkannt wird (vgl. Art. 1096 c) 2. HS CPC n.F.), in der nur beiläufig die Löschung einer Eintragung geltend gemacht wurde, s. Lebre de Freitas, ROA 55 (1995), S. 417-518 (443); Lima Pinheiro, DIP, Volume III, S. 209 f.

[632] Mit dem neuen lit. e) reagierte der Gesetzgeber auf das in der Literatur geäußerte Unverständnis, warum der Gesetzgeber von 1997 keine ausschließliche Zuständigkeit für Vollstreckungsklagen entsprechend dem Art. 16 Nr. 5 EuGVÜ eingeführt hatte, vgl. Moura Vicente,

Während sich Art. 65-A e) CPC n.F. allerdings auf die „Vollstreckung von Vermögen" bezieht, erfasst Art. 22 Nr. 5 Brüssel I-VO „Verfahren, welche die Zwangsvollstreckung aus Entscheidungen zum Gegenstand haben".[633] Art. 65-A e) CPC n.F. hat einen größeren Anwendungsbereich, da er unmittelbar auf die Vollstreckung Bezug nimmt. Fraglich ist, wann sich Vermögen in Portugal i.S.v. Norm „befindet". Bei unbeweglichen und beweglichen Sachen liegt meistens ein vernünftiger Anknüpfungspunkt zum Inland vor (*Territorialität der staatlichen Zwangsgewalt*). Insbesondere bei der Zwangsvollstreckung in Forderungen, wird man ebenso eine relevante Beziehung zu Portugal fordern müssen.[634] Jede Belegenheit bei nichtkörperlichen Gegenständen ist fiktiv.[635] Hier kann Art. 65 CPC herangezogen werden; z. B. reicht als Anknüpfungspunkt aus, dass der Erfüllungsort der Verpflichtung nach Art. 65 I b) i. V. m. 94 I CPC n.F. (ohne Rücksicht auf die *lex causae*) in Portugal liegt[636] oder der Vollstreckungsschuldner seinen Sitz in Portugal hat, Art. 65 I a), II CPC n. F[637]. Unter Art. 65-A CPC n.F. lassen sich auch die von Art. 22 Nr. 5 Brüssel I-VO erfassten Rechtsbehelfe in der Zwangsvollstreckung subsumieren.[638] Vor der Aufnahme von lit. e) in Art. 65-A CPC n.F. war in der Literatur umstritten, wann die portugiesischen Gerichte für die Zwangsvollstreckung international zuständig waren.[639]

Nicht nachvollziehbar ist, warum der Gesetzgeber Art. 16 Nr. 4 EuGVÜ (Patente und andere gewerbliche Schutzrechte) nicht in Art. 65-A CPC n.F. übernommen hat.[640]

Direito Internacional Privado – Ensaios I, S. 261; Moura Ramos, A reforma do direito processual civil internacional, S. 35. Allerdings stimmt Art. 65-A e) CPC n.F. nicht mit Art. 16 Nr. 5 EuGVÜ (Art. 22 Nr. 5 Brüssel I-VO) überein, s. sogleich.

633 Darunter fallen kontradiktorische Verfahren, die einen unmittelbaren Bezug zur Zwangsvollstreckung aufweisen, s. etwa Kropholler, EuZPR, Art. 22 EuGVO, Rn. 61; Teixeira de Sousa, Acção Executiva Singular, S. 127.

634 Vgl. Geimer, IZPR, Rn. 3211 ff.; Teixeira de Sousa, Acção Executiva Singular, S. 125 f., der zu Recht darauf hinweist, dass eine relevante Beziehung zum portugiesischen Gebiet vorliegen muss.

635 Schack, IZVR, Rn. 960.

636 Art. 94 I-IV CPC n.F. enthält allgemeine örtliche Zuständigkeitsregeln betreffend Zwangsvollstreckungen; vgl. dazu Teixeira de Sousa, Acção Executiva Singular, S. 125 f.

637 S. Lebre de Freitas, A Acção Executiva, S. 97.

638 Vgl. etwa Art. 351 ff. (Drittwiderspruch) und 813 ff. CPC (Vollstreckungsabwehr).

639 Entsprechend dem Wortlaut des neuen lit. e) besaßen sie nach einer Ansicht (Anselmo de Castro, A Acção Executiva Singular, Comum e Especial, S. 66 ff.) nur dann die internationale Zuständigkeit, wenn es um die Vollstreckung von im Inland belegenem Vermögen ging, andere (Alberto dos Reis, Processo de Execução I, S. 410 ff.; Lebre de Freitas, A Acção Executiva, S. 97 f.; so wohl auch *Supremo Tribunal de Justiça* vom 7. November 2002, Rechtssache Nr. 02B2894, in: http://www.dgsi.pt) wandten Art. 65 CPC mit all seinen Alternativen an, während eine dritte Ansicht (Teixeira de Sousa, Acção Executiva Singular, S. 124 ff.) anscheinend nur die Art. 90-95 CPC (Doppelfunktionalität der örtliche Zuständigkeitsregeln betreffend die Zwangsvollstreckung) für anwendbar hielt.

640 Die ausschließliche Zuständigkeit portugiesischer Gerichte für gewerbliche Schutzrechte wird seit langem vertreten, vgl. Machado Vilela, Tratado Elementar de DIP II, S. 180; Moura

Fraglich ist, ob in den Bereichen, für die Art. 65-A CPC n.F. eine ausschließliche Zuständigkeit begründet, nur die Derogation einer portugiesischen Zuständigkeit oder auch die Prorogation portugiesischer Gerichte unzulässig ist, wenn die Anknüpfungspunkte des Art. 65-A CPC n.F. ins Ausland weisen. In Anbetracht der Tatsache, dass Art. 99 CPC n.F. für Derogationen und Prorogationen gleichermaßen gilt, könnte man Letzteres in Erwägung ziehen. Im portugiesischen Schrifttum wird überwiegend von einem Derogationsverbot gesprochen.[641] Nur vereinzelte Stimmen weisen auf eine spiegelbildliche Anwendung von Art. 65-A CPC hin.[642] Die h. M. kann sich auf den Wortlaut des Art. 65-A CPC n.F. berufen, der stets einen Bezug zu Portugal verlangt.[643] Das autonome Zuständigkeitssystem mit seinem besonderen Schutzgedanken zugunsten des inländischen Klägers (vgl. etwa Art. 65 I c), d) CPC n.F.[644]) spricht zudem dafür, dass der Gesetzgeber seine internationale Zuständigkeit bei der Wahl portugiesischer Gerichte nicht einem ausländischen Gericht abgeben und damit dem Kläger den inländischen Rechtsschutz verweigern wollte. Es ist daher nicht zu erwarten, dass die portugiesische Rechtsprechung Art. 65-A CPC n.F. bilateral ausbaut, auch wenn eine solche Vorgehensweise einer gerechten Zuständigkeitsverteilung dienlich und rechtspolitisch geboten wäre.[645]

Ramos, A reforma do direito processual civil internacional, S. 35; handelt es sich allerdings um Rechte, die in öffentliche Register einzutragen sind, kann bereits Art. 65-A d) CPC einschlägig sein.

[641] Ferrer Correia, in: Estudos Vários de Direito, S. 105-191 (180); Brito, Dos Acordos sobre o Tribunal Competente em Situações Internacionais (1988), S. 53 f.; Lebre de Freitas/Pinto/Redinha, CPC anotado I, S. 183; Pais de Amaral, DPC, S. 114.

[642] Curado Neves, in: A Competência Internacional Indirecta em DPC, S. 147 f.; Teixeira de Sousa, A Competência Declarativa dos Tribunais Comuns, S. 56 f.; Ferreira da Rocha, RDE 1987, S. 161-234 (201 f.). Lima Pinheiro (DIP, Volume III, S. 210 f.) lässt diese Frage im Ergebnis ausdrücklich offen und führt aus, dass nach seiner Ansicht (so auch Curado Neves a. a. O.) eine ausschließliche Zuständigkeit nach Art. 65-A CPC n.F. nur dann beachtet werden könnte, wenn der ausländische Staat für sich eine identische ausschließliche Zuständigkeit beansprucht oder anders formuliert, eine ausländische ausschließliche Zuständigkeit nur dann beachtet werden könnte, wenn Art. 65-A CPC n.F. für den konkreten Fall ebenso einen ausschließlichen Gerichtsstand vorsieht. In Deutschland wird dagegen überwiegend nur darauf abgestellt, ob aus deutscher Sicht eine ausschließliche Zuständigkeit im Ausland begründet ist, vgl. Schack, IZVR, Rn. 441; von Hoffmann, IPR, § 3, Rn. 84; Kropholler, Hdb. IZVR I, Rn. 156. Für die in Deutschland vertretene Meinung spricht, dass das deutsche wie das reformierte portugiesische Prozessrecht internationalisierungsfähige Ausschließlichkeiten vorsehen.

[643] S. Hauschild, Gerichtsstandsvereinbarungen in Portugal und Spanien (1995), S. 185 f.; Ferreira da Rocha, RDE 1987, S. 161-234 (201 f.).

[644] Man denke auch an die Regelungen im See- und Arbeitsrecht, die eine Derogation portugiesischer Gerichte (ohne vernünftigen Grund) generell verbieten, s. dazu S. 130 ff.

[645] Vgl. Kropholler, Hdb. IZVR I, Rn. 156; Lima Pinheiro, DIP, Volume III, S. 210 f.; zu denken ist auch an die Anerkennung portugiesischer Entscheidungen im Ausland, die bei einer Missachtung der ausschließlichen Zuständigkeit des ausländischen Staates dort i. d. R. nicht anerkannt werden.

b) Disponible Rechte i. S. v. Art. 99 III a) CPC n.F.

Nach Art. 99 III a) CPC n.F. (Art. 99 III c) 1. Fall CPC a.F.) sind internationale Zuständigkeitsvereinbarungen, die sich auf indisponible Rechte beziehen, unzulässig. Diese Zulassungsschranke ist ein weiteres Unsicherheitsmoment bei internationalen Zuständigkeitsvereinbarungen.[646] Eine Definition von (in-)disponiblen Rechten fehlt im Gesetz. Keine verfügbaren Rechte sollen solche sein, die die Parteien durch Willensakt nicht begründen oder aufheben, oder auf die sie freiwillig nicht verzichten können.[647] Der Sinn der Vorschrift erschließt sich nicht ganz, wenn man bedenkt, dass eine Zuständigkeitsvereinbarung nicht die Grenzen tangiert, welche der materiellen Privatautonomie auferlegt werden; indisponible Rechte werden durch eine Gerichtswahl nicht zu verfügbaren Rechten.[648] Zu Recht wurde vorgeschlagen, eine Einschränkung nur bei Statussachen vorzunehmen.[649] *De lege lata* kann Art. 99 III a) CPC n.F. über Statutssachen (wie z. B. Ehescheidung und Vaterschaftsfeststellung)[650] hinaus auch das Erbrecht, Unterhaltsrecht und Persönlichkeitsschutzrechte[651] erfassen. Ob dem jeweiligen Recht tatsächlich ein indisponibler Charakter zukommt, ist nach der *lex causae* zu ermitteln.[652] Dafür spricht der materiellrechtliche Zusammenhang.

c) Verbot der Derogation der Gerichte in Seerechtssachen und im Arbeitsrecht

aa) Seerecht, Art. 7 des Gesetzes Nr. 35/86 vom 4. September

Das portugiesische Seerecht wird durch fünf Spezialverordnungen geregelt, die jeweils eigene internationale Gerichtsstände enthalten, aber über die Zulässigkeit von Gerichtsstandsvereinbarungen keine Aussagen machen.[653] Die Ge-

---

646 Radtke, RIW 1984, S. 270-282 (281); Hauschild, Gerichtsstandsvereinbarungen in Portugal und Spanien (1995), S. 186.

647 Teixeira de Sousa, A Competência Declarativa dos Tribunais Comuns, S. 117 (zu Art. 1 I des Gesetzes Nr. 31/86 vom 29. August über die freiwillige Schiedsgerichtsbarkeit); Pais de Amaral, DPC, S. 113 f.; Lima Pinheiro, DIP, Volume III, S. 213 f.

648 Vgl. Lebre de Freitas/Pinto/Redinha, CPC anotado I, S. 182 f.

649 Teixeira de Sousa, ROA 55 (1995), S. 353-416 (372); vgl. § 40 II Nr. 1 ZPO.

650 *Tribunal da Relação de Lisboa* vom 23. Oktober 2003, Rechtssache Nr. 3317/2003-6, in: http://www.dgsi.pt („...direitos sobre o estado das pessoas, que ninguém põe em dúvida que constituem direitos indisponíveis,..."); *Supremo Tribunal de Justiça* vom 19. Januar 1973, Rechtssache Nr. 064353, in: http://www.dgsi.pt [Vaterschaftsfeststellung (Leitsatz)]; Lebre de Freitas/Pinto/Redinha, CPC anotado I, S. 531 (zu „direitos indisponíveis" i. S. v. Art. 299 I CPC); Radtke, RIW 1984, S. 270-282 (281) m. w. N.

651 Vgl. *Tribunal da Relação do Porto* vom 27. November 2001, Rechtssache Nr. 0121217, in: http://www.dgsi.pt [Persönlichkeitsrechte, wie das Recht auf Gesundheit u. a. (Leitsatz)]; Lima Pinheiro, DIP, Volume III, S. 214; Hauschild, Gerichtsstandsvereinbarungen in Portugal und Spanien (1995), S. 185; Radtke, RIW 1984, S. 270-282 (281) m. w. N.

652 Teixeira de Sousa, A Competência Declarativa dos Tribunais Comuns, S. 106.

653 Vgl. Art. 20 des DL Nr. 349/86 vom 17. Oktober (Seebeförderungsvertrag für Personen); Art. 30 des DL Nr. 352/86 vom 21. Oktober (Seehandelsvertrag); Art. 16 des DL Nr. 431/86 vom 30. Dezember (Schleppvertrag), Art. 47 des DL 191/87 vom 29. April (Chartervertrag)

richtsstände dieser Gesetzesdekrete ähneln sich und sind zum Teil exorbitant.[654] Sie finden neben den allgemeinen Zuständigkeitsregeln der Art. 65 ff. CPC Anwendung.[655] Obwohl das DL Nr. 203 vom 10. Juli (Seenot - Verträge betreffend Rettungsmaßnahmen) erst 1998 erlassen wurde als Portugal bereits seit sechs Jahren Vertragsstaat des EuGVÜ war, stellt dessen Art. 15 I b) weiterhin auf die portugiesische Nationalität der Parteien ab.[656] Durchgreifend ist das Derogationsverbot portugiesischer Gerichte in Seerechtssachen[657] gem. Art. 7 I des Gesetzes Nr. 35/86 vom 4. September über die Seegerichte.[658] Das Derogationsverbot bei Seerechtsstreitigkeiten ist deshalb besonders misslich, weil Zuständigkeitsklauseln zum Standardinhalt von seerechtlichen Verträgen gehören. Die internationale Schiffsfahrtwirtschaft wird empfindlich gestört, wenn im Ausland bekannt ist, dass Zuständigkeitsvereinbarungen zu Lasten portugiesischer Gerichte von diesen ignoriert werden.[659] Außerdem gibt es keine vernünftigen Gründe, die das Derogationsverbot in Seerechtssachen nur annähernd rechtferti-

---

und Art. 15 des DL Nr. 203/98 vom 10. Juli (Seenot; Verträge betreffend Rettungsmaßnahmen).

654 Die portugiesischen Gerichte sind international zuständig, wenn der Ausgangs- bzw. Zielhafen des Schiffes in Portugal liegt (lit. a), die Parteien Portugiesen sind bzw. das Schiff unter portugiesischer Flagge fährt oder in Portugal registriert ist (lit. c), der Abschlussort des jeweiligen Vertrages (lit. b) oder der Sitz einer der Parteien in Portugal (lit. d) liegt. Eine Partei wird, vergleichbar mit der Regelung des Art. 65 II CPC n.F. (Art. 65 III CPC a.F.), bereits dann als in Portugal ansässig angesehen, wenn sie dort eine einfache Niederlassung unterhält; zu Art. 65 II CPC n.F. s. S. 56.

655 Vgl. den Absatz 2 der jeweiligen Artikel über die internationale Zuständigkeit der genannten Gesetzesdekrete; beachte, dass Art. 65 I b) i. V. m. 78-81 CPC n.F. speziell für Seerechtsfälle, internationale Gerichtsstände für die Große Haverei, für Schiffskollisionen, für die Entschädigungen bei Hilfeleistungen und für die Geltendmachung des Erlöschens von Vorzugsrechten an Schiffen vorsehen.

656 Das EuGVÜ sowie die Brüssel I-VO erfassen auch seerechtliche Streitigkeiten, s. Jayme/Kohler, IPRax 1988, S. 133-140 (136); Ferrer Correia/Ferreira Pinto, RDE 1987, S. 25-64 (28, dortige Fn. 8); Lima Pinheiro, DIP, Volume III, S. 217.

657 Unter dem Begriff der „Seerechtssachen“ fallen nach Art. 4 a) bis f) des Gesetzes Nr. 35/86 vom 4. September alle denkbaren zivilrechtlichen Seerechtstreitigkeiten.

658 Art. 7 I lautet: „In internationalen Seerechtssachen ist eine Vereinbarung unwirksam, die darauf gerichtet ist, den portugiesischen Gerichten die Zuständigkeit zu entziehen, wenn ihnen die Zuständigkeit nach den Bestimmungen des Art. 65 CPC zukommt“; *pacta de foro derogando* bleiben nach Art. 7 II des Gesetzes nur zulässig, wenn alle maßgeblichen Kriterien des Falles, wie Nationalität der Parteien, Erfüllungsort und Belegenheits- bzw. Registrierungsort der Vermögenswerte ins Ausland weisen. Für eine zulässige Derogation portugiesischer Gerichte bleiben praktisch kaum Fälle übrig, vgl. Radtke, RIW 1987, S. 196-201 (197). Art. 7 I des Gesetzes ist wie Art. 61 CPC viel zu eng formuliert, in dem er nur Art. 65 CPC nennt, s. Radtke, a. a. O. (200). Dieses Derogationsverbot, verbunden mit der geschilderten Ausnahmeregelung in Art. 7 II, entspricht dem Art. 99 I CPC in Fassung vor 1978 (vgl. obige Fn. 563) und bedeutet daher ein Rückschritt zur alten Gesetzeslage. Beachte, dass die Zulässigkeit einer Prorogation portugiesischer Gerichte in Seerechtssachen nach Art. 99 CPC n.F. davon nicht berührt wird (Art. 14 des Gesetzes verweist auf das CPC), s. Radtke, a. a. O.; Hauschild, Gerichtsstandsvereinbarungen in Portugal und Spanien (1995), S. 189.

659 Radtke, RIW 1987, S. 196-201 (198).

gen könnten.[660] Es bleibt den Parteien nur die Möglichkeit, eine Schiedsabrede zu treffen, auf die Art. 7 des Gesetzes keine Anwendung findet.[661]

bb) Arbeitsrecht, Art. 11 CPT n.F. (Art. 12 CPT a.F.)

Ein weiteres Zeugnis dieses offensichtlichen Misstrauens gegenüber der sachgerechten Behandlung der Streitigkeiten durch ausländische Gerichte verbirgt Art. 11 CPT n.F. (Art. 12 CPT a.F.).[662] Danach können internationale Gerichtsstandsvereinbarungen, durch die eine kraft Gesetzes bestehende internationale Zuständigkeit in Arbeitsrechtssachen abbedungen wird, vor portugiesischen Gerichten nicht geltend gemacht werden.[663] Diese Regelung lässt sich nicht etwa mit dem Schutz des Arbeitnehmers erklären, weil das autonome Zuständigkeitssystem in Portugal ansässigen Arbeitgebern einen Klägergerichtsstand zur Verfügung stellt.[664] Auch hierin liegt eine unbegründete Diskrepanz zu Art. 17 EuGVÜ bzw. Art. 23 Brüssel I-VO.[665] Das *Berufungsgericht Porto* hat in einem Urteil vom 19. Januar 2004[666] behauptet, dass der Sinn des Derogationsverbots im Arbeitsrecht darin liegt, die Durchsetzung der autonomen internationalen Arbeitsgerichtsstände zu gewährleisten, da diese Gerichtsstände im öffentlichen Interesse und daher nicht zur Disposition der Parteien stehen. Dieser Begründungsversuch ist nicht haltbar. Zum einen kann ein Arbeitgebergerichtsstand kaum im öffentlichen Interesse stehen und zum anderen ist der dem Schutz des Arbeitnehmers dienende allgemeine Beklagtengerichtsstand international üblich. Ein Derogationsverbot im Arbeitsrecht ist wie bei Seerechtssachen nicht mehr zeitgemäß und kann wirtschaftlichen Schaden verursachen.

d) Allgemeine Geschäftsbedingungen, Art. 19 g) RCCG (AGB-Gesetz)

Ist das AGB-Gesetz einschlägig (zu dessen internationalem Anwendungsbereich s. oben S. 119), so ist bei Zuständigkeitsklauseln Art. 19 g) RCCG zu berücksichtigen. Eine Gerichtsstandsklausel ist nur wirksam, wenn sie nicht schwerwiegende Nachteile für eine der Parteien mit sich bringt, ohne dass die Interessen der anderen Partei dies rechtfertigen. Wie i.R.d. Tatbestandsmerkmals des „ernsthaften Interesses" (Art. 99 III c) CPC n.F.) kann der portugiesische Richter die Beweggründe der Parteien unter die Lupe nehmen. Auch hier kommt es

---

[660] Vgl. Radtke, RIW 1987, S. 196-201 (198 ff.); Ferreira da Rocha, RDE 1987, S. 161-234 (212, dortige Fn. 138).

[661] Vgl. den Leitsatz des Urteils des *Supremo Tribunal de Justiça* vom 31. Juni 1996, Rechtssache Nr. 088024, in: http://www.dgsi.pt.

[662] Art 11 CPC n.F. ist in Art. 3 II i. V. m. Anhang I Brüssel I-VO (exorbitante Gerichtsstände) aufgelistet.

[663] Auch hier bleibt eine Prorogation portugiesischer Gerichte in Arbeitssachen nach Art. 99 CPC n.F. allgemein zulässig (Art. 1 II a) CPT n.F. verweist auf das CPC).

[664] Vgl. dazu S. 97; kritisch auch Moura Ramos, Da lei aplicável ao contrato de trabalho internacional (1991), S. 781; ders. A reforma do direito processual civil internacional, S. 31 f.; Moura Vicente, Direito Internacional Privado – Ensaios I, S. 262 a. E.

[665] Vgl. speziell zum Arbeitsrecht Art. 17 V EuGVÜ und Art. 23 V i. V. m. 21 Brüssel I-VO.

[666] Rechtssache Nr. 0345071, in: http://www.dgsi.pt.

entscheidend darauf an, ob eine Partei durch die Vereinbarung unangemessen benachteiligt wird. Das wird man in aller Regel nur bei Verbrauchern bejahen können. Ob dem Art. 19 g) RCCG neben dem neuen Wortlaut des Art. 99 III c) CPC überhaupt noch eine eigenständige Bedeutung zukommt, ist äußerst fraglich.

9. Wirkung: Vermutung zugunsten eines alternativen Charakters, Art. 99 II 2. Teil CPC n.F. (Art. 99 IV CPC a.F.)

Ist die Gerichtsstandsvereinbarung, welche die portugiesischen Gerichte derogiert, wirksam[667] bedeutet dies nicht, dass portugiesische Gerichte den Rechtsstreit nicht doch zur Sachentscheidung annehmen können. Sind die portugiesischen Gerichte nach den allgemeinen Regelungen international zuständig, so wird nach Art. 99 II 2. Teil CPC n.F. *vermutet*, dass sie neben die prorogierten ausländischen Gerichte treten. Darin liegt eine weitere bedenkliche Regelung. Die Parteien müssen ausdrücklich eine *ausschließliche* Gerichtswahl treffen, um vor bösen Überraschungen verschont zu bleiben.[668] Durch Art. 99 II 2. Teil CPC n.F. werden sie in ihrer Gutgläubigkeit enttäuscht. Haben die Parteien nämlich nichts anderes vereinbart, so ist es doch selbstverständlich, dass sie ihre Rechtsstreitigkeiten ausschließlich vor dem bezeichneten Gericht austragen wollen. Diesem Selbstverständnis wird durch Art. 17 I 1 EuGVÜ („... ausschließlich zuständig.") und 23 I 2 Brüssel I-VO („... ausschließlich zuständig, sofern die Parteien nichts anderes vereinbart haben.") Rechnung getragen.[669] Art. 99 II 2. Teil CPC n.F. enthält die entgegengesetzte Regelung.[670] Hinzu kommt noch eine un-

---

[667] Eine Versagung der Wirksamkeit kann nicht durch eine Art ordre-public-Kontrolle erfolgen, indem die bloße Vermutung aufgestellt wird, die prorogierten Gerichte werden eine Entscheidung fällen, die in Portugal wegen des Verstoßes gegen höherrangiges Recht nicht anerkannt werden kann. Vielmehr muss der Kläger zuerst das ausländische Urteil erstreiten. Wird dann das Urteil in Portugal nicht anerkannt, so ist ihm, sofern er ein Rechtsschutzbedürfnis nachweisen kann, ein inländisches *forum necessitatis* gem. Art. 65 I d) CPC n.F. zu eröffnen; s. auch Geimer, IZPR, Rn. 1770; Schack, IZVR, Rn. 453); a. A. Lima Pinheiro, DIP, Volume III, S. 215 f.; s. auch BGH NJW 1984, S. 2037 = RIW 1985, S. 78 = IPRax 1985, S. 216 m. Anm. Roth auf S. 198 (Unverbindlichkeit eines ausländischen Börsentermingeschäfts); OLG Frankfurt/M. WM 1996, S. 2107.

[668] Lebre de Freitas/Pinto/Redinha, CPC anotado I, S. 182; Teixeira de Sousa, Estudos sobre o novo Processo Civil, S. 126.

[669] Während nach dem EuGVÜ nur eine ausschließliche Zuständigkeit des prorogierten Gerichts ausdrücklich vorgesehen war, schwächt die Brüssel I-VO dies zu einer Zweifelsregelung ab und stärkt damit die Vertragsfreiheit. Ebenso sieht Art. 4 I 2 Entwurf zur Hague Convention in International Jurisdiction and Foreign Judgments in Civil and Commercial Matters die Ausschließlichkeit vor.

[670] Kritisch auch Moura Vicente, Direito Internacional Privado – Ensaios I, S. 263; Teixeira de Sousa, ROA 55 (1995), S. 353-416 (371 f.); Lima Pinheiro, DIP, Volume III, S. 211; obwohl es an einer ausdrücklichen gesetzlichen Regelung fehlt, wird in Österreich vertreten, dass durch eine Gerichtsstandsvereinbarung (vgl. § 104 JN) „im Zweifel" nur ein Wahlgerichtsstand vereinbart wird, s. die Kritik von Heiss/Zobel, IPRax 2004, S. 266-269 (zu OGH, 31.01.2002, IPRax 2004, S. 261).

gleiche Behandlung von Gerichtsstandsvereinbarungen im Prozess: Eine Gerichtsstandsvereinbarung wird, im Gegensatz zu allen anderen autonomen internationalen Gerichtsständen, nicht von Amts wegen überprüft (Art. 101, 102 I, 108 CPC n.F.). Der Beklagte muss sich – grundsätzlich bis zur Klageerwiderung, vgl. Art. 109 I CPC n.F. – auf den Ausschluss der portugiesischen Zuständigkeit berufen, wenn einer Zuständigkeitsvereinbarung zuwider in Portugal geklagt wird.[671]
Wählen die Parteien zugleich das örtlich zuständige Gericht (z. B.: Amtsgericht Lissabon), so sind zusätzlich die Voraussetzungen des Art. 100 CPC n.F. zu überprüfen.[672]

II. Gerichtsstandsvereinbarungen gem. Art. 17 EuGVÜ und Art. 23 Brüssel I-VO in der portugiesischen Rechtsprechung

1. Bedeutung der Formalternativen in Abs. 1 S. 2 bzw. S. 3.

Die portugiesischen Gerichte befassten sich verhältnismäßig oft mit Gerichtsstandsvereinbarungen. Fast in allen internationalen Verträgen finden sich Gerichtsstandsklauseln. Das EuGVÜ und die Brüssel I-VO regeln unter dem Gesichtspunkt der Wahrung der Privatautonomie großzügig die Zulässigkeit von Gerichtsstandsvereinbarungen und gestatten es, dass vertraglich ein anderes Gericht als das nach den Bestimmungen der Zuständigkeitsordnungen eigentlich kompetente für zuständig erklärt wird.[673] Überwiegend stellten sich die Gerichte die Frage, ob eine Prorogation zustande kam, d. h. eine wirksame „Vereinbarung" i.S.v. Normen vorlag. Den Formalternativen in Art. 17 I S. 2 EuGVÜ bzw. Art. 23 I S. 3 Brüssel I-VO kommt eine große Bedeutung zu. Bei Geschäftspartnern, die aus der Ferne miteinander kommunizieren und Verträge abschließen, kommt es häufig vor, dass sich Gerichtsstandsklauseln in von den Vertragsparteien ausgestellten Schriftstücken finden, wie zum Beispiel in Rechnungen, Bestätigungsschreiben oder Konnossements. Problematisch kann dann die Feststellung der erforderlichen – ausdrücklichen oder stillschweigenden – Zustimmung des Empfängers zu dieser Klausel sein. Der Begriff der „Vereinbarung" ist grundsätzlich als autonomer Begriff aufzufassen.[674] Die Wortlaute der

---

[671] Vgl. das Urteil des *Supremo Tribunal de Justiça* vom 8. Juni 2004, Rechtssache Nr. 04A1223, in: http://www.dgsi.pt; Lebre de Freitas/Pinto/Redinha, CPC anotado I, S. 185; Lima Pinheiro, DIP, Volume III, S. 217, 219 f.; Radtke, RIW 1984, S. 270-282 (281 f.); Hauschild, Gerichtsstandsvereinbarungen in Portugal und Spanien (1995), S. 192.

[672] Die Gültigkeitsvoraussetzungen in Art. 100 CPC n.F. unterscheiden sich von Art. 99 CPC n.F. im wesentlichen nur dadurch, dass gem. Art. 100 II CPC n.F. die Vereinbarung den Formerfordernissen des Vertrages zu genügen hat, aus dem der Anspruch hergeleitet wird, während dies bei Art. 99 CPC n.F. nicht der Fall ist, vgl. dazu S. 124.

[673] Zu den Anwendungsvoraussetzungen des Art. 17 EuGVÜ/LugÜ bzw. Art. 23 Brüssel I-VO s. bereits S. 24, 29.

[674] EuGH 10.3.1992, Rs. 214/89 – „Powell Duffryn/Petereit", EuGHE 1992 I, S. 1745 = RIW 1992, S. 492 = IPRax 1993, S. 32 m. Anm. Koch auf S. 19 = EuZW 1992, S. 252 = ZEuP 1994, S. 138 m. Anm. Karré-Abermann.

Art. 17 I EuGVÜ und Art. 23 I Brüssel I-VO ergeben als Maßstab für eine wirksame Willenseinigung Formerfordernisse. Wird die Form nicht eingehalten, so ist keine gültige „Vereinbarung" gegeben.[675] Die Zuständigkeitsordnungen geben daher bestimmte Mindestanforderungen der Willensübereinstimmung vor.[676] Dazu zählt auch die inhaltliche Bestimmtheit der Vereinbarung.[677] Wird die geforderte Form eingehalten, so ist ein Indiz für eine wirksame Willenseinigung gegeben.[678] Jedoch darf nicht übersehen werden, dass die Vorschriften keine Regelungen für die Beurteilung der Konsenserfordernisse und der Beachtlichkeit von Willensmängeln enthalten. Bei Fragen, die nach dem „gegenwärtigen Stand der Rechtsentwicklung noch keine gemeinsamen Prinzipien in den verschiedenen nationalen Rechtsordnungen erkennen lassen", greift der EuGH ausnahmsweise auf die Kollisionsnormen des mit dem Rechtsstreit befassten Gerichts bestimmte Rechtsordnung (*lex causae*) zurück.[679] Eine autonome Auslegung erscheint in diesem Kontext derzeit nicht möglich.[680] Dies bedeutet, dass zusätz-

---

[675] Art. 17 I EuGVÜ/LugÜ bzw. Art. 23 I Brüssel I-VO sprechen zwar zunächst nur von einer „Vereinbarung", diese „Vereinbarung" wird aber anschließend durch die Formerfordernisse der Sätze 2 bzw. 3 konkretisiert; die Beachtung der vorgesehenen Form ist also wie bei Art. 99 CPC Gültigkeitsvoraussetzung, vgl. EuGH 14.12.1976, Rs. 24/76 – „Estasis Salotti/Rüwa", EuGHE 1976, S. 1831 = NJW 1977, S. 494 = RIW 1977, S. 104 m. Anm. Gerd Müller auf S. 163; EuGH 14.12.1976, Rs. 25/76 – „Segoura/Bonakdarian", EuGHE 1976, S. 1851 = NJW 1977, S. 495 = RIW 1977, S. 105 m. Anm. Gerd Müller auf S. 163; von Hoffmann, IPR, § 3, Rn. 246; BGH 22.2.2001, IPRax 2002, S. 124 m. abl. Anm. Kröll auf S. 113-116; Wieczorek/Schütze/Hausmann, Art. 17 EuGVÜ, Rn. 31 m. w. N.

[676] So ausdrücklich der EuGH unter Bezugnahme auf das Tatbestandsmerkmal „Vereinbarung": EuGH 14.12.1976, Rs. 24/76 – „Estasis Salotti/Rüwa", EuGHE 1976, S. 1831 = NJW 1977, S. 494 = RIW 1977, S. 104 m. Anm. Gerd Müller auf S. 163; vgl. auch Kropholler, EuZPR, Art. 23 EuGVO, Rn. 25, 27; G. H. Roth, ZZP 93 (1980), S. 156-177 (162).

[677] Hierzu oben S. 24.

[678] Beim „Handelsbrauch" i. S. v. Art. 17 I S. 2 c) EuGVÜ bzw. Art. 23 I S. 3 c) Brüssel I-VO wird das Vorliegen einer Willenseinigung vom EuGH sogar vermutet, vgl. EuGH 20.2.1997, Rs. 106/95 – „MSG, Mainschiffahrts-Genossenschaft/Les Gravières Rhénanes", EuGHE 1997 I, S. 911 = NJW 1997, S. 1431 = JZ 1997, S. 839 m. Anm. Koch = RIW 1997, S. 415 m. Anm. Holl = IPRax 1999, S. 31 m. Anm. Kubis auf S. 10 = EuZW 1997, S. 209 = EWS 1997, S. 127 = ZZP Int 1997, S. 161 m. Anm. Peter Huber.

[679] EuGH 6.10.1976, Rs. 12/76 – „Tessili/Dunlop", EuGHE 1976, S. 1473 = NJW 1977, S. 490 mit Anm. Geimer.

[680] Vgl. etwa von Hoffmann, IPR, § 3, Rn. 245; Kropholler, EuZPR, Art. 23 EuGVO, Rn. 28; Rauscher, IPR, S. 378; MünchKomm/Gottwald, Art. 17 EuGVÜ, Rn. 14; OLG Koblenz 9.1.1987, NJW-RR 1988, S. 1334 = IPRax 1987, S. 308 m. Anm. Schwarz auf S. 291 = IPRspr. 1987 Nr. 122; a. A. Fuchs, Aspekte der Schriftform nach Art. 17 des Europäischen Gerichtsstands- und Vollstreckungsabkommen und nach Art. II des UN-Schiedsgerichtsübereinkommens (1985), S. 89 f., der behauptet, dass Art. 17 EuGVÜ auch für die Frage der Form keine „ausdrückliche Interpretationsanordnung" hergibt und Art. 17 EuGVÜ daher insgesamt autonom (rechtsvergleichend) auszulegen ist; s. auch Kim, Internationale Gerichtsstandsvereinbarungen (1995), S. 59 ff., der auf S. 65 von einer „Materialisierung der Form" spricht.

lich zur Formwahrung die *lex causae* ermittelt und angewandt werden muss, sollten sich offene Fragen zur Willenseinigung oder -mängel ergeben.[681]
Eine besondere Stellung nimmt die Formalternative des Handelsbrauchs in Art. 17 S. 2 c) EuGVÜ bzw. Art. 23 I S. 3 c) Brüssel I-VO ein. Die Formalternative des Handelsbrauchs ist anlässlich des 1. Beitrittsübereinkommens von 1978 in Art. 17 EuGVÜ eingefügt worden. Die Erfordernisse der Vereinbarung eines Gerichtsstandes wurden den „Gepflogenheiten und Bedürfnissen des internationalen Handels" angepasst.[682] Der internationale Handel soll durch die Europäischen Zuständigkeitsordnungen erleichtert werden. Dem entspricht es, wenn Gerichtsstandsvereinbarungen sowohl aufgrund materiellrechtlicher als auch aufgrund formeller Gebräuche getroffen werden können.[683] Um den Bedürfnissen des internationalen Handels gerecht zu werden, beruft Art. 17 I S. 2 c) EuGVÜ und Art. 23 I S. 3 c) Brüssel I-VO daher auch bezüglich der materiellrechtlichen Einigung internationale Handelsbräuche.[684] Das Erfordernis einer tatsächlichen Einigung der Parteien als Grundlage einer Gerichtsstandvereinbarung gem. lit. a), b)[685] wird in lit. c) durch die dort genannten Erfordernisse praktisch ersetzt.[686]
Das subjektive Element des „kennen oder kennen müssen" gewährt den Parteien ausreichenden Schutz. Solange sich eine Gerichtsstandsvereinbarung nämlich i.R.d. internationalen Handelsbräuche hält, die der anderen Partei bekannt sind oder ihr bekannt sein mussten, bedürfen die Parteien keines weiteren Schutzes durch Formvorschriften.[687]
Probleme bereitet die Ermittlung eines einschlägigen Handelsbrauchs.[688] Es ist Sache des nationalen Gerichts zu entscheiden, ob in dem jeweiligen Geschäftszweig des internationalen Handelsverkehrs in dem die Parteien tätig sind, ein entsprechender Handelsbrauch besteht.[689] Ein Handelsbrauch muss nicht welt-

---

681 Ferreira da Rocha, RDE 1987, S. 161-234 (225); Ribeiro, RFDUL 37 (1996), S. 407-452 (438).
682 Schlosser-Bericht, ABl. EG Nr. C 59/71 (S. 125, Tz. 179).
683 Stöve, Gerichtsstandsvereinbarungen nach Handelsbrauch, Art. 17 EuGVÜ und § 38 ZPO (1993), S. 24.
684 Rauscher, IPR, S. 385 f.; Musielak/Weth, ZPO, Art. 23 EG-VO, Rn. 11; Wolf/Horn/Lindacher, AGB-Gesetz, § 2, Rn. 92.
685 Auch bei der Formalternative des lit. b) (Form nach den Gepflogenheiten der Parteien) muss es neben der längeren Geschäftsbeziehung und der jeweiligen Übung („Geflogenheiten") zwischen den Parteien stets zu einer tatsächlichen Willenseinigung kommen, vgl. unten S. 139, 146.
686 Kropholler, EuZPR, Art. 23 EuGVO, Rn. 52; Kröll, ZZP 113 (2000), S. 135-159 (142 ff.); Stöve, Gerichtsstandsvereinbarungen nach Handelsbrauch, Art. 17 EuGVÜ und § 38 ZPO (1993), S. 12 ff., 55, 69 f.
687 So auch Kropholler/Pfeifer, in: Habscheid, Walther J. u. a. (Hrsg.), FS Nagel, S. 157-166 (166).
688 von Hoffmann, IPR, § 3, Rn. 246.
689 EuGH 3.7.1997, Rs. 269/95 – „Benincasa/Dentalkit", EuGHE 1997 I, S. 3767 = JZ 1998, S. 896 m. Anm. Mankowski = RIW 1997, S. 775 = EWS 1997, S. 270 = ZZP Int 1998, S. 225 m. Anm. Koch (Erwägungsgrund Nr. 21); EuGH 16.3.1999, Rs. 159/97 – „Trasporti Castelletti/Trumpy", EuGHE 1999 I, S. 1597 = RIW 1999, S. 955 = IPRax 2000, S. 119 m. Anm.

weit bestehen. Es genügt ein Bestehen in der Branche, in der sich die Parteien bei Vertragsschluss betätigen.[690] Die in lit. c genannten Voraussetzungen sind ebenfalls gemeinschaftsrechtlich autonom zu bestimmen.[691] Der Handelsbrauch wird unter Berücksichtigung der nationalen europäischen Rechte und internationaler Abkommen (insbesondere des CISG) ermittelt.[692] Die Gerichte können sich dabei durch die internationalen oder nationalen Handelskammern unterstützen lassen.[693] Die Feststellung eines Handelsbrauchs kann also zeit- und kostensspielige Forschungsarbeit voraussetzen. Vielleicht liegt darin einer der Gründe warum die portugiesischen Gerichte die Prüfung der Formalternative des Handelsbrauchs in Art. 17 I S. 2 c) EuGVÜ (Art. 23 I S. 3 c) Brüssel I-VO) mieden, obwohl sie anhand der ersten Formalternative des lit. a) „schriftlich oder mündlich mit schriftlicher Bestätigung" die Ungültigkeit von Gerichtstandsklauseln feststellten. Ebenso blieb Art. 17 I S. 2 b) EuGVÜ („in einer Form, welche den Gepflogenheiten entspricht, die zwischen den Parteien entstanden sind") unberücksichtigt. Auffällig ist, dass der portugiesische Wortlaut von Art. 17 I S. 2 b), c) und Art. 23 I S. 3 b), c) Brüssel I-VO nicht zwischen „Geflogenheiten" und „Handelsbrauch" unterscheidet, sondern in beiden Formvarianten von „usos" gesprochen wird. Deshalb kann es für den portugiesischen Rechtsanwender schwieriger sein, zwischen lit. b) und c) klar zu unterscheiden.[694]

Girsberger auf S. 87 = EuZW 1999, S. 441 m. Anm. Haß = EWS 1999, S. 194 = ZEuP 2000, S. 656 m. Anm. Saenger = ZZP Int 1999, S. 233 m. Anm. Adolphsen.

[690] EuGH – „Trasporti Castelletti/Trumpy", a. a. O. (Fn. 689).

[691] Kropholler, EuZPR, Art. 23 EuGVO, Rn. 53; Kröll, ZZP 113 (2000), S. 135-159 (151 f.); Staehelin, Gerichtsstandsvereinbarungen im internationalen Handelsverkehr Europas: Form und Willenseinigung nach Art. 17 EuGVÜ/LugÜ (1994), S. 60.

[692] Stöve, Gerichtsstandsvereinbarungen nach Handelsbrauch, Art. 17 EuGVÜ und § 38 ZPO (1993), S. 25 ff.; Killias, Die Gerichtsstandsvereinbarungen nach dem Lugano-Übereinkommen (1993), S. 181 ff.; Staehelin, Gerichtsstandsvereinbarungen im internationalen Handelsverkehr Europas: Form und Willenseinigung nach Art. 17 EuGVÜ/LugÜ (1994), S. 62 ff.; Kröll, ZZP 113 (2000), S. 135-159 (151 f.); Kropholler, EuZPR, Art. 23 EuGVO, Rn. 53 ff.

[693] Kropholler, EuZPR, Art. 23 EuGVO, Rn. 60. In Lissabon ist z. B. die Deutsch-Portugiesische Industrie- und Handelskammer (Câmara de Comércio e Indústria Luso-Alemã) ansässig, die bei deutschen Handelsbräuchen (etwa im Zusammenhang mit kaufmännischen Bestätigungsschreiben, hierzu S. 147) behilflich sein kann.

[694] Wie der deutsche, unterscheidet auch der französische „habitudes"/„usage" und englische Wortlaut „practices"/„usage" zwischen den beiden Formalternativen; von einem „weiteren Beispiel einer missratenen Übersetzung" spricht daher Lima Pinheiro, DIP, Volume III, S. 139; vgl. auch Selke, Handelsbräuche als autonomes kaufmännisches Recht aus praktischer Sicht (2001), S. 16 f.

2. Gerichtsstandsklausel in einer Faktura

a) Entscheidung des *Tribunal da Relação do Porto* vom 19. Juni 1995[695]

aa) Sachverhalt

Der in Portugal ansässige Käufer ausländischer Konsumgüter wurde vor portugiesischen Gerichten von seinem französischen Vertragspartner auf Kaufpreiszahlung verklagt. Der Beklagte verwies auf zwei Warenrechnungen des Klägers, die jeweils in einer Fußnote die ausschließliche Zuständigkeit der Gerichte aus Mayenne (Frankreich) für etwaige Vertragsstreitigkeiten vorsahen. Beide Rechnungen erreichten den Käufer nach Lieferung der Ware innerhalb eines kurzen Zeitraumes. Ungeachtet der möglichen Prorogationswirkung der Rechnungsklauseln ging das Kreisgericht Paredes von der internationalen Zuständigkeit portugiesischer Gerichte aus. Der Beklagte legte Berufung ein.

bb) Gerichtliche Entscheidung

Laut dem Berufungsgericht Porto ist keine wirksame Zuständigkeitsvereinbarung zustande gekommen. Eine Willenseinigung der Parteien über die Klausel liege nicht vor. Nach der Rechtsprechung des EuGH in seiner Entscheidung vom 14.12.1976[696] sei die Form des Art. 17 I S. 2 a) EuGVÜ nicht gewahrt, wenn eine Gerichtsstandsvereinbarung auf der Rückseite eines Vertrages abgedruckt ist. Gleiches müsse für den vorliegenden Fall gelten, in dem die Klausel in den Fußnoten einer Faktura enthalten ist. Eine wirksame Gerichtsstandsvereinbarung setze eine klare und präzise Einigung voraus. Die portugiesischen Gerichte seien international nach dem *actor sequitur forum rei*-Grundsatz zuständig, Art. 2 I EuGVÜ.

cc) Bewertung

Das Berufungsgericht Porto hat richtig erkannt, dass die Formalternative des Art. 17 I S. 2 a) EuGVÜ nicht eingehalten wurde.[697] Jedes mit der Sache befasste Gericht hat in erster Linie zu prüfen, ob die zuständigkeitsbegründende Klausel tatsächlich Gegenstand einer Willenseinigung war, die klar und eindeutig zum Ausdruck gekommen ist.[698] Der portugiesische Käufer der Waren hat der Gerichtsstandsklausel nicht schriftlich zugestimmt. Sein Schweigen hatte keinen

---

[695] CJ, Ano XX, Tomo III, 1995, S. 237-239: Société Industrielle Meubles Monnier, S. A. R. L. *gegen* E. J. Martins, Lda.

[696] Rs. 24/76 – „Estasis Salotti/Rüwa", EuGHE 1976, S. 1831 = NJW 1977, S. 494 = RIW 1977, S. 104 m. Anm. Gerd Müller auf S. 163.

[697] Beachte zum intertemporalen Anwendungsbereich von Art. 17 EuGVÜ: Der Entscheidung des Berufungsgerichts ist zu entnehmen, dass Klage vor portugiesischen Gerichten nach dem Inkrafttreten des EuGVÜ für Portugal am 1. Juli 1992 erhoben worden ist. Zudem stammt die Rechnung mit der Gerichtsstandklausel vom 29.10.1993 (ggf. wichtig unter dem Gesichtspunkt des Vertrauensschutzes!), vgl. unten S. 145.

[698] EuGH in der Rechtssache 24/76 – „Estasis Salotti/Rüwa" a. a. O. (Fn. 696); Selke, Handelsbräuche als autonomes kaufmännisches Recht aus praktischer Sicht (2001), S. 162.

Erklärungswert.[699] Auch in ihrem Kaufvertrag haben sich die Parteien weder über diese Klausel speziell noch generell über eventuelle durch die Faktura in Bezug genommenen AGB geeinigt. Zudem ist davon auszugehen, dass sich die (evtl. mündliche) Bestellung der Waren auf die *essentialia negotii* (Kaufgegenstand, Kaufpreis) und andere Nebenpunkte bezog, nicht aber auf eine Zuständigkeitswahl. Die Gerichtsstandsklausel war nie Gegenstand der Vertragsverhandlungen. Eine schriftliche oder mündliche Vereinbarung mit schriftlicher Bestätigung i. S. v. Art. 17 I S. 2 a) EuGVÜ (Art. 23 I S. 3 a) Brüssel I-VO) lag daher nicht vor.[700] Das Berufungsgericht Porto ist nicht auf die weiteren Formalternativen der lit. b) und c) von Art. 17 I S. 2 EuGVÜ eingegangen.[701] Die Rechnungen mit der Zuständigkeitsklausel hätten den „Gepflogenheiten, die zwischen den Parteien entstanden sind" i. S. v. Art. 17 I S. 2 b) EuGVÜ (Art. 23 I S. 3 b) Brüssel I-VO) entsprechen können. Unter Gepflogenheiten sind alle Verhaltensweisen innerhalb einer längeren Geschäftsverbindung bezüglich der Form des Vertragsschlusses zu verstehen.[702] Soweit ersichtlich waren Gerichtsstandsklauseln auf Rechnungen aber nicht Bestandteil einer laufenden Geschäftsverbindung zwischen den Vertragsparteien. Sie pflegten keine längere Geschäftsbeziehung. Keine der Parteien durfte auf die Wirksamkeit der in den Fußnoten der Rechnungen enthaltenen Klauseln zu Gunsten französischer Gerichte infolge einer etwaigen Übung vertrauen.[703] Zudem muss es bei lit. b) neben einer Übung der Parteien stets zu einer Willensübereinstimmung kommen. Es fehlt daran, wenn sich nichts Weiteres ergibt, als ein Abdruck auf verschickte Rechnungen.[704] Aufdrucke auf Rechnungen könnten jedoch im internationalen Handel zu einer formwirksamen Vereinbarung führen. Voraussetzung ist ein entsprechender Handelsbrauch i. S. v. Art. 17 I S. 2 c) EuGVÜ bzw. Art. 23 I S. 3 c) Brüssel

[699] Nach österreichischem Recht entsteht ein Gerichtsstand auch durch unbeanstandete Annahme der Warenrechnung, die eine Gerichtsstandsklausel enthält (§ 88 II JN). Im portugiesischen und französischen Recht gibt es keine derartige Regelung.

[700] So im Ergebnis auch Tavares de Sousa, in: Jayme, Erik (Hrsg.), Das Recht der lusophonen Länder, S. 29-41 (35), der aber wie das Berufungsgericht Porto (s. sogleich) nicht auf die Formalternativen der lit. b) und c) eingeht.

[701] Das Berufungsgericht Porto ging auch in seiner Entscheidung vom 2. April 1998 nicht auf lit. b) und c) ein, vgl. oben ab S. 83 und Fn. 414.

[702] Kropholler, EuZPR, Art. 23 EuGVO, Rn. 50; MünchKomm/Gottwald, Art. 17 EuGVÜ, Rn. 36; Staudinger/Magnus, Art. 9 CISG, Rn. 13.

[703] Kropholler, EuZPR, Art. 23 EuGVO, Rn. 50; Wieczorek/Schütze/Hausmann, Art. 17 EuGVÜ, Rn. 48. In einer neueren **Entscheidung des *Tribunal da Relação de Guimarães* vom 4. Juni 2003** ist das Gericht zwar nicht ausdrücklich auf Art. 17 I 2 b) EuGVÜ eingegangen, hat aber zu erkennen gegeben, dass eine längere Vertragsbeziehung zur stillschweigenden Annahme einer Gerichtsstandsklausel führen kann, wenn die Schriftstücke (z. B. Bestellscheine) eine solche Klausel enthalten. Im Ergebnis konnte das Gericht diese Frage aber offen lassen, da bereits die Formalternative des lit. a) erfüllt war, vgl. CJ, Ano XXVIII, Tomo III, 2003, S. 290-292: Sociedade Eugénio Sampaio S.A. *gegen* Wendel-Schuhproduktionen International GmbH und Orion Italiana GmbH & CO KG.

[704] Schlosser, EU-ZPR, Art. 23 EuGVVO, Rn. 23; MünchKomm/Gottwald, Art. 17 EuGVÜ, Rn. 36.

I-VO.[705] Die Festlegung eines Gerichtsstands durch Übergabe einer Faktura, die eine Gerichtsstandsklausel enthält, erfüllt die Anforderungen an einen internationalen Handelsbrauch, wenn eine tatsächliche kontinuierliche Übung besteht, die einem bestimmten in einer konkreten Branche tätigen Personenkreis bei grenzüberschreitenden Handelsbeziehungen entspricht.[706] Wie anfangs erwähnt, sind bei Ermittlung eines Handelsbrauchs die nationalen europäischen Rechte und internationale Rechtsquellen (CISG) zu konsultieren. Nach deutschem Recht sind die auf Rechnungen abgedruckten ABG durch widerspruchslose Hinnahme nur dann stillschweigend vereinbart, wenn laufende Geschäftsbeziehungen zwischen Absender und Empfänger der Rechnung bestehen.[707] Liegt eine laufende Geschäftsbeziehung vor, so kann bereits die Formalternative der „Geflogenheiten" in Art. 17 I S. 2 b) EuGVÜ (Art. 23 I S. 3 c) Brüssel I-VO) erfüllt sein. Wie zuvor erörtert, lag eine solche Geschäftsverbindung zwischen dem portugiesischen Käufer der Waren und seinem französischen Geschäftspartner nicht vor. Nach französischem Recht kann das Schweigen auf eine Rechnung nur als Zustimmung zu den Hauptpunkten des Vertrages, namentlich Leistung und Preis, gewertet werden.[708] Art. 48 des Nouveau Code de procédure civil verlangt eine spezifische Zustimmung bei Vertragsschluss, so dass Ge-

---

[705] Schlosser, EU-ZPR, Art. 23 EuGVVO, Rn. 24b; MünchKomm/Gottwald, Art. 17 EuGVÜ, Rn. 41; Stöve, Gerichtsstandsvereinbarungen nach Handelsbrauch, Art. 17 EuGVÜ und § 38 ZPO (1993), S. 178; a. A. wohl Staehelin, Gerichtsstandsvereinbarungen im internationalen Handelsverkehr Europas: Form und Willenseinigung nach Art. 17 EuGVÜ/LugÜ (1994), S. 122.

[706] Stöve, Gerichtsstandsvereinbarungen nach Handelsbrauch, Art. 17 EuGVÜ und § 38 ZPO (1993), S. 69; 173; ähnlich: Ribeiro, RFDUL 37 (1996), S. 407-452 (436 f.); Ferreira da Rocha, RDE 1987, S. 161-234 (224 f.); Teixeira de Sousa/Moura Vicente, Comentário, S. 123. Voraussetzung für diesen Handelsbrauch ist nach der Rechtsprechung des EuGH, dass in dem konkreten Geschäftszweig (hier: Kauf von Konsumgütern) „die dort tätigen Kaufleute bei Abschluss einer bestimmten Art von Verträgen allgemein und regelmäßig ein bestimmtes Verhalten verfolgen", EuGH 20.2.1997, Rs. 106/95 – „MSG, Mainschiffahrts-Genossenschaft/Les Gravières Rhénanes", EuGHE 1997 I, S. 911 = NJW 1997, S. 1431 = JZ 1997, S. 839 m. Anm. Koch = RIW 1997, S. 415 m. Anm. Holl = IPRax 1999, S. 31 m. Anm. Kubis auf S. 10 = EuZW 1997, S. 209 = EWS 1997, S. 127 = ZZP Int 1997, S. 161 m. Anm. Peter Huber; EuGH 16.3.1999, Rs. 159/97 – „Trasporti Castelletti/Trumpy", EuGHE 1999 I, S. 1597 = RIW 1999, S. 955 = IPRax 2000, S. 119 m. Anm. Girsberger auf S. 87 = EuZW 1999, S. 441 m. Anm. Haß = EWS 1999, S. 194 = ZEuP 2000, S. 656 m. Anm. Saenger = ZZP Int 1999, S. 233 m. Anm. Adolphsen.

[707] St. Rspr. des BGH seit seinem Urteil vom 7.6.1978 NJW 1978, S. 2243 = WM 1978, S. 978 = DB 1978, S. 1587 = JZ 1978, S. 757; bestätigt etwa durch BGH 6.12.1990 TranspR 1991, S. 114: „...nur ein Schweigen über einen längeren Zeitraum hin, berechtigt die andere Partei zu der hinreichend sicheren Annahme, dass der Vertragspartner mit der Maßgeblichkeit der in Bezug genommenen Geschäftsbedingungen für die Zukunft einverstanden ist."; vgl. zudem Wagner in: Röhricht/Graf von Westphalen, § 346 HGB, Rn. 50; MünchKomm/Schmidt, § 346 HGB, Rn. 138; Ruß in HK, § 346 HGB, Rn. 12. Zum kaufmännischen Bestätigungsschreiben vgl. S. 147.

[708] Cour de Cassation 16.10.1967, Dalloz Jurisprudence 1968, S. 193; Ghestin, Traité de droit civil II, Rn. 311, S. 335 m. w. N.

richtsstandsklauseln auf Rechnungen grundsätzlich wirkungslos sind.[709] Die Rechtslage in Portugal ist eindeutig: Nach der Rechtsprechung des Obersten Gerichtshofs[710] wird die Zusendung einer Faktura mit einer Gerichtsstandsklausel als bloßes Angebot zum Abschluss einer Zuständigkeitsvereinbarung gewertet.[711] Der Gerichtshof gab zu erkennen, dass nach seiner Auffassung eine Zustimmung zur Klausel in der Faktura auch dann nicht vorliegt, wenn Art. 99 CPC stillschweigende Vereinbarungen zuließe; besondere Umstände, die einem Schweigen ein Erklärungswert zukommen lassen könnten, lägen nicht vor.[712] Auch nach schweizerischer, italienischer, niederländischer, und wohl auch englischer Rechtsauffassung werden Gerichtsstandsklauseln auf Rechnungen, wenn überhaupt, nur unter besonderen Voraussetzungen anerkannt.[713] Ferner gibt das CISG (insbesondere dessen Art. 18 I, III) keine Handhabe eine Vereinbarung über eine bestimmte Klausel durch bloßes Zusenden einer Rechnung herzustellen.[714] Der einzige in dieser Hinsicht beachtenswerte Art. 9 II CISG stellt wiederum auf einen internationalen Handelsbrauch ab.[715]
Demzufolge lag bereits kein „Handelsbrauch" i. S. v. Art. 17 I S. 2 c) EuGVÜ im Fall des Berufungsgerichts Porto vor. Eine wirksame Gerichtsstandsvereinbarung kam nicht zustande. Demzufolge entfalteten die Gerichtsstandsklauseln in den Fußnoten der Warenrechnungen keine Rechtswirkungen. Die portugiesischen Gerichte waren nach Art. 2 I, 52, 53 EuGVÜ international zuständig für die Entscheidung über den Anspruch auf Kaufpreiszahlung.

---

[709] Vgl. Cour d'Appel d'Aix-en-Provence, 7. 10.1980, Dalloz Inf. rap. 1982, S. 256 m. Anm. Julien; Cour d'Appel de Paris, 18.12.1988, Dalloz Sommaires 1988, S. 343; s. auch OLG Hamburg 19.9.1984, IPRax 1985, S. 281 (282); Schmidt/Niggemann, RIW/AWD 1974, S. 309-312 (311): Bloßer Abdruck von allgemeinen Geschäftsbedingungen auf der Rückseite einer Rechnung führt zu keiner wirksamen Vereinbarung.

[710] Entscheidung des *Supremo Tribunal de Justiça* vom 2. Februar 2000, Rechtssache Nr. 99B1147, in: http://www.dgsi.pt.

[711] Vgl. S. 125.

[712] Gem. Art. 218 CC entfaltet das Schweigen nur dann Rechtswirkungen, wenn diesem durch Gesetz, Brauch oder Vereinbarung solche Wirkungen zuerkannt werden.

[713] Nachweise bei Staehelin, Gerichtsstandsvereinbarungen im internationalen Handelsverkehr Europas: Form und Willenseinigung nach Art. 17 EuGVÜ/LugÜ (1994), S. 123 ff.

[714] Stöve, Gerichtsstandsvereinbarungen nach Handelsbrauch, Art. 17 EuGVÜ und § 38 ZPO (1993), S. 174; zustimmend: Staehelin, Gerichtsstandsvereinbarungen im internationalen Handelsverkehr Europas: Form und Willenseinigung nach Art. 17 EuGVÜ/LugÜ (1994), S. 122.

[715] Der Begriff des Handelsbrauchs in Art. 9 CISG ähnelt dem des Art. 17 I S. 2 c) EuGVÜ/LugÜ bzw. Art. 23 I S. 3 c) Brüssel I-VO, vgl. Staudinger/Magnus, Art. 9 CISG, Rn. 7 ff.

b) Entscheidung des *Tribunal da Relação de Coimbra* vom 19. Oktober 1999[716]

aa) Sachverhalt

Ein französischer Hersteller von Metallen hat einem in Portugal ansässigen Unternehmen zwischen April und Mai 1995 Metallwaren verkauft und nach Portugal geliefert. Die Rückseite der Warenrechnung des Verkäufers enthielt eine Gerichtsstandsklausel zu Gunsten der französischen Gerichte am Sitz des Verkäufers. Der Verkäufer der Metalle verklagte seinen portugiesischen Vertragspartner in Portugal auf Zahlung des Kaufpreises. Das Amtsgericht Albergaria-a-Velha nahm die Zahlungsklage nicht zur Sachentscheidung an; den portugiesischen Gerichten fehle hierfür die internationale Entscheidungszuständigkeit. Der Beklagte ging in die Berufung – mit Erfolg.

bb) Gerichtliche Entscheidung

Laut dem Berufungsgericht Coimbra ist keine wirksame Gerichtsstandsvereinbarung zustande gekommen. Keine der Formalternativen des Art. 17 I S. 2 EuGVÜ sei erfüllt. Der Empfänger der Rechnung habe der Gerichtsstandsklausel zwar stillschweigend zugestimmt. Eine stillschweigende Zustimmung genüge aber nicht den gesetzlichen Anforderungen des Art. 17 EuGVÜ. Der EuGH verlange eine zweiseitige und eindeutige Bindung an die Zuständigkeitsvereinbarung. Entsprechend seiner „Segoura/Bonakdarian"-Entscheidung[717] erfülle eine auf der Rückseite eines Bestätigungsschreibens enthaltene Zuständigkeitsklausel nur dann das Formerfordernis des Art. 17 EuGVÜ, wenn die AGB durch ein schriftliches Schreiben des Käufers angenommen worden seien. In der selben Entscheidung habe der EuGH auch eine halbe Schriftlichkeit für ausreichend erachtet, wenn der Empfänger des Schreibens dem nicht widersprochen hat und eine vorherige mündliche Vereinbarung über die AGB mit der Zuständigkeitsklausel dem regulären Geschäftsbrauch zwischen den Parteien entsprach. Jedoch seien diese Voraussetzungen im vorliegenden Fall nicht gegeben. Es fehle an einer laufenden Geschäftsverbindung zwischen den Parteien. Die Geschäftsbeziehung beschränke sich auf den Zeitraum April/Mai 1995. Die schriftliche Annahme der Gerichtsstandsklausel sei daher *condicio sine qua non* für deren formelle Wirksamkeit gewesen. Im übrigen habe der Oberste Gerichtshof am 12. Juni 1997 in einem ähnlichen Fall ebenso die Unwirksamkeit einer Zuständigkeitsklausel auf Warenrechnungen festgestellt. Schließlich könne die Frage, ob die Form eingehalten wurde, dahinstehen. Die Zuständigkeitswahl sei nämlich nur zu Gunsten des Verkäufers abgeschlossen worden, Art. 17 IV

---

[716] CJ, Ano XXIV, Tomo IV, 1999, S. 39-42: Trefimetaux, S. A. *gegen* Fundalba – Indústria de Fundição Lda.

[717] EuGH 14.12.1976, Rs. 25/76, EuGHE 1976, S. 1851 = NJW 1977, S. 495 = RIW 1977, S. 105 m. Anm. Gerd Müller auf S. 163; BGH NJW 1994, S. 2699 = RIW 1994, S. 508 = EWS 1994, S. 177 = IPRspr. 1994 Nr. 137.

EuGVÜ. Daher könne das französische Unternehmen in Portugal klagen, Art. 2 EuGVÜ.

cc) Bewertung

Dieser Fall ähnelt eher der Entscheidung des Berufungsgerichts Porto vom 19. Juni 1995, als der vom Berufungsgericht Coimbra zitierten Entscheidung des Obersten Gerichtshofs vom 12. Juni 1997. In der Entscheidung des Obersten Gerichtshofs ging es nämlich nicht um „Warenrechnungen", sondern um ein kaufmännisches Bestätigungsschreiben (s. unten S. 144). Insoweit kann auf die Besprechung der Entscheidung des Berufungsgerichts Porto vom 19. Juni 1995 im Wesentlichen verwiesen werden (S. 138). Das Berufungsgericht Coimbra übersah, dass sich die Ausführungen des EuGH in seinem Urteil „Segoura/Bonakdarian" vom 14.12.1976 ausschließlich auf die *ursprüngliche Fassung* des Art. 17 EuGVÜ bezogen. Nach der ursprünglichen Fassung des Art. 17 I S. 2 EuGVÜ mussten Gerichtsstandsvereinbarungen entweder schriftlich geschlossen oder im Falle einer mündlichen Absprache von einer Partei schriftlich bestätigt werden. Eine „schriftliche" Vereinbarung i. S. v. Art. 17 I S. 2 a) 1. Fall EuGVÜ schied hier aus. Die Nichteinhaltung des lit. a) 2. Fall („mündlich mit schriftlicher Bestätigung") hätte das Berufungsgericht bereits mit dem Argument begründen können, dass keine Indizien dafür vorlagen, dass sich die Parteien mündlich über die Anwendung der in den AGB des Verkäufers enthaltenen Gerichtsstandsklausel geeinigt hatten. Auch in ihrem Kaufvertrag wurde von den Parteien nicht auf AGB der Verkäuferpartei Bezug genommen. Wiederum blieben die Formalternativen des Art. 17 I S. 2 b) und c) EuGVÜ unberücksichtigt, obwohl diese bereits seit dem 3. BeitrittsÜb. 1989 im EuGVÜ (bzw. nun in der Brüssel I-VO) enthalten sind[718] und gerade die strengen Konsensgrundsätze der EuGH-Urteile „Segoura/Bonakdarian" und „Estasis Salotti/Rüwa" außer Kraft setzen sollten, die als zu rigide und für den internationalen Handelsverkehr nicht passend angesehen wurden.[719] Zuzustimmen ist dem Berufungsgericht, dass die Gerichtsstandsklausel einseitig zu Gunsten des französischen Verkäufers i. S. v. Art. 17 IV EuGVÜ getroffen wurde. Die Benennung des Gerichts eines Vertragsstaates, in dem die „begünstigte" Partei ihren Wohnsitz oder Sitz hat, genügt zwar für sich allein nicht, um den Schluss zuzulassen, es habe dem gemeinsamen Willen entsprochen, diese Partei zu begünstigen.[720] Der portugiesische Vertragspartner des französischen AGB-Verwenders hatte aber keinen Einfluss auf deren Inhalt. Er bekam die AGB nur vorgelegt und hätte ihnen widerspre-

---

[718] Im Zuge des 1. Betrittsübereinkommens von 1978 wurde lit. c) und 1989 lit. b) eingefügt.

[719] Vgl. Schlosser, in: ABl. EG 1979, Nr. C 59/71 (S. 124 f., Tz. 179); Kerr, EuR 1980, S. 353-360 (359): „wholly unbusiness-like construction".

[720] EuGH 24.6.1986, Rs. 22/85 – „Anterist/Crédit Lyonnais", EuGHE 1986, S. 1951 = RIW 1986, S. 636 = EWiR 1986, S. 793 m. Anm. Geimer = IPRax 1987, S. 105 m. Anm. Gottwald auf S. 81 (Erwägungsgrund Nr. 14); Reithmann/Martiny/Hausmann, IntVertragsR, Rn. 2192; MünchKomm/Gottwald, Art. 17 EuGVÜ, Rn. 67; Bülow/Böckstiegel/Auer, Art. 17 EuGVÜ, Rn. 139.

chen können. Allerdings ist zu beachten, dass Art. 17 IV EuGVÜ im vorliegenden Fall nicht anzuwenden war, da er nach seinem eindeutigen Wortlaut eine wirksame Gerichtsstandsvereinbarung voraussetzt. Eine Gerichtsstandsklausel die in den Fußnoten oder auf der Rückseite von Rechnungen enthalten ist, entspricht keinem „internationalen Handelsbrauch" i. S. v. Art. 17 I S. 2 c) EuGVÜ bzw. Art. 23 I S. 3 c) Brüssel I-VO (s. oben S. 140). Bemerkenswert ist, dass das Berufungsgericht von einer stillschweigenden Zustimmung zu der Gerichtsstandsklausel ausging. Dies steht im Widerspruch zu der Entscheidung des Obersten Gerichtshofs aus dem Jahr 2000 (vgl. o. Fn. 710). Entsprach die zugesandte Rechnung mit der Klausel nicht den „Gepflogenheiten", die zwischen den Parteien entstanden sind, so lag bei Nichteinhaltung des strengen lit. a) eine ungültige Zuständigkeitsvereinbarung vor; das allgemeine Zuständigkeitssystem des EuGVÜ fand Anwendung. Die internationale Zuständigkeit portugiesischer Gerichte ergab sich unmittelbar aus Art. 2 I, 52, 53 EuGVÜ.

3. Gerichtsstandsklausel im kaufmännischen Bestätigungsschreiben = Entscheidung des *Supremo Tribunal de Justiça* vom 12. Juni 1997[721]

a) Sachverhalt

Eine in Portugal ansässige Gesellschaft schloss mit einer deutschen GmbH einen Kaufvertrag über Zubehör und Ersatzteile für Kraftfahrzeuge ab. Keine genaueren Angaben enthält der Tatbestand des Urteils darüber, ob der Kaufvertrag mündlich oder schriftlich abgeschlossen worden ist. Am 11. Dezember 1990 bekam die portugiesische Käuferpartei eine schriftliche „Auftragsbestätigung" zugesandt. Auf der Rückseite dieser „Auftragsbestätigung" waren die AGB des Verkäufers abgedruckt. Auf sie wurde in dem Schreiben ausdrücklich hingewiesen. Nach der Klausel Nr. 9 der AGB war das Gericht am Sitz des Verkäufers ausschließlich für alle Ansprüche zuständig, die aus der geschäftlichen Beziehung entstehen können. Die Klausel Nr. 10 sah eine Rechtswahl zugunsten deutschen Rechts vor. Der Käufer des KfZ-Zubehörs weigerte sich den Kaufpreis zu zahlen. Der deutsche Verkäufer erhob Zahlungsklage vor portugiesischen Gerichten. Das Amtsgericht Lissabon ging von der Wirksamkeit der Gerichtsstandsklausel nach Art. 99 CPC a.F. aus. Das Berufungsgericht Lissabon stellte dagegen die fehlende Rechtswirkung der Klausel nach Art. 17 I EuGVÜ fest und hielt die portugiesischen Gerichte für international zuständig, Art. 2 I EuGVÜ. Der Rechtsmittelkläger (Käufer der Ware) wandte sich an den Obersten Gerichtshof und machte die internationale Zuständigkeit deutscher Gerichte und die Anwendung von deutschem Recht geltend.

---

[721] CJ-STJ, Ano V, Tomo II, 1997, S. 122-126: Trenkamp & Gehle GmbH *gegen* G. Reinke Lda., auch abgedruckt in: BMJ 468 (1997), S. 325-334; vgl. auch die ähnliche Entscheidung der Vorinstanz: ***Tribunal da Relação de Lisboa* vom 7. November 1996**, CJ, Ano XXI, Tomo V, 1996, S. 85-88 und die Anmerkung von Moura Ramos, in: European Case Law on the Judgments Convention, S. 795-811 (804).

b) Gerichtliche Entscheidung

Der Gerichtshof bestätigte das Urteil des Berufungsgerichts. Der Käufer habe der Gerichtsstandsklausel nicht schriftlich zugestimmt. Eine eventuelle stillschweigende Annahme der Klausel genüge nicht. Zudem sei keine der in Art. 17 I S. 2 b) und c) EuGVÜ vorgesehenen Alternativen erfüllt. Demzufolge sei die Zuständigkeitsklausel ungültig. So habe auch der EuGH am 14. Dezember 1976 in der Sache „Estasis Salotti/Rüwa“[722] entschieden. Danach müsse eine klare und präzise Willenseinigung bezüglich der Gerichtsstandsklausel vorliegen, um dem Art. 17 EuGVÜ gerecht zu werden. Ferner müsse der von beiden Parteien unterzeichnete Vertrag ausdrücklich auf die AGB Bezug nehmen, wenn die Bedingungen auf der Rückseite eines Schriftstücks abgedruckt sind. Sollte man von der Wirksamkeit der Klausel Nr. 9 der AGB ausgehen, dann könne der Kläger dennoch gem. Art. 2 I EuGVÜ in Portugal Klage erheben, da die Gerichtsstandsvereinbarung nur zu Gunsten des deutschen Verkäufers geschlossen worden sei, Art. 17 IV EuGVÜ.

c) Bewertung

aa) Intertemporaler Anwendungsbereich

Zunächst ist zu begutachten, ob der zeitliche Anwendungsbereich des Art. 17 EuGVÜ eröffnet war. Das Bestätigungsschreiben mit der Gerichtsstandsklausel stammte nämlich vom 11. Dezember 1990. Das EuGVÜ ist für Portugal erst am 1. Juli 1992 in Kraft getreten. Auszugehen war von Art. 29 I des 3. BeitrittsÜb. 1989 (vgl. nun Art. 66 I Brüssel I-VO): Die Zuständigkeitsregelungen des EuGVÜ, einschließlich des Art. 17, gelten für Klageerhebungen nach In-Kraft-Treten des Übereinkommens im Gerichtsstaat.[723] Der Gerichtsentscheidung ist zu entnehmen, dass die Klage vor portugiesischen Gerichten nach dem In-Kraft-Treten des EuGVÜ erhoben worden ist. War eine Gerichtsstandsklausel jedoch nach dem anzuwendenden Recht vor dem Inkrafttreten des EuGVÜ für Portugal (vgl. Art. 99 CPC) wirksam, so ist aus Vertrauensschutzgründen davon auszugehen, dass weder das In-Kraft-Treten des Übereinkommens im Gerichtsstaat, noch zwischenzeitliche Wohnsitzveränderungen (z. B. bei Klageerhebung wohnt keine Partei mehr in einem Vertragsstaat) eine wirksame Zuständigkeitsvereinbarung unwirksam machen.[724] Das Vertrauen der Parteien auf die Fortdauer der Wirksamkeit einer zum Zeitpunkt des Vertragsschlusses bzw. der Einigung über

---

[722] EuGHE 1976, S. 1831 = NJW 1977, S. 494 = RIW 1977, S. 104 m. Anm. Gerd Müller auf S. 163. Das Gericht zitiert hier das gleiche EuGH-Urteil wie im obigen Fall des Berufungsgerichts Porto vom 19. Juni 1995 (s. oben S. 138).

[723] Schack, IZVR, Rn. 465; Rauscher, IPR, S. 381.

[724] Vgl. EuGH 13.11. 1979, Rs. 25/79 – „Sanicentral/Collin“, EuGHE 1979, S. 3423 = NJW 1980, S. 1218 (L) = RIW 1980, S. 285; Killias, Die Gerichtsstandsvereinbarungen nach dem Lugano-Übereinkommen (1993), S. 83 f.; Nagel/Gottwald, IZPR, § 3, Rn. 130; Kropholler, EuZPR, Art. 23 EuGVO, Rn. 11; Schlosser, EU-ZPR, Art. 23 EuGVVO, Rn. 9; MünchKomm/Gottwald, Art. 17 EuGVÜ, Rn. 13.

den Gerichtsstand wirksamen Gerichtsstandsvereinbarung ist schutzwürdig.[725] Dagegen wird das Vertrauen in die Unwirksamkeit nicht geschützt (*favor negotii*).[726] Eine Heilung durch das In-Kraft-Treten des Übereinkommens bzw. der Brüssel I-VO ist demnach möglich. Im vorliegenden Fall hat der Oberste Gerichtshof der Gerichtsstandsklausel wegen eines vermeintlichen Formmangels nach Art. 17 I EuGVÜ keine Rechtswirkung zuerkannt. Da die Gerichtsstandsklausel von einem Zeitpunkt herrührte, als das Übereinkommen für Portugal noch nicht in Kraft war, hätte der Gerichtshof die Wirksamkeit der Klausel zusätzlich nach dem autonomen Zivilprozessrecht überprüfen müssen.[727] Wie nachfolgend beschrieben, lag aber eine wirksame Gerichtsstandsvereinbarung nach Art. 17 EuGVÜ vor.

bb) Vorliegen einer wirksamen „Vereinbarung" i. S. v. Art. 17 I EuGVÜ

Der Oberste Gerichtshof stellte zu Recht fest, dass keine schriftliche oder mündliche Vereinbarung mit schriftlicher Bestätigung i.S.v. Art. 17 S. 2 a) EuGVÜ vorlag. Enthält ein Bestätigungsschreiben, das eine Partei der anderen (nach mündlichem Abschluss eines Vertrages ohne Zuständigkeitsvereinbarung) übersendet, erstmals einen Hinweis auf eine Gerichtsstandsklausel, so kommt dadurch eine Zuständigkeitsvereinbarung nicht zustande. Es fehlt dann an einer Einigung, es sei denn, der Empfänger des Bestätigungsschreibens nimmt dieses schriftlich an.[728] Insoweit liegt hier hinsichtlich der Formalternative des lit. a) eine ähnliche Fallkonstellation vor wie bei der Zusendung einer Rechnung mit einer Gerichtsstandsklausel. Der portugiesische Käufer hat das Bestätigungsschreiben nicht angenommen. Das Schweigen auf ein Bestätigungsschreiben ist also grundsätzlich kompetenzrechtlich belanglos.[729] Es fehlt an einer Einigung der Parteien.[730]

Auch der Oberste Gerichtshof führte die Prüfung der Form nicht zu Ende. Auf den hier folgenden Seiten wird diese Prüfung vervollständigt. Die Gerichtsstandsklausel genügte auch nicht der Form des Art. 17 I S. 2 b) EuGVÜ (Art. 23 I S. 3 b) Brüssel I-VO). Zum einen lässt der Sachverhalt nicht erkennen, dass die Parteien eine längere Geschäftsbeziehung pflegten, zum anderen muss es auch hier stets zu einer Einigung kommen. Der laufende Abdruck von Gerichts-

---

[725] Vgl. nur Bülow/Böckstiegel/Auer, Art. 15 EuGVÜ, Rn. 30.

[726] Schlosser, EU-ZPR, Art. 23 EuGVVO, Rn. 10.

[727] Das schützenswerte Vertrauen bezieht sich nicht nur auf die Zulässigkeit, sondern auch auf die Formgültigkeit einer Gerichtsstandsvereinbarung, vgl. Schlosser, EU-ZPR, Art. 23 EuGVVO, Rn. 11.

[728] Dann ist die Formalternative der beiderseitigen Schriftlichkeit erfüllt, vgl. EuGH 14.12.1976, Rs. 25/76 – „Segoura/Bonakdarian", EuGHE 1976, S. 1851 = NJW 1977, S. 495 = RIW 1977, S. 105 m. Anm. Gerd Müller auf S. 163; BGH NJW 1994, S. 2699 = RIW 1994, S. 508 = EWS 1994, S. 177 = IPRspr. 1994 Nr. 137.

[729] Wieczorek/Schütze/Hausmann, Art. 17 EuGVÜ, Rn. 42; MünchKomm/Gottwald, Art. 17 EuGVÜ, Rn. 32; Geimer, IZPR, Rn. 1687.

[730] Vgl. M. J. Schmidt, RIW 1992, S. 173-179 (175 f.); Rauscher, ZZP 104 (1991), S. 271-320 (284 ff.).

standsklauseln auf Auftragsbestätigungen bzw. kaufmännischen Bestätigungsschreiben genügt nicht.[731] Es blieb auch in diesem Fall nur noch die Formalternative des Handelsbrauchs gem. Art. 17 I S. 2 c) EuGVÜ (Art. 23 I S. 3 c) Brüssel I-VO) übrig. Fraglich ist, ob eine Gerichtsstandsvereinbarung im internationalen Handelsverkehr durch Schweigen auf eine derartige „Auftragsbestätigung" formwirksam getroffen werden kann. Dies ist nach einheitlicher Auffassung im Schrifttum[732] und Rechtsprechung[733] bei sog. kaufmännischen Bestätigungsschreiben zu bejahen. Als typischer Anwendungsfall des Art. 17 I S. 2 c) EuGVÜ wird im Bericht von Peter Schlosser die Konstellation genannt, dass eine Gerichtsstandsvereinbarung im kaufmännischem Bestätigungsschreiben enthalten ist.[734] Nach dem deutschen Recht kann eine Abgrenzung zwischen „Auftragsbestätigung" und „kaufmännisches Bestätigungsschreiben" in Einzelfällen äußerst kompliziert sein.[735] Im Rahmen des lit. c) ist von einer solchen, notwendigerweise an einer bestimmten Rechtsordnung orientierten, kniffligen Abgrenzung Abstand zu halten. Vielmehr sollte man sich auf die Hauptmerkmale eines kaufmännischen Bestätigungsschreibens konzentrieren. Es müssten dem Schreiben Vertragsverhandlungen vorangegangen sein, die zu einer Willenseinigung zumindest bezüglich einzelner Vertragspunkte führten.[736] Das im Anschluss an die Vertragsverhandlungen abgeschickte Bestätigungsschreiben müsste nicht nur den Vertragsinhalt festhalten, sondern zusätzlich neu in den beigelegten AGB oder im Schreiben selbst eine Gerichtsstandsvereinbarung enthalten; der Empfänger reagiert auf dieses Schreiben nicht. Das Bestätigungsschreiben wirkt dann deklaratorisch bezüglich der schon (in der Regel mündlich) vereinbarten

[731] Schlosser, EU-ZPR, Art. 23 EuGVVO, Rn. 23; MünchKomm/Gottwald, Art. 17 EuGVÜ, Rn. 36.

[732] Ebenroth, ZvglRW 77 (1978), S. 161-206 (180 ff.); Stöve, Gerichtsstandsvereinbarungen nach Handelsbrauch, Art. 17 EuGVÜ und § 38 ZPO (1993), S. 122 f.; Killias, Die Gerichtsstandsvereinbarungen nach dem Lugano-Übereinkommen (1993), S. 189; ders., in: Weber, Peter Johannes u. a. (Hrsg.), FS Siehr, Kurt (2001), S. 65-76 (70 ff.; 76); Staehelin, Gerichtsstandsvereinbarungen im internationalen Handelsverkehr Europas: Form und Willenseinigung nach Art. 17 EuGVÜ/LugÜ (1994), S. 94 ff.; MünchKomm/Gottwald, Art. 17 EuGVÜ, Rn. 40; Heiss, ZfRV 2000, S. 202-212 (210); Nagel/Gottwald, IZPR, § 3, Rn. 141; Lima Pinheiro, DIP, Volume III, S. 141.

[733] EuGH 20.2.1997, Rs. 106/95 – „MSG, Mainschiffahrts-Genossenschaft/Les Gravières Rhénanes", EuGHE 1997 I, S. 911 = NJW 1997, S. 1431 = JZ 1997, S. 839 m. Anm. Koch = RIW 1997, S. 415 m. Anm. Holl = IPRax 1999, S. 31 m. Anm. Kubis auf S. 10 = EuZW 1997, S. 209 = EWS 1997, S. 127 = ZZP Int 1997, S. 161 m. Anm. Peter Huber.

[734] Schlosser, in: ABl. EG 1979, Nr. C 59/71 (S. 124 f., Tz. 179).

[735] Vgl. etwa MünchKomm/Schmidt, § 346 HGB, Rn. 141-170a (150); s. zum österreichischen Recht Straube/Kramer, § 346 HGB, Rn. 47-57 (56).

[736] Selbstverständlich liegt dann kein kaufmännisches „Bestätigungsschreiben" vor, wenn das Schreiben nur die Annahme eines Angebots darstellen soll, d. h. im Vorfeld noch gar keine Willenseinigung zwischen den Parteien zu irgendwelchen Vertragspunkten erfolgte. In einem solchen Fall muss und darf keine Partei darauf vertrauen, dass ihrem Schweigen bezüglich eines Punktes, der noch nicht der Willenseinigung unterlag, ein rechtlicher Erklärungswert zukommt; vgl. hierzu das Urteil des ***Supremo Tribunal da Justiça* vom 1. Juli 1999** auf S. 152.

Punkte, jedoch ggf. konstitutiv bezüglich der ergänzenden Gerichtsstandsklausel. Ein solcher Fall lag hier vor. Aus dem Urteil des Gerichtshofs folgt eindeutig, dass die Parteien kurz vor der Zusendung der „Auftragsbestätigung" durch die deutsche GmbH Vertragsverhandlungen unterhielten, der Kaufvertrag über das Zubehör und die Ersatzteile (zumindest mündlich) abgeschlossen wurde, und eine bestimmte Zuständigkeitsabrede nicht Teil ihrer Verhandlungen war. Außerdem reagierte der portugiesische Käufer der Handelsgegenstände nicht auf das Bestätigungsschreiben. War die Zuständigkeitswahl schon Gegenstand der mündlichen Vereinbarung, so kann man i.R.v. Art. 17 EuGVÜ und Art. 23 Brüssel I-VO gleichfalls von einem kaufmännischen Bestätigungsschreiben sprechen, das aber nur einen deklaratorischen Charakter besitzt und bereits unter lit. a) 2. Fall subsumiert werden kann.[737] Festzuhalten bleibt, dass ein kaufmännisches Schreiben vorlag, das in einzelnen Staaten allgemein der zwischen Geschäftsleuten befolgten Übung entspricht und bestimmte konstitutive Wirkungen entfaltet, sollte der Empfänger, wie im vorliegenden Fall, dem Schreiben nicht widersprechen. Ähnlich wie in Deutschland, erkennen beispielsweise auch Dänemark, Frankreich, und die Niederlande ergänzende Bestätigungsschreiben an.[738] Das portugiesische Handelsrecht kennt das Rechtsinstitut des kaufmännischen Bestätigungsschreibens nicht.[739] Sofern in der fraglichen Branche das Schweigen auf ein kaufmännisches Bestätigungsschreiben als Zustimmung abgefasst wird, ist eine Gerichtsstandsvereinbarung aber selbst dann wirksam, wenn das Wohnsitzrecht des Empfängers eine solche konstitutive Wirkung verneint.[740] Die Existenz eines solchen Brauches, der auch von in Portugal ansässigen international tätigen Unternehmen beachtet wird, liegt auf der Hand. Der Brauch ist im internationalen Handel mit den unterschiedlichsten Konsumgütern, wie hier mit *Kfz-Ersatzteilen*, verbreitet. Der Oberste Gerichtshof hat im Jahr 1996[741] entschieden, dass das Schweigen auf ein kaufmännisches Bestätigungsschreiben verbunden mit seinen konstitutiven Rechtswirkungen ein „typischer Fall" einer stillschweigenden Übereinkunft im internationalen Handelsverkehr i. S. v. Art. 17 I S. 2 c) EuGVÜ ist.[742] Unverständlich ist deshalb, wa-

---

[737] Staehelin, Gerichtsstandsvereinbarungen im internationalen Handelsverkehr Europas: Form und Willenseinigung nach Art. 17 EuGVÜ/LugÜ (1994), S. 96.

[738] Nachweise bei Staehelin, Gerichtsstandsvereinbarungen im internationalen Handelsverkehr Europas: Form und Willenseinigung nach Art. 17 EuGVÜ/LugÜ (1994), S. 98 ff.; Stöve, Gerichtsstandsvereinbarungen nach Handelsbrauch, Art. 17 EuGVÜ und § 38 ZPO (1993), S. 129 ff.

[739] S. nur Hauschild, Gerichtsstandsvereinbarungen in Portugal und Spanien (1995), S. 211.

[740] S. Killias, in: Weber, Peter Johannes u. a. (Hrsg.), FS Siehr, Kurt (2001), S. 65-76 (72); Lima Pinheiro, DIP, Volume III, S. 140.

[741] Das Urteil erging am 23. April 1996, s. BMJ 456 (1996), S. 350-356: Metalcapote – Indústrias metalúrgicas, Lda. *gegen* Metalsider – Metais e Produtos Siderúrgicos Lda. und Hoogovens Ijunviden Verhoopkantoor BV; vgl. zu dieser Entscheidung bereits S. 27.

[742] Dem Urteil des Gerichtshofs lag folgender Fall zugrunde: Ein portugiesisches Unternehmen schloss mit einer niederländischen Firma einen Kaufvertrag über verzinkte Metallbleche ab. Der Kaufvertrag wurde – zumindest mündlich – abgeschlossen. Eine Zuständigkeitswahl

rum der Gerichtshof seiner Rechtsprechung keinerlei Beachtung schenkte und im vorliegenden Fall kurzerhand behauptete, dass kein Fall des lit. c) vorliegt. Selbstverständlich ändert auch der Umstand, dass die autonome Vorschrift des Art. 99 CPC n.F. keine stillschweigenden Zuständigkeitsvereinbarungen zulässt[743], nichts an der Existenz des internationalen Handelsbrauchs i. S. v. Art. 23 S. 3 c) Brüssel I-VO im Zusammenhang mit kaufmännischen Bestätigungsschreiben in Portugal. Schließlich spricht auch Art. 9 II CISG für einen solchen Handelsbrauch. Art. 9 II CISG erfasst nach zutreffender Auffassung den Gebrauch der vertragsmodifizierenden Wirkung des Schweigens auf ein kaufmännisches Schreiben.[744] Das nicht gegengezeichnete Schreiben mit der Gerichtsstandsklausel wirkte deshalb zuständigkeitsbegründend. Die Wirkung der „Auftragsbestätigung" war als „Handelsbrauch" i. S. v. Art. 17 I S. 2 c) EuGVÜ anzusehen.

cc) Subjektives Element in Art. 17 I S. 2 c) EuGVÜ (Art. 23 I S. 3 c) Brüssel I-VO)

Zusätzlich muss stets das subjektive Element „...Handelsbrauch entspricht, den die Parteien kannten oder kennen mussten" berücksichtigt werden. Nach Auffassung des EuGH steht die Kenntnis fest oder wird vermutet, wenn die Vertragsparteien schon früher untereinander oder mit anderen im dem betreffenden Geschäftszweig tätigen Vertragspartnern ein bestimmtes Verhalten befolgten oder die Verhaltungsweise allgemein als ständige Übung in dem Geschäftszweig angesehen werden kann.[745] Nach zutreffender Meinung ist allerdings in aller Regel

---

war nie Gegenstand der Vertragsverhandlungen. Der niederländische Verkäufer sandte der portugiesischen Käuferpartei ein Schreiben mit der Bezeichnung „factura pró-forma" zu. Dieses Schreiben bestätigte den Inhalt des zustande gekommen Kontraktes, enthielt aber außerdem eine Gerichtsstandsklausel, wonach die niederländischen Gerichte ausschließlich zuständig waren. Das Revisionsgericht wertete das Schweigen des Empfängers als Zustimmung zu der Zuständigkeitsklausel. Der in Portugal ansässige Käufer müsse sich auch zu den Inhalten des Schreibens bekennen, die nicht bereits Teil einer Willenseinigung waren. Im Ergebnis lag demnach eine wirksame Gerichtsstandsvereinbarung nach Art. 17 I S. 2 c) EuGVÜ vor. Die Bezeichnung des Bestätigungsschreibens als „factura pró-forma" durch die niederländische Partei war etwas irreführend, da eine „factura pró-forma" i. d. R. nur ein Angebot des Verkäufers enthält, s. Franco/Martins, Conceitos e Princípios Jurídicos (1983), S. 424.

[743] S. dazu S. 125.

[744] Vgl. Staehelin, Gerichtsstandsvereinbarungen im internationalen Handelsverkehr Europas: Form und Willenseinigung nach Art. 17 EuGVÜ/LugÜ (1994), S. 97 f.; Stöve, Gerichtsstandsvereinbarungen nach Handelsbrauch, Art. 17 EuGVÜ und § 38 ZPO (1993), S. 125 ff.; a. A. Huber, RabelsZ 43 (1979), S. 413-526 (449).

[745] EuGH 20.2.1997, Rs. 106/95 – „MSG, Mainschiffahrts-Genossenschaft/Les Gravières Rhénanes", EuGHE 1997 I, S. 911 = NJW 1997, S. 1431 = JZ 1997, S. 839 m. Anm. Koch = RIW 1997, S. 415 m. Anm. Holl = IPRax 1999, S. 31 m. Anm. Kubis auf S. 10 = EuZW 1997, S. 209 = EWS 1997, S. 127 = ZZP Int 1997, S. 161 m. Anm. Peter Huber (Erwägungsgrund Nr. 131); EuGH 16.3.1999, Rs. 159/97 – „Trasporti Castelletti/Trumpy", EuGHE 1999 I, S. 1597 = RIW 1999, S. 955 = IPRax 2000, S. 119 m. Anm. Girsberger auf S. 87 = EuZW

bereits die Kenntnis derjenigen Partei ausreichend, welcher die Zuständigkeitsvereinbarung entgegengehalten wird.[746] Dies ergibt sich aus dem Sinn und Zweck des subjektiven Elements. Die Parteien sollen vor einer überraschendenden Bindung an eine Gerichtsstandsvereinbarung geschützt werden.[747] Schützenswert ist nur derjenige, der die Kenntnis des Handelsbrauchs bestreitet. Das ist meistens die Partei, zu deren Lasten sich der Handelsbrauch im Verfahren auswirken kann. Der vorliegende Fall weist die Besonderheit auf, dass es der deutsche Vertragspartner war, der die Wirkung des kaufmännischen Bestätigungsschreibens (zumindest stillschweigend) bestritt. Diejenige Partei, die sich einem kaufmännischen Bestätigungsschreiben bedient, muss damit rechnen, dass ihm eine vertragsergänzende Wirkung zukommt. Anderenfalls liegt ein Verstoß gegen das Verbot *des venire contra factum proprium* vor. Im übrigen genügte es, dass der deutsche Verkäufer nach seinem Wohnsitzrecht das Schweigen als Einverständnis mit der in dem Bestätigungsschreiben enthaltenen Gerichtsstandsklausel auffassen musste.[748] Das ist bei einem in Deutschland ansässigen Handelsunternehmen zweifellos zu bejahen. In Deutschland gehört das Bestätigungsschreiben zum alltäglichen kaufmännischen Verkehr.[749] Eine wirksame Zuständigkeitsvereinbarung zu Gunsten deutscher Gerichte ist daher zustande gekommen. Hätte man im vorliegenden Fall auf den portugiesischen Vertragspartner abgestellt, so wäre zumindest an ein „kennen müssen" des Handelsbrauchs zu denken gewesen. Beteiligt man sich am internationalen Handel und sind in der konkreten Branche kaufmännische Bestätigungsschreiben üblich, so gehört es zu den Obliegenheiten eines umsichtigen Vertragspartners sich über die ihn betreffenden Bräuche zu erkundigen.

dd) Vereinbarung „nur zugunsten einer Partei" i. S. v. Art. 17 IV EuGVÜ

Wurde die Gerichtsstandsvereinbarung zu Gunsten nur einer der Parteien getroffen, so behält diese das Recht, jedes andere Gericht anzurufen, das aufgrund des

---

1999, S. 441 m. Anm. Haß = EWS 1999, S. 194 = ZEuP 2000, S. 656 m. Anm. Saenger = ZZP Int 1999, S. 233 m. Anm. Adolphsen (Erwägungsgrund Nr. 43).

[746] Wieczorek/Schütze/Hausmann, Art. 17 EuGVÜ, Rn. 51.

[747] Selke, Handelsbräuche als autonomes kaufmännisches Recht aus praktischer Sicht (2001), S. 163; Kropholler, EuZPR, Art. 23 EuGVO, Rn. 58.

[748] Kropholler, EuZPR, Art. 23 EuGVO, Rn. 58; 61; Wieczorek/Schütze/Hausmann, Art. 17 EuGVÜ, Rn. 51. Die Gegenansicht stellt darauf ab, ob das auf die Vertragsbeziehung anwendbare Recht das Bestehen eines entsprechenden Handelsbrauchs kennt, vgl. MünchKomm/Gottwald, Art. 17 EuGVÜ, Rn. 40; Schlosser, EU-ZPR, Art. 23 EuGVVO, Rn. 27. Seit dem Inkrafttreten des EWG-Übereinkommens über das auf vertragliche Schuldverhältnisse anzuwenden Recht stellt man bei der Frage, ob dem Schweigen ein Erklärungswert zukommt (vgl. Art. 8 II EVÜ bzw. Art. 31 II EGBGB) aber ebenfalls auf das der Partei heimische Recht (gewöhnlicher Aufenthalt) ab, vgl. hierzu von Hoffmann, IPR, § 10, Rn. 86; Reithmann/Martiny/Martiny, IntVertragsR, Rn. 202, 205; s. auch Art. 35 III CC.

[749] S. etwa Deckert, JuS 1998, S. 121-125; Brox, Handels- und Wertpapierrecht, Rn. 251-264; Koller/Roth/Morck-Roth, § 346 HGB, Rn. 22-35.

Übereinkommens zuständig ist, Art. 17 IV EuGVÜ.[750] Obwohl es der portugiesische Beklagte war, der die internationale Zuständigkeit portugiesischer Gerichte im Verfahren bestritt, kam, durch die Gerichtsstandsklausel „begünstigt", nur die deutsche GmbH in Betracht. Sie wollte mit der Gerichtsstandsklausel einen heimischen Gerichtsstand begründen und den Kaufvertrag zugleich deutschem Recht unterwerfen. Die Anwendung von Art. 17 IV EuGVÜ bereitet dann keine Probleme, wenn von den Parteien ausdrücklich geregelt wurde, dass die vereinbarte Klausel nur zu Gunsten einer Partei getroffen sein soll.[751] Eine solche Regelung fehlte im vorliegenden Fall. Es muss durch Auslegung ermittelt werden, ob die Gerichtsstandsklausel nur zu Gunsten des deutschen Klägers getroffen wurde. Nach dem EuGH muss sich der Parteiwille zur einseitigen Begünstigung klar aus dem Wortlaut der Gerichtsstandsvereinbarung oder aus den Anhaltspunkten des Vertrages oder Umständen des Vertragsschlusses ergeben.[752] Die Benennung des Gerichts eines Vertragsstaates, in dem die „begünstigte" Partei ihren Wohnsitz oder Sitz hat, genügt für sich allein nicht, um den Schluss zuzulassen, es habe dem gemeinsamen Willen entsprochen, diese zu begünstigen.[753] Im vorliegenden Fall kommen aber noch weitere Anhaltspunkte hinzu. Der portugiesische Vertragspartner des AGB-Verwenders hatte keinen Einfluss auf deren Inhalt. Er bekam die AGB nur vorgelegt und hätte widersprechen können. Außerdem ist zu bedenken, dass die Zuständigkeit der deutschen Gerichte und zugleich die Geltung des deutschen Rechts vereinbart wurden. Aus der Kombination dieser Regelungen lässt sich schließen, dass die Parteien eine Kongruenz von zuständigem Gericht und anwendbarem Recht herstellten. Die deutsche Vertragspartei, deren Heimatrecht zur Anwendung kommen sollte, sollte auch durch die Gerichtsstandsklausel begünstigt werden.[754] Die Umstände des Falles sprechen für die Annahme, dass die Zuständigkeitsklausel aus purem Eigeninteresse der deutschen GmbH vereinbart wurde. Als Rechtsfolge gewährte Art. 17 IV EuGVÜ dem Kläger neben dem vereinbarten Gerichtsstand auch am Beklagtenwohnsitz gem. Art. 2 I EuGVÜ ein Klagerecht. Der Wohnsitz des Beklagten lag in Portugal (Art. 52, 53 EuGVÜ). Die internationale Zuständigkeit portugiesischer Gerichte ergab sich deshalb aus Art. 17 IV i. V. m. Art. 2 I, 52, 53 EuGVÜ. Im Endergebnis ist dem Obersten Gerichtshof daher zuzustimmen.

---

[750] Diese Regelung ist in die Brüssel I-VO nicht übernommen worden; derartige Vereinbarungen bleiben aber zulässig, vgl. Art. 23 I S. 2 Brüssel I-VO (dazu sogleich).

[751] Kropholler, EuZPR, Art. 23 EuGVO, Rn. 94; MünchKomm/Gottwald, Art. 17 EuGVÜ, Rn. 67; Wieczorek/Schütze/Hausmann, Art. 17 EuGVÜ, Rn. 82.

[752] EuGH 24.6.1986, Rs. 22/85 – „Anterist/Crédit Lyonnais", EuGHE 1986, S. 1951 = RIW 1986, S. 636 = EWiR 1986, S. 793 m. Anm. Geimer = IPRax 1987, S. 105 m. Anm. Gottwald auf S. 81; ebenso schon vor der EuGH Entscheidung: Tosi/Hesse, RIW 1984, S. 478-481 (481); Kohler, IPRax 1983, S. 265-272 (272).

[753] EuGH a. a. O. (Fn. 752), Erwägungsgrund Nr. 14; Reithmann/Martiny/Hausmann, Int-VertragsR, Rn. 2192; MünchKomm/Gottwald, Art. 17 EuGVÜ, Rn. 67; Bülow/Böckstiegel/Auer, Art. 17 EuGVÜ, Rn. 139.

[754] Vgl. Bülow/Böckstiegel/Auer, Art. 17 EuGVÜ, Rn. 140.

ee) Die Regelung in Art. 23 I S. 2 Brüssel I-VO

Im Bereich der Brüssel I-VO hätte dem Kläger ein solches Wahlrecht nicht zugestanden. Art. 17 IV EuGVÜ wurde in die Brüssel I-VO nicht übernommen. Die prorogierten Gerichte verlieren nur dann ihre ausschließliche Zuständigkeit, wenn eine „Vereinbarung" i. S. v. Art. 23 I S. 2 Brüssel I-VO vorliegt. Eine derartige Absprache kann zwar auch konkludent erfolgen, jedoch ist dafür ein deutlich erkennbarer Wille der Parteien zu fordern.[755] Anderenfalls würde die Aufhebung von Art. 17 IV EuGVÜ und die Grundregel der Ausschließlichkeit in Art. 23 I Brüssel I-VO missachtet.

4. Zusendung eines Bestellscheines mit einer Gerichtsstandsklausel = Entscheidung des *Supremo Tribunal da Justiça* vom 1. Juli 1999[756]

a) Sachverhalt

Ein in Portugal ansässiges Unternehmen bestellte mit einem Schreiben vom 9. Mai 1989 bei einer italienischen Firma Apparaturen zur Herstellung von Kacheln und Fließen. Am 11. August 1989 sandte der italienische Empfänger des Schreibens dem portugiesischen Kaufinteressenten einen „Bestellschein" zu. Auf diesem Bestellschreiben stand, dass die Lieferung der Apparaturen entsprechend dem Angebot des portugiesischen Unternehmens erfolgen werde. Zusätzlich enthielt das Schreiben Informationen über die Zahlungsmodalitäten, Gewährleistung, Lieferung und eine Gerichtsstandsklausel, wonach „international zuständig die Gerichte in Pombal [Portugal] oder Brüssel [Belgien] sind." Der italienische Verkäufer geriet mit seiner vertraglichen Lieferungspflicht der Apparaturen in Verzug. Er lieferte die Ware auch nach zahlreichen Mahnungen seines portugiesischen Vertragspartners nicht. Der Käufer erhob Klage vor portugiesischen Gerichten. Nach Auffassung des Amtsgerichts Pombal besaßen die portugiesischen Gerichte die internationale Entscheidungszuständigkeit für den Lieferungsanspruch. Das Berufungsgericht Coimbra hob das erstinstanzliche Urteil auf (vgl. hierzu S. 77). Die Frage der internationalen Zuständigkeit wurde sodann dem Revisionsgericht zur Entscheidung vorgelegt.

b) Gerichtliche Entscheidung

Der Oberste Gerichtshof ging auf die Gerichtsstandsklausel zu Gunsten der Gerichte aus Pombal und Brüssel ein. Der EuGH habe wiederholt entschieden, dass eine Gerichtsstandsklausel eine schriftliche Vereinbarung voraussetze. In dem EuGH-Urteil vom 14.12.1976 habe eine Gerichtsstandsklausel, die als Teil der AGB auf der Rückseite eines einseitigen Formulars abgedruckt war, keine Rechtswirkungen entfaltet. Im Vergleich zu Art. 99 CPC n.F. enthalte Art. 17 EuGVÜ weniger strenge Formerfordernisse, wie es z. B. lit. b) (Gepflogenheiten

---

[755] S. Kropholler, EuZPR, Art. 23 EuGVO, Rn. 94 f.

[756] CJ-STJ, Ano VII, Tomo III, 1999, S. 11-14: Fábrica de Ladrilhos e Mosaicos Lda. *gegen* Cassani Cario SAS di Cano Cassani & C; zum Urteil der Vorinstanz (Berufungsgericht Coimbra vom 26. Januar 1999), s. S. 77.

der Parteien) zeige, jedoch fordere lit. a) die Schriftform oder eine mündliche Vereinbarung mit schriftlicher Bestätigung. Eine schriftliche Vereinbarung über den Gerichtsstand liege vor, wenn beide Parteien unterzeichnet haben. Im vorliegenden Fall sei keine wirksame Zuständigkeitsvereinbarung zustande gekommen.

c) Bewertung

Dem Gedankengang des Obersten Gerichtshofs ist nur schwer zu folgen. Zunächst ist unklar, welches EuGH-Urteil das Revisionsgericht gemeint hat. Am 14.12.1976 wurden zwei Entscheidungen des EuGH zu Art. 17 EuGVÜ erlassen.[757] In beiden Urteilen ging es um die Frage, ob AGB wirksam vereinbart worden sind. Es ist anzunehmen, dass das Gericht die EuGH-Entscheidung „Segoura/Bonakdarian" meinte, da nur diese von einem Dokument handelte, das einseitig zugesandt wurde. Wie das Berufungsgericht Coimbra in seiner Entscheidung vom 19. Oktober 1999 (s. oben S. 142) übersah auch der Oberste Gerichtshof, dass sich der EuGH in seiner Entscheidung aus dem Jahr 1976 ausschließlich auf die *ursprüngliche Fassung* des EuGVÜ bezog. Die vorliegende Entscheidung des Obersten Gerichtshofs enthält dagegen folgende Besonderheit: Das Revisionsgericht zitierte Art. 17 I S. 2 lit. b) EuGVÜ als Beispiel für Ausnahmen von der strengen Schriftform. Anstatt lit. b) und lit. c) konsequenterweise zu prüfen, begnügte er sich damit, als Endergebnis festzustellen, dass das Bestellschreiben nicht der Schriftform i. S. v. Art. 17 I S. 2 a) 1. Fall EuGVÜ entsprach. Das Gericht kam zu Recht zu dem (Zwischen-)Ergebnis, dass das Bestellschreiben des italienischen Verkäufers mit der Gerichtsstandsklausel nicht die Formalternative des Art. 17 I S. 2 a) 1. Fall EuGVÜ erfüllte. Dem beiderseitigen Schriftlichkeitsgebot ist nämlich nicht Genüge getan, wenn ein Vertragsangebot von der anderen Seite unter Beifügung ihrer AGB angenommen wird, die eine Gerichtsstandsklausel enthalten; es fehlt die schriftliche Zustimmung des Anbieters.[758] Ebenso wenig wurde die Form des lit. a) 2. Fall gewahrt, da die sog. „halbe Schriftlichkeit" voraussetzt, dass sich die Parteien über die Zuständigkeitsregelung mündlich geeinigt haben. Es ist davon auszugehen, dass die Parteien auch keine längere Geschäftsbeziehung pflegten, Art. 17 I S. 2 b) EuGVÜ. Schließlich war auch in dieser Entscheidung nur noch lit. c) zu prüfen. Man hätte an ein kaufmännisches Bestätigungsschreiben denken können, das widerspruchslos angenommen wurde. Der „Bestellschein" war aber nur die Annahmeerklärung des Kaufangebots, das dem Annehmenden am 9. Mai 1989 zugesendet wurde. Dem Schreiben gingen keinerlei Vertragsverhandlungen voraus, die eine Vertrauensgrundlage hätten schaffen können, die für ein kaufmännisches Bestätigungsschreiben nach internationalem Handelsbrauch typisch ist. Im Ergebnis ist festzustellen, dass die getroffene Zuständigkeitswahl keine Rechtswirkungen entfaltete, Art. 17 I S. 2 EuGVÜ (Art. 23 I S. 3 Brüssel I-VO).

---

[757] „Estasis Salotti/Rüwa", Rs. 24/76 und „Segoura/Bonakdarian", Rs. 25/76.

[758] So ausdrücklich: BGH 9.3.1994, NJW 1994, S. 2699 = RIW 1994, S. 508 = IPRspr. 1994 Nr. 137.

5. Gerichtsstandsklausel im Konnossement = Entscheidung des *Tribunal da Relação de Lisboa* vom 21. Mai 1998[759]

a) Sachverhalt

Eine in London ansässige Versicherungsgesellschaft erhob in Portugal Klage gegen ein italienisches Unternehmen auf Zahlung eines Geldbetrages. Die Versicherungsgesellschaft trug vor, dass sie in die Rechte ihres Versicherungsnehmers eingetreten ist und diese nun geltend macht. Das beklagte italienische Unternehmen beförderte Handelswaren auf dem Seeweg. Der Versicherungsnehmer hatte einen Seefrachtvertrag mit dem Beklagten abgeschlossen. Der Verfrachter erteilte dem Befrachter ein Konnossement. Eine Klausel des Konnossements mit der Nr. 27 bestimmte, dass „jede aus diesem Konnossement hervorgehende Beanstandung oder Rechtsstreitigkeit dem Recht des Hauptsitzes des Verfrachters unterliegt und die Gerichte am Hauptsitz des Verfrachters, d. h. Triest, zuständig sind“. Der Beförderungsvertrag wurde mangelhaft erfüllt. Infolgedessen erlitt der Verfrachter Schäden, die vor portugiesischen Gerichten durch seinen Versicherungsgeber geltend gemacht wurden. Das Seegericht Lissabon nahm die Klage mangels internationaler Zuständigkeit nicht zur Sachentscheidung an. Die klagende Versicherungsgesellschaft legte Berufung ein.

b) Gerichtliche Entscheidung

Das Berufungsgericht Lissabon zitierte Art. 17 I S. 2 c) EuGVÜ (Handelsbrauch). Die Klage betreffe den maritimen internationalen Handelsverkehr und es sei dort üblicher Brauch Rechtsstreitigkeiten, welche aus dem Beförderungsvertrag resultieren können, dem Forum am Sitz des Verfrachters zu unterstellen. Zudem herrsche in Schrifttum und Rechtsprechung die einheitliche Auffassung, dass in Konnossements enthaltene Gerichtsstandsvereinbarungen gültig seien und den Inhaber des Konnossements binden, gänzlich unabhängig davon, ob er der Befrachter, Konsignant[760] oder Empfänger ist und den Brief unterzeichnet hat. Daher habe ein italienisches Gericht entschieden, dass eine Gerichtsstandsklausel in einem Konnossement dem „Handelsbrauch“ i. S. v. Art. 17 I S. 2 c) EuGVÜ entspreche. In casu sei zwar der Versicherungsnehmer des Klägers Empfänger des Konnossements gewesen. Allerdings sei der Kläger in die Rechte seines Versicherungsnehmers gem. Art. 441 CCom[761] eingetreten. Des Weite-

[759] CJ, Ano XXIII, Tomo III, 1998, S. 106-107: Guardian Assurance, PLC *gegen* Lloyd Triestino („Lloyd Triestino SPA di navigazioni); s. hierzu bereits S. 44, 47.

[760] „Konsignation“ ist eine Form der Kommission im Überseegeschäft. Es kann sich hierbei um eine bloße Verkaufskommission handeln; vielfach übergibt der Auftraggeber („Konsignant“) die Ware an den „Konsignatar“ mit dem Ziel, dass dieser deren Absatz durch Abschluss eines (weiteren) Kommissionsauftrages vermittelt (sog. Exportkommission), s. Creifelds, Rechtswörterbuch, 17. Auflage, S. 801.

[761] Código Comercial (=Handelsgesetzbuch vom 28. Juni 1888).

ren lasse es Art. 11 des DL 352/86 vom 21.10[762] zu, dass der Drittinhaber eines Konnossements vollständig in die Rechte und Pflichten des Befrachters eintrete. Schließlich habe der EuGH in seinem Urteil „Tilly Russ/Nova" vom 19.06.1984[763] entschieden, dass eine Drittwirkung zuzulassen sei, wenn sich eine Zuständigkeitsklausel in einem Konnossement findet und der Drittinhaber nach dem anwendbaren nationalen Recht mit dem Erwerb des Konnossements in die Rechte und Pflichten des Befrachters eingetreten ist. Deshalb seien die italienischen Gerichte ausschließlich zuständig. Die Berufungsklage der englischen Versicherungsgesellschaft blieb ohne Erfolg.

c) Bewertung

Die Entscheidung des Berufungsgerichts Lissabon ist zu begrüßen. Zutreffend trennte das Berufungsgericht zwischen der Frage, ob zwischen dem Verfrachter und Befrachter eine wirksame Vereinbarung über die im Konnossement enthaltene Zuständigkeitsklausel zustande gekommen ist und derjenigen, ob der Drittinhaber des Konnossements diese Klausel gegen sich gelten lassen musste.

aa) Beziehung Verfrachter-Befrachter

Das Konnossement wird in der Regel einseitig vom Verfrachter ausgestellt. So auch im vorliegenden Fall. Unter der ursprünglichen Fassung des Art. 17 I S. 2 EuGVÜ von 1968 mit seinen strengen Anforderungen auch an die halbe Schriftlichkeit[764], lag es nahe, der Zuständigkeitsklausel bereits im Verhältnis zwischen Verfrachter und Befrachter die Wirksamkeit abzusprechen.[765] Im Gegensatz zu anderen portugiesischen Gerichtsentscheidungen wurde vom Berufungsgericht Lissabon Art. 17 I S. 2 c) EuGVÜ ausdrücklich genannt und angewandt. Nach ganz h. M.[766] genügt den „internationalen Handelsbräuchen" die einseitige Konnossementsform im Verhältnis zwischen Verfrachter und Befrachter. Diesen Zuständigkeitsklauseln auf Konnossements, die dem Befrachter ausgehändigt wer-

---

[762] DL sobre o Contrato de Transporte de Mercadorias por Mar (= Gesetzesdekret über den Seefrachtvertrag); abgedruckt in: Lynce de Faria, O Transporte Internacional Marítimo de Mercadorias, S. 279-288.

[763] Rs. 71/83, EuGHE 1984, S. 2417 = RIW 1984, S. 909 m. Anm. Schlosser = IPRax 1985, S. 152 m. Anm. Basedow auf S. 133; bestätigt durch EuGH 9.11.2000, Rs. 387/98 – „Coreck Maritime/Handelsveem", EuGHE 2000 I, S. 9362 = NJW 2001, S. 501 = EuZW 2001, S. 122 = EWS 2001, S. 136 = Rev. crit. 2001, S. 359 m. Anm. Bernard-Fertier.

[764] Vgl. EuGH 19.6.1984, Rs. 71/83 – „Tilly Russ/Nova", EuGHE 1984, S. 2417 = RIW 1984, S. 909 m. Anm. Schlosser = IPRax 1985, S. 152 m. Anm. Basedow auf S. 133.

[765] So OLG Düsseldorf 20.11.1975, RIW 1976, S. 297 = IPRspr. 1975 Nr. 147.

[766] Girsberger, IPRax 2000, S 87-91 (89); Kropholler/Pfeifer, in: Habscheid, Walther J. u. a. (Hrsg.), FS Nagel, S. 157-166 (164); Stöve, Gerichtsstandsvereinbarungen nach Handelsbrauch, Art. 17 EuGVÜ und § 38 ZPO (1993), S. 162 ff. (171); Killias, Die Gerichtsstandsvereinbarungen nach dem Lugano-Übereinkommen (1993), S. 181 ff.; Staehelin, Gerichtsstandsvereinbarungen im internationalen Handelsverkehr Europas: Form und Willenseinigung nach Art. 17 EuGVÜ/LugÜ (1994), S. 190; Nagel/Gottwald, IZPR, § 3, Rn. 151; Wieczorek/Schütze/Hausmann, Art. 17 EuGVÜ, Rn. 52; Mankowski, Seerechtliche Vertragsverhältnisse im Internationalen Privatrecht (1995), S. 274 f. m. z. N. (s. die dortige Fn. 218).

den, wird weltweit Bindung anerkannt.[767] Insoweit handelt es sich um ein „Kathederbeispiel" für eine Gerichtsstandsklausel kraft Handelsbrauch.[768] Im Schrifttum wird sogar vertreten, dass ein Konnossement mit einer Gerichtsstandsklausel so standardisiert ist, dass ihre Wirksamkeit im Verhältnis zwischen Verfrachter und Befrachter der *lex mercatoria* zugerechnet wird.[769] Insoweit ist dem Berufungsgericht zuzustimmen. Die Formalternative des Art. 17 I S. 2 c) EuGVÜ wurde erfüllt. Wie eingangs erwähnt, bedarf es i.R.d. Handelsbrauchs keiner gesonderten Prüfung einer Willenseinigung nach der *lex causae*; lit. c) gewährleistet hier einen reibungslosen Ablauf des internationalen Seehandels. Die Formerleichterung wird ihrem Zweck gerecht.

bb) Beziehung Drittinhaber-Verfrachter

Fraglich ist, ob ein Drittinhaber des Konnossements sich den Übergang der Standard-Gerichtsstandsklausel entgegen halten lassen muss bzw. sich darauf berufen kann. In erster Linie ist dies keine Frage des Konsensprinzips oder der Form, sondern eine Frage der Rechtsnachfolge.[770] Es ist davon auszugehen, dass die englische Versicherungsgesellschaft das Konnossement rechtswirksam erworben hat. Die Versicherungsgesellschaft, Inhaberin des Konnossements, wollte den italienischen Verfrachter vor portugiesischen Gerichten auf Schadensersatz verklagen, obwohl das Konnossement eine Zuständigkeitsklausel zu Gunsten Triester Gerichte (Sitz des Verfrachters) enthielt. Nach der vom Berufungsgericht Lissabon zitierten EuGH-Entscheidung[771] ist nach „anwendbarem Recht" zu prüfen, ob der Drittinhaber mit dem Erwerb des Konnossements in die Rechte und Pflichten des Befrachters eingetreten ist. Wie das Berufungsgericht zutreffend ausführte, sieht das portugiesische Recht in Art. 11 des DL 352/86 vom 21.10 einen gänzlichen Eintritt des Drittinhabers in die Rechte und Pflichten des Befrachters vor.[772] Art. 441 CCom regelt den Übergang der Forderungen des Versicherungsnehmers gegen den Schädiger auf den Versicherungsgeber (Legalzession).[773] Das Berufungsgericht hätte noch auf die Frage eingehen können,

---

[767] Schlosser, EU-ZPR, Art. 23 EuGVVO, Rn. 28.

[768] Kropholler, EuZPR, Art. 23 EuGVO, Rn. 62; Girsberger, IPRax 2000, S 87-91 (89).

[769] Girsberger, IPRax 2000, S 87-91 (89). Zur begrifflichen Abgrenzung zwischen „lex mercatoria" und „Handelsbrauch", vgl. Reithmann/Martiny/Martiny, IntVertragsR, Rn. 2432 m. w. N.

[770] EuGH 16.3.1999, Rs. 159/97 – „Trasporti Castelletti/Trumpy" a. a. O. (Fn. 689); Kropholler, EuZPR, Art. 23 EuGVO, Rn. 66; Mankowski, Seerechtliche Vertragsverhältnisse im Internationalen Privatrecht (1995), S. 254 f. m. w. N.; a. A. Rauscher, IPRax 1992, S. 143-147 (146).

[771] EuGH 19.6.1984, Rs. 71/83 – „Tilly Russ/Nova" a. a. O. (Fn. 764); bestätigt durch EuGH 16.3.1999, Rs. 159/97 – „Trasporti Castelleti/Trumpy" a. a. O. (Fn. 689) und EuGH 9.11.2000, Rs. 387/98 – „Coreck Maritime/Handelsveem" a. a. O. (Fn. 763).

[772] Art. 11 II des Gesetzes über den Seefrachtvertrag bestimmt, dass der Übergang des Konnossements den allgemeinen Regeln über Finanzwechsel unterliegt („A transmissão do conhecimento de carga está sujeito ao regime geral dos títulos de credito").

[773] „O segurador que pagou a deterioração ou perda dos objectos segurados fica sub-rogado em todos os direitos do segurado contra terceiro causador do sinistro, respondendo o segura-

welches „Recht" der EuGH in seiner Entscheidung meint. Auf die Frage nämlich, welches Recht darüber entscheidet, ob ein Drittinhaber Einzelrechtsnachfolger des Befrachters wurde, gibt das EuGVÜ wie das sonstige Gemeinschaftsrecht keine Antwort.[774] Daher ist in der Konzeption des EuGH offen, welches das „anwendbare Recht" sein soll: Die *lex fori* oder die *lex causae*? Das Berufungsgericht schloss sich stillschweigend der Ansicht an, welche die *lex fori* für einschlägig hält.[775] Der materiellrechtliche Zusammenhang spricht aber eher für die *lex causae*.[776] Hinsichtlich der kollisionsrechtlichen Anknüpfung der eventuellen Rechtsnachfolge des Drittinhabers werden mindestens sechs Ansichten angedeutet oder vertreten.[777] Die Darstellung dieser Meinungen würde den Rahmen dieser Arbeit sprengen. Angesichts der Intention des Art. 17 I S. 2 c) und Art. 23 I S. 3 c) Brüssel I-VO, die Anforderungen sowohl an die Form als auch an die materielle Willenseinigung flexibler zu gestalten und den Bedürfnissen der beteiligten Handelskreise entgegenzukommen, sollten künftig Gerichtsstandsklauseln in Konnossementen nicht nur im Verhältnis Verfrachter-Befrachter, sondern auch im Verhältnis Drittinhaber-Verfrachter nach internationalen Handelsbräuchen als bindend angesehen werden. Im internationalen Seefrachtverkehr existiert eine solche Übung, welche als Handelsbrauch bezeichnet werden kann.[778] In Anbetracht der Gebräuche im Seefrachtverkehr könnte man dann auf die höchst umstrittene Frage des „anwendbaren Rechts" für die Prüfung der Rechtsnachfolge im Regelfall verzichten. Es bleibt zu hoffen, dass der EuGH seine Rechtsprechung revidiert und sich für eine Anknüpfung an den

dor por todo o acto que possa prejudicar esses direitos"; zu einem ähnlichen Fall des spanischen „Tribunal Supremo" vom 13. Oktober 1993, vgl. Ditandy, Internationale Zuständigkeit – Neuregelung durch die LOPJ 1985 (2003), S. 124 f.

[774] Girsberger, IPRax 2000, S 87-91 (90); Mankowski, Seerechtliche Vertragsverhältnisse im Internationalen Privatrecht (1995), S. 255.

[775] Für die Maßgeblichkeit der *lex fori*: Bonassies, Anm. zu EuGH 19.6.1984, DMF 1985, S. 89-96 (93); Grégoire, Rev. dr. comm. belge 1985, S. 391-401 (398).

[776] So auch Mankowski, Seerechtliche Vertragsverhältnisse im Internationalen Privatrecht (1995), S. 260 f.; Girsberger, IPRax 2000, S 87-91 (89); Kropholler, EuZPR, Art. 23 EuGVO, Rn. 66; Gebauer, IPRax 2001, S. 471-477 (474).

[777] Ausführlich auch zum ausländischen Schrifttum: Mankowski, Seerechtliche Vertragsverhältnisse im Internationalen Privatrecht (1995), S. 259 ff.

[778] Stöve, Gerichtsstandsvereinbarungen nach Handelsbrauch, Art. 17 EuGVÜ und § 38 ZPO (1993), S. 162 f.; Schack, IZVR, Rn. 471; OLG Celle IPRax 1997, S. 417 (418); Mankowski, Seerechtliche Vertragsverhältnisse im Internationalen Privatrecht (1995), S. 276-280; Schlosser, RIW 1984, S. 911-914 (913); MünchKomm/Gottwald, Art. 17 EuGVÜ, Rn. 34; Kropholler, EuZPR, Art. 23 EuGVO, Rn. 67; Kropholler/Pfeifer, in: Habscheid, Walther J. u. a. (Hrsg.), FS Nagel, S. 157-166 (165 f.); Wieczorek/Schütze/Hausmann, Art. 17 EuGVÜ, Rn. 58; a. A.: Girsberger, IPRax 2000, S 87-91 (90); Gebauer, IPRax 2001, S. 471-477 (474); Reithmann/Martiny/Hausmann, IntVertragsR, Rn. 2167, die weiterhin die *lex causae* anwenden wollen; kritisch unter Berücksichtigung des deutschen Rechts: Rabe, TranspR 2000, S. 389-395 (390 ff.).

„Handelsbrauch" i. S. v. lit. c) ausspricht.[779] Dem Berufungsgericht Lissabon ist im Endergebnis uneingeschränkt zu folgen. Die englische Versicherungsgesellschaft musste die Zuständigkeitsklausel zu Gunsten Triester Gerichte gegen sich gelten lassen. Vor portugiesischen Gerichten konnte sie das italienischen Unternehmen nicht verklagen.[780]

6. Gesamtbewertung

Leider hat sich nur das Berufungsgericht Lissabon im zuletzt behandelten Fall erkennbar mit dem Handelsbrauch i. S. v. lit. c) auseinandergesetzt, obwohl die Formalternative in Art. 17 I S. 2 c) EuGVÜ und Art. 23 I S. 3 c) Brüssel I-VO gerade in den von den Gerichten entschiedenen Fällen Bedeutung erlangen kann. Das gilt namentlich dann, wenn die mündliche Willenseinigung der Vertragsparteien über die Gerichtsstandsvereinbarung nicht positiv bewiesen oder die schriftliche Willenseinigung nicht durch beiderseitige Unterschrift dokumentiert ist, beispielsweise bei der Bezahlung von Rechnungen, auf deren eine Gerichtsstandsklausel abgedruckt ist, oder bei Anwendung der Grundsätze über das kaufmännische Bestätigungsschreiben. Ebenso blieb lit. b) (Gepflogenheiten) weitgehend unberücksichtigt. Ein weiteres Beispiel hierfür stellt die neuere **Entscheidung des *Tribunal da Relação de Guimarães* vom 11. Februar 2004**[781] dar, in der bei einer Gerichtswahl zugunsten deutscher Gerichte in der Fußnote eines Bestellschreibens ausschließlich Art. 17 S. 2 lit. a) 1. Alt. EuGVÜ (Schriftform) geprüft wurde; das Gericht wendete dort Art. 99 CPC n.F. (Schriftformerfordernis!) gleichzeitig neben Art. 17 EuGVÜ an. Man gewinnt den Eindruck, dass die Gerichte sich in den bisher ergangenen Entscheidungen (mit Ausnahme der Entscheidung des Tribunal da Relação de Lisboa vom 21. Mai 1998 zu dem Konnossement) stark von ihrem autonomen Recht leiten ließen. Art. 99 CPC n.F., der eine strenge Schriftform voraussetzt, diente den Gerichten als Vorbild bei der Interpretation von Art. 17 EuGVÜ (Art. 23 Brüssel I-VO). In einigen Entscheidungen wurde ausdrücklich auf Art. 99 n.F. CPC eingegangen, obwohl der Geltungsbereich der Europäischen Zuständigkeitsordnung eröffnet war. In anderen Entscheidungen wurde Art. 99 n.F. CPC in der Entscheidung zwar nicht genannt, jedoch beschränkte sich die Prüfung der Gültigkeit der Gerichtsstandsvereinbarung auf die Feststellung, dass keine Schriftform gewahrt wurde. Letzteres entspricht dem Prüfungsumfang an den sich die Gerichte bei der Anwendung ihres autonomen Zivilprozessrechts halten. Auf weite-

---

[779] Angesichts der Tatsache, dass sich der EuGH erst am 09.11.2000 (s. Fn. 763) erneut für die Maßgeblichkeit des „anwendbaren Rechts" aussprach, ist mit einer handelsfreundlichen Entscheidung in absehbarer Zeit wohl nicht zu rechnen.

[780] Die Revisionsinstanz (***Supremo Tribunal de Justiça* vom 17. November 1998**, Rechtssache Nr. 98A998, in: http://www.dgsi.pt) hat hingegen die internationale Zuständigkeit portugiesischer Gerichte bejaht, da der Beklagte nicht bewiesen habe, dass ein derartiger Handelsbrauch i. S. v. Art. 17 I S. 2 c) EuGVÜ existiere. Zweifelhaft ist, ob die Existenz eines international anerkannten Handelsbrauchs von der Partei bewiesen werden muss, vgl. Art. 348 CC (zu Art. 348 CC s. oben S. 86).

[781] Rechtssache Nr. 2336/03-2, in: http://www.dgsi.pt.

re mögliche Erklärungen für dieses Vorgehen aus der Sicht der portugiesischen Gerichte wird i.R.d. Schlussbetrachtungen dieser Arbeit eingegangen (s. aber auch oben S. 137).

L. Gerichtsstand der rügelosen Einlassung

I. Das Fehlen eines Gerichtsstandes der rügelosen Einlassung im Prozessrecht Portugals

Ein Verstoß gegen Regelungen der internationalen Zuständigkeit ist in jedem Stadium des Verfahrens von Amts wegen zu überprüfen (Art. 101, 102 I CPC). Eine Ausnahme hiervon besteht nur für Zuständigkeitsvereinbarungen, durch die eine Zuständigkeit portugiesischer Gerichte abbedungen wird (s. oben S. 133). Eine Überprüfung von Amts wegen erfolgt auch dann, wenn der Beklagte nicht säumig ist und sich auf das Verfahren einlässt.[782] Das autonome portugiesische Prozessrecht kennt daher keinen Gerichtsstand der rügelosen Einlassung.[783]

II. Die rügelose Einlassung nach Art. 18 EuGVÜ (Art. 24 Brüssel I-VO) in der portugiesischen Rechtsprechung

1. Einleitung

Die Zuständigkeitsregelung der „rügelosen" Einlassung versteckt sich am Ende des Zuständigkeitskatalogs. Ist ein Gericht eines Vertrags- bzw. Mitgliedstaates nicht bereits nach anderen Zuständigkeitsregelungen der Europäischen Zuständigkeitsordnungen zuständig, so wird es zuständig, wenn sich der Beklagte vor ihm auf das Verfahren einlässt. Art. 18 EuGVÜ war Hauptgegenstand einer Gerichtsentscheidung aus dem Jahr 2000.

2. Entscheidung des *Tribunal da Relação do Porto* vom 3. Februar 2000[784]

a) Sachverhalt

Die Klägerin, eine in England ansässige Gesellschaft, erhob vor dem Amtsgericht Viana do Castelo gegen eine in Spanien wohnhafte Person eine Schadensersatzklage wegen vertraglicher Nichterfüllung. Klägerin und Beklagter hatten am 11.11.1988 in Spanien einen Kaufvertrag über das Schiff „Milford Star" abgeschlossen. Der Beklagte und Käufer des Schiffes weigerte sich den vollständigen Kaufpreis für das Schiff zu zahlen. Das Amtsgericht nahm die Klage nicht zur Sachentscheidung an; ihm fehle die internationale Entscheidungszuständigkeit. Der Kläger ging in die Berufung.

---

[782] Teixeira de Sousa, IPRax 1997, S. 352-360 (353); ders. Estudos sobre o novo Processo Civil, S. 128; ders. A Competência Declarativa dos Tribunais Comuns, S. 113 f.; Lima Pinheiro, DIP, Volume III, S. 217; s. auch Barbosa de Magalhães, Estudos sobre o novo Código de Processo Civil II, S. 424; Machado Vilela, BFDC 18 (1942), S. 1-70 (32).

[783] *Tribunal da Relação do Porto* vom 3. Februar 2000, CJ, Ano XXV, Tomo I, 2000, S. 212-215 (214): Ruby Fishing Limited *gegen* José Silva; Ferreira da Rocha, RDE 1987, S. 161-234 (228): „Não é admitido no nosso direito o acordo resultante do comportamento processual das partes."; Lima Pinheiro, DIP, Volume III, S. 217.

[784] CJ, Ano XXV, Tomo I, 2000, S. 212-215: Ruby Fishing Limited *gegen* José Silva.

b) Gerichtliche Entscheidung

Das Berufungsgericht Porto zitierte Art. 18 und 20 I EuGVÜ (nun Art. 24, 26 I Brüssel I-VO). Eine rügelose Einlassung gem. Art. 18 EuGVÜ setze voraus, dass portugiesische Gerichte nicht bereits nach dem Übereinkommen zuständig sind. Diese Voraussetzung hielt das Gericht für erfüllt. Insbesondere liege der Gerichtsstand des Erfüllungsortes i. S. v. Art. 5 Nr. 1 nicht in Portugal. Die rügelose Einlassung nach Art. 18 I EuGVÜ stelle eine stillschweigende Zuständigkeitsvereinbarung dar. Die Willensübereinkunft müsse daher unzweideutig nach außen manifestiert worden sein; das sei der Fall, wenn eine Einlassung auf die Hauptsache innerhalb der Klageerwiderungsfrist erfolge. Das Übereinkommen selbst – dessen Art. 18 S. 2 – schließe eine stillschweigende Vereinbarung sogar dann aus, wenn sich der Beklagte auf das Verfahren einlasse, nur um den Mangel der Zuständigkeit geltend zu machen. Die Frage, bis zu welchem Zeitpunkt der Beklagte die Einrede der Unzuständigkeit erheben könne und wie der Begriff der „Einlassung" auszulegen sei, bestimme die *lex fori*.
Der Beklagte habe keine Einwendungen gegen die Begründetheit innerhalb der dafür vorgesehenen Erwiderungsfrist erhoben, so dass keine Vermutung dafür vorlege, dass er sich auf das Verfahren eingelassen habe. Der Beklagte habe sich dem Verfahren völlig enthalten. Er habe keinen Einspruch erhoben, sich keines Rechtsanwalts bedient oder sonst irgendwie in das Verfahren interveniert. Laut dem Berufungsgericht sei Art. 484 I CPC erfüllt, wonach das vom Kläger tatsächliche Vorbringen als zugestanden gilt, wenn der Beklagte keine Einwendungen erhebt, obwohl er ordnungsgemäß geladen wurde.[785] Dieses „Zugeständnis" sei aber ein stillschweigendes oder vermutetes Zugeständnis, das ausschließlich mit der Inaktivität des Beklagten in Verbindung stehe. Art. 484 CPC setze nicht die Existenz eines Erklärungswillens voraus. Anders sei es jedoch bei Art. 18 EuGVÜ, der eine stillschweigende Vereinbarung über die Zuständigkeit voraussetze. Eine stillschweigende Vereinbarung über die Zuständigkeit des portugiesischen Gerichts hätte man nur aus dem Vorbringen von Einwänden gegen die Begründetheit ableiten können und nicht aus Art. 484 I CPC. Im vorliegenden Fall könne nicht angenommen werden, dass der Beklagte sich – stillschweigend – auf die Hauptsache eingelassen habe. Daher fehle den portugiesischen Gerichten die internationale Zuständigkeit für die Entscheidung über den Schadensersatzanspruch. Die Unzuständigkeit sei von Amts wegen festzustellen, Art. 20 I EuGVÜ.

c) Bewertung

Etwas überraschend ist, dass das Berufungsgericht Porto in dieser Ausführlichkeit auf die Zuständigkeitsregelung des Art. 18 EuGVÜ zu sprechen kam, obwohl der Gerichtsstand der Einlassung auf das Verfahren in der portugiesischen

---

[785] „Se o réu não contestar, tendo sido ou devendo considerar-se citado regularmente na sua própria pessoa ou tendo juntado procuração a mandatário judicial no prazo da contestação, consideram-se confessados os factos articulados pelo autor."

Rechtsprechung bisher kaum praktische Bedeutung erlangt hatte[786] und die Fälle, in denen der Beklagte nicht erscheint, gerade die unproblematischsten sind.[787] Das Berufungsgericht reagierte auf das Vorbringen des Rechtsmittelklägers, der sich auf Art. 18 EuGVÜ berief. Nach dem Wortlaut von Art. 18 EuGVÜ (s. Art. 24 Brüssel I-VO) ist zunächst zu prüfen, ob das angerufene Gericht nicht schon aufgrund anderer Vorschriften des Übereinkommens zuständig ist.[788] Da der Beklagte in Spanien ansässig war und der Kaufvertrag, soweit ersichtlich, keinerlei Berührungspunkte zum portugiesischen Territorium aufwies, fehlte den portugiesischen Gerichten die internationale Zuständigkeit nach dem EuGVÜ. Das Berufungsgericht sah den Rechtsgrund der Zuständigkeit nach Art. 18 EuGVÜ in einer stillschweigenden Gerichtsstandsvereinbarung.[789] Das entspricht der wohl h. M. in Deutschland[790] und der einheitlichen Auffassung im portugiesischen Schrifttum.[791] Insoweit war es nur folgerichtig, dass das Gericht ein Verhalten der Parteien verlangte, aus dem sich eine stillschweigende Zuständigkeitsvereinbarung schließen lässt. Entsprechend dem Jenard-Bericht[792] führte das Gericht aus, dass die Auslegung des Begriffs der Einlassung nach der *lex fori* zu erfolgen hat. Aufgrund der Verschiedenheit der nationalen Prozessordnungen bedarf der Begriff der Einlassung nach h. A. der Ausfüllung durch die *lex fori.*[793] Jedoch ist nach einheitlicher Auffassung der Begriff der Einlas-

---

[786] In zwei Entscheidungen des Obersten Gerichtshofs wurde Art. 18 EuGVÜ kurz angesprochen: ***Supremo Tribunal de Justiça* vom 7. Dezember 1995**, CJ-STJ, Ano III, Tomo III, 1995, S. 146-147 (147): Alda Radio Limited *gegen* Cerqueira & Moreira Lda. und **3. März 1998**, CJ-STJ, Ano VI, Tomo I, 1998, S. 113-114 (113): Banque de L'Économie-Crédit Mutuel *gegen* Manuel Alves.

[787] Unproblematisch ist auch die Fallkonstellation, in der der Beklagte erscheint und lediglich die Zuständigkeitsrüge erhebt, vgl. Schütze, ZZP 80 (1977), S. 67-76 (75); ***Supremo Tribunal de Justiça* vom 7. Dezember 1995** a. a. O. (Fn. 786); dann liegt keine „rügelose Einlassung" i. S. v. Art. 18 EuGVÜ und Art. 24 Brüssel I-VO vor.

[788] Dies lässt auch der portugiesische Wortlaut erkennen: „Para além dos casos em que a competência resulte de outras disposições da presente Convenção..."; vgl. nur Bülow / Böckstiegel / Auer, Art. 18 EuGVÜ, Rn. 15 m. w. N.

[789] Der portugiesische Wortlaut der Vorschrift „compareça" deutet nicht auf eine stillschweigende Gerichtsstandsvereinbarung hin und enthält damit keine Wertungen zur Rechtsnatur des Gerichtsstandes.

[790] Diese Ansicht geht auf den Jenard-Bericht, ABl. EG 1979 Nr. C 59/1 (S. 38) und EuGH-Entscheidungen (EuGH 24.6.1981, Rs. 150/80 – „Elefanten Schuh/Jacqmain", EuGHE 1981, S. 1671; EuGH 7.3.1985, Rs. 48/84 – „Spitzley/Sommer", EuGHE 1985, S. 787) zurück; vgl. BGH 5.10.1992, NJW 1993, S. 1270; OLG Koblenz 9.1.1987, IPRax 1987, S. 308.

[791] Teixeira de Sousa/Moura Vicente, Comentário, S. 126; Teixeira de Sousa, DPCE, S. 95; Ferrer Correia, Lições DIP I, S. 492; Ribeiro, RFDUL 37 (1996), S. 407-452 (439); Lima Pinheiro, DIP, Volume III, S. 146; Ferreira da Rocha, RDE 1987, S. 161-234 (227); Campos, DDC (BMJ) 22 (1985), S. 75-235 (153).

[792] ABl. EG 1979 Nr. C 59/1 (S. 38).

[793] Wieczorek/Schütze/Hausmann, Art. 18 EuGVÜ, Rn. 5; Bülow/Böckstiegel/Auer, Art. 18 EuGVÜ, Rn. 16 f.; Teixeira de Sousa/Moura Vicente, Comentário, S. 126; Lima Pinheiro, DIP, Volume III, S. 147; Schlosser, EU-ZPR, Art. 24 EuGVVO, Rn. 2; a. A. wohl Kropholler, EuZPR, Art. 24 EuGVO, Rn. 7 (anders aber wiederum bzgl. der Frage bis zu welchem

sung dem Übereinkommen bzw. der Verordnung zu entnehmen, wenn ein Rückgriff auf das autonome Prozessrecht nicht erforderlich ist.[794] Einheitsrechtlich vorgegeben ist beispielsweise, dass Grundvoraussetzung jeder Einlassung die Beteiligung des Beklagten am Verfahren ist. Dies ergibt sich aus einem Umkehrschluss zu Art. 20 I EuGVÜ (Art. 26 I Brüssel I-VO).[795] In der bloßen Untätigkeit des Beklagten darf niemals eine Unterwerfung unter die Jurisdiktion des Gerichtsstaates gesehen werden.[796] Der spanische Beklagte ist vor keinem portugiesischen Gericht erschienen und hat auch sonst keine Verfahrenshandlung vorgenommen. Die Ausführungen des Berufungsgerichts Porto zum autonomen Prozessrecht waren daher überflüssig. Nimmt der Beklagte am Rechtsstreit nicht Teil, obwohl er ordnungsgemäß „geladen"[797] wurde, werden ihm gem. Art. 484 I CPC grundsätzlich nach Ablauf einer 30-Tage-Frist (vgl. 486 I CPC) die Behauptungen des Klägers als wahr unterstellt. Im Ergebnis hat das Berufungsgericht Porto Art. 484 I CPC übereinkommenskonform ausgelegt, in dem es ein rügeloses Einlassen ablehnte. Als Begründung führte das Gericht aber an, dass Art. 484 CPC an ein tatsächliches Verhalten und nicht an einen Erklärungswillen anknüpft. Diese Argumentation folgt aus der Ansicht, es handele sich bei Art. 18 EuGVÜ und Art. 24 Brüssel I-VO um eine stillschweigende Zuständigkeitsvereinbarung. Hier wird deutlich, dass dieses Konstrukt viel zu eng gefasst ist.[798] Autonome Prozessvorschriften, die auf der Tatbestandsebene keinen

---

Zeitpunkt die Einrede der Unzuständigkeit geltend gemacht werden kann, s. Rn. 15); Schulte-Beckhausen, Internationale Zuständigkeit durch rügelose Einlassung im Europäischen Zivilprozessrecht (1994), S. 149 ff.

[794] Art. 18, 20 EuGVÜ (Art. 24, 26 Brüssel I-VO) geben einen einheitsrechtlichen Rahmen für den Begriff der Einlassung vor, vgl. Wieczorek/Schütze/Hausmann, Art. 18 EuGVÜ, Rn. 5; Bülow/Böckstiegel/Auer, Art. 18 EuGVÜ, Rn. 18; Kropholler, EuZPR, Art. 24 EuGVO, Rn. 6.

[795] Kaye, Civil Jurisdiction, S. 1117; Bülow/Böckstiegel/Auer, Art. 18 EuGVÜ, Rn. 18.

[796] von Hoffmann, IPR, § 3, Rn. 249; Wieczorek/Schütze/Hausmann, Art. 18 EuGVÜ, Rn. 8; Bülow/Böckstiegel/Auer, Art. 18 EuGVÜ, Rn. 18; Schütze, ZZP 80 (1977), S. 67-76 (75); Grunsky, JZ 1973, S. 641-647 (645); Kropholler, EuZPR, Art. 24 EuGVO, Rn. 15; Geimer/Schütze, EuZVR, Art. 18 EuGVÜ, Rn. 28; vgl. auch Teixeira de Sousa/Moura Vicente, Comentário, S. 128.

[797] Unter „Ladung" i. S. v. Art. 484 I CPC ist ein verfahrenseinleitendes Schriftstück zu verstehen, das dem Beklagen zugestellt wird; es handelt sich dabei um eine Klagladung verbunden mit der Aufforderung, sich zu verteidigen, vgl. Lebre de Freitas/Pinto/Redinha, CPC Anotado I, S. 376.

[798] Die Annahme einer stillschweigenden Vereinbarung wird dem Sinn und Zweck des Übereinkommens bzw. der Verordnung nicht gerecht: Eine stillschweigende „Vereinbarung" setzt ein Angebot auf Abschluss einer Gerichtsstandsvereinbarung und die Annahme dieses Angebots voraus; es stellt sich die Frage, welchem Recht die Vereinbarung unterliegt; wie die geforderte „Vereinbarung" von der „Vereinbarung" i. S. v. Art. 17 EuGVÜ (Art. 23 Brüssel I-VO) abzugrenzen ist, und wie das Gericht auf Probleme im Gefolge von rückwirkender Beseitigung konkludenter Erklärungen reagieren soll, s. Schulte-Beckhausen, Internationale Zuständigkeit durch rügelose Einlassung im Europäischen Zivilprozessrecht (1994), S. 90-98, 100. Das Übereinkommen und die Brüssel I-VO sollen eine möglichst klare, von unnötigen Streitfragen entlastete Zuständigkeitsprüfung ermöglichen. Vielmehr reicht die verfahrens-

rechtsgeschäftlichen Parteiwillen voraussetzen, könnten nie zur Ausfüllung des Begriffs der Einlassung herangezogen werden.
Den Art. 20 I EuGVÜ hat das Gericht ausschließlich angeführt, um festzustellen, dass es sich bei einem säumigen Beklagten von Amts wegen für unzuständig zu erklären hat. Zu eng ist auch die Auffassung des Gerichts, dass man von einer Einlassung des Beklagten nur ausgehen kann, wenn er die Begründetheit der Klage rügt. Vielmehr können auch Einreden zum Verfahren (außer der Rüge der internationalen Zuständigkeit) genügen, um die internationale Zuständigkeit gem. Art. 17 EuGVÜ und Art. 24 Brüssel I-VO zu begründen.[799] Der Wortlaut der Vorschrift enthält keine Begrenzung auf die Hauptsache.

---

rechtlich wirksame Einlassung des Beklagten zur Begründung der Zuständigkeit aus, s. Schlosser, EU-ZPR, Art. 24 EuGVVO, Rn. 1; MünchKomm/Gottwald, Art. 18 EuGVÜ, Rn. 1; Wieczorek/Schütze/Hausmann, Art. 18 EuGVÜ, Rn. 1; Sandrock, ZvglRW 1979, S. 177-220 (202 ff.).

799 Allgemeine Auffassung: Rauscher, IPR, S. 391; Thomas/Putzo/Hüßtege, ZPO, Art. 24 EuGVVO, Rn. 3; Schlosser, EU-ZPR, Art. 25 EuGVVO, Rn. 2; Schack, IZVR, Rn. 487; Wieczorek/Schütze/Hausmann, Art. 18 EuGVÜ, Rn. 6; Bülow/Böckstiegel/Auer, Art. 18 EuGVÜ, Rn. 21; MünchKomm/Gottwald, Art. 18 EuGVÜ, Rn. 8; Kropholler, EuZPR, Art. 24 EuGVO, Rn. 7; Zöller/Geimer, ZPO, Art. 24 EuGVVO, Rn. 5; Schütze, ZZP 80 (1977), S. 67-76 (73); Geimer/Schütze, EuZVR, Art. 18 EuGVÜ, Rn. 5. Das portugiesische Schrifttum schweigt zu diesem Punkt.

M. Anerkennung und Vollstreckung

I. Versagungsgründe für die Anerkennung ausländischer Entscheidungen nach Art. 1096, 1100 CPC n.F.

Die Anerkennung ausländischer Entscheidungen in Portugal basiert auf einem formalen Anerkennungssystem. Die Art. 1094 bis 1102 CPC n.F. sehen ein eigenständiges gerichtliches Bestätigungsverfahren (*Delibationsverfahren*) vor. Eine Nachprüfung der ausländischen Entscheidung in der Sache (*révision au fond*) ist gem. Art. 1100 II und 1100 I i. V. m. 771 c) CPC n.F. in zwei Ausnahmefällen möglich (dazu unten S. 174). Rechtswirkungen ausländischer Urteile werden in Portugal spätestens seit 1837 anerkannt.[800] Das derzeitige, überwiegend auf formalen Kriterien beruhende Anerkennungssystem, rührt vom CPC von 1876 her.[801] Wie in Deutschland wird im portugiesischen Schrifttum von einer Wirkungserstreckung gesprochen.[802] Von der wirksamen Anerkennung hängt die materielle Rechtskraftwirkung der ausländischen Entscheidung (vgl. Art. 1094 I CPC n.F.[803]), deren Vollstreckbarkeit (s. Art. 49 I CPC n.F.[804]) und Gestaltungswirkung in Statussachen (vgl. Art. 7 I, II CRC[805]) ab.[806] Die auslän-

---

800 Art. 216 der Reforma Judiciária vom 13.01.1837, s. Machado Vilela, Tratado Elementar de DIP I, S. 636 ff.; Magalhães Collaço, Revisão de sentenças estrangeiras, S. 22 ff.; Ferrer Correia, Lições de DIP (Aditamentos), S. 91 (dortige Fn. 1).

801 Ferrer Correia, Lições de DIP (Aditamentos), S. 97; Machado Vilela, Tratado Elementar de DIP I, S. 637 ff.; Marques dos Santos, in: Aspectos do novo Processo Civil, S. 105-155 (110); Alberto dos Reis, Processos Especiais II (Obra Póstuma), S. 142.

802 Mit der Folge, dass die Anerkennung des ausländischen Urteils im Inland keine weitergehenden Wirkungen als im Erststaat haben kann, und Urteilswirkungen nicht anerkannt werden soweit sie dem portugiesischen Recht wesensfremd sind, s. Lima Pinheiro, DIP, Volume III, S. 249 ff.; von Hoffmann, IPR, Rn. 154-157; Martiny, Hdb. IZVR III, Rn. 363-370; Kropholler, IPR, S. 660.

803 Der Wortlaut von Art. 1094 I CPC n.F. (DL Nr. 38/2003 vom 8.3.) ist abgedruckt im Anhang I (offizieller Text) und II (Übersetzung) dieser Arbeit.

804 Der Wortlaut von Art. 49 CPC n.F. (DL Nr. 38/2003 vom 8.3.) ist abgedruckt im Anhang I (offizieller Text) und II (Übersetzung) dieser Arbeit.

805 Art. 7 I CRC (=Personenstandsgesetz, DL Nr. 131/95 vom 6.6.) hat die Überschrift „(Entscheidungen ausländischer Gerichte)“ und lautet: „1. Entscheidungen ausländischer Gerichte betreffend den Personenstand oder die Geschäftsfähigkeit der Portugiesen sind unmittelbar durch Vermerk an entsprechender Stelle einzutragen, nachdem sie nachgeprüft und bestätigt worden sind.“. Art. 7 II CRC ordnet das Gleiche an, wenn ein ausländisches Gericht über den Personenstand oder Geschäftsfähigkeit eines Ausländers urteilte.

806 Vgl. Marques dos Santos, in: Aspectos do novo Processo Civil, S. 105-155 (148); Ferrer Correia, Lições DIP I, S. 470 f.; Moura Ramos, A reforma do direito processual civil internacional, S. 39; Ferreira da Silva, in: Walter, Gerhard u. a. (Hrsg.), Recognition an Enforcement of Foreign Judgments Outside the Scope of the Brussels and Lugano Conventions, S. 465-491 (483); Magalhães Collaço, Revisão de sentenças estrangeiras, S. 34 f.; s. auch Lima Pinheiro, DIP, Volume III, S. 248 ff., 332 ff, der die Anerkennung der Gestaltungswirkung eines ausländischen Urteils von der Anerkennung durch die vom portugiesischen IPR berufene *lex causae* abhängig macht (Lima Pinheiro, a. a. O., S. 336); nach dieser m. M. wären die Art.

dische Entscheidung, welche bloßen Beweiszwecken dienen soll, muss nicht anerkannt werden (Art. 1094 II CPC[807]); ebenso wenig unterliegt der Eintritt von Tatbestandswirkungen wegen ihrer materiellrechtlichen Natur dem besonderen Anerkennungsverfahren.[808] Umstritten ist, ob die Anerkennungsregelungen in bestimmtem Umfang (ggf. analog) auf gerichtliche bzw. außergerichtliche Maßnahmen der freiwilligen Gerichtsbarkeit (z. B.: Ausspruch oder Aufhebung einer Adoption) anzuwenden sind.[809] Entgegen der wohl h. L.[810] wird dies von der Rechtsprechung[811] für behördliche Maßnahmen bejaht. Die Gerichte stellen darauf ab, ob der ausländische administrative Akt zu Rechtsfolgen führt, die mit denen der portugiesischen Richtersprüche identisch oder vergleichbar sind.[812] Für die Überprüfung und Bestätigung der ausländischen Entscheidung ist das Berufungsgericht am Wohnsitz der Person zuständig, gegen die das Urteil geltend gemacht werden soll, Art. 1095 CPC.[813]

1094 ff. CPC n.F. nur dann maßgeblich, wenn auf das zu gestaltende Rechtsverhältnis portugiesisches Recht anzuwenden wäre (Lima Pinheiro, a. a. O., S. 338); vgl. die Kritik von Geimer, IZPR, Rn. 44; ders. Anerkennung ausländischer Entscheidungen in Deutschland, S. 39 ff.; Schack, IZVR, Rn. 779; Martiny, Hdb. IZVR III, Rn. 404-412.

[807] Der Wortlaut von Art. 1094 II CPC ist abgedruckt im Anhang I (offizieller Text) und II (Übersetzung) dieser Arbeit.

[808] S. Lima Pinheiro, DIP, Volume III, S. 250; Ferrer Correia, Lições DIP I, S. 471 f.; Ferrer Correia/Ferreira Pinto, RDE 1987, S. 25-64 (49); Marques dos Santos, in: Aspectos do novo Processo Civil, S. 105-155 (148); s. zudem Martiny, Hdb. IZVR III, Rn. 427 ff.; Schack, IZVR, Rn. 780.

[809] Vgl. die Rechtslage in Deutschland vor der gesonderten gesetzlichen Regelung in § 16a FGG: Martiny, Hdb. IZVR III, Rn. 510-518.

[810] Machado Vilela, Tratado Elementar de DIP I, S. 662 f.; Marques dos Santos, in: Aspectos do novo Processo Civil, S. 105-155 (148 f.); etwas zurückhaltend, weil die Abgrenzung zwischen Entscheidungen der streitigen und freiwilligen Gerichtsbarkeit Probleme bereitet, aber der h. L. folgend: Ferrer Correia, Lições de DIP (Aditamentos), S. 31 f., 96.; ders. Lições DIP I, S. 471; a. A. Alberto dos Reis, Processos Especiais II (Obra Póstuma), S. 156 f.; Schindler, Durchbrechungen des Spiegelbildprinzips bei der Anerkennung ausländischer Entscheidungen (2004), S. 64; differenzierend: Lima Pinheiro, DIP, Volume III, S. 344 ff., der danach unterscheidet, ob die ausländische Entscheidung, obwohl sie im Verfahren der freiwilligen Gerichtsbarkeit erlassen wurde, der materiellen Rechtskraft fähig ist; ist dies der Fall, unterliegt sie der Anerkennungspflicht. Lima Pinheiro folgt dann aber der Rechtsprechung (s. nächste Fn.) und dehnt somit den Anwendungsbereich der Art. 1094 ff. CPC n.F. im Ergebnis weit aus.

[811] *Tribunal da Relação de Lisboa* vom 18. März 1982, BMJ 321 (1982), S. 435 (Leitsatz); *Tribunal da Relação do Porto* vom 12. Juli 1992, CJ, Ano VIII, Tomo IV, 1983, S. 221-223: N. N.; *Tribunal da Relação de Lisboa* vom 3. Mai 1993, BMJ 427 (1993), S. 575 (Leitsatz) und 28. Januar 1999, Rechtssache Nr. 0068762, in: http://www.dgsi.pt (Leitsatz).

[812] Vgl. etwa *Tribunal da Relação do Porto* a. a. O. [Fn. 811 (S. 222)].

[813] Gem. Art. 1095 2. HS CPC sind die Art. 85-87 CPC n.F. (allgemeine Regelungen über die örtliche Zuständigkeit; Beklagtenmehrheit/Klagehäufung) entsprechend anzuwenden; s. hierzu *Tribunal da Relação de Coimbra* vom 2. Juni 1987, CJ, Ano XII, Tomo III, 1987, S. 33-34: N. N.

1. Echtheit der Urkunde und Verständlichkeit, Art. 1096 a) CPC

Art. 1096 a) bis f) CPC n.F. enthält sechs Anerkennungsvoraussetzungen bzw. Versagungsgründe für die Anerkennung. Gem. Art. 1096 a) CPC ist erforderlich, dass keine Zweifel an der Echtheit der Urkunde bestehen aus der sich das Urteil ergibt[814], sowie an der Verständlichkeit der Entscheidung[815].

2. Rechtskraft des anzuerkennenden Urteils, Art. 1096 b) CPC

Das Urteil muss nach dem Recht des Landes, in dem es ergangen ist, rechtskräftig geworden sein, Art. 1096 b) CPC. Das ausländische Urteil darf nach dem Recht des Urteilsstaates nicht mehr mit ordentlichen Rechtsbehelfen anfechtbar sein (formelle Rechtskraft).[816] Die formelle Rechtskraft wird vermutet, wenn das Gericht im Prozess nichts Gegenteiliges feststellt, Art. 1101 2. Teil CPC n.F.[817] Derjenige, der sich gegen die Anerkennung wendet, muss beweisen, dass das Urteil nicht rechtskräftig geworden ist.[818] Stößt das Gericht im Verfahrensablauf nicht auf fundierte Belege, die das Fehlen einer der in *lit. b)* (Rechtskraft), *c)* (fraudulöse Zuständigkeitsbegründung oder ausschließliche Zuständigkeit), *d)* (Rechtshängigkeit) und/oder *e)* (ordnungsgemäße Ladung und Verfahrensgrundsätze) vorgesehenen Anerkennungsvoraussetzungen dokumentieren, so ist derjenige, der sich gegen die Anerkennung wendet, beweispflichtig.[819] Von vorn-

---

[814] Ergeben sich begründete Zweifel an der Echtheit der Urkunde kann das Gericht deren Legalisation nach Art. 365 II CC, Art. 540 I CPC anordnen, wonach die Unterschrift des Beamten durch einen portugiesischen diplomatischen oder konsularischen Vertreter im Ursprungsstaat bestätigt und durch einen Prägesiegel des entsprechenden Konsulats beglaubigt werden muss. Handelt es sich allerdings um eine Entscheidung eines Vertragsstaates des Haager Übereinkommens zur Befreiung ausländischer öffentlicher Urkunden von der Legalisation (für Portugal am 04.02.1969 in Kraft getreten), dem bereits über 50 Staaten beigetreten sind, genügt, dass die in Art. 4 des Übereinkommens genannte Apostille angebracht wird, s. Art. 3 des Übereinkommens.

[815] Bedeutung kommt hier dem Art. 140 CPC zu, wonach der Richter die Übersetzung der Schriftstücke anfordern kann, vgl. hierzu Marques dos Santos, in: Aspectos do novo Processo Civil, S. 105-155 (118 f.).

[816] Einheitliche Auffassung (s. Art. 677 CPC): Marques dos Santos, in: Aspectos do novo Processo Civil, S. 105-155 (119); Lima Pinheiro, DIP, Volume III, S. 364; Ferrer Correia, Lições de DIP (Aditamentos), S. 105; ders. Lições DIP I, S. 477; Magalhães Collaço, Revisão de sentenças estrangeiras, S. 36.

[817] Art. 1101 CPC n.F. lautet: „Das Gericht *prüft* von Amts wegen, ob die Bedingungen der lit. a) und f) des Art. 1096 erfüllt sind; und lehnt die Bestätigung von Amts wegen auch ab, *wenn* es durch die Prüfung des Prozesses oder durch die Vornahme sonstiger gerichtlicher Tätigkeiten entdeckt, dass eine der in lit. b), c), d) und e) derselben Vorschrift enthaltenen Voraussetzungen fehlt." (Hervorhebungen des Verf.).

[818] Marques dos Santos, in: Aspectos do novo Processo Civil, S. 105-155 (119); Alberto dos Reis, Processos Especiais II (Obra Póstuma), S. 162 f.; Ferrer Correia, Lições de DIP (Aditamentos), S. 105 f.; ders. Lições DIP I, S. 477; Lima Pinheiro, DIP, Volume III, S. 364 f.

[819] *Supremo Tribunal de Justiça* vom 19. Februar 1981, BMJ 304 (1981), S. 368-370 (369 f.): Hotelberatung B&R *gegen* Viking-Sociedade Turística Lda.; Alberto dos Reis, Processos Especiais II (Obra Póstuma), S. 163; Lima Pinheiro, DIP, Volume III, S. 369.

herein von Amts wegen wird nur lit. *a)* (Echtheit der Urkunde und Verständlichkeit) und *f)* (öffentliche Ordnung) überprüft, Art. 1101 1. Teil CPC n.F.[820]

3. Keine fraudulöse Zuständigkeitsbegründung oder ausschließliche Zuständigkeit, Art. 1096 c) CPC n.F. (Abschaffung des Spiegelbildprinzips)

Eine der bedeutsamsten Gesetzesänderungen von 1997 war die Abschaffung des sog. Spiegelbildprinzips in Art. 1096 c) CPC a.F.[821], der dem § 328 I Nr. 1 ZPO glich.[822] Das Spiegelbildprinzip, d. h. die Bestimmung der Anerkennungszuständigkeit des ausländischen Richters nach den Zuständigkeitskriterien des Anerkennungsstaates, wurde von weiten Teilen der portugiesischen Literatur kritisiert.[823] Ausländische Gerichte dürften nicht den internationalen Zuständigkeitsvorschriften des portugiesischen Gesetzgebers unterliegen; jedem Staat stehe es zu, die Zuständigkeit seiner eigenen Gerichte zu bestimmen. Auch fördere das Spiegelbildprinzip nicht die Koordination der Rechtsordnungen verschiedener Staaten und außerdem seien die Vorschriften über die direkte Zuständigkeit wegen der unterschiedlichen Interessenlage unpassend für die Kontrolle ausländischer Urteile. Schließlich könne sich der Beklagte der Vollstreckung entziehen, in dem er sein Vermögen nach Portugal bringt, wenn das Urteil durch ein Gericht erlassen wurde, das sich nach vom portugiesischen Prozessrecht abweichenden Vorschriften für zuständig erklärt hat.[824] Durch diese Kritik und unter Berufung auf die Rechtslage in Frankreich ließ sich der Gesetzgeber von 1997 zur Abkehr vom Spiegelbildprinzip bewegen.[825] Der neue Art. 1096 c) CPC verlangt nur, dass die Zuständigkeit des ausländischen Richters nicht fraudulös begründet worden ist und dass sie nicht die ausschließliche Zuständigkeit der portugiesischen Gerichte berührt.[826] Das Merkmal der Gesetzesumgehung (fraude à lei) in Art. 1096 c) 1. Fall CPC n.F. bereitet erhebliche Unsicherheiten. Unklar

---

[820] Vgl. Fn. 817.

[821] Das Spiegelbildprinzip war seit 1939 ausdrücklich im CPC verankert.

[822] Das Spiegelbildprinzip wurde auch in Frankreich und England jedenfalls als Grundsatz abgeschafft, vgl. Fricke, Anerkennungszuständigkeit zwischen Spiegelbildgrundsatz und Generalklausel (1990).

[823] Vgl. Machado Vilela, BMJ 32 (1952), S. 31-66 (43 ff.); Castro Mendes, RFDUL 19 (1965), S. 133-169 (165 ff.); Ferrer Correia, in: Temas de Direito Comercial e Direito Internacional Privado, S. 255-295 (293 ff.); Brito, Dos Acordos sobre o Tribunal Competente em Situações Internacionais (1988), S. 118; Moura Vicente, Direito Internacional Privado – Ensaios I, S. 265; Lima Pinheiro, DIP, Volume III, S. 350 m. w. N.

[824] Zu den vor der Reform von 1997 vertretenen Auffassungen zur einschränkenden Anwendung des Art. 1096 c) CPC a.F. s. Marques dos Santos, in: Aspectos do novo Processo Civil, S. 105-155 (124 ff.); Lima Pinheiro, DIP, Volume III, S. 349 ff.; Teixeira de Sousa, ROA 60 (2000), S. 757-783 (774 f.); Schindler, Durchbrechungen des Spiegelbildprinzips bei der Anerkennung ausländischer Entscheidungen (2004), S. 34 ff.

[825] Vgl. den Bericht der Gesetzgebungskommission: Acta Nr. 90, BMJ 417 (1992), S. 63 ff.; dazu ausführlich: Schindler, Durchbrechungen des Spiegelbildprinzips bei der Anerkennung ausländischer Entscheidungen (2004), S. 38-61.

[826] Zu den ausschließlichen Gerichtsständen (Art. 65-A a) bis e) CPC n.F.) s. oben S. 126.

ist nämlich, wie dieses Merkmal inhaltlich auszufüllen ist. In direkter Anwendung betrifft das Verbot der Gesetzesumgehung nur die Fälle, in denen Anknüpfungsmomente manipuliert werden, um die Zuständigkeit eines bestimmten Gerichts zu erschleichen.[827] Eine Nähebeziehung des dem anzuerkennenden Urteil zugrundeliegenden Sachverhalts zum Urteilsstaat wird aber zu Recht als unabdingbar betrachtet. Das erklärt sich vor allem mit dem Bedürfnis, den Beklagten zu schützen. In der Literatur wird deshalb vorgeschlagen, auch dann von einer „fraude à lei" auszugehen, wenn an einem beziehungsarmen Forum geklagt wurde.[828] Teilweise wird vertreten, dass Urteile aus exorbitanten Gerichtsständen über den ordre-public-Vorbehalt oder durch das Völkerrecht („Direito Internacional Público") abgewehrt werden können.[829] Gleichzeitig werden *de lege ferenda* die Rückkehr zum Spiegelbildprinzip, die Aufzählung von Gerichtsständen, die die Anerkennungszuständigkeit begründen, sowie eine Generalklausel zur Diskussion gestellt.[830]

4. Keine Einrede der Rechtshängigkeit, Art. 1096 d) CPC

Art. 1096 d) CPC sieht eine weitere Anerkennungsvoraussetzung ausländischer Entscheidungen vor. Danach steht die Einrede, dass die Streitsache vor einem portugiesischen Gericht rechtshängig geworden oder es bereits zu einer inländischen rechtskräftigen Entscheidung gekommen ist, einer Anerkennung nicht entgegen, wenn die Klage im Ausland zuerst erhoben („preveniu a jurisdição"), d. h. rechtshängig wurde.[831] Im Gegensatz zu § 328 I Nr. 3 1. Alt. ZPO haben inländische Entscheidungen keinen Vorrang.[832] Es herrscht das Prioritätsprinzip, das auch in Art. 675 I CPC niedergelegt ist.[833] Art. 1096 d) CPC macht deutlich, dass es für die Anerkennung des ausländischen Urteils allein darauf ankommt, dass die Klage vor dem ausländischen Gericht früher als die inländische rechts-

---

[827] S. Schindler, Durchbrechungen des Spiegelbildprinzips bei der Anerkennung ausländischer Entscheidungen (2004), S. 75 ff.; vgl. Art. 21 CC, der dem Kollisionsrecht angehört und das Institut der Gesetzesumgehung allgemein umschreibt. Art. 21 CC findet auch i.R.d. IZVR Anwendung, s. Lebre de Freitas, in: Jayme, Erik (Hrsg.), Das Recht der lusophonen Länder, S. 21-28 (25 f.); Schindler, a. a. O. (79 ff.).

[828] S. Lebre de Freitas, in: Jayme, Erik (Hrsg.), Das Recht der lusophonen Länder, S. 21-28 (25 f.); Lima Pinheiro, DIP, Volume III, S. 358 f.; Ferrer Correia, Lições DIP I, S. 480; Moura Ramos, A reforma do direito processual civil internacional, S. 43 f.

[829] S. Ferrer Correia, in: Estudos Vários de Direito, S. 105-191 (175); Lima Pinheiro, DIP, Volume III, S. 363; Teixeira de Sousa, ROA 60 (2000), S. 757-783 (780).

[830] Moura Vicente, Direito Internacional Privado – Ensaios I, S. 265; Lima Pinheiro, DIP, Volume III, S. 359.

[831] Die frühere ausländische Rechtshängigkeit ist folglich beachtlich, sobald es um die Frage der Urteilsanerkennung geht. Dagegen ist nach der Vorschrift des Art. 497 III CPC eine ausländische Rechtshängigkeit außerhalb des Anerkennungsverfahrens ausländischer Entscheidungen nicht zu beachten.

[832] Zu der in § 328 I Nr. 3 1. Alt. ZPO rechtspolitisch verfehlten Norm, s. von Hoffmann, IPR, § 3, Rn. 164; Geimer, IZPR, Rn. 2891; Kropholler, IPR, S. 652.

[833] Art. 675 I CPC lautet: „Sind zwei sich widersprechende Entscheidungen über den gleichen Anspruch vorhanden, so setzt sich diejenige durch, welche zuerst rechtskräftig geworden ist.".

hängig wurde. Unbedeutend ist, ob das ausländische Urteil vor oder nach dem portugiesischen Urteil in Rechtskraft erstarkte.[834] Nach einer Literaturmeinung hat hingegen ein inländisches Urteil, welches früher als das ausländische rechtskräftig wurde, Vorrang.[835] Art. 1100 I CPC (Anfechtungsgründe des Anerkennungsantrags)[836] verweist nämlich auf Art. 771 g) CPC a.F. (Art. 771 f) CPC n.F.[837]), nach dem sich ein früher rechtskräftig gewordenes Urteil gegen ein späteres durchsetzt. Es besteht ein unlösbarer Widerspruch zwischen Art. 1096 d) CPC und Art. 1100 I i. V. m. 771 f) CPC n.F.[838] M. E. ist dem Art. 1096 d) CPC Vorrang zu geben, der ausdrücklich auf internationale Fälle zugeschneidert ist. Die zitierte Gegenmeinung[839] beruft sich auf Art. 675 CPC[840], der wie § 580 Nr. 7 a) ZPO in erster Linie für inländische Entscheidungen gilt. Zudem würde sich das portugiesische Urteil immer durchsetzen, wenn der inländische Instanzenzug kürzer als der ausländische ist. Von der Kürze des Instanzenzugs sollte nicht die Anerkennung des ausländischen Urteils abhängen.[841] Festzuhalten bleibt, dass sich eine frühere ausländische Rechtshängigkeit im Anerkennungsverfahren gegen ein inländisches Verfahren stets durchsetzt. Ob und wann die ausländische Rechtshängigkeit eingetreten ist, beurteilt sich nach dem ausländischen Prozessrecht.[842]

---

[834] Alberto dos Reis, Processos Especiais II (Obra Póstuma), S. 195; Teixeira de Sousa, in: Jayme, Erik (Hrsg.), Das Recht der Lusophonen Länder, S. 55-63 (62 f.); differenzierend: Lima Pinheiro, DIP, Volume III, S. 366 f.

[835] Ferrer Correia, Lições de DIP (Aditamentos), S. 114 ff.; Marques dos Santos, in: Aspectos do novo Processo Civil, S. 105-155 (120 f.); Ferrer Correia/Moura Ramos, RDE 12 (1986), S. 43-67 (57); Baptista Machado, BFDC 41 (1965), S. 97-115 (115); Monteiro/Moura Ramos/Hörster-Moura Ramos, in: von Bar, Christian (Hrsg.), Deliktsrecht in Europa S. 10; Teixeira de Sousa, A Competência Declarativa dos Tribunais Comuns, S. 63 f.; scheinbar fordern die vier zuletzt zitierten Autoren nicht einmal, dass die inländische Entscheidung *früher* als die ausländische rechtskräftig geworden ist, da sie nur darauf abstellen, ob eine rechtskräftige inländische Entscheidung vorliegt; diese Ansicht ist aber bereits mit dem Wortlaut von Art. 771 f) CPC n.F. unvereinbar, s. sogleich. Schindler (Durchbrechungen des Spiegelbildprinzips bei der Anerkennung ausländischer Entscheidungen (2004), S. 65) versagt dem Urteil die Anerkennung, wenn es einem anderen, vorher in Portugal „gefällten" Urteil widerspricht; er übersieht, dass es allenfalls auf den Zeitpunkt der Rechtskraft des inländischen Urteils ankommen könnte.

[836] Art. 1100 I CPC lautet: „Der Antrag kann nur dann angefochten werden, wenn eine Anerkennungsvoraussetzung des Artikels 1096 nicht vorliegt oder ein Revisionsgrund nach Artikels 771 a), c) oder g) besteht.".

[837] Der Gesetzgeber hat es offenbar versäumt, die Änderungen in Art. 771 CPC n.F. (DL Nr. 38/2003 vom 8. März) an Art. 1100 I CPC anzupassen; ein lit. g) sieht Art. 771 CPC n.F. nämlich nicht mehr vor; lit. g) in Art. 1100 I CPC muss daher lit. f) heißen.

[838] Lima Pinheiro, DIP, Volume III, S. 366; Teixeira de Sousa, in: Jayme, Erik (Hrsg.), Das Recht der Lusophonen Länder, S. 55-63 (60).

[839] Vgl. Ferrer Correia a. a. O. (Fn. 835) und Marques dos Santos a. a. O. (Fn. 835).

[840] Vgl. obige Fn. 833.

[841] S. Schack, IZVR, Rn. 747.

[842] S. nur von Hoffmann, IPR, § 3, Rn. 66; in Deutschland (§§ 253 I, 261 I ZPO) und Portugal (Art. 267, 499 I 2 CPC) setzt die Rechtshängigkeit einer Streitsache sowohl die ordnungsge-

5. Ordnungsgemäße Ladung und Einhaltung der Verfahrensgrundsätze, Art. 1096 e) CPC n.F.

Art. 1096 e) CPC n.F.[843] setzt voraus, dass der Beklagte ordnungsgemäß zum Prozess nach den gesetzlichen Bestimmungen des Urteilsstaates geladen[844], und dass im Prozess die kontradiktorischen sowie die Gleichheitsgrundsätze der Parteien beachtet wurden. Neben der ordnungsgemäßen Ladung ist darauf zu achten, dass dem Beklagten nach den Umständen des Einzelfalles genügend Zeit zur Vorbereitung einer sachgerechten Verteidigung zur Verfügung stand.[845] Der *verfahrensrechtliche* ordre public, der seit 1997 in lit. e) 2. HS zum Ausdruck kommt[846], spielt in lit. f) (öffentliche Ordnung) keine Rolle mehr, so dass sich lit. f) seither ausschließlich auf die *materiellrechtliche* ordre public-Kontrolle bezieht.[847]

6. Öffentliche Ordnung, Art. 1096 f) CPC n.F. (materiellrechtlicher ordre public)

Das ausländische Urteil darf keine Entscheidung enthalten, deren Anerkennung zu einem Ergebnis führt, das mit den Grundsätzen der internationalen öffentlichen Ordnung des portugiesischen Staates offensichtlich unvereinbar ist, Art.

---

mäße Einreichung der Klageschrift als auch die Zustellung dieser Klageschrift an den Beklagten voraus. Art. 267 CPC hat die Überschrift „Zeitpunkt, in dem die Klage als erhoben betracht wird" und lautet „1. Der Prozess beginnt mit der Einreichung der Klage und diese wird als erhoben, begonnen oder anhängig angesehen, wenn das entsprechende Klagebegehren bei der Geschäftsstelle eingegangen ist, unbeschadet des Art. 150. 2. Jedoch erzeugt die Klageschrift Wirkungen im Verhältnis zum Beklagten erst von dem Zeitpunkt der Zustellung an, vorbehaltlich gegenteiliger gesetzlicher Bestimmung". Die Zustellung erfolgt durch die Geschäftsstelle des Gerichts (Art. 234 CPC). Hat der Beklagte seinen Wohnsitz im Ausland, sind die Staatsverträge zu beachten (Art. 247 I CPC); im portugiesischen Inland ist der Regelfall die postalische Zustellung durch Einschreibebrief (Art. 236 CPC).

[843] Art. 1096 e) CPC a.F. hatte einen komplexen Wortlaut: Für die Anerkennung der Entscheidung ist notwendig, „dass der Beklagte ordnungsgemäß geladen war, außer wenn es sich um einen Rechtsstreit handelt, für den das portugiesische Gesetz von der anfänglichen Ladung befreit; und wenn der Beklagte sofort verurteilt wurde mangels Entgegnung auf die Klage, dass die Ladung an ihn persönlich erfolgt ist.".

[844] S. *Supremo Tribunal de Justiça* vom 8. Mai 2003, Rechtssache Nr. 03B1123, in: http://www.dgsi.pt.

[845] Ferrer Correia/Ferreira Pinto, RDE 1987, S. 25-64 (53); Lima Pinheiro, DIP, Volume III, S. 367, s. § 328 Nr. 2 ZPO und Art. 27 Nr. 2 EuGVÜ/LugÜ (Art. 34 Nr. 2 Brüssel I-VO), vgl. auch S. 181.

[846] S. Moura Ramos, A reforma do direito processual civil internacional, S. 45; Ferrer Correia, Lições DIP I, S. 482; Ferrer Correia/Ferreira Pinto, RDE 1987, S. 25-64 (53); Marques dos Santos, in: Aspectos do novo Processo Civil, S. 105-155 (136).

[847] Moura Ramos, A reforma do direito processual civil internacional, S. 45; Marques dos Santos, in: Aspectos do novo Processo Civil, S. 105-155 (136); a. A. Lima Pinheiro, DIP, Volume III, S. 367.

1096 f) CPC n.F.[848] Wie i.R.v. § 328 Nr. 4 ZPO kommt eine Anerkennungsverweigerung nach lit. f) nur dann in Betracht, wenn das *Ergebnis* der Urteilsanerkennung aus der Sicht des portugiesischen Rechts zu missbilligen und mit dem internationalen ordre public *offensichtlich unvereinbar* ist.[849] Der Gesetzgeber ließ sich hier von § 328 Nr. 4 ZPO inspirieren.[850] Je geringer der Inlandsbezug, desto bedeutender müssen die verletzten Rechtsgrundsätze sein.[851]

7. Zusätzliche Anerkennungshindernisse nach Art. 1100 CPC n.F. (Anfechtung)

a) Art. 1100 II CPC n.F. (Widerspruch zum inländischen Kollisionsrecht)

Wenn die Entscheidung gegen einen portugiesischen Staatsangehörigen ergangen war, gehörte es nach Art. 1096 g) CPC a.F. zu den Voraussetzungen für die Bestätigung einer ausländischen Entscheidung, dass die Entscheidung nicht gegen portugiesisches Recht verstieß, sofern dieses nach dem portugiesischen IPR anwendbar war.[852] Art. 1096 g) CPC a.F. wurde 1997 aufgehoben. Allerdings kann der portugiesische Beklagte nach Art. 1100 II CPC n.F. die Entscheidung anfechten, wenn das Ergebnis für ihn nach den über das portugiesische Kollisionsrecht anwendbaren portugiesischen Sachnormen günstiger gewesen wäre.[853] Diese Abschwächung der kollisionsrechtlichen Kontrolle ist zu begrüßen.[854] Diese einseitig den portugiesischen Staatsangehörigen schützende Vorschrift des Art. 1100 II CPC n.F. dürfte aber vor Art. 15 I, 13 II CRP (Gleichheitsgrundsät-

---

[848] Art. 1096 f) CPC a.F. lautete: Für die Anerkennung der Entscheidung ist notwendig, „dass das Urteil keine Entscheidungen enthält, die den Grundsätzen der portugiesischen öffentlichen Ordnung widersprechen.".

[849] Vgl. *Tribunal da Relação do Porto* vom 24. Debruar 2000, Rechtssache Nr. 9930148 in: http://www.dgsi.pt (Leitsatz).

[850] S. Marques dos Santos, in: Aspectos do novo Processo Civil, S. 105-155 (140, dortige Fn. 133, 135).

[851] Vgl. Lima Pinheiro, DIP, Volume III, S. 369; Kropholler, IPR, S. 648; Schack, IZVR, Rn. 373.

[852] Die Vorschrift war dem § 328 I Nr. 3 ZPO a.F. ähnlich, s. Martiny, Hdb. IZVR III, Rn. 896 ff.; Jayme, in: Jayme, Erik (Hrsg.), Das Recht der Lusophonen Länder, S. 13-20 (17 f.); Lima Pinheiro, DIP, Volume III, S. 371; Art. 1096 g) CPC a.F. wahrte einen gewissen Einklang zu Art. 27 Nr. 4 EuGVÜ, s. Schindler, Durchbrechungen des Spiegelbildprinzips bei der Anerkennung ausländischer Entscheidungen (2004), S. 68 (dortige Fn. 275); lit. g) hatte seine Bedeutung vor allem im Familien- und Erbrecht; vgl. zu Art. 1096 g) CPC a.F. Fernandes Costa, in: Estudos em Homenagem ao Prof. Doutor A. Ferrer-Correia I, S. 121-186.

[853] Der Beklagte muss beweisen, dass portugiesisches Sachrecht nach dem portugiesischen IPR anzuwenden ist und dass das Ergebnis der Entscheidung für ihn günstiger ausgefallen wäre, s. Ferrer Correia, Lições DIP I, S. 469; Ferreira Pinto, in: Jayme, Erik (Hrsg.), Ein internationales Zivilverfahrensrecht für Gesamteuropa, S. 369-382 (381). Art. 1096 g) CPC a.F. wurde hingegen von Amts wegen beachtet (Art. 1101 1. Teil CPC a.F. führte lit. g) an).

[854] Zu den zahlreichen Argumenten, die gegen ein solches Erfordernis sprechen, s. Jayme, in: Jayme, Erik (Hrsg.), Das Recht der Lusophonen Länder, S. 13-20 (18 f.); Martiny, Hdb. IZVR III, Rn. 944 ff.; Kropholler, IPR, Rn. 657 f.; Geimer, IZPR, Rn. 2965 f.

ze)[855] und Art. 12 EG (Diskriminierungsverbot) keinen Bestand haben.[856] Auf der Ebene des Kollisionsrechts kann Art. 31 II CC – insbesondere in Statussachen – eine weitere Einschränkung bewirken. Ist portugiesisches Recht Personalstatut (z. B.: die durch das brasilianische Urteil Geschiedenen sind Portugiesen[857]) und wäre die ausländische Entscheidung für den Anfechtenden danach günstiger ausgefallen (z. B.: keine Scheidung möglich gewesen[858]), hat die Anfechtung gleichwohl keinen Erfolg, wenn der Rechtsvorgang im Einklang mit dem Recht des Staates des gewöhnlichen Aufenthalts der Betroffenen stand, in dem das Urteil erlassen wurde, Art. 31 II CC analog.[859]

b) Art. 1100 II i. V. m. 771 c), d) , f) CPC n.F. (Auffindung neuer Urkunden und korrupte Richter)

Die Anerkennung kann ferner angefochten werden, wenn ein Revisionsgrund nach Art. 771 a), c) oder f) CPC n.F. besteht. Auf Art. 771 f) CPC (Rechtskraft)

---

[855] Art. 15 I CRP lautet: „1. Ausländer und Staatenlose, die in Portugal wohnhaft sind oder sich im Lande aufhalten, haben die Rechte und Pflichten eines portugiesischen Staatsbürgers." und Art. 13 II CRP: „2. Niemand darf aufgrund seiner familiären Herkunft, seines Geschlechts, seiner Rasse, seiner Sprache, seines Herkunftslands, seiner Religion, seiner politischen Überzeugungen, seiner Weltanschauung, seiner Bildung, seiner wirtschaftlichen Situation oder sozialen Stellung bevorzugt, begünstigt, benachteiligt, irgendeines Rechts benommen oder von irgendeiner Pflicht befreit werden.".

[856] Vgl. Jayme, in: Jayme, Erik (Hrsg.), Das Recht der Lusophonen Länder, S. 13-20 (19); Marques dos Santos, in: Aspectos do novo Processo Civil, S. 105-155 (114); Lima Pinheiro (DIP, Volume III, S. 374) sieht in der Diskriminierung einen Verstoß gegen Art. 15 CRP und hält deshalb eine analoge Anwendung des Art. 1100 I CPC n.F. zugunsten Ausländer und Staatenlose, die ihren gewöhnlichen Aufenthalt in Portugal haben, für angebracht.

[857] Vgl. Art. 25, 31 I, 55 I i. V. m. 52 CC.

[858] Vgl. Art. 1779 ff. CC.

[859] Art. 31 I, II CC lautet: „1. Personalstatut ist das Heimatrecht des Individuums"; „2. Es werden jedoch in Portugal Rechtsgeschäfte anerkannt, die im Land des gewöhnlichen Aufenthalts des Erklärenden und nach dessen Recht wirksam abgeschlossen wurden, vorausgesetzt, dessen Recht hält sich für zuständig."; s. hierzu Lima Pinheiro, DIP, Volume II, S. 40 ff. und zur analogen Anwendung des Abs. 2 auf Scheidungsfälle: *Supremo Tribunal de Justiça* vom 22. Februar 1984, BMJ 334 (1984), S. 437-440 (438 f.): N. N.; 14. Dezember 1988, BMJ 382 (1989), S. 484-487 (485 f.): Cármen Marques Rios *gegen* Felisberto coelho Gabriel; 14. November 1991, BMJ 411 (1991), S. 491-494 (493): João do Carmo Antunes *gegen* Margarida da Conceição Eugénia und vom 21. November 1991, BMJ 411 (1991), S. 509-512 (510 ff.): Hernâni Manuel Dias Teixeira *gegen* Luísa Maria Pereira dos Santos Teixeira; *Tribunal da Relação de Coimbra* vom 18. Mai 1993, CJ, Ano XVIII, Tomo III, 1993, S. 34-36 (35): Maria de Jesus Morais *gegen* Alberto Pimentel; 23. Oktober 1996, CJ, Ano XXI, Tomo IV, 1996, S. 40-42 (41): Maria Cidália *gegen* Luís Albuquerque; *Supremo Tribunal de Justiça* vom 16. Dezember 1999, CJ-STJ, Ano VII, Tomo III, S. 144-147 (146): Francelina Grácio *gegen* José Lajes; *Tribunal da Relação de Lisboa* vom 20. Juni 2000, CJ, Ano XXV, Tomo III, 2000, S. 124-126 (125 f.): Maria Rodrigues *gegen* Carlos Rodrigues; s. auch Moura Ramos, CJ, Ano XIII, Tomo V, 1988, S. 17-24 (22 ff.); Fernandes, Lições DIP I, S. 146 f.; Ferrer Correia, Lições DIP I, S. 469 f.; Moura Ramos, A reforma do direito processual civil internacional, S. 46 f.; Lima Pinheiro, DIP, Volume III, S. 371 f.

wurde bereits eingegangen.[860] Der Revisionsgrund in Art. 771 c) CPC, der dem Restitutionsgrund in § 580 Nr. 7 b) ZPO ähnelt, liegt vor, wenn sich eine Urkunde auffindet, von welcher die Partei keine Kenntnis hatte oder welche die Partei im (ausländischen) Verfahren nicht benutzen konnte und dass dieser Umstand für sich alleine genügt, das Urteil zugunsten der unterlegenen Partei abzuändern. Der portugiesische Richter prüft die ausländische Entscheidung in der Sache nach, um feststellen zu können, ob das Schriftstück ausreicht, um das Urteil zu modifizieren.[861] Schließlich liegt ein Anfechtungsgrund vor, wenn durch ein rechtskräftiges Strafurteil bewiesen wird, dass am ausländischen Verfahren korrupte Richter mitgewirkt haben, Art. 1100 II i. V. m. Art. 771 a) CPC n.F.[862]

II. Versagungsgründe für die Anerkennung und Vollstreckungsvoraussetzungen nach dem EuGVÜ in der portugiesischen Rechtsprechung

1. Einleitung

Ziel des Übereinkommens und der Verordnung ist es, die Freizügigkeit der in ihrem Anwendungsbereich ergangenen Entscheidungen sicherzustellen.[863] Urteile, die in einem Vertrags- bzw. Mitgliedstaat ergangen sind, sollen in einem anderen Vertragsstaat ohne weiteres anerkannt werden. Die Art. 27, 28 EuGVÜ (vgl. nun Art. 34, 35 Brüssel I-VO) enthalten jedoch gewichtige Regelungen, die Versagungsgründe betreffen. Vollstreckbar sind Urteile aus einem anderen Vertrags- bzw. Mitgliedstaat, wenn ihnen die Vollstreckbarkeit gesondert verliehen worden ist.[864] Die Art. 31 – 45 EuGVÜ (vgl. nun Art. 38 – 52 Brüssel I-VO) regeln das Exequaturverfahren und enthalten Voraussetzungen für eine wirksame Vollstreckung. Das Vollstreckungsverfahren steht im engen Zusammenhang mit dem Verfahren auf Anerkennung ausländischer Entscheidungen. Insbesondere kann der Antrag auf Vollstreckbarerklärung gem. Art. 34 II (beachte nun Art. 41 Brüssel I-VO[865]) nur nach den in Art. 27, 28 EuGVÜ angeführten Gründen ab-

---

[860] S. oben S. 172.

[861] Marques dos Santos, in: Aspectos do novo Processo Civil, S. 105-155 (121); Ferrer Correia, Lições DIP I, S. 467; Teixeira de Sousa, Acção Executiva Singular, S. 78; Pessoa Vaz/Álvaro Dias, DDC (BMJ) 33/34 (1988), S. 521-582 (546); nach Lima Pinheiro (DIP, Volume III, S. 375) werde die ausländische Entscheidung in der Sache selbst („controlo de mérito") nicht nachgeprüft, da keine kollisionsrechtliche Kontrolle erfolge.

[862] S. hierzu Marques dos Santos, in: Aspectos do novo Processo Civil, S. 105-155 (121).

[863] Jenard in: ABl. EG 1979 Nr. C 59/1 (S. 42).

[864] Die Vollstreckung eines Urteils setzt also einen Antrag auf Vollstreckbarerklärung voraus; vgl. aus der portugiesischen Rechtsprechung ***Tribunal da Relação do Porto*** **vom 25. Februar 1997**, BMJ 464 (1997), S. 622: N. N.

[865] Nach Art. 41 Brüssel I-VO erlässt das gemäß dem Anhang II zuständige Gericht seine Entscheidung unverzüglich, ohne zu prüfen, ob ein Versagungsgrund nach Art. 34, 35 Brüssel I-VO vorliegt. Die Versagungsgründe können vom Gericht erst i.R.d. Rechtsbehelfsverfahrens erörtert werden, vgl. Art. 45 I Brüssel I-VO. Die Brüssel I-VO bezweckt damit eine Beschleunigung des Exequaturverfahrens, vgl. die Begründung des Kommissionsentwurfes, KOM 1999 (348) endg., S. 24 = BR-Drucks. 534/99, S. 23 (zu Art. 37 des Entwurfs).

gelehnt werden. Portugiesische Gerichte sind auf unterschiedliche Anerkennungs- und Vollstreckungsvoraussetzungen eingegangen.

2. Entscheidung mit vollstreckbarem Inhalt nach Art. 31, 25 EuGVÜ (Art. 38, 32 Brüssel I-VO): Entscheidung des *Tribunal da Relação do Porto* vom 2. Oktober 1997[866]

Das Berufungsgericht Porto hatte am 2. Oktober 1997 zu entscheiden, ob ein spanisches Urteil in Portugal auf der Grundlage des Brüsseler Übereinkommens vollstreckt werden konnte. Das Urteil betraf deliktische Schadensersatzansprüche von Erben im Straßenverkehr tödlich verunglückter Verkehrsteilnehmer gegen die Versicherung des Unfallverursachers. Das spanische Gericht hatte über die strafrechtlichen Aspekte des Verkehrsunfalls zu urteilen. Im Rahmen dieses Verfahrens stellte das spanische Gericht fest, dass die Erben der Unfallopfer etwaige Schadensersatzansprüche nur bis zu einer bestimmten Höhe von der Versicherung fordern können, ohne jedoch über konkrete Schadensersatzansprüche der Erben zu entscheiden. In Spanien kam es zu keiner zivilrechtlichen Verurteilung der Versicherung des Unfallverursachers. Die Erben beantragten die Vollstreckung des spanischen Urteils in Portugal. Das Berufungsgericht Porto lehnte die Vollstreckbarerklärung nach Art. 31 ff. LugÜ[867] ab, da kein vollstreckungsfähiges Urteil erlassen worden sei. Dem ist zuzustimmen. Die Vollstreckbarerklärung setzt einen vollstreckungsfähigen Inhalt voraus, Art. 31, 25 EuGVÜ.[868] Die Exequatur eines Feststellungsurteils (Festlegung der Höchstbeträge) kommt nicht in Betracht.[869] Zwar ist gem. Art. 31 I EuGVÜ (Art. 38 I Brüssel I-VO) grundsätzlich das Recht des Urteilsstaates zu befragen, ob das Urteil vollstreckbar ist.[870] Das war im vorliegenden Fall aber nicht erforderlich. Die Entscheidung selbst ließ unzweideutig erkennen, dass ihr kein vollstreckungsfähiger Inhalt zukam. Das Urteil sprach den Antragstellern keinen Anspruch zu; sie hatten in Spanien keine Schadensersatzklage erhoben, die nun hätte vollstreckt werden können.

---

866 CJ, Ano XXII, Tomo IV, 1997, S. 208-210: Familie Gonçalves da Silva *gegen* Companhia de Seguros Zürich.

867 Das Berufungsgericht Porto wandte fälschlicherweise das LugÜ an, da sowohl der Ursprungsstaat (Spanien) als auch der ersuchte Staat (Portugal) Mitgliedstaaten der Europäischen Gemeinschaften sind, Art. 54 b II lit. c) LugÜ; vgl. S. 33 ff.

868 Da nicht das LugÜ, sondern das EuGVÜ einschlägig war (s. vorherige Fn.), wird letzteres hier angewandt.

869 Bülow/Böckstiegel/Haß, Art. 31 EuGVÜ, Rn. 19; bzgl. Anwaltsgebührenfestsetzungen s. aber Geimer/Schütze, EuZVR, Art. 31 EuGVÜ, Rn. 46.

870 Vgl. etwa Keßler, Die Vollstreckbarkeit und ihr Beweis gem. Art. 31 und 47 Nr. 1 EuGVÜ (1998), S. 22-27; Schlosser, EU-ZPR, Art. 38 EuGVVO, Rn. 2 f.

3. Gründe für die Versagung der Anerkennung gem. Art. 27 Nr. 1, 2 EuGVÜ/LugÜ (Art. 34 Nr. 1, 2 Brüssel I-VO)

a) Entscheidung des *Supremo Tribunal de Justiça* vom 24. Februar 1999[871]

Gegen eine in Portugal wohnhafte Person wurde vor einem schweizer Gericht Klage auf Zahlung einer Geldsumme erhoben. Die Zustellung der Klageschrift an den Beklagten erfolgte entsprechend den Regelungen des Haager Zustellungsübereinkommens vom 15.11.1965 (HZÜ) mittels eines Rechtshilfeersuchens. Genauere Angaben über die Zustellungsform enthält die Entscheidung nicht. Fest steht nur: Der Adressat des verfahrenseinleitenden Schriftstücks erschien in Portugal bei der amtlichen Stelle, welche die Schriftstücke verwaltete. Ein Justizbeamter informierte ihn über den Gegenstand des Rechtshilfeersuchens. Der Beklagte las das gerichtliche Ersuchschreiben. Er verweigerte die Annahme der Dokumente. Da der Beklagte auf die Zustellung der Klage nicht reagierte, wurde zu einem späteren (im Urteil nicht genau bezeichneten) Zeitpunkt im Amtsblatt des Kantons Zürich eine Anzeige aufgegeben. In dieser wurde auf die Klageerhebung vor dem Züricher Gericht hingewiesen. Dem Beklagten wurde noch eine letzte Frist von 10 Tagen gewährt, um sich zu der Sache zu äußern. Schließlich erging ein schweizerisches Versäumnisurteil. Die obsiegende Partei beantragte die Vollstreckung des Zahlungsurteils in Portugal. Der Beklagte wandte ein, dass die gerichtlichen Schriftstücke nicht in portugiesischer Sprache abgefasst wurden und außerdem ein Verstoß gegen Art. 27 Nr. 2 LugÜ vorliegt. Sowohl das erst- als auch das zweitinstanzliche Gericht gaben der Vollstreckung statt. Der Oberste Gerichtshof bestätigte die Entscheidungen der unteren Instanzen.[872]

aa) Ordnungsgemäße Zustellung, Art. 27 Nr. 2 LugÜ

(1) Fehlende Übersetzung

Der Oberste Gerichtshof prüfte, ob eine ordnungsgemäße Zustellung gem. Art. 34 II i. V. m. Art. 27 Nr. 2 LugÜ vorlag. Die Ordnungsmäßigkeit der Zustellung war nach dem Haager Zustellungsübereinkommen von 1965 (HZÜ) zu begutachten, das den autonomen Rechten vorgeht. Dies ergibt sich bereits aus Art. IV Abs. 1 des Protokolls zum LugÜ (bzw. EuGVÜ).[873] Portugal und die Schweiz

[871] CJ-STJ, Ano VII, Tomo I, 1999, S. 122-124: Centrapriv Zürich AG *gegen* Armando Baptista.

[872] Vgl. Art. 37 II bzw. 41 LugÜ/EuGVÜ (ein auf Rechtsfragen beschränkter Rechtsbehelf; vgl. nun Art. 44 Brüssel I-VO i. V. m. Anhang IV der VO). Art. 43 Brüssel I-VO sieht nunmehr eine einheitliche Regelung der Rechtsbehelfe von Schuldner und Gläubiger über den Antrag auf Vollstreckbarerklärung vor.

[873] In der Literatur wird überwiegend (missverständlich) gesagt, dass das HZÜ neben dem autonomen Recht des Urteilsstaates „insbesondere“ zu beachten sei: Kropholler, EuZPR (6. Auflage 1998), Art. 27 EuGVÜ, Rn. 30; Musielak/Weth, Art. 34 EG-VO, Rn. 7; Teixeira de Sousa/Moura Vicente, Comentário, S. 144; deutlich hingegen: MünchKomm/Gottwald, Art. 27, Rn. 20. Anhaltspunkte dafür, dass eine vereinfachte Zustellung nach Art. IV Abs. 2 des

sind Vertragsstaaten des HZÜ.[874] Im Interesse des Beklagtenschutzes prüft der Zweitrichter die Ordnungsmäßigkeit der Zustellung in vollem Umfang nach.[875] Der Anerkennungsrichter ist bei dieser Prüfung nicht an die tatsächlichen Feststellungen des Erstgerichts und dessen rechtlicher Würdigung gebunden.[876] Gem. Art. 5 III HZÜ muss das nach Abs. 1 zuzustellende Schriftstück nur auf Verlangen der zentralen Behörde in die Sprache des ersuchten Staates übersetzt werden.[877] Der Oberste Gerichtshof folgerte daraus, dass die fehlende Übersetzung kein Vollstreckungshindernis darstellte.[878] Im Hinblick auf die klare Regelung in Art. 5 III HZÜ ist dem zuzustimmen. Insbesondere existiert in Portugal kein Ausführungsgesetz, das wie § 3 des deutschen AusfG[879], die Notwendigkeit

---

Protokolls oder Art. 10 HZÜ erfolgte, liegen nicht vor. Vielmehr führte der Oberste Gerichtshof Art. 5 HZÜ an, s. unten Fn. 877. Im Gegensatz zu Deutschland hat Portugal nicht von seinem Widerspruchsrecht i. S. v. Art. IV Abs. 2 des Protokolls und Art. 10 HZÜ Gebrauch gemacht; vgl. zu Art. 10 HZÜ ***Supremo Tribunal de Justiça* vom 29. April 2003**, Rechtssache Nr. 03B704, in: http://www.dgsi.pt.

[874] Das HZÜ ist für Portugal am 25.02.1974 und für die Schweiz am 01.01.1995 in Kraft getreten. Das Übereinkommen trat nach seinem Art. 22 an die Stelle der Art. 1-7 des Haager Übereinkommens über den Zivilprozess vom 01.03.1954.

[875] Kropholler, EuZPR, Art. 34 EuGVO, Rn. 46.

[876] Durch die separate Beurteilung der Ordnungsmäßigkeit und Rechtzeitigkeit durch zwei Gerichte (jeweils eines im Urteilsstaat und eines im Vollstreckungsstaat) wird dem Beklagten ein doppelter Schutz gewährt, vgl. EuGH 16.6.1981, Rs. 166/80 – „Klomps/Michel", EuGHE 1981, S. 1593 = RIW 1981, S. 781 = IPRax 1982, S. 14 m. Anm. Nagel auf S. 5; EuGH 15.7.1982, Rs. 228/81 – „Pendy Plastic/Pluspunkt", EuGHE 1982, S. 2723 = NJW 1982, S. 1937 (L) = RIW 1982, S. 908 (L) = IPRax 1985, S. 25 m. Anm. Geimer auf S. 6; Linke, RIW 1985, S. 1-9 (8); Kropholler, EuZPR, Art. 34 EuGVO, Rn. 46; Geimer/Schütze, EuZVR, Art. 27 EuGVÜ, Rn. 117; MünchKomm/Gottwald, Art. 27 EuGVÜ, Rn. 22; Brand/Reichhelm, IPRax 2001, S. 173-177 (175).

[877] Wie zuvor erwähnt, enthält die Entscheidung des Obersten Gerichtshofs keine Angaben über die genaue Form der erfolgten Zustellung. Aus dem Urteil geht nur hervor, dass der Beklagte an einer Gerichtsstelle erschienen ist, wo er die Schriftstücke ausgehändigte hätte bekommen sollen. Da das Gericht auf Art. 5 III HZÜ einging (der auf Art. 5 I HZÜ verweist), ist davon auszugehen, dass die Zustellung gemäß einer der drei in Art. 5 I, II HZÜ vorgesehenen Formen erfolgte, vgl. dazu Schlosser, EU-ZPR, Art. 5 HZÜ, Rn. 1 ff; Reichart, in: Weber, Peter Johannes u. a. (Hrsg.), FS Siehr, Kurt, S. 163-174 (168 ff.). Keine Angaben enthält die Entscheidung zudem darüber, ob der die Vollstreckung Begehrende die nach Art. 33 III LugÜ vorzulegende Urkunde vorlegt hat. Die fehlende Urkunde stellt aber insbesondere keinen Versagungsgrund dar, vgl. ***Tribunal da Relação de Coimbra* vom 17. Oktober 1995**, CJ, Ano XX, Tomo IV, 1995, S. 35-38 (37): Banco Pinto & Sotto Mayor *gegen* Manuel dos Santos Portela und Maria de Fátima do Couto; Kropholler, EuZPR, Art. 40 EuGVO, Rn. 9 und Art. 55 EuGVO, Rn. 2.

[878] Die Entscheidung des Obersten Gerichtshofs lässt nicht erkennen, ob der Adressat die fremde Sprache kannte. Kannte er die fremde Sprache, so kann er sich anschließend nicht darauf berufen, das Schriftstück sei ihm nicht ordnungsgemäß zugestellt worden, vgl. Schlosser, EU-ZPR, Art. 5 HZÜ, Rn. 7; a. A. Nagel/Gottwald, § 7, Rn. 85 m. w. N.

[879] Gesetz zur Ausführung des HZÜ und HBÜ vom 22.12.1977 (BGBl. I, S. 3105).

einer Übersetzung anordnet.[880] Diese an sich unbefriedigende Situation in der sich ein Beklagter befindet, wenn er die Schriftstücke ohne Übersetzung nicht verstehen kann, die er dann selbst vornehmen lassen muss, wurde mit dem Inkrafttreten der VO (EG) Nr. 1348/2000, im Verhältnis der Mitgliedstaaten zueinander, beseitigt (vgl. Art. 8 der Europäischen Zustellungsverordnung).[881]

(2) Verweigerung der Annahme und Nichteinlassung

Fraglich ist, wie sich die Verweigerung der Annahme der Schriftstücke durch den Beklagten und dessen Nichteinlassung auf das schweizerische Verfahren auf die Ordnungsmäßigkeit der Zustellung ausgewirkt hat. Der Oberste Gerichtshof begnügte sich mit der Aussage, dass die Schriftstücke nach portugiesischem Prozessrecht (Art. 195 II a), 242 II CPC a.F.[882]) ordnungsgemäß zugestellt wurden und vor dem Erlass des Versäumnisurteils im Züricher Amtsblatt das Gerichtsverfahren öffentlich angezeigt wurde. Er ging nicht auf Art. 20 III LugÜ i. V. m. Art. 15 I HZÜ (vgl. nun Art. 26 III Brüssel I-VO i. V. m. Art. 19 EuZVO) ein, die auch vom Anerkennungsrichter zu beachten sind.[883] Möglicherweise hätte das schweizer Gericht das Verfahren aussetzen müssen, weil sich der Beklagte auf das Verfahren nicht eingelassen hat. Auszusetzen ist dann das Verfahren bis festgestellt wird, dass die Zustellung ordnungsgemäß erfolgte. Art. 15 I a) und b) HZÜ verlangt aber nur, dass das Schriftstück in einer der Formen zugestellt worden ist, die das Recht des ersuchten Staates für die Zustellung der in seinem Hoheitsgebiet ausgestellten Schriftstücke an dort befindliche Personen vorschreibt oder dem Beklagten selbst übergeben wurde. Die Übergabe erfolgte in Portugal durch einen Justizbeamten persönlich. Die Dokumente gingen nicht in seinen Besitz über, weil er sich der amtlichen Übergabe widersetzte, nachdem er sie gelesen hatte. Deshalb war er nicht schutzwürdig. Im übrigen entsprach

---

[880] Vgl. auch die französischen Entscheidungen des Cour de cassation, Clunet 1979, S. 381 und 1981, S. 854: Es besteht keine Notwendigkeit einer Übersetzung; Bischof, Die Zustellung im internationalen Rechtsverkehr in Zivil- oder Handelssachen (1997), S. 305; Geimer, IPRax 1985, S. 6-8 (8). Zu § 3 des deutschen AusfG vgl. etwa: Schlosser, EU-ZPR, Art. 5 HZÜ, Rn. 6; OLG Düsseldorf, 2.9.1998 – 3 W 148/98, RIW 1999, S. 464 = IPRax 2000, S. 307; MünchKomm/Gottwald, Art. 27 EuGVÜ, Rn. 20. Lediglich die autonome Verfahrensregel des Art. 140 CPC sieht in Portugal eine Übersetzung von Dokumenten in die Landesprache vor.

[881] Dazu: Schlosser, EU-ZPR, Art. 8 EuZVO, Rn. 1 ff., Nagel/Gottwald, § 7, Rn. 51; Casanova, ROA 62 (2002), S. 777-804 (787 f.). Die Verordnung ist am 31. Mai 2001 in Kraft getreten (Art. 25 EuZVO).

[882] Anstatt Art. 242 II CPC wollte das Gericht wohl Art. 239 II CPC zitieren; Art. 242 CPC betrifft nämlich die Fälle, in denen der Adressat geistig oder körperlich behindert ist und infolgedessen die Schriftstücke nicht in Empfang nehmen kann.

[883] Vgl. Taborda Ferreira, in: Actes et Documents de la Dixième Session, Conférence de la Haye de droit international privé, Tome III, Notification, La Haye 1965, S. 254; Reichart, in: Weber, Peter Johannes u. a. (Hrsg.), FS Siehr, Kurt, S. 163-174 (168); Lima Pinheiro, DIP, Volume III, S. 301 f.; a. A. MünchKomm/Gottwald, Art. 27 EuGVÜ, Rn. 20; Wiehe, Zustellungen, Zustellungsmängel und Urteilsanerkennung am Beispiel fiktiver Inlandszustellungen in Deutschland, Frankreich und den USA (1993), S. 197 ff.

die Zustellung laut Obersten Gerichtshof dem portugiesischen Prozessrecht.[884] Es lag kein Verstoß des Züricher Gerichts gegen Art. 15 I HZÜ vor.[885] Vielmehr erfolgte eine ordnungsgemäße Zustellung i. S. v. Art. 27 Nr. 2 LugÜ. Die öffentliche Bekanntmachung des Prozessbeginns im Züricher Amtsblatt entsprach dem Verfahrensrecht des Kantons Zürich für den Erlass von Versäumnisurteilen[886], welche für die ordnungsgemäße Zustellung i. S. v. Art. 27 Nr. 2 LugÜ aber keine Bedeutung hatte, weil das HZÜ dem autonomen Recht vorging[887] und nach Art. 29 I LugÜ (Art. 36 Brüssel I-VO) das schweizer Verfahren vom portugiesischen Gericht nicht auf Fehler hin überprüft werden durfte.[888]

bb) Rechtzeitigkeit

Gem. Art. 27 Nr. 2 LugÜ, Art. 15 I a. E. HZÜ muss das verfahrenseinleitende Schriftstück dem Beklagten außerdem so rechtzeitig zugestellt werden, dass er sich verteidigen kann.[889] Das LugÜ/EuGVÜ gibt dem Richter keine Maßstäbe zur Handhabung des wertausfüllungsbedürftigen Begriffs „Rechtzeitigkeit". Es ist darauf abzustellen, ob dem Beklagten nach den Umständen des Einzelfalles tatsächlich genügend Zeit zur Vorbereitung einer sachgerechten Verteidigung

---

[884] Der vom Obersten Gerichtshof zitierte Art. 195 II a) CPC a.F. wurde im Wesentlichen durch Art. 195 e) CPC n.F. ersetzt: Eine ordnungsgemäße Ladung liegt nur dann nicht vor, wenn der Adressat aufgrund von Umständen, die ihm nicht zuzurechnen sind, keine Kenntnis der Schriftstücke erlangen konnte, vgl. Neto, CPC Anotado, S. 305. Art. 239 II CPC (der wohl vom Gericht gemeint war, s. Fn. 882) behandelt gerade den Fall, in dem ein Gerichtsbeamter dem Adressat die Schriftstücke auszuhändigen versucht, dieser sich aber weigert, die Schriftstücke in Empfang zu nehmen und die Empfangsbestätigung zu unterzeichnen. Dem Adressat wird dann bekannt gegeben, dass die Dokumente am Gerichtssekretariat für ihn hinterlegt werden, vgl. hierzu Lebre de Freitas/Pinto/Redinha, CPC Anotado I, S. 411 f.

[885] Art. 15 II HZÜ spielte hier schon deswegen keine Rolle, weil die Schweiz keine Erklärung gem. Art. 15 II HZÜ abgegeben hat, s. Walter, IZPR der Schweiz, S. 340.

[886] Nach dem kantonalen Recht erfolgt eine öffentliche „Vorladung" im Amtsblatt des Kantons mit dem Hinweis, dass bei nicht genügend entschuldigtem Ausbleiben, das Urteil auf Grund der Akten gefällt wird, sollte der Beklagte nicht auffindbar oder eine unmittelbare Zustellung aus sonstigen Gründen nicht möglich sein.

[887] Vgl. nur Brand/Reichhelm, IPRax 2001, S. 173-177 (174 f.).

[888] Kropholler, EuZPR, Art. 36 EuGVO, Rn. 2; Thomas/Putzo/Hüßtege, ZPO, Art. 36 EuGVVO, Rn. 1; Bülow/Böckstiegel/Auer, Art. 29 EuGVÜ, Rn. 3; Geimer/Schütze, EuZVR, Art. 29 EuGVÜ, Rn. 1; MünchKomm/Gottwald, Art. 30 EuGVÜ, Rn. 2.

[889] Art. 27 Nr. 2 LugÜ/EuGVÜ sah noch eine „doppelte Sicherung" vor: Eine ordnungsgemäße Zustellung *und* eine rechtzeitige Zustellung waren Voraussetzung, vgl. EuGH 3.7.1990, Rs. 305/88 – „Lancray/Peters", EuGHE 1990 I, S. 2725 = RIW 1990, S. 927 = IPRax 1990, S. 177 m. Anm. Rauscher auf S. 155 = EuZW 1990, S. 352 m. Anm. Geimer. Art. 34 Nr. 2 Brüssel I-VO bezeichnet als Versagungsgrund nur noch, dass dem Beklagten das verfahrenseinleitende Schriftstück „nicht so rechtzeitig und in einer Weise zugestellt worden ist, dass er sich verteidigen konnte". Der Begriff der „Ordnungsmäßigkeit" ist im Rahmen der Brüssel I-VO aber keineswegs obsolet geworden, vgl. Kropholler, EuZPR, Art. 34 EuGVO, Rn. 39.

zur Verfügung stand.[890] Für den Beginn des maßgebenden Zeitraums war auf den Zeitpunkt abzustellen, als der Adressat das gerichtliche Ersuchsschreiben las und auf diese Weise Kenntnis davon erlangte, dass gegen ihn in der Schweiz eine Klage erhoben wurde, gegen die er sich verteidigen konnte. Das Gericht des Vollstreckungsstaates hat denjenigen Zeitraum zu berücksichtigen, über den der Beklagte verfügte, um den Erlass einer nach dem EuGVÜ vollstreckbaren Versäumnisentscheidung zu verhindern.[891] Die Entscheidung des Obersten Gerichtshofs enthält leider keine Angaben darüber, wann der Beklagte Kenntnis erlangte, so dass die Frage der Rechtzeitigkeit hier nicht abschließend beantwortet werden kann. Dem Adressaten hätte genügend Zeit für die Besorgung einer Übersetzung und die Vorbereitung der Verteidigung mit einem Rechtsanwalt zugestanden werden müssen.[892] Auf jeden Fall hätte es sich daher um einen Zeitraum von mehreren Wochen handeln müssen.

Zwei weitere Entscheidungen befassten sich mit Art. 27 Nr. 2 EuGVÜ/LugÜ (Art. 34 Nr. 2 Brüssel I-VO), die jedoch sehr kurze Ausführungen zur Ordnungsmäßigkeit und Rechtzeitigkeit der Zustellung des verfahrenseinleitenden Schriftstücks enthalten.

b) Entscheidung des *Tribunal da Relação de Lisboa* vom 10. November 1998[893]

Das Berufungsgericht Lissabon hatte am 10. November 1998 zu entscheiden, ob ein spanisches Leistungsurteil in Portugal nach dem EuGVÜ vollstreckt werden konnte. Die Vollstreckungsgegner beanstandeten die Verletzung des rechtlichen Gehörs nach Art. 27 Nr. 2 EuGVÜ. Das Berufungsgericht Lissabon wies deren Einwand zurück. Zum einen habe sich der in Zürich ansässige Beklagte in Spanien rechtmäßig vertreten lassen, so dass es seinem Vertreter obliegen hätte, ihn über die Klageschrift und sonstige Beschlüsse in Kenntnis zu setzen; zum anderen beziehe sich Art. 27 Nr. 2 EuGVÜ nur auf den säumigen Beklagten. Vorliegend sei der Beklagte aber nicht säumig gewesen, da er rechtmäßig vertreten worden sei.

---

[890] Auf das Recht des Urteils- oder Vollstreckungsstaates kann es im Ergebnis nicht ankommen, vgl. MünchKomm/Gottwald, Art. 27 EuGVÜ, Rn. 27; Kropholler, EuZPR, Art. 34 EuGVO, Rn. 35; Bülow/Böckstiegel/Auer, Art. 27, 28 EuGVÜ, Rn. 28; Linke, RIW 1986, S. 409-413 (411); OLG Düsseldorf 11.10.1999, NJW 2000, S. 3290 = RIW 2000, S. 230 = IPRspr. 1999 Nr. 162; 8.11.2000, RIW 2001, S. 143 = Europ. Leg. Forum 2000/01, S. 220.

[891] EuGH „Klomps/Michel“, a. a. O. (Fn. 876).

[892] Dabei sind alle Umstände des Einzelfalles zu berücksichtigen, z. B. die Art der Maßnahmen, die zur Vermeidung einer Versäumnisentscheidung einzuleiten waren, vgl. EuGH 11.6.1985, Rs. 49/84 – „Debaecker/Bouwman, EuGHE 1985, S. 1779 = NJW 1986, S. 1425 (L) = RIW 1985, S. 967.

[893] CJ, Ano XXIII, Tomo V, 1998, S. 86-87: Benedicta Amor Marcos, Anastasio Velez Amor, Yolanda Velez Fernandez und Anastasio Velez Fernandez *gegen* Seguros Metrópole S. A; vgl. hierzu S. 209 (intertemporaler Anwendungsbereich des Übereinkommens).

Im Grunde ist an der Entscheidung des Berufungsgerichts nichts auszusetzen. Darauf zu achten ist jedoch, dass der Anwendungsbereich des Art. 27 Nr. 2 EuGVÜ nicht auf Versäumnisurteile beschränkt ist. Vielmehr ist Nr. 2 grundsätzlich auch für streitige Verfahren eröffnet.[894] Hat sich der Beklagte rechtmäßig vertreten lassen und wurde dem Vertreter die Klageschrift ordnungsgemäß und so rechtzeitig zugestellt, dass sich der Beklagte verteidigen konnte, so lag kein Versagungsgrund nach Art. 27 Nr. 2 EuGVÜ bzw. Art. 34 Nr. 2 Brüssel I-VO vor.[895] Art. 27 Nr. 2 EuGVÜ soll nach ständiger Rechtsprechung des EuGH (nur) sicherstellen, dass eine Entscheidung nach den Bestimmungen des Übereinkommens weder anerkannt noch vollstreckt wird, wenn es dem Beklagten nicht möglich war, sich vor dem Gericht des Urteilsstaates zu verteidigen.[896]

c) Entscheidung des *Tribunal da Relação do Porto* vom 5. Februar 1996[897]

Von der Entscheidung des Berufungsgerichts Porto vom 5. Februar 1996 wurden lediglich die Leitsätze veröffentlicht. Dort heißt es: „...Art. 27 Nr. 2 EuGVÜ verlangt eine ordnungsmäßige Zustellung...“. „Der Exequatur kann einem Urteil eines englischen Gerichts nicht verliehen werden, wenn der Rechtsanwalt des Klägers im Namen seines Mandanten eine Benachrichtigung der Verfahrenseröffnung per Post auf dem direkten Wege den Beklagten übermittelt hat, die Beklagten aber nicht geantwortet und sich nicht auf das Verfahren eingelassen haben.“ Fraglich ist, ob die Übermittlung des verfahrenseinleitenden Schriftstücks an den Beklagten durch den Vertreter des Klägers einer ordnungsgemäßen Zustellung i. S. v. Art. 27 EuGVÜ entsprechen kann. Art. 27 Nr. 2 EuGVÜ findet im Exequaturverfahren über Art. 34 II EuGVÜ Anwendung (vgl. nun aber Art. 41 Brüssel I-VO). Ausgangspunkt der Überlegungen ist, dass es in England normalerweise dem Kläger obliegt, dem Beklagten die Ladung zuzustellen. Die Zustellung ist daher grundsätzlich „solely private matter“.[898] Unter Art. 27 Nr. 2

---

[894] EuGH 10.10.1996, Rs. 78/95 – „Hendrikman u. Feyen/Magenta Druck“, EuGHE 1996 I, S. 4943 = NJW 1997, S. 1061 = IPRax 1997, S. 333 m. Anm. Rauscher auf S. 314 = EuZW 1996, S. 732 = ZZP Int 1997, S. 136 m. Anm. H. Roth (Erwägungsgrund Nr. 18); Zöller/Geimer, § 328 ZPO, Rn. 131 (zu § 328 I Nr. 2 ZPO); H. Roth, ZZP Int 1997, S. 140-148 (145); Kropholler, EuZPR, Art. 34 EuGVO, Rn. 22 („... Nr. 2 betrifft *in erster Linie* Versäumnisurteile.“) und Rn. 28.

[895] Eine fehlende „Einlassung“ i. S. v. Art. 27 II EuGVÜ/LugÜ kann aber vorliegen, wenn für den Beklagten ein vollmachtloser Vertreter auftrat, ohne dass der Beklagte davon Kenntnis hatte, vgl. EuGH „Hendrikman u. Feyen/Magenta Druck“, a. a. O. (Fn. 894; es ging dort um einen nicht beauftragten Rechtsanwalt, der für den Beklagten tätig wurde).

[896] Sog. Wahrung des rechtlichen Gehörs, vgl. z. B.: EuGH „Klomps/Michel“, a. a. O. (Fn. 876); EuGH 21.4.1993, Rs. 172/91 – „Sonntag/Waidmann“, EuGHE 1993 I, S. 1963 = NJW 1993, S. 2091 = JZ 1994, S. 252 = IPRax 1994, S. 37 m. Anm. Heß auf S. 10 = EuZW 1993, S. 417 = EWS 1993, S. 186, 290 = ZEuP 1995, S. 846 m. Anm. Kubis; Geimer/Schütze, EuZVR, Art. 27 EuGVÜ, Rn. 75.

[897] BMJ 454 (1996), S. 804: N. N.

[898] Geimer/Schütze, EuZVR, Art. 27 EuGVÜ, Rn. 471; Bischof, Die Zustellung im internationalen Rechtsverkehr in Zivil- oder Handelssachen (1997), S. 105 ff.; Gr. Geimer, Neuordnung des internationalen Zustellungsrechts (1999), S. 56 f.

EuGVÜ fallen nicht nur Amts- sondern auch Parteizustellungen.[899] Voraussetzung für die Ordnungsmäßigkeit ist nur, dass die Zustellung im Einklang mit den einschlägigen Rechtsvorschriften erfolgt. Ausschlaggebend ist das Prozessrecht des Urteilsstaates, wenn es nicht vom Anwendungsbereich einer vorrangigen Rechtsquelle verdrängt wird.[900] Portugal und das Vereinigte Königreich sind Vertragsstaaten des HZÜ.[901] Aus den Leitsätzen geht nicht hervor, in welchem Land der Beklagte seinen Wohnsitz hatte. Wurde das Schriftstück an einen in England ansässigen Beklagten versandt, so bestimmte das englische Prozessrecht über die Ordnungsmäßigkeit.[902] War dagegen das HZÜ einschlägig, weil der Beklagte im Ausland wohnte[903], so kam es darauf an, welche Zustellungsform in Anspruch genommen wurde. Wurde das Schriftstück durch die Post nach Art. 10 a) HZÜ etwa nach Portugal übermittelt, so hätte gleichsam kein Verstoß gegen die Ordnungsmäßigkeit der Zustellung nach Art. 27 Nr. 2 EuGVÜ vorgelegen.[904] Schließlich wäre bei einem formellen Zustellungsfehler eine Heilung in Betracht gekommen, da der Beklagte das verfahrenseinleitende Schriftstück tatsächlich erhalten hat.[905]

---

[899] Kropholler, EuZPR (6. Auflage 1998), Art. 27 EuGVÜ, Rn. 30; MünchKomm/Gottwald, Art. 27 EuGVÜ, Rn. 19.

[900] Der Ansicht von Schlosser, EU-ZPR, Art. 34-36 EuGVO, Rn. 11 und (ihm folgend) Brand/Reichhelm, IPRax 2001, S. 173-177 (174 f.), dass sich nur die Notwendigkeit einer Auslandszustellung nach dem Recht des Urteilsstaates, die Auslandszustellung als solche sich aber nach dem Recht des Empfangsstaates richtet, kann nicht zugestimmt werden. Ist nämlich der Anwendungsbereich eines völkerrechtlichen Vertrages eröffnet, so wird das autonome Recht der Vertragsstaaten grundsätzlich verdrängt; Art. 5 I a), 15 I a) HZÜ, die das Prozessrecht des Empfangsstaates berufen, setzen gerade für deren Anwendung die Eröffnung des Anwendungsbereichs des HZÜ voraus; Gleiches gilt nun für Art. 19 I a) EuZVO.

[901] Zudem kam Art. IV Abs. 2 des Protokolls zum EuGVÜ in Betracht. Bedeutung konnte auch das bilaterale Übereinkommen über den Zivil- und Handelsprozess zwischen Portugal und Großbritannien und Nordirland vom 9. Juli 1931 erlangen (abgedruckt bei Marques dos Santos, DIP-Colectânea, S. 605-612), das nach Art. 25 HZÜ weiterhin galt. Mit dem Inkrafttreten der EuZVO wurde das bilaterale Übereinkommen vom Anwendungsbereich der VO verdrängt, vgl. Art. 20 EuZVO.

[902] Das HZÜ ist dann nicht anwendbar, vgl. dessen Art. 1 I.

[903] Wann eine Auslandszustellung zu erfolgen hat richtet sich nach der *lex fori*, vgl. Bischof, Die Zustellung im internationalen Rechtsverkehr in Zivil- oder Handelssachen (1997), S. 251 ff. m. w. N.

[904] Im Gegensatz zu Deutschland hat Portugal keinen Widerspruch i. S. v. Art. 10 HZÜ erklärt.

[905] Geimer/Schütze, EuZVR, Art. 27 EuGVÜ, Rn. 116; Zöller/Geimer, § 328 ZPO, Rn. 135a; Geimer, IZPR, Rn. 2916 m. w. N; vgl. nun Art. 34 Nr. 2 Brüssel I-VO.

4. Keine der Nachprüfung der Zuständigkeit und das Verbot des sog. *révision au fond*, Art. 28 I, III EuGVÜ (Art. 35 I, III Brüssel I-VO) und Art. 29 EuGVÜ (Art. 36 Brüssel I-VO)

Am **10. November 1998** haben das ***Tribunal da Relação de Lisboa***[906] und am **9. Februar 1999** das ***Tribunal da Relação de Coimbra***[907] zutreffend entschieden, dass die internationale Zuständigkeit des Erstgerichts gem. Art. 28 III EuGVÜ – unbeschadet der Bestimmungen des Art. 28 I EuGVÜ – nicht nachgeprüft werden darf und dass dies unabhängig davon gilt, ob das Erstgericht seine Zuständigkeit aus dem Übereinkommen oder autonomen Recht hergeleitet hat.[908] Achtung fand auch das in Art. 29 I EuGVÜ enthaltene Verbot, die ausländische Entscheidung in der Sache selbst nachzuprüfen, vgl. ***Tribunal da Relação do Porto* vom 25. Februar 1997**[909] und ***Tribunal da Relação de Lisboa* vom 10. November 1998**[910].

5. Einzelne Fragestellungen

a) Aussetzung des Verfahrens gem. Art. 38 I EuGVÜ (Art. 46 I Brüssel I-VO): Entscheidung des *Supremo Tribunal de Justiça* vom 11. Juli 2000[911]

aa) Sachverhalt

Vor dem italienischen Gericht „Tribunal Cível de Brescia" wurde eine Zahlungsklage gegen ein portugiesisches Unternehmen erhoben. Der Kläger erwirkte am 9.3.1998 eine gem. Art. 186 der italienischen ZPO (ital. CPC) erlassene Zahlungsanordnung. Er beantragte die Vollstreckung des Urteils in Portugal. Das erstinstanzliche Gericht gab der Vollstreckung auf der Grundlage der Art. 31 ff. EuGVÜ statt. Auf Antrag des Schuldners setzte das Berufungsgericht Porto das Verfahren gem. Art. 38 I EuGVÜ aus. Gegen die Entscheidung des Berufungsgerichts wurde ein Rechtsbehelf eingelegt.[912] Der Oberste Gerichtshof musste darüber entscheiden, ob die Vollstreckbarerklärung die Rechtskraft des

[906] CJ, Ano XXIII, Tomo V, 1998, S. 86-87 (87): Benedicta Amor Marcos, Anastasio Velez Amor, Yolanda Velez Fernandez und Anastasio Velez Fernandez *gegen* Seguros Metrópole S. A; vgl. zu diesem Urteil S. 182, 209.

[907] CJ, Ano XXIV, Tomo I, 1999, S. 28-30: Clatronic International GmbH mit Sitz in Kempen (Deutschland) *gegen* S. Silva & Filhos, Lda. mit Sitz in Leiria (Portugal).

[908] Allgemeine Auffassung: von Hoffmann, IPR, § 3, Rn. 256; Kropholler, EuZPR, Art. 35 EuGVO, Rn. 1; Teixeira de Sousa/Moura Vicente, Comentário, S. 150; Ferrer Correia, Lições DIP I, S. 497 f.

[909] BMJ 464 (1997), S. 622: N. N.

[910] A. a. O. (Fn. 906).

[911] CJ-STJ, Ano VIII, Tomo II, 2000, S. 158-162, auch abgedruckt im BMJ 499 (2000), S. 228-235: Tiemme Raccorderie, SRL *gegen* Fersil, Freitas & Silva Lda; vgl. auch die **Entscheidung des *Obersten Gerichtshofs* vom 19. September 2006**, Rechtssache Nr. 06A2218, in: http://www.dgsi.pt, in der er seine Rechtsprechung zu Art. 38 I EuGVÜ bestätigt.

[912] Vgl. Art. 37 II EuGVÜ (ein auf Rechtsfragen beschränkter Rechtsbehelf).

italienischen Urteils voraussetzte und ob eine rechtmäßige Aussetzung des Verfahrens nach Art. 38 I EuGVÜ erfolgte.

bb) Gerichtliche Entscheidung

Der Gerichtshof stellte zunächst fest, dass der nach Art. 186 ital. CPC ergangenen Entscheidung („ordinanza") Vollstreckungswirkung zukam und die Art. 31 ff. EuGVÜ – im Gegensatz zu Art. 1096 b) CPC[913] – keine Rechtskraftwirkung des ausländischen Urteils voraussetzen. Anschließend ging er auf Art. 38 EuGVÜ ein. Die Aussetzung sei eine Ermessensentscheidung des Gerichts. Es gehe im vorliegenden Fall um die Auslegung der Vorschrift nach ihrem Sinn und Zweck und ob im Ergebnis eine weite oder restriktive Interpretation der Norm vorzuziehen sei. Gegen die „ordinanza" sei nämlich kein „ordentlicher Rechtsbehelf" i. S. v. Art. 38 EuGVÜ eingelegt worden. Die „ordinanza" stelle aber eine vorläufige Entscheidung dar, die durch ein noch zu erlassendes Endurteil korrigiert werden könne. Der Sinn der Aussetzung liege in der Vermeidung widersprüchlicher Entscheidungen, wenn das zu vollstreckende Urteil im Urteilsstaat noch aufgehoben oder abgeändert werden kann. Es sei daher eine weite Auslegung von Art. 38 EuGVÜ zu befürworten. Im übrigen könne gegen das italienische Endurteil noch ein ordentlicher Rechtsbehelf eingelegt werden. Das Berufungsgericht Porto habe daher das Exequaturverfahren vor portugiesischen Gerichten nach Art. 38 EuGVÜ auf Antrag des Schuldners zu Recht ausgesetzt.

cc) Bewertung

Der Entscheidung des Obersten Gerichtshof ist kaum noch etwas hinzuzufügen.

(1) Vollstreckbarkeit der ausländischen Entscheidung

Zutreffend stellte der Gerichtshof fest, dass die ausländische Entscheidung nicht in Rechtskraft erstarkt sein muss, damit sie nach dem Übereinkommen vollstreckt werden kann. Art. 31 EuGVÜ fordert in dieser Hinsicht nur, dass die Entscheidung nach dem Recht des Urteilsstaates „vollstreckbar" ist.[914] Die Vollstreckbarkeit muss nicht endgültig feststehen, sondern die vorläufige Vollstreckbarkeit genügt.[915] Die auf der Grundlage von Art. 186 ital. CPC ergangene vorläufige Zahlungsanordnung (sog. „ordinanza ingiuntiva di pagamento") ist nach Maßgabe des Art. 186 II i. V. m. den Vorschriften der 641 ff. ital. CPC vollstreckbar, wenn die vorläufige Vollstreckbarkeit beantragt und angeordnet worden ist.[916]

---

913 S. hierzu S. 169.

914 Unstrittig, z. B.: Teixeira de Sousa/Moura Vicente, Comentário, S. 153; Bülow/Böckstiegel/Haß, Art. 31 EuGVÜ, Rn. 17 ff.

915 Kropholler, EuZPR, Art. 32 EuGVO, Rn. 20 f.

916 Vgl. die Erläuterungen von Satta/Punzi, DPC, 818 f.; OLG Stuttgart 15.5.1997, NJW-RR 1998, S. 280 = RIW 1997, S. 684 = EWS 1997, S. 250 = IPRspr. 1997 Nr. 182.

(2) Aussetzung des Verfahrens

Art. 38 I EuGVÜ spricht von einem „ordentlichen Rechtsbehelf". Das Verfahren darf ausgesetzt werden, wenn ein ordentlicher Rechtsbehelf eingelegt wurde oder die Frist für einen solchen Rechtsbehelf noch nicht verstrichen ist. Die Antragsgegnerin hat in Italien keinen Rechtsbehelf eingelegt. Dies ergibt sich bereits daraus, dass das italienische Verfahrensrecht der Partei, die sich einer Entscheidung gem. Art. 186 ital. CPC ausgesetzt sieht, keinen gesonderten Rechtsbehelf gibt.[917] Dem steht aber nicht die Anwendung von Art. 38 I EuGVÜ entgegen. Das hat der Oberste Gerichtshof richtig erkannt. Sowohl Art. 30 als auch Art. 38 EuGVÜ (Art. 37 I, 46 I Brüssel I-VO) sind nämlich weit auszulegen.[918] Das folgt aus dem Sinn der Vorschriften. Widersprüchliche Entscheidungen sollen vermieden werden.[919] Wesentlich für eine Aussetzung des Verfahrens ist nur, dass angesichts des fortgeführten Prozesses Ungewissheit über den Ausgang des Rechtsstreites im Urteilsstaat besteht. Das Verfahren wurde in Italien fortgesetzt, als man die Vollstreckung der Zahlungsanordnung in Portugal beantragte. Das Verfahren der „ordinanza" ist vorläufiger Natur. Die Zahlungsanordnung kann durch den Richter auch wieder zurückgenommen werden, und sie wird kraftlos, wenn die instanzbeendigende Entscheidung zu einem anderen Ergebnis kommt.[920] Die Aussetzung des Verfahrens lag im pflichtgemäßen Ermessen des Berufungsgerichts Porto. Sah es die Gefahr der Revidierung der Zahlungsanordnung in Italien, so lag eine fehlerfreie Ermessensausübung vor.[921]

b) Suspensiveffekt des Rechtsbehelfs nach Art. 36 EuGVÜ (Art. 43 Brüssel I-VO): Entscheidung des *Tribunal da Relação do Porto* vom 7. Juni 1994[922]

Die Entscheidung des Berufungsgerichts Porto vom 7. Juni 1994 handelte über die Frage, welche Wirkungen die Einlegung eines Rechtsbehelfs durch den

---

[917] S. Carpi/Colesanti/Taruffo, Commentario, S. 85.

[918] Kropholler, EuZPR, Art. 37 EuGVO, Rn. 4; MünchKomm/Gottwald, Art. 30 EuGVÜ, Rn. 4; Geimer/Schütze, EuZVR, Art. 30 EuGVÜ, Rn. 12.

[919] S. etwa Teixeira de Sousa, RFDUL 35 (1994), S. 445-460 (454).

[920] Vgl. dazu die Verweisungen in Art. 186 I-III auf die das Verfahren der einstweiligen Verfügung im italienischen Zivilverfahrensrecht betreffenden Art. 633, 642 und 648 ital. CPC und auf die die richterliche Wiederaufhebung betreffenden Art. 177, 178 ital. CPC; s. auch Carpi/Colesanti/Taruffo, Commentario, S. 80 ff. Der BGH sieht das nach dem italienischen Recht von Amts wegen durchzuführende Bestätigungsverfahren zur Überprüfung eines im Eilverfahren ergangenen Arrestbefehls als ordentliches Rechtsbehelfsverfahren an. Bei der vorläufigen Zahlungsanordnung („ordinanza") liegt eine ähnliche Fallkonstellation vor, bei der noch Ungewissheit über den Ausgang des Verfahrens besteht, vgl. BGH 12.6.1986, RIW 1986, S. 813 m. Anm. Linke auf S. 997 = NJW 1986, S. 3026 = IPRspr. 1986 Nr. 189.

[921] In einem ähnlichen Fall ist das OLG Stuttgart (a. a. O., Fn. 916) im Rahmen seiner Ermessensausübung zu einem anderen Ergebnis gekommen: Es bemängelte, dass die Antragsgegnerin zu wenig Tatsachen vorgetragen habe, die auf den Fortgang des Verfahrens und die Erfolgsaussichten in jenem Verfahren schlossen.

[922] CJ, Ano XIX, Tomo III, 1994, S. 228-230: Alba Radio Limited *gegen* Cerqueira & Moreira Lda.

Schuldner nach Art. 36 EuGVÜ gegen die Vollstreckung eines englischen Urteils entfaltete.[923] Der Gläubiger[924] vertrat die Auffassung, dass dem Rechtsbehelf kein Suspensiveffekt zukommt. Der Rechtsbehelf bewirke nur, dass das Exequaturverfahren in der höheren Instanz anhängig werde (Devolutiveffekt). Eine Suspensivwirkung trete nur ein, wenn der Schuldner einen entsprechenden Antrag vor dem Gericht des Urteilsstaates (England) stelle, Art. 38 I EuGVÜ (Art. 46 I Brüssel I-VO).

Das Berufungsgericht Porto vertrat eine gegensätzliche Meinung. Aus Art. 39 I EuGVÜ, der nur Sicherungsmaßnahmen zulasse, ergebe sich bereits, dass der Rechtsbehelf des Schuldners nach Art. 36 EuGVÜ Suspensivwirkung entfalte.

Zu Recht schloss sich das Berufungsgericht Porto nicht den Behauptungen des Gläubigers an. Wurde, wie im vorliegenden Fall, ein Rechtsbehelf fristgerecht (Art. 36 EuGVÜ) eingelegt, so darf die Zwangsvollstreckung bis zur Entscheidung über den Rechtsbehelf gem. Art. 39 I 2. Alt. EuGVÜ (Art. 47 III 2. Alt. Brüssel I-VO) nicht über Sicherungsmaßnahmen hinausgehen. Weitergehende Maßnahmen sind untersagt. Insoweit kann man hier von einer aufschiebenden Wirkung des Rechtsbehelfs sprechen. Zulässig sind lediglich solche Handlungen, die verhindern sollen, dass der Schuldner sein Vermögen beiseite schafft und der Gläubiger, auch infolge zwischenzeitlichen Zugriffs anderer Gläubiger, nichts mehr vorfindet, bis er eine endgültige Vollstreckbarkeit seines Titels erwirkt hat.[925] Eine vollständige freie Vollstreckbarkeit will das EuGVÜ bzw. die Brüssel I-VO nicht zulassen. Bis zur Entscheidung über den Rechtsbehelf darf der Gläubiger keine endgültigen Maßnahmen der Zwangsvollstreckung durchführen, da der Schuldner aufgrund der Einseitigkeit des Antragsverfahrens auf Vollstreckbarerklärung (vgl. Art. 34 I EuGVÜ bzw. nun Art. 41 Brüssel I-VO) bislang keine Gelegenheit hatte, sich zu äußern.[926] Aus Art. 38 I EuGVÜ ergibt sich nichts Gegenteiliges.[927]

---

[923] Das Amtsgericht Matosinhos (das Kreisgericht Porto, dass eigentlich nach Art. 32 EuGVÜ zuständig gewesen wäre, war noch nicht errichtet) erklärte das Urteil des Londoner High Court of Justice für vollstreckbar nach den Art. 31 ff. EuGVÜ.

[924] Als „Gläubiger“ wird hier derjenige bezeichnet, der die Vollstreckbarerklärung nach Art. 31 ff. EuGVÜ beantragt hat und dabei erfolgreich war.

[925] MünchKomm/Gottwald, Art. 39 EuGVÜ, Rn. 1. Welche Maßnahmen zulässig sind und ob sie mit oder ohne Einschaltung des Gerichts durchgeführt werden können, bestimmt das Recht des Vollstreckungsstaats (Jenard – Bericht, ABl. EG 1979 Nr. C 59/1, S. 52); vgl. im portugiesischen Recht die Art. 83, 381 ff. CPC.

[926] Jenard in: ABl. EG 1979 Nr. C 59/1 (S. 52); Tavares de Sousa, in: Jayme, Erik (Hrsg.), Das Recht der lusophonen Länder, S. 29-41 (40 f.).

[927] Teixeira de Sousa vertritt sogar die Auffassung, dass Art. 38 I EuGVÜ (Art. 46 I Brüssel I-VO) implizit voraussetzt, dass dem Rechtsbehelf gegen die Exequaturentscheidung Suspensivwirkung zukommt, s. RFDUL 35 (1994), S. 445-460 (454). Zum Sinn der Vorschrift des Art. 38 I EuGVÜ (Art. 46 I Brüssel I-VO), widersprüchliche Entscheidungen zu vermeiden, s. oben S. 187.

N. Intertemporaler Anwendungsbereich

I. Der zeitliche Anwendungsbereich der reformierten prozessualen Vorschriften des CPC und CPT

Die durch das DL Nr. 329-A/95 vom 12. Dezember und DL Nr. 180/96 vom 25. September reformierten Vorschriften des *Código de Processo Civil* traten am 1. Januar 1997 in Kraft und sind grundsätzlich nur auf Verfahren anzuwenden, die nach diesem Zeitpunkt eingeleitet wurden.[928] Entsprechendes lässt sich für das DL Nr. 38/2003 vom 8. März, das am 15. September 2003[929] und für das neue *Código de Processo do Trabalho*, welches am 1. Januar 2000[930] in Kraft trat, sagen. Ist ein anfänglich unzuständiges Gericht allerdings nach der n.F. der Zuständigkeitsregelungen zuständig, so gelten diese; anderenfalls müsste der Kläger vor demselben Gericht erneut Klage einreichen, was prozessunökonomisch wäre.[931] Unter dem Gesichtspunkt des Günstigkeitsprinzips gilt dies auch für Gerichtsstandsvereinbarungen und die Anerkennungsvorschriften.[932]

II. Das Inkrafttreten des 3. Beitrittsübereinkommens von Donostia/San Sebastián von 1989 und dessen Übergangsbestimmungen

Das 3. BeitrittsÜb. 1989[933] beschränkte sich nicht nur auf technische Anpassungen und redaktionelle Verbesserungen, sondern enthielt, wie schon das 1. Beitrittsübereinkommen von 1978, eine Reihe praktisch bedeutsamer Ergänzungen und Änderungen, vor allem der Zuständigkeitsregelungen des EuGVÜ.[934] Dies wirkte sich auch auf die Anerkennung aus, soweit die (indirekte) Zuständigkeit ausnahmsweise (vgl. Art. 28 EuGVÜ) z. B. nach der Übergangsbestimmung des Art. 29 II 2. HS des 3. BeitrittsÜb. zu prüfen war. Besondere Beachtung verdienten deshalb die Vorschriften über das Inkrafttreten des 3. BeitrittsÜb. 1989 sowie dessen Übergangsbestimmungen. Die portugiesischen Gerichte waren verpflichtet zu prüfen, ob der intertemporale Anwendungsbereich des EuGVÜ in der Fassung des 3. BeitrittsÜb. 1989 im konkreten Fall eröffnet war. Für das Inkrafttreten der neuen Fassung genügte zwar in Abweichung von der bisherigen

---

[928] Art. 16 des DL Nr. 329-A/95 vom 12. Dezember; Moura Ramos, A reforma do direito processual civil internacional, S. 5 (dortige Fn. 1); Lima Pinheiro, DIP, Volume III, S. 188 (dortige Fn. 692), 349 (dortige Fn. 1276).

[929] Art. 23 des DL Nr. 38/2003 vom 8. März.

[930] Art. 3 des DL Nr. 480/99 vom 9. November.

[931] Der gleiche Gedanke kommt für das EuGVÜ bzw. die Brüssel I-VO zum tragen, s. unten S. 191.

[932] Moura Vicente, Direito Internacional Privado – Ensaios I, S. 244 ff.; s. auch Art. 22 II LOFTJ: „Änderungen des Rechts sind irrelevant, es sei denn, das Organ, dem die Rechtssache zugewiesen war, wurde aufgelöst oder *das anfänglich unzuständige Organ wurde mit der Rechtsänderung zuständig für die Entscheidung über die Sache.*" (Hervorhebung des Verf.).

[933] Das 3. BeitrittsÜb. 1989 ist abgedruckt im ABl. EG 1989, Nr. L 285/1.

[934] Zu den Neuregelungen im einzelnen s. Trunk, Die Erweiterung des EuGVÜ-Systems am Vorabend des Europäischen Binnenmarktes (1991), S. 98-138; Cruz/Real/Jenard, Bericht, ABl. EG, Nr. 189 vom 26.07.1990, S. 35-55; Schlosser, EU-ZPR, Einl. Rn. 13.

Praxis[935] die Ratifikation durch lediglich zwei Unterzeichnerstaaten, von denen eines das Königreich Spanien oder die Portugiesische Republik sein musste (Art. 32 I des 3. BeitrittsÜb. 1989).[936] Ausgangsnorm in der gerichtlichen Fallprüfung hätte aber stets Art. 29 des 3. BeitrittsÜb. 1989 sein müssen, der die Übergangskriterien enthält. I.R.d. Prüfung des Art. 29 des 3. BeitrittsÜb. 1989 stellte sich sodann die Frage des Inkrafttretens des Übereinkommens für die beteiligten Staaten zum maßgeblichen Zeitpunkt. Nach Art. 29 des 3. BeitrittsÜb. 1989 ist das EuGVÜ in dessen Fassung „nur auf solche Klagen und öffentlichen Urkunden anzuwenden, die erhoben oder aufgenommen worden sind, nachdem das vorliegende Übereinkommen im Ursprungsstaat und, wenn die Anerkennung oder Vollstreckung einer Entscheidung oder Urkunde geltend gemacht wird, im ersuchten Staat in Kraft getreten ist" (Abs. 1). „Entscheidungen, die nach dem Inkrafttreten dieses Beitrittsübereinkommens zwischen dem Ursprungsstaat und dem ersuchten Staat aufgrund einer vor diesem Inkrafttreten erhobenen Klage ergangen sind, werden nach Maßgabe des Titels III des Übereinkommens anerkannt und zur Zwangsvollstreckung zugelassen, vorausgesetzt, dass das Gericht aufgrund von Vorschriften zuständig war, die mit den Zuständigkeitsvorschriften des Titels II des Übereinkommens oder eines Abkommens übereinstimmen, das zum Zeitpunkt der Klageerhebung zwischen dem Ursprungsstaat und dem Staat, in dem die Entscheidung geltend gemacht wird, in Kraft war" (Abs. 2).

Art. 29 des 3. BeitrittsÜb. 1989 entspricht dem Wortlaut von 54 I, II EuGVÜ/LugÜ. Fraglich ist, wie diese Übergangsbestimmungen zu interpretieren sind.

1. Art. 29 I des 3. Beitrittsübereinkommens von 1989 bzw. Art. 54 I EuGVÜ/LugÜ

Nach einheitlicher Ansicht[937] finden die Zuständigkeitsregelungen des EuGVÜ gem. Art. 29 I 1. HS auf alle Klagen Anwendung, die nach dem Inkrafttreten des

---

[935] Vgl. Art. 39 des Beitrittsübereinkommens von 1978 (BGBl. 1983 II, S. 803) und Art. 15 des Beitrittsübereinkommens von 1982 (BGBl. 1988 II, S. 453). Diese Regelungen haben verhindert, dass die Beitrittsübereinkommen vor der Ratifikation *aller* Staaten, die bereits dem EuGVÜ angehörten, in Kraft treten konnten.

[936] In der Praxis hat Art. 32 den bedauernswerten Zustand herbeigeführt, dass eine gleichzeitige Geltung unterschiedlicher Fassungen des EuGVÜ zwischen den Vertragsstaaten bestand, s. Droz, Rev. crit. 1990, S. 1-21 (20). Die Sachverständigen Cruz/Real/Jenard plädierten deshalb in ihrem Bericht zum 3. BeitrittsÜb. 1989 [Fn. 934, S. 35 ff. (50 f.)] für eine rasche Ratifizierung des Übereinkommens. Die Ratifikation durch die übrigen Vertragsstaaten ging aber sehr schleppend voran, vgl. die Tabelle bei Schack, IZVR, S. 37. Deutschland ist dem Übereinkommen erst am 01.12.1994 beigetreten (BGBl. 1994 II, S. 518).

[937] Wagner, RIW 1998, S. 590-592 (591); ders. ZIP 1994, S. 81-84 (82); Dietze/Schnichels, NJW 1995, S. 2274-2277 (2276); Trunk, IPRax 1996, S. 249-254 (250); Kropholler, EuZPR (6. Auflage 1998), Art. 54 EuGVÜ, Rn. 2; Schlosser, in: ABl. EG 1979, Nr. C 59/71 (S. 137, Tz. 229); Teixeira de Sousa/Moura Vicente, Comentário, S. 180 f.; Moura Vicente, Scientia Iuridica 2002, S. 347-379 (358); ders. RFDUL 35 (1994), S. 461-485 (473); Campos, DDC (BMJ) 22 (1985), S. 75-235 (217); Teixeira de Sousa, in: Estudos de Homenagem à Professo-

Übereinkommens im Ursprungsstaat rechtshängig[938] geworden sind. Ob das Übereinkommen zu diesem Zeitpunkt bereits in einem anderen Vertragsstaat in Kraft ist, der ebenfalls Berührungspunkte zu dem die Klage betreffenden Sachverhalt aufweist, ist unerheblich.[939]

Nach der in Deutschland h. L. und Rechtsprechung wird ein Zuständigkeitsmangel nicht geheilt, wenn das Übereinkommen nach Klageerhebung in Kraft tritt und eine entsprechende Zuständigkeit vorsieht.[940] Der BGH[941] begründet dies mit dem Wortlaut der Übergangsregelung. Von eng formulierten Gesetzeswortlauten gibt es jedoch immer Ausnahmen, wenn gewichtige Gründe dies erfordern. Im Hinblick auf die Verfahrensökonomie ist es vorzugswürdiger das EuGVÜ auch auf solche Klagen anzuwenden, die vor dessen Inkrafttreten erhoben worden sind. Sieht das EuGVÜ nämlich eine internationale Zuständigkeit für das anfänglich unzuständige Gericht vor, so wäre es widersinnig, müsste der Kläger vor demselben Gericht erneut Klage einreichen.[942] Überdies hat der EuGH bereits in dieser Richtung entschieden. In seiner Entscheidung vom 13.11.1979[943] wies der Gerichtshof darauf hin, dass vor dem Inkrafttreten des EuGVÜ geschlossene Gerichtsstandsvereinbarungen im Hinblick auf nach diesem Zeitpunkt erhobene Klagen auch dann als wirksam anzusehen sind, wenn sie nach den zur Zeit des Vertragsabschlusses geltenden innerstaatlichen Rechtsvorschriften nichtig waren. Angesichts dieser EuGH-Rechtsprechung wird eine Heilung von Zuständigkeitsmängeln, zumindest bei einer wirksamen Zuständigkeitsvereinbarung nach Art. 17 EuGVÜ bzw. 23 Brüssel I-VO, durch

---

ra Doutora Isabel de Magalhães Collaço II, S. 674-691 (682 f.); Lima Pinheiro, DIP, Volume III, S. 69.

[938] Der Zeitpunkt der Rechtshängigkeit bestimmt sich nach dem Recht des Forums, s. EuGH 7.6.1984, Rs. 129/83 – „Zelger/Salinitri", EuGHE 1984, S. 2397 = NJW 1984, S. 2759 = RIW 1984, S. 737 m. Anm. Linke = IPRax 1985, S. 374 m. Anm. Rauscher; s. obige Fn. 842. Seit der Geltung des Art. 30 Brüssel I-VO (autonome Definition des Begriffs der Rechtshängigkeit für das Kapitel II, Abschnitt 9 der VO) wird i.R.d. Übergangsvorschriften des Art. 66 Brüssel I-VO (Kapitel VI der VO) eine sture Definition der Rechtshängigkeit nach dem Recht der *lex fori* abgelehnt, s. Kropholler, EuZPR, Art. 66 EuGVO, Rn. 2; Teixeira de Sousa, in: Estudos de Homenagem à Professora Doutora Isabel de Magalhães Collaço II, S. 674-691 (683); a. A. (mangels einer planwidrigen Regelungslücke): Thorn, IPRax 2004, S. 354-357 (354 f., dortige Fn. 8).

[939] Vgl. nur Geimer/Schütze, EuZVR, Art. 54 EuGVÜ, Rn. 1.

[940] BGH 14.11.1991, BGHZ 116, 77 = RIW 1992, S. 142 = IPRax 1992, S. 377 m. Anm. Heß auf S. 358 = ZZP 1992, S. 330 m. Anm. Bork = IPRspr. 1991 Nr. 181; Kropholler, EuZPR, Art. 66 EuGVO, Rn. 2; Dietze/Schnichels, NJW 1995, S. 2274-2277 (2276); Schlosser, EU-ZPR (1996), Art. 54 EuGVÜ, Rn. 1; Schack, IZVR, Rn. 100.

[941] BGH a. a. O. (Fn. 940). Die zitierte Literatur enthält keine eigene Begründung, sondern verweist auf die Entscheidung des Bundesgerichtshofs.

[942] So auch Moura Vicente, Scientia Iuridica 2002, S. 347-379 (358 f.); ders. RFDUL 35 (1994), S. 461-485 (473 f.).

[943] Entscheidung des EuGH vom 13.11. 1979, Rs. 25/79 – „Sanicentral/Collin", EuGHE 1979, S. 3423 = NJW 1980, S. 1218 (L) = RIW 1980, S. 285.

das Inkrafttreten des Übereinkommens bzw. nun der EG-Verordnung, seit geraumer Zeit vertreten.
Schwierigkeiten tauchen bei der Interpretation des Art. 29 I 2. HS und II des 3. BeitrittsÜb. 1989 bzw. Art. 54 I 2. HS und II EuGVÜ/LugÜ auf. Diese Bestimmungen beziehen sich auf die Anerkennung und Vollstreckung ausländischer Entscheidungen nach dem Übereinkommen. Art. 29 I des 3. BeitrittsÜb. 1989 ist missverständlich formuliert, da auf den ersten Blick nicht eindeutig ist, ob sein letztes „und" im Sinne einer echten Kumulation oder als ein bloßes „oder" (Alternativität) zu verstehen ist. Entweder man versteht die Vorschrift so, dass Anerkennung einer ausländischen Entscheidung in einem Urteilsstaat nur dann nach den Regelungen des Übereinkommens möglich ist, wenn das Übereinkommen bereits im Zeitpunkt der Klageerhebung sowohl im Ursprungsmitgliedstaat als auch im späteren Vollstreckungsstaat in Kraft war oder man entnimmt der Vorschrift, dass es für die Anerkennung ausreicht, wenn das Übereinkommen bei Klageerhebung im Ursprungsstaat in Kraft war und im Vollstreckungsstaat erst später, vor dem Zeitpunkt des Anerkennungsantrags in Kraft gesetzt wurde. Es geht also darum, in welchem Zeitpunkt das Übereinkommen im Vollstreckungsstaat in Kraft getreten sein muss, damit das Übereinkommen anwendbar ist.

a) Lehre in Deutschland

Nach der in der deutschen Lehre[944] vertretenen Meinung kommt das vereinfachte Anerkennungs- und Vollstreckungssystem des EuGVÜ nur dann zur Anwendung, wenn zum Zeitpunkt der Erhebung der ursprünglichen Klage das EuGVÜ sowohl im Ursprungsstaat als auch im „ersuchten Staat" (Anerkennungs- bzw. Vollstreckungsstaat) bereits in Kraft getreten ist. Nicht ausreichend sei, dass das Abkommen erst zum Zeitpunkt des Urteilserlasses durch das Erstgericht oder der Anerkennung oder Vollstreckung im „ersuchten Staat" in Kraft gesetzt ist.[945]

b) Schrifttum und Rechtsprechung in Portugal

Nach dem portugiesischen Schrifttum und Rechtsprechung setzt die Anwendung der vereinfachten Anerkennung und Vollstreckung ausländischer Entscheidungen nach dem EuGVÜ zwar voraus, dass das Übereinkommen zum Zeitpunkt der Erhebung der Klage im Ursprungsstaat bereits in Kraft ist.[946] Es genüge je-

---

[944] Wagner, RIW 1998, S. 590-592 (591); ders. ZIP, 1994, S. 81-84 (83); Dietze/Schnichels, NJW 1995, S. 2274-2277 (2276); Kropholler, EuZPR (6. Auflage 1998), Art. 54 EuGVÜ, Rn. 6; Schlosser, in: ABl. EG 1979, Nr. C 59/71 (S. 137, Tz. 231); Trunk, Die Erweiterung des EuGVÜ-Systems am Vorabend des Europäischen Binnenmarktes (1991), S. 122 f.

[945] So aber Wieczorek/Schütze/Hausmann, Einl., Rn. 48.

[946] Teixeira de Sousa, DPCE, S. 69. In der **Entscheidung des *Tribunal da Relação de Coimbra* vom 14. Dezember 1993** (CJ, Ano XVIII, Tomo V, 1993, S. 51-52: Adolf Burger *gegen* Alexandre Casal oder Alexandre Baumann Casal) wurde diese Grundvoraussetzung des Art. 54 I LugÜ übersehen; das Gericht wandte das LugÜ an, obwohl das Übereinkommen im maßgeblichen Zeitpunkt im Ursprungsstaat noch nicht in Kraft war (und Art. 54 II LugÜ nicht weiter half), s. unten S. 205.

doch, dass das Übereinkommen im „ersuchten Staat" *erst* zum Zeitpunkt des Erlasses des Urteils im Ursprungsstaat[947] oder später zwischen dem Urteilserlass und der Stellung des Anerkennungs- und Vollstreckungsantrags im „ersuchten Staat" in Kraft trat[948].

Während nach der erstgenannten Ansicht das letzte „und" von Art. 29 I des 3. BeitrittsÜb. 1989 bzw. Art. 54 I EuGVÜ/LugÜ im Sinne einer echten Kumulation zu verstehen ist, wird es in Portugal als ein bloßes „oder" interpretiert. Die Ansichten kommen daher zu unterschiedlichen Ergebnissen.

c) Diskussion

Bei der Anwendung von Art. 29 des 3. BeitrittsÜb. 1989 bzw. Art. 54 I, II EuGVÜ/LugÜ muss hinsichtlich der Vorschriften zur Zuständigkeit und derjenigen zur Regelung der Anerkennung und Vollstreckung differenziert werden.[949] Die Übergangsbestimmungen des Art. 29 I des 3. BeitrittsÜb. 1989 bzw. Art. 54 I EuGVÜ/LugÜ über die Anerkennung und Vollstreckung von ausländischen Entscheidungen setzen voraus, dass zum Zeitpunkt der Erhebung der ursprünglichen Klage das EuGVÜ *auch* im „ersuchten Staat" (Anerkennungs- bzw. Vollstreckungsstaat) bereits in Kraft getreten war.
Um den Grund für diese enge Interpretation zu verstehen, ist vorab Art. 4 I EuGVÜ zu beachten.[950] Die Vorschrift ermöglicht die Anwendung exorbitanter nationaler Gerichtsstände (vgl. Art. 3 II EuGVÜ) gegenüber Beklagten, die in

---

[947] Teixeira de Sousa/Moura Vicente, Comentário, S. 182; Teixeira de Sousa, RFDUL 35 (1994), S. 445-460 (451 f.); Moura Vicente, RFDUL 35 (1994), S. 461-485 (474); a. A. zu Recht Moura Ramos, in: European Case Law on the Judgments Convention, S. 795-811 (805 und 808); vgl. zudem ***Supremo Tribunal da Justiça* vom 7. Dezember 1995**, CJ-STJ, Ano III, Tomo III, 1995, S. 146-147 (147): Alda Radio Limited *gegen* Cerqueira & Moreira Lda., s. unten S. 203.

[948] So ausdrücklich: Lima Pinheiro, DIP, Volume III, S. 273 und eine Reihe von Gerichtsentscheidungen: ***Supremo Tribunal de Justiça* vom 26. Mai 1993**, CJ-STJ, Ano I, Tomo II, 1993, S. 126-127 (127): N. N.; ***Tribunal da Relação de Coimbra* vom 14. Dezember 1993**, CJ, Ano XVIII, Tomo V, 1993, S. 51-52 (51): Adolf Burger *gegen* Alexandre Casal (oder Alexandre Baumann Casal); ***Tribunal da Relação de Lisboa* vom 10. November 1998**, CJ, Ano XXIII, Tomo V, 1998, S. 86-87 (86): Benedicta Amor Marcos, Anastasio Velez Amor, Yolanda Velez Fernandez und Anastasio Velez Fernandez *gegen* Seguros Metrópole S. A.; ***Tribunal da Relação de Coimbra* vom 17. Oktober 1995**, CJ, Ano XX, Tomo IV, 1995, S. 35-38 (36): Banco Pinto & Sotto Mayor *gegen* Manuel dos Santos Portela und Maria de Fátima do Couto; a. A. Moura Ramos, a. a. O. (Fn. 947). Würde man der in Portugal vertretenen Meinung folgen, dann wäre der Ansicht zuzustimmen, die verlangt, dass das Übereinkommen bereits zum Zeitpunkt des Erlasses der Klage vor dem Erstgericht im Anerkennungsstaat in Kraft sein muss. Anderenfalls könnte der Kläger die Anerkennungs- und Vollstreckungsklage so lange hinausschieben, bis das Übereinkommen im Zweitstaat in Kraft tritt. Dies würde zu einer Rechtsunsicherheit führen, die den Beklagten ungerechtfertigt benachteiligt.

[949] Wagner, RIW 1998, S. 590-592 (591); Dietze/Schnichels, NJW 1995, S. 2274-2277 (2276).

[950] Vgl. Schlosser, in: ABl. EG 1979, Nr. C 59/71 (S. 137, Tz. 231); Wagner, ZIP 1994, S. 81-84 (83).

Staaten wohnen, die das EuGVÜ (noch) nicht ratifiziert haben.[951] Der Beklagte mit Wohnsitz in einem Drittstaat ist den exorbitanten Gerichtsständen des Ursprungsstaates schutzlos ausgeliefert.[952] Bedeutend ist in diesem Zusammenhang, dass die Vertragsstaaten verpflichtet sind, diese Urteile nach Art. 25 ff. EuGVÜ/LugÜ anzuerkennen und zu vollstrecken.[953] Art. 4 I EuGVÜ wird daher in der Lehre wegen seines diskriminierenden Charakters gegenüber Beklagten mit Wohnsitz in Drittstaaten kritisiert.[954] Er wird aber, insbesondere wegen des Fehlens einer einheitlichen Europäischen Zuständigkeitsordnung für Beklagte mit Wohnsitz außerhalb der Vertragsstaaten, als geltendes Recht hingenommen.[955]

Die Regelung des Art. 29 des 3. BeitrittsÜb. 1989[956] möchte dem Vollstreckungsstaat eine unbesehene Anerkennung und Vollstreckung solcher Urteile jedoch nicht zumuten.[957] Diese Interpretation ergibt sich – wenn auch nicht eindeutig aus Art. 29 I des 3. BeitrittsÜb. 1989 – aus dem Sinn und Zweck des Art. 29 II des 3. BeitrittsÜb. 1989. Der zweite Absatz ist als Ausnahme von dem engen Grundsatz des ersten Absatzes formuliert. Danach ist eine Entscheidung anzuerkennen und zu vollstrecken, bei der die zugrundeliegende Klage zwar vor dem Inkrafttreten des Übereinkommens im Ursprungs- und/oder Vollstreckungsstaat erhoben worden ist, die Anerkennung bzw. Vollstreckung der Entscheidung des Erststaates im Zweitstaat jedoch nach dem Inkrafttreten des EuGVÜ für die maßgeblichen Staaten begehrt wird.[958] Gemeint sind hiermit alle

---

[951] Das Motiv der Ächtung von sog. exorbitanten Gerichtsständen liegt darin, dass es sich um Zuständigkeiten handelt, die über das Maß einer vernünftigen Beanspruchung hinaus, z. B. dem Klagenden eigenen Staatsangehörigen immer einen Gerichtsstand einräumen (Art. 14, 15 des französischem CC), die Zuständigkeit an die Zustellung bei zufälligem Antreffen im Hoheitsgebiet knüpfen (common law Rechtsordnungen) oder die bloße Vermögensbelegenheit zuständigkeitsbegründend wirken lassen (§ 23 ZPO); zu Art. 10 2. HS CPT n.F. und Art. 65 I c) CPC n.F. (sog. Territorialprinzip, das exorbitant wirken kann) s. S. 97, 101.

[952] Geimer, IZPR, Rn. 1382; Moura Vicente, RFDUL 35 (1994), S. 461-485 (476 f.).

[953] Geimer, IZPR, Rn. 1383; Schack, IZVR, Rn. 103; Teles, RFDUL 37 (1996), S. 119-169 (134 f).

[954] Geimer, IZPR, Rn. 1383; Zöller/Geimer, ZPO, Art. 4 EuGVVO, Rn. 1; Teixeira de Sousa, DPCE, S. 51, 73. Kritik an dieser Regelung wird besonders durch die Nordamerikaner ausgeübt, vgl. etwa von Mehren, Rec des Cours 1980/II, S. 1-112 (99): „...the Convention violates the most elementary canons of evenhandedness by denying to defendants not domiciled in the Community protections based on standards of due process or natural justice that protect defendants domiciled in the Community.".

[955] Vgl. Kropholler, EuZPR, Art. 2 EuGVO, Rn. 9, Art. 4 EuGVO, Rn. 1 und Art. 23 EuGVO, Rn. 10; Teles, RFDUL 37 (1996), S. 119-169 (136 a. E.), die zu Recht darauf hinweist, dass dieses „Dilemma" nur durch die räumliche Erweiterung der Zuständigkeitsregeln anhand von Abkommen zwischen den Vertrags- und Drittstaaten, wie es bereits mit dem LugÜ geschah, überwunden werden kann.

[956] Bzw. des inhaltsgleichen Art. 54 I, II EuGVÜ/LugÜ.

[957] Schlosser, in: ABl. EG 1979, Nr. C 59/71 (S. 137, Tz. 231).

[958] A. A. die in Deutschland h. M.: Auf Entscheidungen, die vor dem Inkrafttreten des EuGVÜ/LugÜ für die beteiligten Staaten *ergangen* sind, sei Absatz 2 nicht anzuwenden. Ein Teil des portugiesischen Schrifttums und Rechtsprechung verlangt dagegen nur, dass das Überein-

Fälle, in denen zum Zeitpunkt der Erhebung der Klage das Übereinkommen in einem oder beiden der maßgeblichen Staaten noch nicht in Kraft war. Daraus folgt, dass das missverständliche *„und“* im ersten Absatz des Art. 29 des 3. BeitrittsÜb. 1989 nur im Sinne einer echten Kumulation und nicht eines „oder“ verstanden werden darf.
Da allerdings in den genannten Fällen nicht sichergestellt ist, dass von den Gerichten des Ursprungsstaates der enge, beklagtenschützende Zuständigkeitskatalog des EuGVÜ zu beachten war, verschärft Art. 29 II des 3. BeitrittsÜb. 1989 die Anerkennungsvoraussetzungen. Eine solche Entscheidung nach Art. 29 II 1. HS des 3. BeitrittsÜb. 1989 fällt nur dann in den Anwendungsbereich des Übereinkommens, wenn das zur Entscheidung berufene Gericht nach den Regelungen des EuGVÜ international zuständig gewesen wäre, hätte es zum Zeitpunkt der Klageerhebung im Verhältnis der beiden Staaten zueinander schon gegolten. Ausreichend ist auch, wenn das erkennende Gericht aufgrund eines multi- oder bilateralen Vertrages international zuständig gewesen ist, der bei Klageerhebung im Verhältnis der beiden maßgeblichen Staaten gegolten hat.[959] Auch dieser Befugnis zur Überprüfung der Zuständigkeit des Erstgerichts durch das Vollstreckungsgericht[960] ist zu entnehmen, dass dem Vollstreckungsstaat im Bereich der Übergangsbestimmungen eine Pflicht zur unüberprüften Anerkennung und Vollstreckung, die sich grundsätzlich aus Art. 4 I EuGVÜ ergibt, nicht aufgebürdet werden soll. Dieses Ergebnis wird nun durch die Übergangsbestimmungen des Art. 66 Brüssel I-VO unterstrichen, dessen Wortlaut und Struktur, im Gegensatz zu Art. 29 des 3. BeitrittsÜb. 1989, übersichtlicher sind.[961]

---

kommen zum Zeitpunkt des Urteilserlasses im *Ursprungsstaat* in Kraft ist, s. dazu sogleich S. 196.

[959] Art. 29 II erfasst, wie auch Art. 54 II EuGVÜ/LugÜ, ungeachtet seines nicht ganz eindeutigen Wortlautes nicht nur Abkommensregelungen über die direkte, sondern auch über die indirekte Zuständigkeit, s. Schlosser, in: ABl. EG 1979, Nr. C 59/71 (S. 138, Tz. 236).

[960] Art. 29 II des 3. BeitrittsÜb. 1989 enthält demnach eine Ausnahme von dem nach Art. 28 III EuGVÜ grundsätzlichem Verbot der Überprüfung der Zuständigkeit der Gerichte des Ursprungsstaates durch die Gerichte des Anerkennungsstaates, s. Zöller/Geimer, ZPO, Art. 35 EuGVVO, Rn. 23; Kropholler, EuZPR, Art. 66 EuGVO, Rn. 6 m. w. N.; Teixeira de Sousa/Moura Vicente, Comentário, S. 182; Moura Vicente, Scientia Iuridica 2002, S. 347-379 (359).

[961] Art. 66 Brüssel I-VO differenziert zwischen Zuständigkeit (Abs. 1) und Anerkennung und Vollstreckung (Abs. 2). Art. 66 II a) Brüssel I-VO lautet: „Ist die Klage im Ursprungsmitgliedstaat vor dem Inkrafttreten dieser Verordnung erhoben worden, so werden nach diesem Zeitpunkt erlassene Entscheidungen nach Maßgabe des Kapitels III anerkannt und zur Vollstreckung zugelassen, a) wenn die Klage im Ursprungsmitgliedstaat *erhoben* wurde *nachdem* das Brüsseler Übereinkommen oder das Übereinkommen von Lugano *sowohl* im Ursprungsmitgliedstaat *als auch* in dem Mitgliedstaat, in dem die Entscheidung geltend gemacht wird, in Kraft getreten war“. Art. 66 II b) Brüssel I-VO gewährt dem Vollstreckungsgericht *„in allen anderen Fällen“* die Befugnis zur Überprüfung der Zuständigkeit, die sich bereits deutlich aus Art. 29 II des 3. BeitrittsÜb. 1989 und Art. 54 II EuGVÜ/LugÜ ergab (Hervorhebungen des Verf.).

Die aus Art. 29 II des 3. BeitrittsÜb. 1989 hergeleiteten zwingenden Folgerungen für die Auslegung seines Abs. 1 und die damit verbundene Problematik mit Art. 4 I EuGVÜ werden im zitierten portugiesischen Schrifttum und Rechtsprechung nicht angesprochen. Als einziger Anwendungsfall des Art. 29 II des 3. BeitrittsÜb. 1989 bzw. Art. 54 II EuGVÜ/LugÜ wird im Schrifttum und Rechtsprechung geltend gemacht, dass das Übereinkommen zum Zeitpunkt der Erhebung der Klage im Ursprungsstaat noch nicht in Kraft ist, und die Klage nach dessen Inkrafttreten im Ursprungsstaat erlassen wird.[962] Dabei wird übersehen, dass der Abs. 2 auch die Fälle erfasst, in denen das Übereinkommen bei Klageerhebung vor dem Erstgericht weder im Ursprungsstaat noch Anerkennungsstaat oder aber im Ursprungsstaat, aber noch nicht im Anerkennungsstaat in Kraft getreten war. Dies ergibt sich wiederum aus Art. 4 I EuGVÜ. Ist nämlich das Übereinkommen im Ursprungsstaat zum Zeitpunkt der Erhebung der Klage vor dessen Gerichten bereits in Kraft, aber noch nicht im Anerkennungsstaat, kann sich das Erstgericht auch der nationalen exorbitanten Gerichtsstände bedienen als ob das Übereinkommen in keinem der beteiligten Staaten in Kraft wäre. Würde man Art. 29 I des 3. BeitrittsÜb. 1989 bzw. Art. 54 I EuGVÜ/LugÜ nach der in Portugal vertretenen Meinung interpretieren, so wäre die Ausnahmeregelung des zweiten Absatzes quasi funktionslos.

2. Auslegung des Art. 29 II des 3. Beitrittsübereinkommens von 1989 bzw. Art. 54 II EuGVÜ/LugÜ

a) Maßgeblicher Zeitpunkt des Inkrafttretens

Schließlich ist nochmals auf Art. 29 II des 3. BeitrittsÜb. 1989 bzw. Art. 54 II EuGVÜ/LugÜ einzugehen.

Wie bereits erörtert, greift die Ausnahme des zweiten Absatzes entgegen der in Deutschland h. M.[963] auch dann, wenn das EuGVÜ erst zum Zeitpunkt der Antragsstellung auf Anerkennung bzw. Vollstreckung der Entscheidung des Erststaates vor den Gerichten des Zweitstaates für die beteiligten Staaten in Kraft tritt. Die zitierte h. M. legt die Vorschrift dagegen sehr eng aus, indem sie verlangt, dass das Übereinkommen bereits zum Zeitpunkt des Urteilserlasses[964]

---

[962] Lima Pinheiro, DIP, Volume III, S. 273; Teixeira de Sousa/Moura Vicente, Comentário, S. 182. In den ausgewerteten Entscheidungen über intertemporale Fragen, in denen auf Art. 54 II EuGVÜ eingegangen wurde, haben die Richter Art. 54 II EuGVÜ einschränkend dahingehend auslegt, dass das EuGVÜ im Ursprungsstaat zum Zeitpunkt der Klageerhebung noch nicht in Kraft war, s. S. 198 ff.

[963] Vgl. Schlosser, in: ABl. EG 1979, Nr. C 59/71 (S. 137, Tz. 231); ders, EU-ZPR (1996), Art. 54 EuGVÜ, Rn. 2; Thomas/Putzo/Hüßtege, ZPO (23. Auflage 2001), Art. 54 EuGVÜ, Rn. 8; Trunk, Die Erweiterung des EuGVÜ-Systems am Vorabend des Europäischen Binnenmarktes (1991), S. 122; Kropholler, EuZPR (6. Auflage 1998), Art. 54 EuGVÜ, Rn. 7.

[964] „Ergangen" bzw. „erlassen" ist die Entscheidung an dem Tag, an dem sie gemäß der *lex fori* des Urteilsstaates nach außen wirksam geworden ist, s. Wagner, RIW 1998, S. 590-592 (591); Kropholler, EuZPR (6. Auflage 1998), Art. 54 EuGVÜ, Rn. 7; a. A. Geimer, RIW 1976, S. 139-149 (149): Eintritt der formellen Rechtskraft (=Unanfechtbarkeit mit ordentli-

durch die Gerichte des Erststaates in diesem und im Zweitstaat in Kraft getreten ist. Diese Ansicht kann sich auf den deutschen Wortlaut des Art. 29 II 1. HS des 3. BeitrittsÜb. 1989 bzw. Art. 54 II 1. HS EuGVÜ/LugÜ stützen.[965] Ein Teil des portugiesischen Schrifttums und Rechtsprechung fordert dagegen nur, dass das Übereinkommen zum Zeitpunkt des Urteilserlasses im Ursprungsstaat in Kraft ist und hält es (wie hier vertreten) für ausreichend, dass das Übereinkommen im „ersuchten Staat" erst zum Zeitpunkt der Einreichung des Antrags auf Vollstreckung in Kraft tritt.[966] Für die hier vertretene weite Auslegung des zweiten Absatzes spricht die Zielsetzung der Beitrittsübereinkommen, insbesondere auch des Art. 29 II des 3. BeitrittsÜb. 1989. Durch eine frühzeitige Anwendung der Anerkennungsregelungen des EuGVÜ soll die Anerkennung und Vollstreckung erleichtert und beschleunigt werden. Art. 29 II des 3. BeitrittsÜb. 1989 gewährt den Gerichten des Zweitstaates in allen von der Vorschrift erfassten Übergangsfällen – über Art. 28 EuGVÜ hinaus – die Befugnis, die Zuständigkeit der Gerichte des Erststaates zu prüfen. Eine weite Auslegung der Vorschrift ist daher auch für den Anerkennungsstaat zumutbar, wenn nicht sogar erwünscht. Zudem wird die hier vertretene Meinung durch den neuen Art. 66 II b) Brüssel I-VO befolgt, der ohne zeitliche Einschränkungen in „allen anderen Fällen", bei denen das EuGVÜ zum Zeitpunkt des Urteilserlasses im Verhältnis der beteiligten Staaten noch nicht in Kraft war, die Anerkennung und Vollstreckung nach der Verordnung ermöglicht.

b) Ergebnis

aa) Art. 29 I des 3. BeitrittsÜb. 1989 differenziert zwischen der Zuständigkeit und der Anerkennung und Vollstreckung

(1) Zuständigkeit

Die Regelungen über die direkte Zuständigkeit beziehen sich grundsätzlich nur auf Klagen, die erhoben wurden, nachdem das Übereinkommen im Verfahrensstaat in Kraft getreten ist. Eine Heilung eines anfänglichen Zuständigkeitsmangels ist jedoch möglich.

---

chen Rechtsmitteln). Steht die Entscheidung eines Rechtsmittelgerichts zur Anerkennung und Vollstreckung an, so schadet es nach h. M. nicht, wenn das erstinstanzliche Urteil bereits vor Inkrafttreten des Übereinkommens im Ursprungs- und Vollstreckungsstaat ergangen ist, s. Wagner, ZIP 1994, S. 81-84 (83).

[965] Zum Beispiel lässt der portugiesische Wortlaut dieser zweiten Absätze einen weitgehenderen Auslegungsspielraum zu: „Todavia, nas relações entre o Estado de origem e Estado requerido, as decisões proferidas após a data da entrada em vigor da presente Convenção...".

[966] So etwa Tavares de Sousa, in: Jayme, Erik (Hrsg.), Das Recht der lusophonen Länder, S. 29-41 (30 f.; 34); ***Tribunal da Relação de Coimbra* vom 17. Oktober 1995**, CJ, Ano XX, Tomo IV, 1995, S. 35-38 (36 f.): Banco Pinto & Sotto Mayor *gegen* Manuel dos Santos Portela und Maria de Fátima do Couto; a. A. Moura Ramos, in: European Case Law on the Judgments Convention, S. 795-811 (808), aber ohne Begründung; Moura Vicente, RFDUL 35 (1994), S. 461-485 (482 und 484), mit einem Hinweis auf den Wortlaut der Norm.

(2) Anerkennung und Vollstreckung

Die Anwendung des vereinfachten Anerkennungs- und Vollstreckungssystems des Brüsseler Übereinkommens setzt voraus, dass das EuGVÜ zum Zeitpunkt der Erhebung der Klage im Ursprungsstaat in diesem und im künftigen Anerkennungs- und Vollstreckungsstaat in Kraft war. Ist das nicht der Fall, so muss weiter geprüft werden, ob die Ausnahmebestimmung des zweiten Absatz zur Anwendung des EuGVÜ führt.

bb) Die Ausnahmeregelung des Art. 29 II des 3. BeitrittsÜb. 1989

Die Ausnahmeregelung liegt vor, wenn das Brüsseler Übereinkommen zum Zeitpunkt der Klageerhebung vor den Gerichten des Ursprungsstaates in diesem und/oder im Anerkennungsstaat noch nicht in Kraft war, das EuGVÜ jedoch spätestens zum Zeitpunkt der Stellung des Anerkennungs- bzw. Vollstreckungsantrags für beide Staaten in Kraft tritt. Die Zuständigkeit der Gerichte des Ursprungsstaates muss auf Vorschriften beruht haben, die mit dem EuGVÜ in der Fassung des 3. BeitrittsÜb. 1989 übereinstimmen, oder die einem zwischen den beteiligten Staaten geltenden Zuständigkeits- bzw. Vollstreckungsabkommen entsprachen.

3. Portugiesische Rechtsprechung über den intertemporalen Anwendungsbereich

a) Entscheidung des *Supremo Tribunal de Justiça* vom 26. Mai 1993[967]

aa) Sachverhalt

Das Gericht befasste sich mit der Anerkennung der Entscheidung eines belgischen Gerichts, das den Beklagten zur Zahlung einer bestimmten Geldsumme verurteilte. Die Entscheidung wurde vom Antwerpener Gericht am 5. Juni 1989 erlassen. Vor dem Berufungsgericht Coimbra wurde ihre Anerkennung beantragt (s. Art. 1095 CPC, Art. 56 I b), f) LOFTJ). Das Berufungsgericht hat der ausländischen Entscheidung wegen des Fehlens einer Anerkennungsvoraussetzung nach autonomem Recht (Art. 1096 g) CPC a.F.[968]) die Anerkennung versagt. Der Antragssteller wandte sich an das Revisionsgericht.

bb) Gerichtliche Entscheidung

Der Oberste Gerichtshof prüfte, ob anstelle des autonomen Rechts das EuGVÜ angewandt hätte werden müssen. In Frage stand der zeitliche Anwendungsbereich des Übereinkommens. Das Gericht stellte fest, dass das 3. BeitrittsÜb. 1989 für Portugal am 1. Juli 1992 in Kraft trat. Anschließend verwies es auf die Übergangsbestimmungen des Art. 54 I EuGVÜ, ohne auf dessen zweiten Absatz einzugehen, und führte aus: „Nun, wenn man noch Probleme mit der Feststel-

---

[967] CJ-STJ, Ano I, Tomo II, 1993, S. 126-127: N. N.; das ist wohl die erste von portugiesischen Gerichten erlassene Entscheidung, die sich mit dem EuGVÜ/LugÜ beschäftigt.

[968] S. dazu S. 174.

lung des Zeitpunktes der Klageerhebung vor dem Erstgericht und dem Inkrafttreten des genannten Übereinkommens für Belgien haben könnte, so gibt es keine Probleme hinsichtlich der Vorzeitigkeit des Antrags auf Anerkennung im Hinblick auf das Inkrafttreten des Übereinkommens in Portugal“. Das Gericht hielt den intertemporalen Anwendungsbereich des EuGVÜ für nicht eröffnet.

cc) Bewertung

Positiv fällt auf, dass das Gericht die Anwendbarkeit einer dem autonomen Anerkennungsrecht vorrangigen Rechtsquelle prüfte. Übergangsnorm war aber nicht Art. 54 EuGVÜ, sondern Art. 29 des 3. BeitrittsÜb. 1989.[969] Art. 54 EuGVÜ regelt nämlich in den Abs. 1 und 2 den zeitlichen Anwendungsbereich der Ursprungsfassung des EuGVÜ. Der zeitliche Anwendungsbereich der Beitrittsübereinkommen wird durch diese selbst bestimmt.[970] Zwar sind die Übergangsbestimmungen des Art. 54 I, II EuGVÜ mit denen des Art. 29 des 3. BeitrittsÜb. 1989 inhaltsgleich, jedoch ist die Heranziehung von Art. 54 EuGVÜ fehlerhaft. Nach der hier vertretenen Auffassung war es für Art. 29 I des 3. BeitrittsÜb. 1989 entscheidend gewesen, den Zeitpunkt der Klageeinreichung vor dem Antwerpener Gericht zu kennen. Darüber schweigt das Urteil. Da die belgische Entscheidung aber am 5. Juni 1989, also vor dem Inkrafttreten des EuGVÜ in der Fassung des 3. BeitrittsÜb. 1989 für Belgien[971], erlassen wurde, hätte das Gericht die Anwendbarkeit des vereinfachten Anerkennungsverfahrens des Übereinkommens bereits nach Art. 54 I EuGVÜ scheitern lassen können.[972] Dass Belgien nämlich zu diesem Zeitraum das 3. BeitrittsÜb. 1989 noch nicht ratifiziert hatte, ebenso wenig das LugÜ, und so zwischen diesem Staat und Portugal ein vertragsloser Zustand bestand, ist vom Obersten Gerichtshof nicht gesehen worden.[973] Stattdessen stellte er fest, dass das Übereinkommen in Portugal zum Zeitpunkt des Antrags auf Anerkennung vor dem Berufungsgericht Coimbra – ohne das genaue Datum zu nennen – noch nicht in Kraft war.[974] Indem das Gericht auf den Zeitpunkt des Anerkennungsantrags i.R.d. Auslegung des Art. 54 I EuGVÜ abstellte, folgte es der abzulehnenden Meinung bei der Interpretation

---

[969] Tavares de Sousa, in: Jayme, Erik (Hrsg.), Das Recht der lusophonen Länder, S. 29-41 (30); Moura Vicente, RFDUL 35 (1994), S. 461-485 (480); Moura Ramos, in: European Case Law on the Judgments Convention, S. 795-811 (810).

[970] Vgl. z. B. Basedow in: Hdb. IZVR I, Rn. 121; Thomas/Putzo/Hüßtege, ZPO (23. Auflage 2001), Art. 54 EuGVÜ, Rn. 1; Trunk, Die Erweiterung des EuGVÜ-Systems am Vorabend des Europäischen Binnenmarktes (1991), S. 122.

[971] Das EuGVÜ 1989 trat für Belgien erst am 1. Oktober 1997 in Kraft (BGBl. 1998 II, S. 230).

[972] So auch Moura Vicente, RFDUL 35 (1994), S. 461-485 (480); Tavares de Sousa, in: Jayme, Erik (Hrsg.), Das Recht der lusophonen Länder, S. 29-41 (30).

[973] Kohler/Jayme, IPRax 1996, S. 377-389 (385). Das 3. BeitrittsÜb. 1989 zum EuGVÜ und zum Auslegungsprotokoll von 1971 ist von Belgien erst am 25. Juli 1997 ratifiziert worden und am 1. Oktober 1997 (s. Fn. 971) für diesen Staat in Kraft getreten, s. Kohler/Jayme, IPRax 1997, S. 385-401 (389).

[974] Der Antrag auf Anerkennung wurde also vor dem 1. Juli 1992 eingereicht.

dieser Übergangsbestimmung.[975] Die Ausnahmevorschrift des Art. 29 II des 3. BeitrittsÜb. 1989 bzw. Art. 54 II EuGVÜ konnte nach allgemeiner Ansicht nicht weiterhelfen, da das Urteil des belgischen Gerichts erlassen bzw. der Antrag auf Anerkennung in Portugal gestellt wurde als das EuGVÜ in der Fassung des 3. BeitrittsÜb. 1989 – jedenfalls für Belgien – noch nicht in Kraft war.

dd) Fazit

Das Ergebnis der Entscheidung – Verneinung des zeitlichen Anwendungsbereiches des EuGVÜ – ist korrekt. Fehlerhaft ist die Anwendung von Art. 54 EuGVÜ und dessen Interpretation.

b) Entscheidung des *Tribunal da Relação de Coimbra* vom 17. Oktober 1995[976]

aa) Sachverhalt

Eine portugiesische Bank hat am 24. November 1994 einen Antrag auf Vollstreckbarerklärung zweier französischer Entscheidungen vom 26. November 1991 und 9. November 1993 gestellt. Das Kreisgericht Leiria (vgl. Art. 32 I 12. Spiegelstrich EuGVÜ) hat der Vollstreckung beider Urteile auf der Grundlage von Art. 26 ff. EuGVÜ stattgegeben. Die Parteien, gegen die die Vollstreckung gerichtet war, legten ein Rechtsmittel vor dem Berufungsgericht Coimbra ein. Sie bestritten die Eröffnung des zeitlichen Anwendungsbereiches des EuGVÜ.[977]

bb) Gerichtliche Entscheidung

Das Berufungsgericht prüfte, welche internationale Rechtsquelle einschlägig sein könnte. Es nannte das Brüsseler und das Lugano-Übereinkommen, die für Portugal am 1. Juli 1992 in Kraft getreten seien. Für Frankreich sei das EuGVÜ in der Fassung des 3. BeitrittsÜb. 1989 am 1. Februar 1991 und das LugÜ am 1. Januar 1992 in Kraft getreten. Das Gericht stellte fest, dass das EuGVÜ gem. Art. 54b I LugÜ im vorliegenden Fall anzuwenden ist. Im darauf folgenden Entscheidungsabschnitt befasste sich das Gericht mit der zeitlichen Übergangsfrage. Es zitierte zunächst den Wortlaut von Art. 54 I EuGVÜ. Für die Anwendung des Brüsseler Übereinkommens im Vollstreckungsstaat (hier: Portugal) sei der Zeitpunkt entscheidend, zu dem der Anerkennungs- bzw. Vollstreckungsantrag gestellt wurde. Der Antrag auf Vollstreckung sei beim portugiesischen Gericht am 24. November 1994 eingereicht worden, als das EuGVÜ für Portugal bereits in Kraft war. Danach ging das Gericht auf Art. 54 II EuGVÜ ein: Das Überein-

---

[975] S. oben S. 192.

[976] CJ, Ano XX, Tomo IV, 1995, S. 35-38: Banco Pinto & Sotto Mayor *gegen* Manuel dos Santos Portela und Maria de Fátima do Couto; s. zu dieser Entscheidung auch S. 49.

[977] Neben zwei natürlichen Personen wurde noch eine Gesellschaft, über die eine Art Insolvenzverfahren „Processo de Recuperação de Empresa“ eröffnet war, in Frankreich verurteilt; zu der Frage, ob die Vollstreckbarerklärung der Entscheidungen unter den *sachlichen Anwendungsbereich* des Art. 1 EuGVÜ fiel, s. S. 49.

kommen sei anwendbar, wenn es im Ursprungsstaat zum Zeitpunkt des Urteilserlasses in Kraft war, die Klage aber früher eingereicht wurde, vorausgesetzt, die Zuständigkeit des Ursprungsgerichts beruhte auf Vorschriften die mit dem EuGVÜ übereinstimmen. Laut dem Berufungsgericht wandte das französische Gericht bei der Ermittlung seiner internationalen Zuständigkeit die Regelungen der Art. 2 bis 6 EuGVÜ an. Als Ergebnis der Beantwortung der intertemporalen Fragen führte es lapidar aus, dass das EuGVÜ in casu auch wegen Art. 54 II EuGVÜ auf die Vollstreckbarerklärung anzuwenden war.

cc) Bewertung

Das Berufungsgericht Coimbra hat das EuGVÜ und LugÜ angeführt und zufriedenstellend deren Konkurrenzverhältnis zueinander nach Art. 54b I LugÜ gelöst.[978] Die intertemporal entscheidende Norm war abermals Art. 29 des 3. BeitrittsÜb. 1989 und nicht Art. 54 I, II EuGVÜ.[979] Leider hat das Gericht nicht deutlich zwischen den beiden französischen Entscheidungen getrennt, die zu unterschiedlichen Zeitpunkten erlassen wurden. Dies soll nun nachgeholt werden.

- Französisches Urteil vom *26. November 1991*: Für Art. 54 I EuGVÜ war das Datum der Klageerhebung in Frankreich bedeutsam. Darüber enthält die Entscheidung keine Angaben. Das ausländische Urteil stammte vom 26. November 1991. Angenommen die Klage wurde im Februar 1991 (was aber wegen den i. d. R. langwierigen Verfahren unwahrscheinlich ist) erhoben, dann galt: Das EuGVÜ ist für Frankreich am 1. Februar 1991 und für Portugal am 1. Juli 1992 in Kraft getreten. Zum Zeitpunkt des Urteilserlasses war das Übereinkommen lediglich für Frankreich in Kraft. Art. 54 I EuGVÜ führte nicht zur zeitlichen Anwendung des EuGVÜ.[980] Das Berufungsgericht Coimbra folgte der abzulehnenden Meinung, die bei Art. 54 I EuGVÜ auf den Zeitpunkt des Anerkennungs- bzw. Vollstreckungsantrags abstellt.[981] Des Weiteren war Art. 54 II bzw. Art. 29

[978] Hierzu ausführlich ab S. 33.

[979] Nachfolgend wird von Art. 54 EuGVÜ gesprochen, den das Gericht für einschlägig hielt; genaugenommen ist damit aber stets die (inhaltsgleiche) Vorschrift des Art. 29 des 3. BeitrittsÜb. 1989 gemeint.

[980] Wurde die Klage vor dem französischen Gericht vor Februar 1991 erhoben (was realistischer ist), dann war das EuGVÜ im relevanten Zeitpunkt in keinem der beteiligten Staaten in Kraft. Art. 54 I EuGVÜ hätte gleichsam nicht zur Anwendung des Brüsseler Übereinkommens führen können.

[981] Unklar ist, ob das Berufungsgericht es überhaupt für notwendig erachtet hat, dass das Übereinkommen zum Zeitpunkt der Klageerhebung vor dem französischen Gericht in Frankreich in Kraft war. Davon ist wohl auszugehen, da sich diese Voraussetzung eindeutig aus Art. 54 II EuGVÜ ergibt, der in der Entscheidung behandelt wurde. Geht man davon aus, dass die Klage in Frankreich im Februar 1991 erhoben worden ist, dann wäre das EuGVÜ – nach der von dem Gericht vertretenen Ansicht – gem. Art. 54 I EuGVÜ auf die Vollstreckung der ältesten französischen Entscheidung anzuwenden gewesen. Der Antrag auf Vollstreckbarerklärung wurde am 24. November 1994 eingereicht, als das EuGVÜ bereits für Portugal seit dem 12. Juli 1992 in Kraft war! *Zusatz:* Wurde die Klage in Frankreich vor Februar 1991 erhoben, so hätte das Gericht zu dem Zwischenergebnis kommen müssen, dass das EuGVÜ nach Art. 54 I EuGVÜ nicht anzuwenden war.

II des 3. BeitrittsÜb. 1989 zu prüfen. Ohne zu subsumieren nannte das Gericht den zweiten Absatz des Art. 54 EuGVÜ.[982] Das französische Urteil wurde am 26. November 1991 erlassen. Zu diesem Zeitpunkt war das EuGVÜ bereits für Frankreich, aber noch nicht für Portugal in Kraft. Nach der in Deutschland h. A. konnte auch Art. 54 II EuGVÜ den zeitlichen Anwendungsbereich des EuGVÜ nicht eröffnen. Das EuGVÜ war für die Vollstreckung der ältesten der beiden französischen Entscheidungen nicht einschlägig. Nach der hier vertretenen Ansicht ist aber bei Art. 54 II EuGVÜ nicht auf den Zeitpunkt des Urteilserlasses, sondern des Anerkennungs- und Vollstreckungsantrags abzustellen.[983] Zum Zeitpunkt des Antrages auf Vollstreckbarerklärung der französischen Entscheidung am 24. November 1994 war das EuGVÜ für die beteiligten Staaten bereits in Kraft. Demnach scheiterte die Anwendung des EuGVÜ nicht am frühen Zeitpunkt des französischen Urteilserlasses.[984] Laut dem Berufungsgericht hat sich das französische Gericht anhand von Vorschriften des Titels II des EuGVÜ für international zuständig erklärt. Folglich waren die Vollstreckungsregelungen des EuGVÜ intertemporal anzuwenden.

- Französisches Urteil vom *9. November 1993*: Die Entscheidung des Berufungsgerichts enthält keine Angaben über den Zeitpunkt der Erhebung der Klage in Frankreich. Geht man davon aus, dass die Klage nach dem 1. Juli 1992 erhoben wurde, als das EuGVÜ bereits für die beteiligten Staaten galt, so war das Brüsseler Übereinkommen gem. Art. 54 I EuGVÜ einschlägig. War dies nicht der Fall, so hätte das Gericht Art. 54 II EuGVÜ prüfen müssen. Nach einheitlicher Ansicht wäre die erste Voraussetzung des Art. 54 II EuGVÜ erfüllt gewesen, wenn das EuGVÜ für Frankreich und Portugal zum Zeitpunkt des Urteilserlasses durch die französischen Gerichte in Kraft war.[985] Das Urteil wurde am 9. November 1993 erlassen. Zu diesem Zeitpunkt war das EuGVÜ in der Fassung des 3. BeitrittsÜb. 1989 für die beteiligten Staaten in Kraft. Wie erörtert hat das Gericht, ohne zwischen den beiden Entscheidungen zu differenzieren, festgestellt, dass das französische Gericht bei der Ermittlung seiner internationalen Zuständigkeit Vorschriften angewendet hat, die mit denen der Art. 2 bis 6 EuG-

---

[982] Das Gericht hat Art. 54 II EuGVÜ einschränkend dahingehend auslegt, dass das EuGVÜ im Ursprungsstaat zum Zeitpunkt der Klageerhebung noch nicht in Kraft war, vgl. Lima Pinheiro, DIP, Volume III, S. 273. Nach der hier vertretenen Meinung erfasst Art. 54 II (bzw. Art. 29 II des 3. BeitrittsÜb. 1989) alle Fälle, in denen das Übereinkommen im Ursprungsstaat und/oder im Anerkennungsstaat zum Zeitpunkt der Klageerhebung vor den Gerichten des Erststaates noch nicht in Kraft war, s. oben S. 194.

[983] Vgl. oben S. 196.

[984] Zu diesem Ergebnis kommt auch die Ansicht, die in der portugiesischen Literatur und Rechtsprechung vertreten wird, dass das Übereinkommen zum Zeitpunkt des Urteilserlasses durch die Gerichte des Erststaates, in diesem Staat in Kraft sein musste. Das EuGVÜ trat für Frankreich bereits am 1. Februar 1991 in Kraft. Das Urteil erging am 26. November 1991.

[985] Die hier vertretene Ansicht und diejenige, die in der portugiesischen Literatur und Rechtsprechung vertreten wird, weitet den Anwendungsbereich des Art. 54 II EuGVÜ bzw. Art. 29 II des 3. BeitrittsÜb. 1989 lediglich aus.

VÜ übereinstimmen.[986] Folglich war das EuGVÜ auf die Vollstreckung beider ausländischen Urteile anzuwenden.

dd) Fazit

Dem Ergebnis der Entscheidung – Bejahung des zeitlichen Anwendungsbereiches des EuGVÜ hinsichtlich beider Vollstreckungsanträge – ist zuzustimmen. Nach der in Deutschland h. A. hätte das EuGVÜ auf die Vollstreckbarerklärung der Entscheidung vom 26. November 1991 nicht angewendet werden dürfen. Fehlerhaft ist wiederum die Anwendung des Art. 54 EuGVÜ und hier insbesondere die Interpretation des ersten Absatzes.

c) Entscheidung des *Supremo Tribunal de Justiça* vom 7. Dezember 1995[987]

aa) Sachverhalt

Eine portugiesische Gesellschaft wurde vom englischen High Court of Justice am 22. Januar 1993 zur Zahlung eines Geldbetrages verurteilt. Laut dem Obersten Gerichtshof wurde die Klage in England vor dem 7. Mai 1991 erhoben. Der Gläubiger stellte einen Antrag auf Vollstreckung dieses Urteils beim Amtsgericht Matosinhos. Das erstinstanzliche Gericht gab der Vollstreckung des Urteils auf der Grundlage des EuGVÜ statt. Gegen die Vollstreckbarerklärung legte der Schuldner ein Rechtsmittel ein. Das zuständige Berufungsgericht verwarf das Vollstreckungsurteil des Amtsgerichts. Daraufhin wandte sich der Gläubiger an den Obersten Gerichtshof. Der Rechtsmittelkläger berief sich auf die zeitliche Anwendung des EuGVÜ.

bb) Gerichtliche Entscheidung

Im Gegensatz zum Amtsgericht haben beide Rechtsmittelinstanzen die Anwendung des EuGVÜ an dessen intertemporalem Anwendungsbereich scheitern lassen. Der Oberste Gerichtshof stellte fest, dass das EuGVÜ in der Fassung des 3. BeitrittsÜb. 1989 für das Vereinigte Königreich am 1. Dezember 1991 und für Portugal am 1. Juli 1992 in Kraft getreten ist. Als einschlägige intertemporale Übergangsnorm wandte er Art. 54 I EuGVÜ an. Da die Klage im Vereinigten Königreich jedenfalls vor dem 7. Mai 1991 erhoben worden sei, als das EuGVÜ für England noch nicht in Kraft war, sei der zeitliche Anwendungsbereich des Brüsseler Übereinkommens gem. Art. 54 I EuGVÜ „ohne Zweifel" nicht eröffnet gewesen. Der Oberste Gerichtshof gab in dieser Frage dem Berufungsgericht Recht und hielt das EuGVÜ im vorliegenden Fall für unanwendbar.

---

[986] Es wird hier davon ausgegangen, dass beide französische Gerichte („Tribunal D`Instance de Nogent Sur Marne" und „Tribunal de Grande Instance de Creteil") ihre internationale Zuständigkeit anhand von Vorschriften begründet haben, die mit denen des Titels II des EuGVÜ übereinstimmen.

[987] CJ-STJ, Ano III, Tomo III, 1995, S. 146-147: Alda Radio Limited *gegen* Cerqueira & Moreira Lda.

cc) Bewertung

Das ist die einzige Entscheidung, die den für Art. 54 I EuGVÜ relevanten Zeitraum der Erhebung der Klage im Ursprungsstaat angab.[988] Insoweit ist der Entscheidung zuzustimmen, als Art. 54 I fordert, dass das EuGVÜ zur Zeit der Rechtshängigkeit der Klage vor dem High Court in England in Kraft gewesen sein musste. Die Klage wurde jedenfalls nicht nach dem 7. Mai 1991 erhoben, also zu einem Zeitpunkt als das Übereinkommen für England noch nicht in Kraft war. Ungeachtet der weiteren Voraussetzung des Art. 54 I EuGVÜ (die vom Gericht nicht angesprochen wurde), dass das Übereinkommen zum Zeitpunkt der Klageerhebung auch für Portugal in Kraft getreten sein musste, durfte das Gericht zu dem Zwischenergebnis kommen, dass das EuGVÜ nach dessen Art. 54 I zeitlich nicht zur Anwendung gelangte. Der Oberste Gerichtshof versäumte jedoch, die Prüfung fortzusetzen und auf Art. 54 II EuGVÜ einzugehen.[989] Art. 54 II EuGVÜ regelt den Fall, dass zum Zeitpunkt der Klageerhebung das Übereinkommen im Ursprungs- und/oder Vollstreckungsstaat noch nicht in Kraft war. Das englische Urteil wurde am 22. Januar 1993 erlassen, als das EuGVÜ in der Fassung des 3. BeitrittsÜb. 1989 im Verhältnis Portugal zum Vereinigten Königreich längst galt. Demzufolge war für die Eröffnung des zeitlichen Anwendungsbereiches des EuGVÜ nach einheitlicher Ansicht nur noch zu prüfen, ob die Zuständigkeit des High Court auf Vorschriften beruhte, die mit dem EuGVÜ in der neuen Fassung übereinstimmten.[990] Darüber enthält die Entscheidung selbstverständlich keine Angaben. Handelte es sich um eine vertragliche Streitigkeit, so war es Aufgabe des Gerichts zu prüfen, ob der High Court bei der Festlegung seiner internationalen Zuständigkeit das im Art. 5 Nr. 1 EuGVÜ vorgesehene Zuständigkeitskriterium des Erfüllungsortes befolgt hat.[991]

dd) Fazit

Ob dem Ergebnis der intertemporalen Frage – Verneinung des zeitlichen Anwendungsbereiches des EuGVÜ – zu folgen ist, kann mangels Angaben über die internationale Zuständigkeit des englischen High Court nicht beantwortet werden. Der Oberste Gerichtshof verneinte zutreffend die zeitliche Anwendung des

---

[988] Wiederholt haben die portugiesischen Gerichte aber Art. 54 EuGVÜ für einschlägig erachtet, anstatt Art. 29 des 3. BeitrittsÜb. 1989 anzuwenden.

[989] Vgl. Tavares de Sousa, in: Jayme, Erik (Hrsg.), Das Recht der lusophonen Länder, S. 29-41 (31); Moura Ramos, in: European Case Law on the Judgments Convention, S. 795-811 (805).

[990] Ein Zuständigkeits- bzw. Vollstreckungsabkommen zwischen den beteiligten Staaten existiert(e) nicht.

[991] Es wird hier davon ausgegangen, dass die beklagte Gesellschaft in Portugal gegründet wurde und dort auch ihren Hauptverwaltungssitz hatte. Art. 2 I i. V. m. 53 I EuGVÜ hätte daher – unabhängig davon ob das englische Gericht der Sitz- oder Gründungstheorie folgte – die internationale Zuständigkeit des High Court nicht begründen können; beachte, dass Art. 53 EuGVÜ nun durch Art. 60 Brüssel I-VO (autonome Definition des Wohnsitzes für Gesellschaften und juristischen Personen) ersetzt wurde.

Übereinkommens nach Art. 54 I EuGVÜ; jedoch wurde Art. 54 II EuGVÜ nicht gesehen. Schließlich blieb wieder Art. 29 des 3. BeitrittsÜb. 1989 unbemerkt.

d) Entscheidung des *Tribunal da Relação de Coimbra* vom 14. Dezember 1993[992]

aa) Sachverhalt

Das Amtsgericht München hat am 17. Dezember 1991 einen in Portugal ansässigen Beklagten verurteilt, einem deutschen Ehepaar eine Geldforderung i. H. v. ca. 5000 DM aus einem Mietvertrag zu zahlen. Am 14. Juli 1993 wurde vor dem Berufungsgericht Coimbra die Anerkennung und Vollstreckung der Münchener Entscheidung beantragt.

bb) Gerichtliche Entscheidung

Das Gericht stellte fest, dass das LugÜ für Portugal am 1. Juli 1992 in Kraft getreten, und die zu vollstreckende Entscheidung durch das deutsche Gericht zu einem früheren Zeitpunkt erlassen wurde. Daraus folgerte es die zeitliche Unanwendbarkeit des LugÜ gem. dessen Art. 54 I 1. HS. Es bestünden aber auch keine Zweifel daran, dass das LugÜ für Portugal bereits in Kraft war, als der Antrag auf Anerkennung und Vollstreckung gestellt wurde. Daraufhin hielt das Gericht den intertemporalen Anwendungsbereich des LugÜ nach dessen Art. 54 I 2. HS für eröffnet.

cc) Bewertung

Auf den ersten Blick fällt auf, dass das Berufungsgericht als internationale Rechtsquelle lediglich das Lugano-Übereinkommen angab, obwohl das EuGVÜ in Betracht kam.[993] Nach Art. 54b LugÜ wurde das LugÜ in casu vom EuGVÜ verdrängt.[994] Die richtige Übergangsregelung war deshalb auch hier Art. 29 des 3. BeitrittsÜb. 1989. Nicht nachvollziehbar ist der Umgang des Gerichts mit Art. 54 I 1. HS LugÜ. Das Berufungsgericht unterschied nicht hinsichtlich der Vorschriften zur Zuständigkeit und derjenigen zur Regelung der Anerkennung und Vollstreckung. Unklar ist, warum das Gericht bei Art. 54 I 1. HS LugÜ darauf abstellte, dass die zu vollstreckende Entscheidung vom deutschen Gericht vor dem Inkrafttreten des LugÜ für Portugal erlassen worden ist. Art. 54 I 1. HS LugÜ bezieht sich auf die Zuständigkeitsvorschriften und stellt auf den Zeitpunkt der Klageerhebung im Ursprungsstaat ab. Bei der Interpretation des Art. 54 I 2. HS LugÜ hielt es das Gericht für ausreichend, dass das Übereinkommen zum Zeitpunkt des Anerkennungs- und Vollstreckungsantrags für Portugal in

---

[992] CJ, Ano XVIII, Tomo V, 1993, S. 51-52: Adolf Burger *gegen* Alexandre Casal (oder Alexandre Baumann Casal).

[993] Möglicherweise hat das Gericht das EuGVÜ mit dem LugÜ verwechselt. Es behauptete nämlich, dass das EuGVÜ durch das LugÜ geändert wurde und diese Änderung mit dem Beitritt von Spanien und Portugal zu den Europäischen Gemeinschaften im Zusammenhang steht.

[994] S. zum Verhältnis zwischen EuGVÜ/Brüssel I-VO und LugÜ S. 33 ff.

Kraft war. Wie mehrfach erwähnt, kann dem nicht gefolgt werden. Vielmehr musste das LugÜ für die beteiligten Staaten zum Zeitpunkt der Klageerhebung (jedenfalls vor dem Urteilserlass am 17. Dezember 1991 durch das Münchener Amtsgericht) in Kraft gewesen sein. Das LugÜ ist für Portugal aber erst am 1. Juli 1992 und für Deutschland am 1. März 1995 in Kraft getreten. Das Gericht hat bei der Anwendung von Art. 54 I 2. HS LugÜ übersehen, dass das Übereinkommen nach allgemeiner Auffassung zum Zeitpunkt der Erhebung der Klage vor dem Münchener Gericht für Deutschland in Kraft gewesen sein musste.[995] Nach einheitlicher Ansicht konnte auch Art. 54 II LugÜ nicht zur Eröffnung des zeitlichen Anwendungsbereiches des LugÜ führen. Am 14. Juli 1993, zum Zeitpunkt der Stellung des Anerkennungs- und Vollstreckungsantrags, war das LugÜ zwar für Portugal (1. Juli 1992), aber noch nicht für Deutschland (1. März 1995) in Kraft getreten. Zum gleichen Ergebnis hätte das Gericht kommen müssen, wenn es das im vorliegenden Fall einschlägige EuGVÜ berücksichtigt hätte. Am 1. Juli 1992 ist auch das EuGVÜ für Portugal in Kraft getreten; Deutschland wurde aber erst am 1. Dezember 1994 Vertragsstaat des EuGVÜ in der Fassung des 3. BeitrittsÜb. 1989. Demnach war das EuGVÜ für die beteiligten Staaten am 14. Juli 1993 noch nicht in Kraft. Darum konnte auch Art. 54 II EuGVÜ in casu den intertemporalen Anwendungsbereich des EuGVÜ nicht eröffnen.

dd) Fazit

Entgegen der Ansicht des Berufungsgerichts Coimbra war das LugÜ ebenso wie das EuGVÜ zeitlich nicht anwendbar. Die einschlägige Vorschrift des Art. 29 des 3. BeitrittsÜb. 1989 wurde nicht angewandt, da das Gericht bereits nicht auf das EuGVÜ einging. Abzulehnen ist der Umgang des Berufungsgerichts mit Art. 54 I LugÜ. Die Ausnahmevorschrift des Art. 54 II LugÜ blieb unberücksichtigt.

e) Entscheidung des *Tribunal da Relação de Coimbra* vom 12. Juli 1994[996]

aa) Sachverhalt

Eine französische Bank erhob in Frankreich eine Klage gegen einen portugiesischen Bauunternehmer. Die Hauptverhandlung fand am 14. November 1991 statt. Der Bauunternehmer wurde am 9. Januar 1992 zur Zahlung mehrerer Geldbeträge verurteilt. Zum Zeitpunkt des Urteilserlasses hatte der Kläger seinen Geschäftssitz und der Beklagte seinen Wohnsitz in Frankreich. Am 18. No-

---

[995] S. Moura Ramos, in: European Case Law on the Judgments Convention, S. 795-811 (806). Das gilt auch für Art. 54 I 2. HS EuGVÜ bzw. Art. 29 I 2. HS des 3. BeitrittsÜb. 1989. Deutschland ist dem EuGVÜ in der Fassung des 3. BeitrittsÜb. 1989 erst am 1. Dezember 1994 in Kraft getreten, so dass auch das EuGVÜ im vorliegenden Fall gem. Art. 29 I 2. HS des 3. BeitrittsÜb. 1989 nicht zur Anwendung gelangen konnte.

[996] CJ, Ano XIX, Tomo IV-V, 1994, S. 28-30: Banque Franco – Portugaise S.A. *gegen* Pedro Severo Lopes.

vember 1993 stellte die obsiegende Klägerpartei in Portugal vor dem Berufungsgericht Coimbra einen Antrag auf Anerkennung des französischen Urteils.

bb) Gerichtliche Entscheidung

Das Berufungsgericht ging auf den zeitlichen Anwendungsbereich des LugÜ ein. Folgendes entnahm es dem Art. 54 LugÜ: „... das Übereinkommen ist auf Exequatur-Anträge nicht anwendbar, wenn der jeweilige Antrag vor dem Inkrafttreten des Übereinkommens im Anerkennungsstaat vor dessen Gerichten eingereicht wird (erster Absatz des Art. 54).“; „...wurde das Urteil nach dem Inkrafttreten des Übereinkommens im Ursprungsstaat, aber aufgrund einer vor diesem Inkrafttreten erhobenen Klage erlassen, sieht der zweite Absatz des Art. 54 LugÜ eine komplexere Regelung vor...“. Da die Klage in Frankreich vor dem Inkrafttreten des LugÜ im Jahr 1992 erhoben[997], aber nach dem Inkrafttreten des Übereinkommens für Frankreich am 9. Januar 1992 erlassen worden sei, liege „unproblematisch“ ein Fall des Art. 54 II LugÜ vor. Das Gericht prüfte sodann, ob das französische Gericht aufgrund von Vorschriften zuständig war, die mit dem Titel II des LugÜ oder eines Abkommens übereinstimmten, das zwischen den beteiligten Staaten zum Zeitpunkt der Klageerhebung in Kraft war. Ein Abkommen zwischen Frankreich und Portugal i. S. v. Art. 54 II LugÜ sei nicht ersichtlich; Frankreich sei im Gegensatz zu Portugal Vertragsstaat des EuGVÜ. Das französische Gericht habe jedoch seine Zuständigkeit anhand des Beklagtendomizils begründet – beide Parteien hätten zum Zeitpunkt der Klageerhebung ihr Domizil in Frankreich gehabt, Art. 2 LugÜ. Der intertemporale Anwendungsbereich des LugÜ sei daher eröffnet.

cc) Bewertung

Zunächst ist darauf hinzuweisen, dass Art. 54b LugÜ auch im vorliegenden Fall das LugÜ verdrängte. Im Hinblick auf die am Verfahren beteiligten EG-Staaten kam nur die Einschlägigkeit des EuGVÜ in Betracht. Das Gericht ging aber irrtümlich davon aus, dass Portugal kein Vertragsstaat des EuGVÜ war, so dass vermutet werden kann, dass es schon deswegen nicht auf Art. 54b LugÜ (und Art. 29 des 3. BeitrittsÜb. 1989?) zu sprechen kam.[998] Art. 54 I LugÜ/EuGVÜ setzte voraus, dass die Übereinkommen zum Zeitpunkt der Klageerhebung (diese erfolgte jedenfalls vor 1992) für die beteiligten Staaten in Kraft waren. Das LugÜ und EuGVÜ binden Portugal erst seit dem 1. Juli 1992; daran hätte das Gericht die zeitliche Anwendung des LugÜ nach Art. 54 I LugÜ scheitern lassen können. Das Berufungsgericht hielt Art. 54 I LugÜ bereits in der Fallvariante für erfüllt, wenn das LugÜ im Anerkennungsstaat zum Zeitpunkt des Antrags in Kraft war. Mehrmals wurde bereits dargelegt, dass einer solchen Interpretation nicht zugestimmt werden kann. Als das Gericht Art. 54 II LugÜ anführte, konzentrierte es sich – zu Recht – nur noch auf diese Ausnahmevorschrift. Die Kla-

---

[997] Das LugÜ ist für Frankreich am 1. Januar 1992 in Kraft getreten (BGBl. 1995 II, S. 221).

[998] Vgl. auch Montalvão Machado, Separata especial da Scientia Iuridica 45, 1996, S. 15 (dortige Fn. 25); zu Art. 54b LugÜ s. oben S. 34.

ge wurde in Frankreich vor 1992 erhoben als das LugÜ für Portugal und Frankreich und das EuGVÜ für Portugal[999] noch nicht in Kraft war. Das Urteil wurde am 9. Januar 1992 erlassen. Zu diesem Zeitpunkt war das LugÜ für Frankreich seit 8 Tagen in Kraft.[1000] Portugal ist aber erst am 1. Juli 1992 Vertragsstaat des LugÜ und EuGVÜ geworden. Zum Zeitpunkt des Urteilserlasses waren die Übereinkommen im Verhältnis beider Staaten daher noch nicht in Kraft. Nach der in Deutschland h. A. war deshalb der intertemporale Anwendungsbereich der Übereinkommen nicht eröffnet.[1001] Die hier vertretene weite Auslegung von Art. 54 II EuGVÜ/LugÜ bzw. Art. 29 des 3. BeitrittsÜb. 1989 stellt dagegen auf den Zeitpunkt des Antrags auf Anerkennung ab. Der Antrag ging beim portugiesischen Berufungsgericht am 18. November 1993 ein. Zu diesem Zeitpunkt waren Frankreich und Portugal längst Vertragsstaaten des LugÜ und EuGVÜ, weshalb nur zu prüfen war, ob die Zuständigkeit des französischen Gerichts auf Vorschriften beruhte die mit dem LugÜ bzw. EuGVÜ in der Fassung des 3. BeitrittsÜb. 1989 übereinstimmten,[1002] was im Hinblick auf den Beklagtengerichtsstand des Art. 2 LugÜ/EuGVÜ zu bejahen war.

dd) Fazit

Dem Ergebnis der Entscheidung – Bejahung des zeitlichen Anwendungsbereiches des LugÜ – ist zuzustimmen.[1003] Das LugÜ wäre aber vom EuGVÜ verdrängt worden. Außerdem ist zu bemerken, dass nach der in Deutschland h. A. und einigen Stimmen in der portugiesischen Literatur der intertemporale Anwendungsbereich beider Übereinkommen im vorliegenden Fall nicht eröffnet war.

---

[999] Das EuGVÜ in der Fassung des 3. BeitrittsÜb. 1989 ist für Frankreich am 1. Februar 1991 in Kraft getreten (BGBl. 1994 II, S. 3707). Die Entscheidung gibt das genaue Datum der Klageerhebung vor dem französischen Gericht nicht preis.

[1000] BGBl. 1995 II, 221; Montalvão Machado a. a. O. (dortige Fn. 25) geht irrtümlich davon aus, dass Frankreich am 09.01.1992 noch nicht Vertragsstaat des Lugano-Übereinkommens war.

[1001] So auch Moura Ramos, in: European Case Law on the Judgments Convention, S. 795-811 (811); Moura Vicente, RFDUL 35 (1994), S. 461-485 (484).

[1002] Ein Abkommen zwischen Frankreich und Portugal i. S. v. Art. 54 II LugÜ/EuGVÜ war, wie das Gericht ausführte, nicht gegeben.

[1003] Zustimmend auch Tavares de Sousa, in: Jayme, Erik (Hrsg.), Das Recht der lusophonen Länder, S. 29-41 (34).

f) Entscheidung des *Tribunal da Relação de Lisboa* vom 10. November 1998[1004]

aa) Sachverhalt

Vier Personen mit Wohnsitz in Spanien erlitten Schäden infolge eines Verkehrsunfalls in Spanien und verklagten daraufhin ein portugiesisches Versicherungsunternehmen in Spanien auf Zahlung verschiedener Geldbeträge. Das zuständige erstinstanzliche spanische Gericht hat die Beklagte, die in Spanien durch ein Partnerunternehmen vertreten wurde, am 14. Mai 1992 zur Zahlung von Schadensersatzsummen verurteilt. Das Versicherungsunternehmen legte gegen das Urteil ein Rechtsmittel ein. Am 7. Oktober 1992 wurde die Entscheidung durch das zuständige zweitinstanzliche spanische Gericht zum Teil revidiert. In Portugal beantragten die spanischen Kläger die Vollstreckbarerklärung dieser Entscheidung vor dem Amtsgericht Lissabon.[1005] Das Amtsgericht Lissabon erklärte die Vollstreckung der spanischen Gerichtsentscheidung auf der Grundlage der Art. 31 ff. EuGVÜ. Gegen diese Entscheidung legte die Beklagte ein Rechtsbehelf (vgl. Art. 36 I, 37 I 12. Spiegelstrich EuGVÜ) bei dem Berufungsgericht Lissabon ein. Das Berufungsgericht wurde zur Begutachtung aufgefordert, ob der Anwendungsbereich des EuGVÜ im vorliegenden Fall eröffnet war.

bb) Gerichtliche Entscheidung

Das Gericht stellte fest, dass das EuGVÜ für Portugal am 1. Juli 1992 in Kraft trat. Es handele sich um einen Fall, bei dem die zu vollstreckende Entscheidung erlassen wurde (7. Oktober 1992), als Portugal bereits Vertragsstaat des Brüsseler Übereinkommens war. Daraufhin zitierte das Berufungsgericht den Wortlaut des Art. 54 I und II EuGVÜ und kam zu dem Ergebnis, dass keine Zweifel an der Eröffnung des intertemporalen Anwendungsbereichs des EuGVÜ bestehen. Der Verkehrsunfall habe sich in Spanien ereignet. Die spanischen Gerichte seien daher für die Schadensersatzklage nach 5 Nr. 3 EuGVÜ zuständig gewesen.

cc) Bewertung

Es ist zu begrüßen, dass das Gericht die zeitliche Anwendung des EuGVÜ auf Art. 54 I, II EuGVÜ stützte. Art. 54 I EuGVÜ konnte nicht zur Eröffnung des zeitlichen Anwendungsbereiches führen. Zum Zeitpunkt der erstinstanzlichen Klageerhebung (jedenfalls vor Urteilserlass am 14. Mai 1992) galt das EuGVÜ in der Fassung des 3. BeitrittsÜb. 1989 noch nicht im Verhältnis der beteiligten

[1004] CJ, Ano XXIII, Tomo V, 1998, S. 86-87: Benedicta Amor Marcos, Anastasio Velez Amor, Yolanda Velez Fernandez und Anastasio Velez Fernandez *gegen* Seguros Metrópole S. A.

[1005] Vgl. Art. 32 I 12. Spiegelstrich EuGVÜ; beachte, dass die „Tribunais judiciais do Círculo" durch die Amtsgerichte ersetzt worden sind (Art. 60 I a) des DL Nr. 186-A/99 vom 31. Mai; BGBl. 2000 II, S. 1247).

Staaten. Spanien ist am 1. Februar 1991, Portugal aber erst später am 1. Juli 1992 Vertragsstaat des Übereinkommens geworden. Begutachtet werden musste Art. 54 II EuGVÜ (genauer: Art. 29 II des 3. BeitrittsÜb. 1989!). War das Übereinkommen zwischen Portugal und Spanien zum Zeitpunkt des Urteilserlasses durch das spanische Rechtsmittelgericht[1006] bereits in Kraft, dann war die erste Voraussetzung des 54 II EuGVÜ nach einheitlicher Ansicht erfüllt. Das Urteil ist am 7. Oktober 1992 ergangen; zu diesem Zeitpunkt galt das EuGVÜ in beiden Staaten. Zu bemängeln ist, dass das Gericht nicht zu erkennen gab, dass das Übereinkommen auch in Spanien (Ursprungsstaat) zum relevanten Zeitpunkt in Kraft gewesen sein musste. Nachdem die erste Voraussetzung des Art. 54 II EuGVÜ bejaht wurde, war noch zu prüfen, ob die Zuständigkeit des spanischen Gerichts auf Vorschriften beruhte die mit dem EuGVÜ übereinstimmen, oder die einem zwischen den beteiligten Staaten geltenden Zuständigkeits- oder Vollstreckungsabkommen[1007] entsprachen. Zutreffend führte das Gericht aus, dass die Zuständigkeitsbegründung des spanischen Gerichts im Einklang mit Art. 5 Nr. 3 EuGVÜ steht. Danach ist bei einer außervertraglichen Rechtsverletzung das Gericht des Ortes[1008] zuständig an dem das schädigende Ereignis eingetreten ist (*forum delicti commissi*). Bei einem Verkehrsunfall liegen Handlungs- und Erfolgsort typischerweise im gleichen Rechtsgebiet (sog. „Platzdelikt" oder „Punktdelikt"). Der Unfall ereignet sich auf spanischem Territorium. Mithin war der intertemporale Anwendungsbereich des EuGVÜ eröffnet.

dd) Fazit

Das Berufungsgericht Lissabon kam anhand einer zutreffenden Interpretation der Übergangsbestimmung zum richtigen Ergebnis. Das EuGVÜ war einschlägig. Leider blieb auch in dieser sechsten und neueren Entscheidung Art. 29 des 3. BeitrittsÜb. 1989 unbeachtet.

4. Gesamtwürdigung

Die portugiesischen Gerichte hatten erkennbar Schwierigkeiten mit der Ermittlung des intertemporalen Anwendungsbereiches der Übereinkommen. Der Umgang mit den Übergangsregelungen stellt eine der kniffligsten zu bewältigenden Aufgaben dar. Es fällt auf, dass die Gerichte Art. 29 des 3. BeitrittsÜb. 1989 von Donostia/San Sebastián offenbar nicht kennen, obwohl alle drei vorherigen Bei-

---

[1006] Stand die Entscheidung eines Rechtsmittelgerichts *wie im vorliegenden Fall* zur Anerkennung und Vollstreckung an, so schadet es nach h. M. nicht, wenn das (spanische) erstinstanzliche Urteil vor dem Inkrafttreten des Übereinkommens im Vollstreckungsstaat (in Kraft getreten am 1. Juli 1992) ergangen ist (erlassen am 14. Mai 1992), vgl. nur Wagner, ZIP 1994, S. 81-84 (83).

[1007] Ein solches Abkommen war nicht ersichtlich.

[1008] Beachte, dass die örtliche Zuständigkeit des Gerichts i.R.d. Art. 54 II EuGVÜ/LugÜ bzw. Art. 29 II des 3. BeitrittsÜb. 1989 *nicht* nachzuprüfen ist. Der Ausschluss der Prüfung der örtlichen Zuständigkeit kommt zwar im Text der Normen nicht klar zum Ausdruck; er ergibt sich aber aus dem Sinn des Übereinkommens, die Freizügigkeit der Titel innerhalb der Vertragsstaaten zu verbessern, vgl. Geimer, NJW 1975, S. 1086-1088 (1087).

trittsübereinkommen ebenfalls spezielle Übergangsregelungen enthielten.[1009] Größtenteils kann der Interpretation des Art. 54 I, II EuGVÜ/LugÜ durch die Gerichte nicht zugestimmt werden. Dennoch kamen sie überraschend in den meisten Fällen zum richtigen Endergebnis.

[1009] S. Tavares de Sousa, in: Jayme, Erik (Hrsg.), Das Recht der lusophonen Länder, S. 29-41 (30).

O. Zusammenfassung/Schlussbetrachtungen

I. Das EuGVÜ in der portugiesischen Rechtsprechung

Am 1. Juli 1992 traten das Brüsseler Übereinkommen in der Fassung des 3. Beitrittsübereinkommens von 1989 und das Lugano-Übereinkommen für Portugal zeitgleich in Kraft. Bis 2006 wurden mehr als hundert *Entscheidungen der portugiesischen Berufungsgerichte* und des *Obersten Gerichtshofs* veröffentlicht, die die genannten Europäischen Zuständigkeitsordnungen zum Gegenstand haben. Erstinstanzliche Gerichtsurteile blieben in dieser Arbeit grundsätzlich außer Betracht, weil sie in Portugal nicht publiziert wurden. Die am 1. März 2002 in Kraft getretene Brüssel I-VO spielte in der Rechtsprechung der Rechtsmittelinstanzen wegen der Übergangsregelungen in Art. 66 Brüssel I-VO bisher keine entscheidende Rolle.

Diese Arbeit verfolgte das Hauptziel, die Entscheidungen der portugiesischen Gerichte einzeln und detailliert aufzuzeigen, um im Anschluss daran eine kritische Bewertung der Entscheidungsgründe vorzunehmen. Es wurde der Versuch unternommen, möglichst alle Entscheidungen zu berücksichtigen, damit sich der Leser ein Gesamtbild über die Jurisprudenz machen kann. Nur auf wenige Urteile wurde nicht ausdrücklich eingegangen, weil sie keine relevanten Entscheidungsmerkmale aufweisen. Entsprechend der Gesetzessystematik des EuGVÜ beginnt der Rechtsprechungsbericht mit dessen Anwendungsvoraussetzungen und endet mit intertemporalen Fragen.

Die überwiegende Anzahl der Entscheidungen enthält kritikwürdige Abschnitte über die Anwendung des Brüsseler und Lugano-Übereinkommens sowie der Brüssel I-VO. Das Gesamtbild ist daher nicht gut ausgefallen. Als Gründe lassen sich benennen:

- War der sachliche, räumlich-persönliche und zeitliche Anwendungsbereich der genannten Rechtsquellen eröffnet, so existiert kaum eine Entscheidung, die nicht gleichzeitig das autonome internationale Zivilverfahrensrecht anwandte,
- die Rechtsprechung des Europäischen Gerichtshofs blieb weitgehend unbeachtet,
- von dem Vorabentscheidungsverfahren vor dem EuGH wurde kein Gebrauch gemacht.

Die Auslegung der Gerichtsstände der Übereinkommen und der Verordnung nach den Grundsätzen des autonomen Rechts führt das vorrangige Völker- bzw. Gemeinschaftsrecht ad absurdum. Dieser Missstand wurde bei Art. 5 Nr. 3 (Gerichtsstand für Deliktsklagen) und 17 [Gerichtsstandsvereinbarungen (Art. 23 Brüssel I-VO)] der Europäischen Zuständigkeitsordnungen besonders deutlich. Unter Berufung auf eine exorbitante Zuständigkeitsregelung des autonomen Rechts wurde der Gerichtsstand für Deliktsklagen auf sog. Folgeschäden gemeinschaftswidrig ausgedehnt. In anderen Entscheidungen wurden Gerichtsstandsvereinbarungen, welche die Zuständigkeit der portugiesischen Gerichte derogierten, für unwirksam erklärt, nur weil sie nicht schriftlich oder mit schriftlicher Bestätigung zustande kamen. Die dem internationalen Handel dienlichen Formalternativen der Art. 17 I S. 2 b) (Gepflogenheiten) und c) (internationaler Handelsbrauch) EuGVÜ/LugÜ blieben außer Betracht. Letzteres überraschte dort nicht, wo die Gerichte in ihren Entscheidungen wiederholt auf die autonome Regelung des Art. 99 CPC verwiesen, die nur schriftliche Gerichtsstandsvereinbarungen zulässt.

Auf das Vorabentscheidungsverfahren vor dem EuGH kamen die Gerichte ausschließlich in Entscheidungen zu sprechen, in denen eine der Parteien die Intervention des EuGH geltend machte. Zu einem Vorabentscheidungsverfahren kam es nicht.

Hinweise auf die Rechtsprechung des EuGH sind rar. Bedauerlich ist, dass zwei Gerichte zwar ausdrücklich im Einklang mit dem EuGH urteilten, jedoch übersahen, dass die von ihnen zitierte EuGH-Rechtsprechung veraltet war, da sie das EuGVÜ in seiner ursprünglichen Fassung betraf und mittlerweile eine andere Rechtslage vorzufinden war.
Es bleibt zu hoffen, dass die Gerichte die fortschreitende Entwicklung der Rechtsprechung des EuGH beachten. Zwei Entscheidungen des Obersten Gerichtshofs aus 2003 und 2005 lassen eine großzügigere Berücksichtigung der Gemeinschaftsrechtsprechung erwarten.

Bei der Suche nach den Ursachen für das fehlerhafte Vorgehen der Gerichte darf nicht außer Acht gelassen werden, dass es in Portugal anders als in Deutschland, Italien oder Frankreich nur vereinzelte Literatur in der Landesprache über das EuGVÜ gibt. Selten werden nationale Entscheidungen von der Lehre kommentiert. Ausländisches Schrifttum und Rechtsprechung fanden praktisch keine Beachtung. Entscheidungen aus den Jahren 2004 bis 2006 lassen erkennen, dass die in diesem Zeitraum in Portugal erschienene Fachliteratur zu einer gemeinschaftskonformeren Auslegung der Brüssel I-VO durch die Gerichte beitragen kann.

Zum Teil versuchten die Gerichte das Ergebnis ihrer Zuständigkeitsprüfung mit dem auf die Streitfrage anwendbaren portugiesischen Sachrecht zu untermauern. Ist jedoch nach dem Kollisionsrecht der *lex fori* portugiesisches Sachrecht anwendbar, so führt dies nach einheitlicher Ansicht in der Literatur zu Recht nicht zur internationalen Zuständigkeit der eigenen Gerichte. Auch kann im Rahmen des sog. *forum necessitatis* (Art. 65 I d) CPC n.F.) für die Durchsetzbarkeit einer materiellrechtlichen Rechtsposition eine inländische Zuständigkeit nicht begründet werden. Im Geltungsbereich der Europäischen Zuständigkeitsordnungen ist ein sog. *forum legis* ohnehin unstatthaft.

In manchen Gerichtsentscheidungen wurde das nahezu Unmögliche versucht einen „internationalen Streit" zu definieren. Nach der hier vertretenen Auffassung stellt das Vorliegen eines Auslandsbezugs keine gesonderte Anwendungsvoraussetzung der Art. 2 ff. der Europäischen Zuständigkeitsordnungen dar. Nur bei Art. 17 EuGVÜ/LugÜ und Art. 23 Brüssel I-VO ist ein Auslandsbezug zu fordern, welcher aber weit zu fassen ist. Da in den Fällen, in denen Gerichtsstandsvereinbarungen vorkamen, die Vertragsparteien stets in unterschiedlichen Vertragsstaaten des EuGVÜ ansässig waren, mussten sich die Gerichte mit Letzterem nicht auseinander setzen. Ein Auslandsbezug lag stets vor.

Probleme bereitete den Gerichten die Abgrenzung zwischen dem räumlichen Anwendungsbereich des EuGVÜ und LugÜ. In mehreren Entscheidungen wurde das Lugano-Übereinkommen angewandt, obwohl der Sachverhalt ausschließlich Berührungspunkte zu Vertragsstaaten des EuGVÜ aufwies. Art. 54b LugÜ blieb unerwähnt. Der Oberste Gerichtshof wandte das LugÜ an, obwohl Schweden zum maßgeblichen Zeitpunkt bereits Vertragsstaat des EuGVÜ war. Das Berufungsgericht Coimbra ging sogar irrtümlich davon aus, dass Portugal nicht Vertragsstaat des EuGVÜ ist. Ein weiterer Grund für die fälschliche Anwendung des LugÜ mag darin gelegen haben, dass die Gerichte es für gleichgültig erachteten, das EuGVÜ oder LugÜ wegen ihres nahezu identischen Aufbaus, der Artikelfolge und des Wortlauts, anzuwenden. In diesem Zusammenhang kurios ist, dass in einer führenden Gesetzessammlung betreffend das autonome und internationale Zivilverfahrensrecht nur das LugÜ abgedruckt wurde.[1010]

In einem Berufungsurteil wurde die Vollstreckung von zwei französischen Urteilen, Finanzierungsgeschäfte betreffend, die im engen Zusammenhang mit einem konkursähnlichen Verfahren standen, zu Recht dem sachlichen Anwendungsbereich des EuGVÜ zugeordnet. Der Oberste Gerichtshof hat hingegen die Wirksamkeit einer Schiedsabrede nach Art. 17 EuGVÜ überprüft. Er übersah, dass nach der Rechtsprechung des EuGH die mit einer Schiedsabrede einhergehende Derogation staatlicher Gerichte nicht anhand Art. 17 EuGVÜ bzw. Art. 23 Brüssel I-VO zu überprüfen ist.

Es fällt auf, dass die Beklagten, die in Portugal ansässig waren, die internationale Zuständigkeit portugiesischer Gerichte in allen gerichtlichen Verfahren rügten, obwohl Art. 2 I EuGVÜ dem Beklagten die Verteidigung erleichtern soll. Ein Prozessbeginn im Inland sollte verhindert werden; die Gefahr einer Prozessführung im Ausland nahmen sie in Kauf.
Der Oberste Gerichtshof hat wiederholt entschieden, dass die internationale Zuständigkeit zum Zeitpunkt der Klageerhebung bestimmt wird und nachträgliche Änderungen irrelevant sind. Auch in Fällen, in denen der Kläger nach Abweisung der Klage, diese sofort wieder erheben kann (z. B.: ein im Gerichtsstaat an-

[1010] Código de Processo Civil, 5. Auflage, koordiniert von Santos, J. A, Lisboa 2003.

sässiger Zweitbeklagter wird Verfahrensbeteiligter), macht der Gerichtshof davon – entgegen der hier vertretenen Auffassung – keine Ausnahme.

Was den in der Praxis wichtigsten besonderen Gerichtsstand des Erfüllungsortes angeht ist zu konstatieren, dass die Gerichte der „Tessili“ und „De Bloss“-Rechtsprechung des EuGH keine Beachtung schenkten. Der Erfüllungsort i. S. v. Art. 5 Nr. 1 EuGVÜ wurde fortlaufend nach der portugiesischen *lex fori* ermittelt. Erst im Jahr 2003 hat der Oberste Gerichtshof das einschlägige EVÜ zur Ermittlung des Erfüllungsortes herangezogen. Der Gerichtshof kam jedoch in seinen Entscheidungen nicht auf die EuGH-Rechtsprechung „Tessili/Dunlop“ zu sprechen, sondern er folgte stillschweigend dem Vorbringen der Verfahrensbeteiligten, die die Anwendung des EVÜ zur Bestimmung des Erfüllungsortes geltend machten. Eine neuere Entscheidung des Obersten Tribunals bestätigt die Annahme, dass er die *lex causae* zur Erforschung des Vertragsstatus tatsächlich nur ermittelte, weil die Verfahrensbeteiligten sich in ihrem Vorbringen darauf beriefen.
Lag nach Ansicht der Gerichte eine Erfüllungsortvereinbarung vor, so gingen sie ohne weiteres von der Maßgeblichkeit des jeweiligen Ortes für die Begründung der internationalen Zuständigkeit nach Art. 5 Nr. 1 der Europäischen Zuständigkeitsordnungen aus.
Erhebliche Unsicherheiten wiesen die Gerichte bei der Ermittlung des Vertragsstatuts nach dem EVÜ auf, das für Portugal seit dem 1. September 1994 in Kraft ist. In seiner Entscheidung vom 18. Juni 2003 hielt der Oberste Gerichtshof den räumlichen Anwendungsbereich des EVÜ nur dann für eröffnet, wenn das EVÜ nicht nur für Portugal, sondern auch für den anderen am Rechtsstreit beteiligten ausländischen Staat in Kraft ist.
In zwei Berufungsentscheidungen, in denen es um die Auflösung von Verträgen infolge einer vertraglichen Pflichtverletzung ging, haben die Gerichte Art. 5 Nr. 1 EuGVÜ für unanwendbar gehalten, obwohl der Gerichtsstand des Erfüllungsortes nach der Rechtsprechung des EuGH auch dann Anwendung findet, wenn die Parteien über die Existenz des Vertrages streiten. Der Oberste Gerichtshof hat hingegen diese Rechtsprechung korrigiert und im Sinne des EuGH und des Schrifttums entschieden.
Der Gerichtsstand für individuelle Arbeitsverträge in Art. 5 Nr. 1 HS. 2, 3 EuGVÜ fand in der höchstrichterlichen Rechtsprechung Berücksichtigung und wurde zufriedenstellend gehandhabt.

Auf den Umgang der Gerichte mit Gerichtsstandsvereinbarungen wurde in dieser Zusammenfassung bereits eingegangen. Lediglich in einer Entscheidung hat sich das Gericht erkennbar mit dem Handelsbrauch im Sinne von lit. c) befasst, obwohl die Formalternative in Art. 17 I S. 2 c) EuGVÜ und Art. 23 I 3 c) Brüssel I-VO gerade in den von den Gerichten entschiedenen Fällen Bedeutung erlangen kann. Die praktischen Schwierigkeiten bei der Ermittlung etwaiger Gepflogenheiten und einschlägiger Handelsbräuche sind nicht zu unterschätzen.

Vielleicht trug zusätzlich der Umstand, dass der portugiesische Wortlaut der lit. b) und c) begrifflich nicht zwischen „Gepflogenheiten“ und „Handelsbrauch“ unterscheidet dazu bei, dass die Gerichte von deren Prüfung absahen.
Äußerst praxisrelevant ist, dass portugiesische Vertragspartner unter Umständen an die Wirkung des Schweigens auf ein kaufmännisches Bestätigungsschreiben gebunden sind, obwohl dem portugiesischen Handelsrecht das Rechtsinstitut des kaufmännischen Bestätigungsschreibens fremd ist. Der internationale Handelsbrauch in Bezug auf kaufmännische Bestätigungsschreiben ist im internationalen Handel mit den unterschiedlichsten Konsumgütern verbreitet, wie etwa im grenzüberschreitenden Warenaustausch mit Kfz-Ersatzteilen. Beteiligt man sich am internationalen Handel und sind in der konkreten Branche kaufmännische Bestätigungsschreiben üblich, so gehört es zu den Obliegenheiten eines umsichtigen Vertragspartners sich über die ihn betreffenden Bräuche zu erkundigen. Zumindest ein „kennen müssen“ des Handelsbrauchs ist dann in der Regel zu bejahen.
Von großer Relevanz ist auch der internationale Handelsbrauch im Zusammenhang mit Gerichtsstandsklauseln in Konnossements. Letzteres wurde vom Berufungsgericht Lissabon in seiner Entscheidung vom 21. Mai 1998 richtig erkannt.

Das Berufungsgericht Porto befasste sich eingehend mit dem Gerichtsstand der rügelosen Einlassung. Zutreffend führte das Gericht im Ergebnis aus, dass Art. 18 EuGVÜ im zu entscheidenden Fall nicht erfüllt war. Es übersah jedoch, dass es eines Rückgriffs auf die *lex fori* für die Feststellung, dass Grundvoraussetzung jeder Einlassung die Beteiligung des Beklagten am Verfahren ist, nicht bedarf. Außerdem ist entgegen der Ansicht des Gerichts eine Einlassung des Beklagten auch dann möglich, wenn er Einreden zum Verfahren (außer der Rüge der internationalen Zuständigkeit) erhebt.

Im Rahmen des Anerkennungs- und Vollstreckungsrechts wurden die portugiesischen Gerichte mit unterschiedlichen Fragen konfrontiert, die überwiegend übereinkommenskonform beantwortet wurden. Die Anwendung des Anerkennungs- und Vollstreckungsrechts ist ersichtlich besser ausgefallen, als der Umgang mit den internationalen Gerichtsständen. Eine Erklärung dafür lässt sich nur vermuten. Zu denken ist an gesonderte Abteilungen der Gerichte, die sich auf diese Fragen konzentrieren. Jedoch verfügen sie nicht über spezielle Kammern, die für die Anerkennung und Vollstreckung ausländischer Entscheidungen zuständig sind. Die Antwort könnte darin liegen, dass die zum Teil klaren Wortlaute der Vorschriften über die Anerkennung und Vollstreckung eine präzise Prüfung ermöglichen, ohne dass es eines Rückgriffs auf die Rechtsprechung des EuGH bedarf und tiefgreifende nationale Beeinflussungen der Suche nach einer übereinkommensautonomen Rechtsanwendung nicht im Wege standen.
Richtig erkannt wurde, dass eine Vollstreckbarerklärung einen vollstreckungsfähigen Inhalt des Urteils voraussetzt und eine ordnungsgemäße Zustellung des verfahrenseinleitenden Schriftstücks dem vorrangigen HZÜ (nun: EuZVO) un-

terliegen kann. Ferner wurde das Verbot der Nachprüfung der Zuständigkeit der Gerichte des Ursprungsstaats und der ausländischen Entscheidung in der Sache beachtet. Zudem hat der Oberste Gerichtshof Art. 38 EuGVÜ (Aussetzung des Verfahrens) nach seinem Sinn und Zweck einwandfrei interpretiert. Ebenso makellos wurden die Wirkungen der Einlegung eines Rechtsbehelfs im Vollstreckungsverfahren festgestellt.
Vom Berufungsgericht Porto wurde möglicherweise übersehen, dass Art. 27 Nr. 2 EuGVÜ nicht nur Amts- sondern auch Parteizustellungen erfasst.

Bei der Prüfung des intertemporalen Anwendungsbereichs des Anerkennungs- und Vollstreckungssystems des EuGVÜ in der Fassung des 3. Beitrittsübereinkommens von 1989 sind den Gerichtsentscheidungen beträchtliche Unsicherheiten anzumerken. Selbst das mehrheitliche portugiesische Schrifttum ist m. E. zu schwer vertretbaren Ergebnissen gekommen.
Das vereinfachte Anerkennungs- und Vollstreckungssystem des EuGVÜ kommt gem. Art. 29 I des 3. BeitrittsÜb. 1989 nur dann zur Anwendung, wenn zum Zeitpunkt der Erhebung der ursprünglichen Klage das Brüsseler Übereinkommen sowohl im Ursprungsstaat als auch im „ersuchten Staat" in Kraft ist. Art. 29 II des 3. BeitrittsÜb. 1989 erfasst all die Fälle, in denen das Übereinkommen zum Zeitpunkt der Klageerhebung vor den Gerichten des Ursprungsstaates in diesem und/oder im Anerkennungsstaat noch nicht in Kraft war.
Von den Gerichten wurde Art. 29 I, II des 3. BeitrittsÜb. 1989 nicht gesehen; sie wandten stets den inhaltsgleichen Art. 54 EuGVÜ an, der den zeitlichen Anwendungsbereich der Ursprungsfassung des EuGVÜ regelt.

II. Das autonome internationale Zivilverfahrensrecht Portugals

Außerhalb des Geltungsbereichs der Europäischen Zuständigkeitsordnungen und anderer vorrangiger Rechtsquellen findet das autonome internationale Zivilverfahrensrecht Anwendung. In dieser Arbeit wurden die wichtigsten Regelungen des autonomen internationalen Zivilverfahrensrechts Portugals erörtert. Der portugiesische Gesetzgeber hat 1997, 2000 und 2003 eine Reihe einschneidender Änderungen vorgenommen. Einige von ihnen waren erkennbar am Vorbild EuGVÜ/Brüssel I-VO ausgerichtet. Im Gegensatz zu den Neuregelungen des Nachbarlandes Spanien[1011] erweisen sich die portugiesischen Reformen aber als äußerst bescheiden. Sie beschränkten sich im Wesentlichen darauf, die vereinzelt in der Literatur vertretenen Meinungen gesetzlich zu verankern. Die erzielte Angleichung an die Europäischen Zuständigkeitsordnungen ist ansehnlich, aber viel zu gering.

[1011] Der spanische Gesetzgeber hat bereits 1986, also bevor das EuGVÜ in der Fassung des 3. Beitrittsübereinkommens von 1989 für Spanien am 01.02.1991 in Kraft trat, seine autonome Zuständigkeitsordnung weitgehend an das EuGVÜ angeglichen und sich von der alten „Ley de Enjuiciamiento Civil" vom 3. Februar 1881 verabschiedet. Zu den neuen Regelungen in der „Ley Orgánica 6/1985 del Poder Judicial" s. Ditandy, Internationale Zuständigkeit – Neuregelung durch die LOPJ 1985 (2003).

Die Harmonisierungsbemühungen kommen wie folgt zum Ausdruck:

- Die vormals in Art. 3 II EuGVÜ aufgelisteten exorbitanten Gerichtsstände wurden aufgehoben (als exorbitant zu bezeichnende Gerichtsstände existieren aber weiterhin!),
- in Art. 65 I a) CPC n.F. wurde der Grundsatz *actor sequitur forum rei* niedergelegt und zugleich ein Gerichtsstand der Streitgenossenschaft entsprechend Art. 6 Nr. 1 EuGVÜ eingeführt,
- die ausschließlichen Gerichtsstände in Art. 65-A CPC n.F. wurden weitgehend an Art. 16 EuGVÜ (Art. 22 Brüssel I-VO) angeglichen,
- die strenge Schriftform bei Gerichtsstandsvereinbarungen wurde an Art. 17 I 2 a) EuGVÜ angepasst, so dass nun auch Vereinbarungen mit schriftlicher Bestätigung möglich sind (Art. 99 III e) CPC n.F.).

Eigentypische Regelungen des autonomen Rechts dominieren weiterhin in folgenden Bereichen:

- Juristische Personen werden bereits dann als in Portugal ansässig im Sinne des Beklagtengerichtsstandes angesehen, wenn sie dort über eine einfache Geschäftsstelle verfügen. Der portugiesische Gesetzgeber hat sich über die herrschende Tendenz in Europa hinweggesetzt, nach der Agenturen und sonstige Niederlassungen von ausländischen Gesellschaften nur dann zuständigkeitsrelevant sind, wenn es um Rechtsstreitigkeiten geht, die aus deren Betrieb hervorgehen.
- Hat sich in Portugal eine der rechtlich relevanten Tatsachen ereignet, auf die sich der Anspruch des Klägers stützt, so sind portugiesische Gerichte international zuständig. Dieses sog. Territorialprinzip gilt auch im Rahmen des in Portugal gesondert geregelten Arbeitsrechts. Die Praxis zeigt, dass das Territorialprinzip als exorbitant bezeichnet werden kann. Es stellt einen Fremdkörper im portugiesischen Zuständigkeitssystem dar, der die übrigen an vernünftigen Zuständigkeitsinteressen orientierten Gerichtsstände systemwidrig überlagert.
- „Pech" im internationalen Handel können diejenigen haben, gegen die in Portugal Klage erhoben wird, obwohl sie – berechtigterweise – auf die Gültigkeit einer Gerichtsstandsvereinbarung vertrauen, die die internationale Zuständigkeit portugiesischer Gerichte derogiert. Ohne ersichtlichen Grund hat der portugiesische Gesetzgeber ein Derogationsverbot bei Seerechtsstreitigkeiten und im Arbeitsrecht erlassen. Hinzu kommt die gesetzliche Vermutung, dass portugiesische Gerichte neben den prorogierten ausländischen Gerichten international zuständig bleiben. Schließlich haben es die Gerichte in der Hand, Gerichtsstandsvereinbarungen wegen des Fehlens eines „ernsthaften Interesses" einer der Parteien zu kippen. Die Rechtsunsicherheit ist enorm.
- Ein Gerichtsstand der rügelosen Einlassung existiert nicht.

Gebe es nicht das exorbitante Territorialprinzip in Art. 65 I c) CPC n.F., das den Anwendungsbereich der anderen Zuständigkeiten in der Gerichtspraxis weitgehend verdrängt, so käme den autonomen Gerichtsständen des Erfüllungsorts und der unerlaubten Handlung (Art. 65 I b) i. V. m. 74 I, II CPC n.F.) neben dem Beklagtengerichtsstand die größte praktische Bedeutung zu. Entgegen der Vorgehensweise der Rechtsprechung ist der Erfüllungsort bei grenzüberschreitenden Fällen nach der *lex causae* zu ermitteln.

Im spärlich reformierten autonomen Anerkennungsrecht sind keine Harmonisierungsbemühungen festzustellen. Vielmehr beschränkte sich der Gesetzgeber vornehmlich auf Änderungen, die im herrschenden Schrifttum seit langem diskutiert wurden.
Das sog. Spiegelbildprinzip als Anerkennungsvoraussetzung ausländischer Entscheidungen wurde gestrichen. Der neue Art. 1096 c) CPC verlangt nur, dass die Zuständigkeit nicht fraudulös begründet worden ist und dass sie nicht die ausschließliche Zuständigkeit der portugiesischen Gerichte berührt. Weil aber eine Nähebeziehung des dem anzuerkennenden Urteil zugrundeliegenden Sachverhalts zum Urteilsstaat als unabdingbar zu betrachten ist (Beklagtenschutz!), wird im Schrifttum die Rückkehr zum Spielgelbildprinzip erwogen und nach anderen Lösungen gesucht.
Zu begrüßen sind die Präzisierungen der Regelungen betreffend den verfahrens- und materiellrechtlichen ordre public.
Das Anerkennungsrecht sieht nach wie vor eine kollisionsrechtliche Kontrolle zugunsten portugiesischer Staatsangehöriger vor, die m. E. vor den Gleichheitsgrundsätzen der portugiesischen Verfassung und Art. 12 EG (Diskriminierungsverbot) keinen Bestand haben dürfte.

Die Untersuchung hat gezeigt, dass eine international-zivilprozessuale Rechtsvereinheitlichung in Europa nicht allein durch den Erlass von Einheitsrechten erzielt werden kann. Es kommt entscheidend darauf an, ob die nationalen Gerichte sich an die Einheitsrechte gebunden sehen. Die sog. faktische Bindungswirkung der Gerichte an die Gemeinschaftsrechtsprechung läuft leer, wenn die Gerichte der Rechtsprechung des EuGH keine Beachtung schenken. Nach der jetzigen Rechtslage sind die Parteien nicht befugt, selbst den EuGH anzurufen, wenn das nationale Gerichte seiner Vorlagepflicht nicht nachkommt; sie sind den nationalen Rechtsprechungen ausgesetzt. Der portugiesische Reformgesetzgeber von 1997, 2000 und 2003 hatte es selbst in der Hand, durch eine weitreichendere Angleichung des autonomen Rechts an das Gemeinschaftsrecht die in der portugiesischen Spruchpraxis unzuübersehbaren Anwendungskonflikte zu dezimieren; stattdessen beschränkte er sich darauf, vereinzelte Verbesserungen vorzunehmen, die das alte Grundsystem nicht in Frage stellen und die vorwiegend nur darauf abzielten, die in der Literatur vertretenen Meinungen gesetzlich festzuschreiben.

Breve introdução e resumo em português (Kurze Einführung und Zusammenfassung auf portugiesisch)

Este texto sintetiza de forma breve os pontos mais relevantes deste trabalho, esperando que o leitor se sinta motivado à sua leitura.

Esta „Dissertação para a obtenção do título de Doutor em Direito" (comparável com a Tese de Mestrado em Portugal), escrita em língua alemã, apresentada à Universidade de Trier (Alemanha) com o título „A Convenção de Bruxelas na Jurisprudência Portuguesa tendo em consideração o Direito Processual Internacional Civil autónomo" (ou „A Convenção de Bruxelas de 1968 na Jurisprudência Portuguesa tendo em consideração o Direito Processual Civil interno") incide, como o título indica, na análise dos acórdãos proferidos pelos Tribunais superiores portugueses nos quais foi aplicada ou deveria ter sido aplicada a Convenção de Bruxelas de 27 de Setembro de 1968 Relativa à Competência Judiciária e à Execução de Decisões em Matéria Civil e Comercial, com o objectivo de confrontar a sua jurisprudência com o texto oficial da Convenção de Bruxelas, a jurisprudência do Tribunal de Justiça das Comunidades Europeias e a doutrina europeia que sobre esta tem sido elaborada. Este trabalho crítico inclui a paralela e muito semelhante Convenção Relativa à Competência Judiciária e à Execução de Decisões em Matéria Civil e Comercial concluída em Lugano em 16 de Setembro de 1988 e o Regulamento (CE) n.° 44/2001 do Conselho, de 22 de Dezembro de 2000, Relativo à Competência Judiciária, ao Reconhecimento e à Execução de Decisões em Matéria Civil e Comercial que entrou em vigor em 1 de Março de 2002.

Este exame crítico não ficaria completo se não se dedicasse também ao direito processual internacional civil autónomo português tendo em especial ponderação as reformas legais ao Código de Processo Civil de 1997 (Decreto-Lei n.° 329-A/95, de 12 de Dezembro e Decreto-Lei n.° 180/96, de 25 de Setembro) e 2003 (Decreto-Lei n.° 38/2003, de 8 de Março e Decreto-Lei n.° 199/2003, de 10 de Setembro) e o novo Código de Processo do Trabalho de 2000 (Decreto-Lei n.° 480/99, de 9 de Novembro).
Tal resulta do facto de a maioria dos tribunais portugueses, apesar de terem verificado o preenchimento dos requisitos espaciais, materiais e temporais de aplicação das mencionadas fontes legais europeias, continuar a aplicar o seu direito autónomo. A influência do direito autónomo nestas e também noutras decisões é manifesta. Pode-se até dizer que a compreensão de uma considerável parte das decisões das Relações e do Supremo Tribunal de Justiça pressupõe o conhecimento do direito processual da *lex fori*.
É também de interesse verificar se houve a preocupação de harmonizar as soluções de direito autónomo com as da Convenção de Bruxelas e do Regulamento. Os reformadores dos países da Europa que continuam a preferir soluções que

não se compatibilizam com as do direito unificado têm que expor justificações persuasivas para a sua actuação. Um dos desideratos neste trabalho foi, por isso, o estudo das regras relativas à competência internacional dos tribunais portugueses e ao reconhecimento de sentenças estrangeiras segundo o direito autónomo português.

Principalmente foram examinadas as seguintes disposições do direito autónomo:
- *Do Código de Processo Civil (CPC):* Artigos 65.° (Factores de atribuição da competência internacional), 65.°-A (Competência exclusiva dos tribunais portugueses), 73.° a 89.° (artigo 65.° n.° 1 alínea b) em conexão com as regras sobre a competência territorial), 99.° (Pactos privativo e atributivo de jurisdição), 1094.° a 1102.° (Da revisão de sentenças estrangeiras);
- *Do Código de Processo do Trabalho (CPT):* Artigos 10.° (Competência internacional dos tribunais do trabalho), 11.° (Pactos privativos de jurisdição), 13.° a 19.° (artigo 10.° 1.ª parte em conexão com as regras sobre a competência territorial);
- *Outras fontes:* Artigo 7.° da Lei sobre os tribunais marítimos (Competência internacional), artigo 19.° g) do regime jurídico das cláusulas contratuais gerais (Cláusulas relativamente proibidas), artigo 348.° do Código Civil (Direito consuetudinário, local ou estrangeiro).

A Convenção de Bruxelas na jurisprudência portuguesa

Após a análise dos acórdãos sobre as Convenções de Bruxelas/Lugano e o Regulamento 44/2001 o autor verifica que, apesar de existirem decisões admiráveis que incidem sobretudo no reconhecimento e execução de sentenças estrangeiras segundo a Convenção de Bruxelas, a jurisprudência portuguesa de um ponto de vista geral não é positiva. Isso deve-se a três causas fundamentais:
- As referências à jurisprudência do Tribunal da Justiça das Comunidades Europeias (TCE) são extremamente diminutas;
- nenhum dos tribunais fez uso do seu direito e, em determinadas situações, do seu dever de chamar o TCE a pronunciar-se a título prejudicial sobre a interpretação da Convenção de Bruxelas;
- como já foi apontado a prevalência da Convenção de Bruxelas/Lugano foi sucessivamente desrespeitada.

A interpretação do direito uniforme através de convicções nacionais leva as Convenções e o Regulamento *ad absurdum*. Este inconveniente é especialmente notório em acórdãos em que foi aplicado o artigo 5.° n.° 3 (matéria extracontratual) e o artigo 17.° (pactos de jurisdição) das Convenções:
- O Supremo Tribunal de Justiça e a Relação de Coimbra afirmaram que o artigo 5.° n.° 3 deve ser interpretado de acordo com a regra exorbitante do artigo 65.° n.° 1 alínea c) CPC (critério da causalidade) o que fez com que os tribunais por-

tugueses fossem considerados competentes para dirimir litígios que resultaram de acidentes de automóveis ocorridos no estrangeiro;
- noutros acórdãos foram declarados nulos pactos de jurisdição, só por não terem sido celebrados por escrito ou com confirmação escrita. As alternativas formais do artigo 17.° n.° 1 3.ª parte alínea b) e c) não foram sequer apreciadas. É algo que não surpreende nos acórdãos em que o tribunal faz amiúde referência ao artigo 99.° CPC que exige a forma escrita.

Na opinião do autor comerciantes portugueses podem ficar vinculados pelo artigo 17.° n.° 1 3.ª parte alínea c) (usos no comércio internacional) a pactos de jurisdição que não foram aceitados expressamente. Trata-se dos casos em o comerciante recebe uma carta comercial de confirmação de um negócio e, como a Relação de Lisboa bem decidiu, os casos em que cláusulas atributivas de jurisdição estão inseridas em conhecimentos de carga. Nestes casos o silêncio vale como aceitação. A circunstância de o direito comercial português não conhecer a instituição jurídica da carta comercial de confirmação que é divulgada em vários países europeus não significa que um comerciante português prudente que comercializa com o estrangeiro não tenha o dever de se informar sobre os usos do comércio internacional que regem os domínios do comércio internacional em que ele opera.

Entre outros pontos, o autor critica ainda o seguinte:
- A afirmação do Supremo Tribunal de Justiça de que se a lei aplicável é a portuguesa, logo a jurisdição deve ser a portuguesa;
- o facto de em seis acórdãos se ter aplicado a Convenção de Lugano apesar de o litígio apenas ter tido relações com países da União Europeia;
- de o Supremo Tribunal de Justiça ter aplicado o artigo 17.° da Convenção de Bruxelas para apreciar a validade de uma convenção de arbitragem;
- de o Supremo Tribunal de Justiça ter aplicado as regras da *lex fori* (cf. artigo 22.° n.° 1 1.ª parte da Lei de Organização e Funcionamento dos Tribunais Judiciais) para definir o momento relevante para a determinação da competência internacional, em casos em que o autor imediatamente após a absolvição do réu da instância tem a possibilidade de instaurar novamente a acção;
- de os tribunais até 2003 terem aplicado continuamente o direito material da *lex fori* para a determinação do lugar do cumprimento da obrigação litigada nos termos do artigo 5.° n.° 1 da Convenção de Bruxelas e Lugano;
- as profundas incertezas que os tribunais demonstram na aplicação da Convenção de Roma sobre a Lei Aplicável às Obrigações Contratuais de 19 de Junho de 1980;
- a circunstância de as Relações de Coimbra e Lisboa não terem aplicado o artigo 5.° n.° 1 da Convenção de Bruxelas quando o objecto principal da acção era a validade ou existência do contrato;
- as diversas dificuldades de interpretação que os tribunais tiveram com o apuramento do campo de aplicação temporal da Convenção de Bruxelas de acordo

com o artigo 29.° n.º 1 e 2 da Convenção de San Sebastián relativa à adesão de Portugal e Espanha à Convenção de Bruxelas.

O direito processual internacional civil autónomo

No que diz respeito ao direito processual internacional civil autónomo português, o autor demonstra que as reformas do CPC e do CPT apenas constituíram aperfeiçoamentos dispersos que se limitam quase sempre a dar forma legal ao que a doutrina portuguesa vinha defendendo. O autor observa que uma parte das medidas legislativas tiveram como modelo a Convenção de Bruxelas ou o Regulamento 44/2001:
- As competências exorbitantes que estiveram mencionadas no artigo 3.° n.º 2 da Convenção de Bruxelas foram abolidas, o que não aconteceu no direito interno português (cf. artigo 65.° n.º 1 alínea c) CPC, artigo 10.° 2.ª parte CPT e no direito marítimo por ex. o artigo 15.° n.º 1 alínea c) do Decreto-Lei n.º 203/98, de 10 de Julho sobre a salvação marítima);
- foi introduzido no artigo 65.° n.º 1 alínea a) CPC o princípio *actor sequitur forum rei* e uma competência relativa aos casos de pluralidade de réus como vem estabelecido nos artigo 2.° n.º 1 e 6.° n.º 1 da Convenção de Bruxelas e do Regulamento;
- houve a preocupação de harmonizar as competências exclusivas no artigo 65.°-A CPC com o artigo 16.° da Convenção de Bruxelas e artigo 22.° do Regulamento;
- a severa forma escrita que esteve prevista nos antigos artigo 99.° n.º 3 alínea d), 100.° n.º 2 do CPC foi aliviada a favor da possibilidade de uma confirmação por escrito como vem estabelecido no artigo 17.°, n.º 1, 2.ª parte, alínea a), da Convenção de Bruxelas.

Os princípios do direito autónomo que não têm analogia nas fontes legais europeias e que o autor mais critica são os seguintes:
- o facto de a filial, agência, sucursal ou delegação de uma pessoa colectiva no território português ser equiparada, para efeitos de competência internacional, à sede no mesmo território;
- a competência exorbitante no artigo 65.° n.º 1 alínea c) CPC e artigo 10.° 2.ª parte CPT (critério da causalidade) que na opinião do autor é um corpo estranho dentro dos sistemas de competências do CPC e CPT. O critério da causalidade sobrepõe-se às demais competências que se orientam em interesses justos de competência internacional;
- de uma parte da doutrina e jurisprudência usar o *forum necessitatis* (artigo 65.° n.º 1 alínea d) CPC) para impregnar uma posição legal material;
- a „pouca sorte" que comerciantes que operam no comércio internacional podem ter caso sejam demandados em Portugal nos casos em que o réu – justificadamente – confia na validade de um pacto de jurisdição que derroga a compe-

tência internacional dos tribunais portugueses. Sem fundamento visível são considerados ineficazes os pactos privativos de jurisdição no Direito Marítimo (artigo 7.° da Lei n.° 35/86, de 4 de Setembro) e no Direito do Trabalho (artigo 11.° CPT). Além disso é altamente criticável a presunção de uma competência concorrente em caso de dúvida como se estabelece no artigo 99.° n.° 2 CPC. Também a possibilidade dos tribunais avaliarem a seriedade do interesse que presidiu à escolha da jurisdição contribui para uma insegurança jurídica que é indesejável nesta matéria;
- a supressão do artigo 1096.° alínea d) do CPC (competência internacional do tribunal de origem) por ser incontestável que o reconhecimento de uma sentença estrangeira na ordem interna só se justifica quando haja uma conexão adequada entre o Estado de Origem da decisão e a situação (protecção do réu);
- o controlo de mérito no artigo 1100.° n.° 2 CPC e o favorecimento exclusivo da parte portuguesa.

O autor espera que com este trabalho contribua um pouco para uma cada vez maior uniformização do Direito Processual Civil Europeu. O estudo crítico da jurisprudência nacional e do seu direito processual internacional civil autónomo é indispensável para a criação de opiniões respeitantes a eventuais alterações do direito uniformizado.

O autor
Março de 2007

→ Mais informações sobre o autor na internet: www.rathenau.com.

ANHANG: Gegenüberstellung der alten und neuen Fassung der wichtigsten autonomen internationalen Zuständigkeits- und Anerkennungsvorschriften

Die Gesetzesänderungen des *Código de Processo Civil* (CPC) sind unterstrichen: Die Neuregelungen der **Reform von 1997** sind einmal und die von **2003** doppelt unterstrichen.

Ebenso sind die Neuregelungen des *Código de Processo do trabalho* (CPT) von **2000** im Vergleich zum Wortlaut des alten Arbeitsprozessgesetzbuches gekennzeichnet.

Gekennzeichnet ist auch der neue Wortlaut von Art. 74 I CPC in seiner Gesetzesfassung von **2006**.

Die in *kursiv* getätigten Anmerkungen sind nicht Teil des Gesetzestextes, sondern sollen dem Leser Hinweise zur besseren Orientierung geben.

I. OFFIZIELLER TEXT

Die deutsche Übersetzung findet sich im Anhang II (S. 240 ff.).

Linke Spalte: **Alte Fassung**
Rechte Spalte: **Neue Fassung**

Código de Processo Civil de 28 de Dezembro de 1961 (DL n.º 44 129)

Art. 49.º n.º 1 CPC (Exequibilidade das sentenças e dos títulos exarados em país estrangeiro) 1. As sentenças proferidas por tribunais ou por árbitros em país estrangeiro só podem servir de base à execução depois de revistas e confirmadas pelo tribunal português competente.	**Art. 49.º n.º 1 CPC (Exequibilidade das sentenças e dos títulos exarados em país estrangeiro)** 1. Sem prejuízo do que se ache estabelecido em tratados, convenções, regulamentos comunitários e leis especiais, as sentenças proferidas por tribunais ou por árbitros em país estrangeiro só podem servir de base à execução depois de revistas e confirmadas pelo tribunal português competente.

Art. 65.º CPC (Factores de atribuição da competência internacional)	**Art. 65.º CPC (Factores de atribuição da competência internacional)**
1. A competência internacional dos tribunais portugueses depende da verificação de alguma das seguintes circunstâncias:	1. Sem prejuízo do que se ache estabelecido em tratados, convenções, regulamentos comunitários e leis especiais, a competência internacional dos tribunais portugueses depende da verificação de alguma das seguintes circunstâncias:
a) Dever a acção ser proposta em Portugal, segundo as regras de competência territorial estabelecidas pela lei portuguesa;	*Vgl. Art. 65 I b) CPC n.F.* a) Ter o réu ou algum dos réus domicílio em território português, salvo tratando-se de acções relativas a direitos reais ou pessoais de gozo sobre imóveis sitos em país estrangeiro;
b) Ter sido praticado em território português o facto que serve de causa de pedir na acção;	*Vgl. Art. 65 I c) CPC n.F.* b) Dever a acção ser proposta em Portugal, segundo as regras de competência territorial estabelecidas na lei portuguesa;
c) Ser réu um estrangeiro e autor um português, desde que, em situação inversa, o português pudesse ser demandado perante os tribunais do Estado a que pertence o réu;	*Diese Vorschrift wurde aufgehoben.* c) Ter sido praticado em território português o facto que serve de causa de pedir na acção, ou algum dos factos que a integram;

d) Não poder o direito tornar-se efectivo senão por meio de acção proposta em tribunal português, desde que entre a acção a propor e o território português exista qualquer elemento ponderoso de conexão pessoal ou real.	d) Não poder o direito invocado tornar-se efectivo senão por meio de acção proposta em território português, ou constituir para o autor dificuldade apreciável a sua propositura no estrangeiro*, desde que entre o objecto do litígio e a ordem jurídica nacional haja algum elemento ponderoso de conexão, pessoal ou real. ** Fassung von 1997 (vor 2003): „...,ou não ser exigível ao autor a sua propositura no estrangeiro,...".*
2. Quando para a acção seja competente, segundo a lei portuguesa, o tribunal do domicilio do réu, os tribunais portugueses podem exercer a sua jurisdição desde que o réu resida em Portugal há mais de seis meses ou se encontre acidentalmente em território português, contanto que, neste último caso, a obrigação tenha sido contraída com um português.	*Diese Vorschrift wurde aufgehoben.* 2. Para os efeitos da alínea a) do número anterior, considera-se domiciliada em Portugal a pessoa colectiva cuja sede estatutária ou efectiva se localize em território português, ou que aqui tenha sucursal, agência, filial ou delegação. *Vgl. Art. 65 III CPC a.F.*
3. As pessoas colectivas estrangeiras consideram-se domiciliadas em Portugal desde que tenham aqui sucursal, agência, filial ou delegação.	*Diese Vorschrift wurde aufgehoben.*

Art. 65.º-A CPC (Competência exclusiva dos tribunais portugueses) A competência dos tribunais portugueses é exclusiva:	**Art. 65.º-A CPC (Competência exclusiva dos tribunais portugueses)** Sem prejuízo do que se ache estabelecido em tratados, convenções, regulamentos comunitários e leis especiais, os tribunais portugueses têm competência exclusiva para:
a) No caso das acções relativas a direitos reais sobre imóveis sitos em território português;	a) As acções relativas a direitos reais ou pessoais de gozo sobre bens imóveis sitos em território português;
b) Para a declaração da falência ou insolvência de pessoas colectivas cuja sede se encontre em território português;	b) Os processos especiais de recuperação de empresa e de falência, relativos a pessoas domiciliadas em Portugal ou a pessoas colectivas ou sociedades cuja sede esteja situada em território português;
c) Para as acções referentes às relações de trabalho.	*Diese Vorschrift wurde aufgehoben.* c) As acções relativas à apreciação da validade do acto constitutivo ou ao decretamento da dissolução de pessoas colectivas ou sociedades que tenham a sua sede em território português, bem como à apreciação da validade das deliberações dos respectivos órgãos;
	d) As acções que tenham como objecto principal a apreciação da validade da inscrição em registos públicos de quaisquer direitos sujeitos a registo em Portugal;
	e) As execuções sobre bens existentes em território português.

Art. 73.º n.º 1 CPC (Foro da situação dos bens) 1. Devem ser propostas no tribunal da situação dos bens as acções relativas a direitos reais sobre imóveis, e bem assim as acções para arbitramento, as de despejo, as de preferência sobre imóveis e ainda as de reforço, substituição, redução e expurgação de hipotecas.	**Art. 73.º n.º 1 CPC (Foro da situação dos bens)** 1. Devem ser propostas no tribunal da situação dos bens as acções referentes a direitos reais ou pessoais de gozo sobre imóveis, as acções de divisão de coisa comum, de despejo, de preferência e de execução específica sobre imóveis, e ainda as de reforço, substituição, redução ou expurgação de hipotecas.

Art. 74.º CPC (Competência para o cumprimento da obrigação) 1. A acção destinada a exigir o cumprimento de obrigações ou a indemnização pelo não cumprimento será proposta no tribunal do lugar em que, por lei ou convenção escrita, a respectiva obrigação devia ser cumprida.	**Art. 74.º CPC (Competência para o cumprimento da obrigação)** 1. A acção destinada a exigir o cumprimento de obrigações, a indemnização pelo não cumprimento ou pelo cumprimento defeituoso e a resolução do contrato por falta de cumprimento será proposta, à escolha do credor, no tribunal do lugar em que a obrigação devia ser cumprida ou no tribunal do domicílio do réu.
2. Se a acção se destinar a efectivar a responsabilidade civil baseada em facto ilícito ou fundada no risco, o tribunal competente é o correspondente ao lugar onde o facto ocorreu.	2. *Unverändert geblieben.*

	Art. 74 I CPC in der Gesetzesfassung von 2006: **Art. 74.º CPC (Competência para o cumprimento da obrigação)** 1. A acção destinada a exigir o cumprimento de obrigações, a indemnização pelo não cumprimento ou pelo cumprimento defeituoso e a resolução do contrato por falta de cumprimento é proposta no tribunal do domicílio do réu, podendo o credor optar pelo tribunal do lugar em que a obrigação deveria ser cumprida, quando o réu seja pessoa colectiva ou quando, situando-se o domicílio do credor na área metropolitana de Lisboa ou do Porto, o réu tenha domicílio na mesma área metropolitana.
Art. 85.º CPC (Regra geral) 1. Em todos os casos não previstos nos artigos anteriores ou em disposições especiais é competente para a acção o tribunal do domicílio do réu.	**Art. 85.º CPC (Regra geral)** 1. *Unverändert geblieben.*

Art. 86.º n.º 2 CPC (Regra geral para as pessoas colectivas e sociedades)	**Art. 86.º n.º 2 CPC (Regra geral para as pessoas colectivas e sociedades)**
1. (...) 2. Se o réu for outra pessoa colectiva ou uma sociedade, será demandado no tribunal da sede da administração principal ou no da sede da sucursal, agência, filial ou delegação, conforme a acção seja dirigida contra aquela ou contra estas; mas a acção contra pessoas colectivas ou sociedades estrangeiras, que tenham sucursal, agência, filial ou delegação em Portugal pode ser proposta no tribunal da sede destas, ainda que seja pedida a citação da administração principal.	1. (...) 2. Se o réu for outra pessoa colectiva ou uma sociedade, será demandado no tribunal da sede da administração principal ou no da sede da sucursal, agência, filial, delegação ou representação, conforme a acção seja dirigida contra aquela ou contra estas; mas a acção contra pessoas colectivas ou sociedades estrangeiras que tenham sucursal, agência, filial, delegação ou representação em Portugal pode ser proposta no tribunal da sede destas, ainda que seja pedida a citação da administração principal.

Art. 99.º CPC (Pactos privativo e atributivo de jurisdição)	**Art. 99.º CPC (Pactos privativo e atributivo de jurisdição)**
1. As partes podem convencionar que um litígio determinado, ou os litígios eventualmente decorrentes de certo facto, serão decididos pelos tribunais de uma delas ou por tribunais internacionais.	1. As partes podem convencionar qual a jurisdição competente para dirimir um litígio determinado, ou os litígios eventualmente decorrentes de certa relação jurídica, contanto que a relação controvertida tenha conexão com mais de uma ordem jurídica.
2. À designação dos tribunais pode corresponder a atribuição de competência exclusiva ou concorrente com as de outras jurisdições.	2. A designação convencional pode envolver a atribuição de competência exclusiva ou meramente alternativa com a dos tribunais portugueses, quando esta exista, presumindo-se que seja alternativa* em caso de dúvida. ** Vgl. Art. 99 IV CPC a.F.*
3. A eleição do foro só é válida quando se verifiquem cumulativamente os seguintes requisitos: a) Ser aceite pela lei do tribunal designado;	3. A eleição do foro só é válida quando se verifiquem cumulativamente os seguintes requisitos: *Vgl. Art. 99 III b) CPC n.F.* a) Dizer respeito a um litígio sobre direitos disponíveis; *Vgl. Art. 99 III c) 1. HS CPC a.F.*

b) Corresponder a um interesse sério das partes ou de uma delas;	*Vgl. Art. 99 III c) CPC n.F.* b) Ser aceite pela lei do tribunal designado; *Vgl. Art. 99 III a) CPC a.F.*
c) Não dizer respeito a questões sobre direitos indisponíveis nem a questões abrangidas pelo artigo 65.°-A;	*Vgl. Art. 99 III a), d) CPC n.F.* c) Ser justificada por um interesse sério de ambas as partes ou de uma delas, desde que não envolva inconveniente grave para a outra; *Vgl. Art. 99 III b) CPC a.F.*
d) Observar a norma do n.º 2 do artigo seguinte.	*Vgl. Art. 99 III e) CPC n.F.* d) Não recair sobre matéria da exclusiva competência dos tribunais portugueses; *Vgl. Art. 99 III c) 2. HS CPC a.F.*
	e) Resultar de acordo escrito ou confirmado por escrito, devendo nele fazer-se menção expressa da jurisdição competente. *Vgl. Art. 100 Abs. 2 CPC a.F.*
4. Em caso de dúvida, presume-se que a designação é feita em alternativa com a que decorre da lei.	*Vgl. Art. 99 II CPC n.F.* 4. Para os efeitos do número anterior, considera-se reduzido a escrito o acordo constante de documento assinado pelas partes, ou o emergente de troca de cartas, telex, telegramas ou outros meios de comunicação de que fique prova escrita, quer tais instrumentos contenham directamente o acordo, quer deles conste cláusula de remissão para algum documento em que ele esteja contido.

Art. 100.º CPC (Competência convencional) 1. As regras de competência em razão da matéria e da hierarquia não podem ser afastadas por vontade das partes; mas é permitido a estas afastar, por convenção expressa, a aplicação das regras de competência em razão do valor e do território, salvo nos casos a que se refere o n.º 2 do artigo 109.º.	**Art. 100.º CPC (Competência convencional)** 1. As regras de competência em razão da matéria, da hierarquia, do valor e da forma de processo não podem ser afastadas por vontade das partes; mas é permitido a estas afastar, por convenção expressa, a aplicação das regras de competência em razão do território, salvo nos casos a que se refere o artigo 110.º.* ** Art. 110 I a) CPC n.F. lautet:* „1. A incompetência em razão do território deve ser conhecida oficiosamente pelo tribunal, sempre que os autos fornecerem os elementos necessários, nos casos seguintes: a) Nas causas a que se referem os artigos 73°, 74°, nº 2, 82°, 83°, 88°, 89°, 90°, nº 1, e 94°, nº 2;“
2. O acordo há-de satisfazer aos requisitos de forma do contrato, fonte da obrigação, contanto que seja escrito, e deve designar as questões a que se refere e o tribunal que fica sendo competente.	2. O acordo deve satisfazer os requisitos de forma do contrato, fonte da obrigação, contanto que seja reduzido a escrito, nos termos do nº 4 do artigo anterior, e deve designar as questões a que se refere e o critério de determinação do tribunal que fica sendo competente.
3. A competência fundada na estipulação é tão obrigatória como a que deriva da lei.	3. *Unverändert geblieben.*
4. A designação das questões abrangidas pelo acordo pode fazer-se pela especificação do facto jurídico susceptível de as originar.	4. *Unverändert geblieben.*

Art. 1094.º CPC (Necessidade da revisão) 1. Sem prejuízo do que se ache estabelecido em tratados e leis especiais, nenhuma decisão sobre direitos privados, proferida por tribunal estrangeiro ou por árbitros no estrangeiro, tem eficácia em Portugal, seja qual for a nacionalidade das partes, sem estar revista e confirmada.	**Art. 1094.º CPC (Necessidade da revisão)** 1. Sem prejuízo do que se ache estabelecido em tratados, convenções, regulamentos comunitários e leis especiais, nenhuma decisão sobre direitos privados, proferida por tribunal estrangeiro ou por árbitros no estrangeiro, tem eficácia em Portugal, seja qual for a nacionalidade das partes, sem estar revista e confirmada.
2. Não é necessária a revisão quando a decisão seja invocada em processo pendente nos tribunais portugueses, como simples meio de prova sujeito à apreciação de quem haja de julgar a causa.	2. *Unverändert geblieben.*

Art. 1096.º CPC (Requisitos necessários para a confirmação) Para que a sentença seja confirmada é necessário: a) Que não haja dúvidas sobre a autenticidade do documento de que conste a sentença nem sobre a inteligência da decisão;	**Art. 1096.º CPC (Requisitos necessários para a confirmação)** Para que a sentença seja confirmada é necessário: a) *Unverändert geblieben.*
b) Que tenha transitado em julgado segundo a lei do país em que foi proferida;	b) *Unverändert geblieben.*
c) Que provenha de tribunal competente segundo as regras de conflitos de jurisdições da lei portuguesa;	*Diese Vorschrift wurde aufgehoben.* c) Que provenha de tribunal estrangeiro cuja competência não tenha sido provocada em fraude à lei e não verse sobre matéria da exclusiva competência dos tribunais portugueses;

d) Que não possa invocar-se a excepção de litispendência ou de caso julgado com fundamento em causa afecta a tribunal português, excepto se foi o tribunal estrangeiro que preveniu a jurisdição;	d) *Unverändert geblieben.*
e) Que o réu tenha sido devidamente citado, salvo tratando-se de causa para que a lei portuguesa dispensaria a citação inicial; e, se o réu foi logo condenado por falta de oposição ao pedido, que a citação tenha sido feita na sua própria pessoa;	e) Que o réu tenha sido regularmente citado para a acção, nos termos da lei do país do tribunal de origem, e que no processo hajam sido observados os princípios do contraditório e da igualdade das partes.
f) Que não contenha decisões contraditórias aos princípios de ordem pública portuguesa;	f) Que não contenha decisão cujo reconhecimento conduza a um resultado manifestamente incompatível com os princípios da ordem pública internacional do Estado português.
g) Que, tendo sido proferida contra português, não ofenda as disposições do direito privado português, quando por este devesse ser resolvida a questão segundo as regras de conflitos do direito português.	*Diese Vorschrift wurde aufgehoben; vgl. aber Art. 1100 II CPC n.F.*

Art. 1100.° CPC (Fundamentos da impugnação do pedido) 1. O pedido só pode ser impugnado com fundamento na falta de qualquer dos requisitos mencionados no artigo 1096.° ou por se verificar algum dos casos de revisão especificados nas alíneas a), c) e g) do artigo 771.°.	**Art. 1100.° CPC (Fundamentos da impugnação do pedido)** 1. *Unverändert geblieben.*

	2. Se a sentença tiver sido proferida contra pessoa singular ou colectiva de nacionalidade portuguesa, a impugnação pode ainda fundar-se em que o resultado da acção lhe teria sido mais favorável se o tribunal estrangeiro tivesse aplicado o direito material português, quando por este devesse ser resolvida a questão segundo as normas de conflitos da lei portuguesa. *Vgl. Art. 1096 g) CPC a.F.*

Art. 1101.º CPC (Actividade oficiosa do tribunal) O tribunal verificará oficiosamente se concorrem as condições indicadas nas alíneas a), f) e g) do artigo 1096.º; e também negará oficiosamente a confirmação quando, pelo exame do processo ou por conhecimento derivado do exercício das suas funções, apure que falta algum dos requisitos exigidos nas alíneas b), c), d) e e) do mesmo preceito.	**Art. 1101.º CPC (Actividade oficiosa do tribunal)** O tribunal verificará oficiosamente se concorrem as condições indicadas nas alíneas a) e f) do artigo 1096.º; e também negará oficiosamente a confirmação quando, pelo exame do processo ou por conhecimento derivado do exercício das suas funções, apure que falta algum dos requisitos exigidos nas alíneas b), c), d) e e) do mesmo preceito.

***Código de Processo do Trabalho* de 9 de Novembro de 1999 (DL n.º 480/99),** que revogou o **DL n.º 272-A/81, de 30 de Setembro**

Art. 11.º CPT (Competência internacional dos tribunais do trabalho) Na competência internacional dos tribunais do trabalho estão incluídos os casos em que a acção pode ser proposta em Portugal, segundo as regras de competência territorial estabelecidas neste Código, sem prejuízo do disposto no artigo 65°-A do Código de Processo Civil, ou de ser português um trabalhador, se o contrato tiver sido celebrado em território nacional.	**Art. 10.º CPT (Competência internacional dos tribunais do trabalho)** Na competência internacional dos tribunais do trabalho estão incluídos os casos em que a acção pode ser proposta em Portugal, segundo as regras de competência territorial estabelecidas neste Código, ou de terem sido praticados em território português, no todo ou em parte, os factos que integram a causa de pedir na acção.

Artigo 12.º CPT (Pactos privativos de jurisdição)	**Artigo 11.º CPT (Pactos privativos de jurisdição)**
Não podem ser invocados perante tribunais portugueses os pactos ou cláusulas que lhes retirem competência internacional atribuída ou reconhecida pela lei portuguesa.	Não podem ser invocados perante tribunais portugueses os pactos ou cláusulas que lhes retirem competência internacional atribuída ou reconhecida pela lei portuguesa, salvo se outra for a solução estabelecida em convenções internacionais.

***Lei sobre os tribunais marítimos* n.º 35/86 de 4 de Setembro** (unverändert geblieben)

Art. 7 (Competência internacional)

1. Não é valido em questões de direito marítimo internacional, o pacto destinado a privar de jurisdição os tribunais portugueses, quando a estes for de atribuir tal jurisdição por força do disposto no artigo 65.° do Código de Processo Civil.
2. Não terá aplicação o disposto no n.º 1 se os pactuantes forem estrangeiros e se se tratar de obrigação que, devendo ser cumprida em território estrangeiro, não respeite a bens sitos, registados ou matriculados em Portugal.

II. ÜBERSETZUNG

Linke Spalte: **Alte Fassung**
Rechte Spalte: **Neue Fassung**

***Código de Processo Civil* vom 28. Dezember 1961 (DL Nr. 44 129)**

Art. 49 I CPC (Vollstreckbarkeit von ausländischen Urteilen...) 1. Die Urteile, die von ausländischen Gerichten oder Schiedsrichtern erlassen worden sind, können nur dann als Grundlage der Vollstreckung dienen, nachdem sie vom zuständigen portugiesischen Gericht nachgeprüft und bestätigt worden sind.	**Art. 49 I CPC (Vollstreckbarkeit von ausländischen Urteilen...)** 1. Unbeschadet der Bestimmungen in Verträgen, Konventionen, Gemeinschaftsvorschriften und Spezialgesetzen können Urteile, die von ausländischen Gerichten oder Schiedsrichtern erlassen worden sind, nur dann als Grundlage der Vollstreckung dienen, nachdem sie vom zuständigen portugiesischen Gericht nachgeprüft und bestätigt worden sind.

Art. 65 CPC (Gründe für die Zuweisung der internationalen Zuständigkeit) 1. Die internationale Zuständigkeit der portugiesischen Gerichte hängt vom Eintreten eines der folgenden Umstände ab:	**Art. 65 CPC (Gründe für die Zuweisung der internationalen Zuständigkeit)** 1. Unbeschadet der Bestimmungen in Verträgen, Konventionen, Gemeinschaftsvorschriften und Spezialgesetzen, hängt die internationale Zuständigkeit der portugiesischen Gerichte vom Eintritt eines der folgenden Umstände ab:

a) die Klage soll in Portugal nach den vom portugiesischen Gesetz aufgestellten Regeln über die örtliche Zuständigkeit erhoben werden;	*Vgl. Art. 65 I b) CPC n.F.* a) der Beklagte, oder einer der Beklagten, hat seinen Wohnsitz im portugiesischen Gebiet, es sei denn, es handelt sich um Klagen betreffend dinglicher Rechte oder persönlicher Nutzrechte an unbeweglichen Sachen, die im Ausland belegen sind;
b) die Tatsache, die als Klagegrund dient, muss sich auf portugiesischem Gebiet ereignet haben;	*Vgl. Art. 65 I c) CPC n.F.* b) die Klage soll in Portugal nach den vom portugiesischen Gesetz aufgestellten Regeln über die örtliche Zuständigkeit erhoben werden;
c) der Beklagte ist Ausländer und der Kläger Portugiese, sofern im umgekehrten Fall der Portugiese vor den Gerichten des Staates, dem der Beklagte angehört, verklagt werden könnte;	*Diese Vorschrift wurde aufgehoben.* c) die Tatsache, die als Klagegrund dient, oder eine der Tatsachen, die zu diesem gehören, hat sich auf portugiesischem Gebiet ereignet;
d) das Recht kann nur durch eine bei einem portugiesischen Gericht erhobene Klage verwirklicht werden, sofern bei der zu erhebenden Klage ein gewichtiger Anknüpfungspunkt persönlicher oder dinglicher Art zum portugiesischem Gebiet besteht.	d) das behauptete Recht kann sich außer durch eine im portugiesischen Gebiet erhobene Klage nicht verwirklichen, oder die Erhebung der Klage im Ausland stellt für den Kläger eine beachtliche Beschwerlichkeit dar*, sofern zwischen dem Streitgegenstand und der nationalen Rechtsordnung ein persönliches oder dingliches schwerwiegendes Anknüpfungselement vorliegt. **Fassung von 1997 (vor 2003): „...,oder die Erhebung der Klage im Ausland ist dem Kläger nicht zumutbar,...“.*

2. Wenn nach portugiesischem Recht das Gericht des Wohnsitzes des Beklagten für die Klage zuständig ist, können die portugiesischen Gerichte ihre Gerichtsbarkeit ausüben, sofern der Beklagte länger als sechs Monate in Portugal wohnhaft ist oder sich nur zeitweilig in Portugal aufhält, vorausgesetzt, dass in letzterem Falle die Verpflichtung einem Portugiesen gegenüber eingegangen wurde.	*Diese Vorschrift wurde aufgehoben.* 2. Für die Zwecke des Buchstabens a) des vorherigen Absatzes *(d. h. des Beklagtenwohnsitzmerkmals)* gilt die juristische Person, deren Satzungs- oder tatsächlicher Sitz im portugiesischen Gebiet liegt, oder die hier eine Zweigniederlassung, Agentur, Filiale oder Zweigstelle hat, als in Portugal ansässig. *Vgl. Art. 65 III CPC a.F.*
3. Ausländische juristische Personen werden als in Portugal ansässig angesehen, wenn sie hier eine Zweigniederlassung, Agentur, Filiale oder Zweigstelle besitzen.	*Diese Vorschrift wurde aufgehoben.*

Art. 65-A CPC (Ausschließliche internationale Zuständigkeit)	**Art. 65-A CPC (Ausschließliche internationale Zuständigkeit)**
Die portugiesischen Gerichte sind ausschließlich zuständig:	Unbeschadet der Bestimmungen in Verträgen, Konventionen, Gemeinschaftsvorschriften und Spezialgesetzen, sind die portugiesischen Gerichte ausschließlich zuständig:
a) im Fall von Klagen, die dingliche Rechte an im portugiesischen Gebiet belegenen unbeweglichen Sachen betreffen;	a) im Fall von Klagen, die dingliche Rechte oder persönliche Nutzrechte an im portugiesischen Gebiet belegenen unbeweglichen Sachen betreffen;
b) für die Erklärung des Konkurses oder der Zahlungsunfähigkeit von juristischen Personen, die ihren Sitz in Portugal haben;	b) für die besonderen Vergleichs- und Konkursverfahren bezüglich in Portugal ansässiger Personen oder juristischer Personen oder Gesellschaften, die ihren Sitz in Portugal haben;

c) für Klagen betreffend arbeitsrechtliche Beziehungen.	*Diese Vorschrift wurde aufgehoben.* c) für Klagen bezüglich der Beurteilung der Gültigkeit eines Gesellschaftsvertrages oder der Auflösung von juristischen Personen oder Gesellschaften, die ihren Sitz im portugiesischen Gebiet haben, sowie für solche Klagen, die die Beurteilung der Gültigkeit der Beschlüsse der entsprechenden Organe betreffen;
	d) für Klagen, deren Hauptgegenstand die Gültigkeit von Eintragungen in öffentlichen Registern über irgendwelche Rechte betrifft, die in Portugal einzutragen sind.
	e) für die Vollstreckung von Vermögen, das sich auf portugiesischem Territorium befindet.

Art. 73 I CPC (Gerichtsstand des Belegenheitsortes)	**Art. 73 I CPC (Gerichtsstand des Belegenheitsortes)**
1. Das Gericht des Belegenheitsortes ist für Klagen betreffend dinglicher Rechte an Immobilien, Schiedsspruch-, Räumungs- und Vorzugsklagen bezüglich Immobilien und zudem für die Sicherheitsverstärkungs-, Ersetzungs-, Minderungs- und Befreiungsklagen bei einer Hypothek zuständig.	1. Das Gericht des Belegenheitsortes ist für Klagen betreffend dinglicher Rechte oder persönlicher Nutzrechte an unbeweglichen Sachen, Klagen auf Teilung einer gemeinschaftlichen Sache, Räumungs-, Vorzugs- sowie Vollstreckungsklagen bezüglich Immobilien und zudem für die Sicherheitsverstärkungs-, Ersetzungs-, Minderungs- und Befreiungsklagen bei einer Hypothek zuständig.

Art. 74 CPC (Erfüllungsgerichtsstand) 1. Die Klage auf Erfüllung einer Verpflichtung oder die Schadenersatzklage wegen Nichtleistung ist beim Gericht des Ortes einzureichen, an dem, nach dem Gesetz oder schriftlicher Parteienvereinbarung, die jeweilige Verpflichtung hätte erfüllt werden müssen.	**Art. 74 CPC (Erfüllungsgerichtsstand)** 1. Die Klage auf Erfüllung einer Verpflichtung, die Schadenersatzklage wegen Nichtleistung oder Schlechtleistung und der Rücktritt vom Vertrag wegen Nichtleistung ist vom Gläubiger, nach seiner Wahl, beim Gericht des Ortes geltend zu machen, an dem die Verpflichtung hätte erfüllt werden müssen oder der Beklagte seinen Wohnsitz hat.
2. Für Klagen, gerichtet auf einen Anspruch aus zivilrechtlicher Haftung infolge einer unerlaubten Handlung oder eines Gefährdungstatbestandes, ist das Gericht des Ortes zuständig, an dem das Ereignis eingetreten ist.	2. *Unverändert geblieben.*
	Art. 74 I CPC in der Gesetzesfassung von 2006: **Art. 74 CPC (Erfüllungsgerichtsstand)** 1. Die Vertragsklage ist am Wohnsitz des Beklagten zu erheben, wobei der Gläubiger auch das Gericht des Ortes in Anspruch nehmen kann, an dem die jeweilige Verpflichtung hätte erfüllt werden müssen, vorausgesetzt, der Beklagte ist eine juristische Person oder, falls sich das Domizil des Gläubigers innerhalb der Metropolen Lissabon oder Porto befindet und der Beklagte dort auch seinen Wohnsitz hat.

Art. 85 I CPC (Allgemeine Regel) 1. In den von den vorangegangenen Artikeln und besonderen Bestimmungen nicht geregelten Fällen ist das Gericht des Wohnsitzes des Beklagten zuständig.	**Art. 85 I CPC (Allgemeine Regel)** 1. *Unverändert geblieben.*

Art. 86 II CPC (Allgemeine Regel für juristische Personen und Gesellschaften) 1. (...) 2. Ist der Beklagte eine juristische Person oder eine Gesellschaft, ist er vor dem Gericht der verwaltungsmäßigen Hauptniederlassung oder der Zweigniederlassung, Agentur, Filiale oder Delegation, je nachdem gegen wen die Klage gerichtet ist, zu verklagen; jedoch kann die Klage gegen ausländische juristische Personen oder Gesellschaften, die in Portugal eine Zweigniederlassung, Agentur, Filiale oder Delegation haben, vor dem Gericht eines dieser Sitze erhoben werden, auch wenn die Ladung der verwaltungsmäßigen Hauptniederlassung beansprucht wird.	**Art. 86 II CPC (Allgemeine Regel für juristische Personen und Gesellschaften)** 1. (...) 2. Ist der Beklagte eine juristische Person oder eine Gesellschaft, ist er vor dem Gericht der verwaltungsmäßigen Hauptniederlassung oder der Zweigniederlassung, Agentur, Filiale, Delegation <u>oder Vertretung</u>, je nachdem gegen wen die Klage gerichtet ist, zu verklagen; jedoch kann die Klage gegen ausländische juristische Personen oder Gesellschaften, die in Portugal eine Zweigniederlassung, Agentur, Filiale, Delegation <u>oder Vertretung</u> haben, vor dem Gericht eines dieser Sitze erhoben werden, auch wenn die Ladung der verwaltungsmäßigen Hauptniederlassung beansprucht wird.

Art. 99 CPC (Die Gerichtsbarkeit verhindernde oder begründende Vereinbarungen) 1. Die Parteien können vereinbaren, dass ein bestimmter Rechtsstreit oder die aus einer bestimmten Tatsache möglicherweise entstehenden Rechtsstreitigkeiten von den Gerichten der einen oder der anderen Partei oder von internationalen Gerichten entschieden werden sollen.	**Art. 99 CPC (Die Gerichtsbarkeit verhindernde oder begründende Vereinbarungen)** 1. Die Parteien können vereinbaren, <u>welche Gerichtsbarkeit zuständig ist,</u> um einen bestimmten Rechtsstreit oder möglicherweise aus einem konkreten <u>Rechtsverhältnis</u> resultierende Rechtsstreitigkeiten beizulegen, <u>sofern das streitige Verhältnis eine Verbindung zu mehr als einer Rechtsordnung aufweist.</u>
2. Die Bezeichnung der Gerichte kann die Begründung einer ausschließlichen oder einer mit anderen Gerichtsbarkeiten konkurrierenden Zuständigkeit beinhalten.	2. Die Vereinbarung kann die ausschließliche oder lediglich die <u>alternative Zuständigkeit neben der Zuständigkeit der portugiesischen Gerichte begründen</u>; <u>besteht die portugiesische Zuständigkeit, so wird im Zweifel vermutet, dass sie einen alternativen* Charakter besitzt.</u> **Vgl. Art. 99 IV CPC a.F.*

3. Die Vereinbarung ist nur gültig, wenn kumulativ die folgenden Voraussetzungen erfüllt sind: a) sie wird durch das Recht des gewählten Gerichts angenommen;	3. Die Wahl des Gerichts ist nur gültig, wenn kumulativ die folgenden Voraussetzungen erfüllt sind: *Vgl. Art. 99 III b) CPC n.F.* a) sie betrifft Rechtsstreitigkeiten über verfügbare Rechte; *Vgl. Art. 99 III c) 1. HS CPC a.F.*
b) sie muss einem ernsten Interesse der Parteien oder einer der Parteien entsprechen;	*Vgl. Art. 99 III c) CPC n.F.* b) sie wird durch das Recht des bezeichneten Gerichts angenommen; *Vgl. Art. 99 III a) CPC a.F.*
c) sie betrifft weder Fragen über nicht verfügbare Rechte noch Fragen, die unter Art. 65 – A fallen;	*Vgl. Art. 99 III a), d) CPC n.F.* c) ihre Vornahme rechtfertigt sich durch ein ernsthaftes Interesse beider oder einer der Parteien, sofern sie der anderen keinen schweren Nachteil bereitet. *Vgl. Art. 99 III b) CPC a.F.*
d) sie beachtet die Bestimmungen des Abs. 2 des folgenden Artikels *(d. h. des Art. 100 Abs. 2 a.F.).*	*Vgl. Art. 99 III e) CPC n.F.* d) sie darf sich nicht auf Gegenstände beziehen, welche die ausschließliche Zuständigkeit portugiesischer Gerichte begründen. *Vgl. Art. 99 III c) 2. HS CPC a.F.*
	e) sie muss aus einer schriftlichen Vereinbarung oder schriftlichen Bestätigung hervorgehen, in der ausdrücklich die zuständige Gerichtsbarkeit bestimmt wird. *Vgl. Art. 100 Abs. 2 CPC a.F.*

4. In Zweifelsfällen wird vermutet, dass die Bezeichnung des Gerichts alternativ zu der aus dem Gesetz folgenden vorgenommen wurde.	*Vgl. Art. 99 II CPC n.F.* 4. Als in Schriftform im Sinne des vorherigen Absatzes abgefasst, wird die Vereinbarung angesehen, die in einem von den Parteien unterzeichneten Dokument festgehalten ist oder die aus dem Austausch von Briefen, Telefaxen, Telegrammen oder anderen Kommunikationsmitteln, die einen schriftlichen Nachweis erbringen, hervorgeht, sei es, dass diese die Vereinbarung selbst beinhalten oder sie eine Klausel enthalten, die auf ein Dokument verweist, das die Vereinbarung festhält.

Art. 100 CPC (Vereinbarte Zuständigkeit) 1. Die sachlichen und instanziellen Zuständigkeitsregeln können durch Parteiwillen nicht abgeändert werden; den Parteien ist es aber erlaubt, durch ausdrückliche Vereinbarung, die Anwendung der Zuständigkeitsregeln betreffend den Streitwert und die örtliche Zuständigkeit abzuändern, sofern es sich nicht um die in Art. 109 Abs. 2 genannten Fälle handelt.	**Art. 100 CPC (Vereinbarte Zuständigkeit)** 1. Die Regeln bezüglich der sachlichen, instanziellen und streitwertbezogenen Zuständigkeit und die Regeln bezüglich der Form des Prozesses können durch Parteiwillen nicht abgeändert werden; den Parteien ist es aber erlaubt, durch ausdrückliche Vereinbarung die Anwendung der Zuständigkeitsregeln in Bezug auf die örtliche Zuständigkeit abzuändern, sofern es sich nicht um die in Art. 110* genannten Fälle handelt. * *Art. 110 I a) CPC n.F. lautet:* „1. Die örtliche Unzuständigkeit muss durch das Gericht von Amts wegen berücksichtigt werden, wenn die Akten in den nachfolgenden Fällen genügend Anlass dazu geben: a) In den Fällen der Artikel 73, 74 II, 82, 83, 88, 89, 90 I und 94 II;“

2. Die Vereinbarung hat den Formerfordernissen des Vertrages zu genügen, die für den Vertrag gelten aus dem der Anspruch hergeleitet wird, vorausgesetzt, dass die Schriftform gewahrt ist, und sie die von ihr erfassten Fragen und das zuständig gewordene Gericht bezeichnet.	2. Die Vereinbarung hat den Formerfordernissen des Vertrages zu genügen, die für den Vertrag gelten, aus dem der Anspruch hergeleitet wird, vorausgesetzt, sie wurde nach den Bestimmungen des Abs. 4 des vorherigen Artikels schriftlich abgefasst, und zudem muss sie die von ihr erfassten Fragen und das Kriterium, welches das zuständig gewordene Gericht bestimmt, bezeichnen.
3. Die durch die Vereinbarung begründete Zuständigkeit ist ebenso bindend wie die sich aus dem Gesetz ergebende.	3. *Unverändert geblieben.*
4. Die Bezeichnung der von der Vereinbarung erfassten Fragen kann durch die genaue Angabe der sie auslösen könnenden Rechtstatsache vorgenommen werden.	4. *Unverändert geblieben.*

Art. 1094 CPC (Notwendigkeit der Überprüfung)	**Art. 1094 CPC (Notwendigkeit der Überprüfung)**
1. Unbeschadet der Bestimmungen in Verträgen und Spezialgesetzen hat keine Entscheidung über private Rechte, die von einem ausländischen Gericht oder von Schiedsgerichten im Ausland erlassen worden ist, in Portugal Gültigkeit, gleichgültig, welche Staatsangehörigkeit die Parteien besitzen, wenn sie nicht überprüft und bestätigt wurde.	1. Unbeschadet der Bestimmungen in Verträgen, Konventionen, Gemeinschaftsvorschriften und Spezialgesetzen hat keine Entscheidung über private Rechte, die von einem ausländischen Gericht oder von Schiedsgerichten im Ausland erlassen worden ist, in Portugal Gültigkeit, gleichgültig, welche Staatsangehörigkeit die Parteien besitzen, wenn sie nicht überprüft und bestätigt wurde.
2. Die Anerkennung ist nicht notwendig, wenn die Entscheidung in einem vor dem portugiesischen Gerichten anhängigen Verfahren als einfaches Beweismittel eingeführt worden ist, das der Würdigung desjenigen unterliegt, der über den Rechtsfall entscheidet.	2. *Unverändert geblieben.*

Art. 1096 CPC (Notwendige Voraussetzungen für die Anerkennung) Für die Anerkennung der Entscheidung ist notwendig: a) dass keine Zweifel an der Echtheit der Urkunde bestehen, aus der sich das Urteil ergibt sowie aus der Verständlichkeit der Entscheidung;	**Art. 1096 CPC (Notwendige Voraussetzungen für die Anerkennung)** Für die Anerkennung der Entscheidung ist notwendig: a) *Unverändert geblieben.*
b) dass das Urteil nach dem Recht des Landes, in dem es ergangen ist, rechtskräftig geworden ist;	b) *Unverändert geblieben.*
c) dass das Urteil von einem Gericht erlassen worden ist, das nach den portugiesischen Regeln über die Gerichtsbarkeit zuständig war;	*Diese Vorschrift wurde aufgehoben.* c) dass die Zuständigkeit des ausländischen Richters nicht fraudulös begründet worden ist und dass sie nicht die ausschließliche Zuständigkeit der portugiesischen Gerichte berührt;
d) dass nicht die Einrede der Rechtshängigkeit oder der rechtskräftigen Entscheidung mit der Begründung erhoben werden kann, dass die Sache einem portugiesischen Gericht zugewiesen sei, außer wenn die Klage im Ausland zuerst erhobenen worden ist;	d) *Unverändert geblieben.*
e) dass der Beklagte ordnungsgemäß geladen war, außer wenn es sich um einen Rechtsstreit handelt, für den das portugiesische Gesetz von der anfänglichen Ladung befreit; und wenn der Beklagte sofort verurteilt wurde mangels Entgegnung auf die Klage, dass die Ladung an ihn persönlich erfolgt ist;	e) dass der Beklagte ordnungsgemäß zum Prozess nach den gesetzlichen Bestimmungen des Staates des Ausgangsgerichtes geladen war, und dass im Prozess die kontradiktorischen und die Gleichheitsgrundsätze der Parteien beachtet wurden;

f) dass das Urteil keine Entscheidungen enthält, die den Grundsätzen der portugiesischen öffentlichen Ordnung widersprechen;	f) dass das Urteil keine Entscheidung enthält, deren Anerkennung zu einem Ergebnis führt, das mit den Grundsätzen der internationalen öffentlichen Ordnung des portugiesischen Staates offensichtlich unvereinbar ist.
g) dass das Urteil, wenn es gegen einen Portugiesen gerichtet ist, nicht gegen Bestimmungen des portugiesischen Zivilrechts verstößt, wenn gemäß dem portugiesischen Kollisionsrecht der Streit durch das portugiesische Zivilrecht zu entscheiden ist.	*Diese Vorschrift wurde aufgehoben; vgl. aber Art. 1100 II CPC n.F.*

Art. 1100 CPC (Voraussetzungen für die Anfechtung des Antrags auf Anerkennung) 1. Der Antrag kann nur dann angefochten werden, wenn eine Anerkennungsvoraussetzung des Artikels 1096 nicht vorliegt oder ein Revisionsgrund nach Artikels 771 a), c) oder g) besteht.	**Art. 1100 CPC (Voraussetzungen für die Anfechtung des Antrags auf Anerkennung)** 1. *Unverändert geblieben.*
	2. Wurde die gerichtliche Entscheidung gegen eine natürliche oder juristische Person, welche die portugiesische Nationalität besitzt, erlassen, kann die Anfechtung auch darauf gestützt werden, dass das Ergebnis der gerichtlichen Entscheidung günstiger ausgefallen wäre, wenn das ausländische Gericht das portugiesische materielle Recht angewandt hätte, soweit dieses nach den portugiesischen Kollisionsnormen anzuwendenden gewesen wäre. *Vgl. Art. 1096 g) CPC a.F.*

Art. 1101 CPC (Offiziöse Tätigkeit des Gerichts) Das Gericht prüft, ob die Bedingungen des Abs. a), f) und g) des Artikels 1096 erfüllt sind und lehnt die Bestätigung ab, wenn es durch die Prüfung des Prozesses oder durch die Vornahme sonstiger gerichtlicher Tätigkeiten entdeckt, dass eine der in den Abs. b), c), d) und e) derselben Vorschrift aufgestellten Voraussetzungen fehlt.	**Art. 1101 CPC (Offiziöse Tätigkeit des Gerichts)** Das Gericht prüft, ob die Bedingungen des Abs. a) und f) des Artikels 1096 erfüllt sind und lehnt die Bestätigung ab, wenn es durch die Prüfung des Prozesses oder durch die Vornahme sonstiger gerichtlicher Tätigkeiten entdeckt, dass eine der in den Abs. b), c), d) und e) derselben Vorschrift aufgestellten Voraussetzungen fehlt.

***Código de Processo do Trabalho* vom 9. November 1999 (DL Nr. 480/99)**, welches das **DL Nr. 272-A/81 vom 30. September** ersetzte

Art. 11 CPT (Internationale Zuständigkeit der Arbeitsgerichte) Die internationale Zuständigkeit der Arbeitsgerichte umfasst die Fälle, bei denen die Klage nach den Regeln über die örtliche Zuständigkeit dieses Gesetzbuches in Portugal herhoben werden kann, unbeschadet der Regelung in Art. 65-A Código de Processo Civil, oder ein Arbeitnehmer Portugiese ist, vorausgesetzt, dass der Vertrag auf portugiesischem Territorium abgeschlossen wurde.	**Art. 10 CPT (Internationale Zuständigkeit der Arbeitsgerichte)** Die internationale Zuständigkeit der Arbeitsgerichte umfasst die Fälle, bei denen die Klage nach den Regeln über die örtliche Zuständigkeit dieses Gesetzbuches in Portugal herhoben werden kann, oder sich auf portugiesischem Territorium, im Ganzen oder zum Teil, die Tatsachen ereignet haben, die als Klagegrund dienen.

Art. 12 CPT (Die Zuständigkeit begründende Vereinbarungen) Es dürfen vor portugiesischen Gerichten keine Vereinbarungen oder Klauseln geltend gemacht werden, die die ihnen zugewiesene oder von dem portugiesischen Gesetz anerkannte internationale Zuständigkeit beseitigen.	**Art. 11 CPT (Die Zuständigkeit begründende Vereinbarungen)** Es dürfen vor portugiesischen Gerichten keine Vereinbarungen oder Klauseln geltend gemacht werden, die die ihnen zugewiesene oder von dem portugiesischen Gesetz anerkannte internationale Zuständigkeit beseitigen, es sei denn, internationalen Abkommen sehen eine andere Lösung vor.

Gesetz über die Seegerichte **Nr. 35/86 vom 4. September** (unverändert geblieben)

Art. 7 (Internationale Zuständigkeit)

1. In internationalen Seerechtssachen ist eine Vereinbarung unwirksam, die darauf gerichtet ist, den portugiesischen Gerichten die Zuständigkeit zu entziehen, wenn ihnen die Zuständigkeit nach der Vorschrift des Art. 65 des Zivilprozessgesetzbuches zukommt.
2. Die Regelung des Absatzes 1 findet keine Anwendung, wenn die Parteien Ausländer sind und es sich um eine Verbindlichkeit handelt, die im Ausland zu erfüllen ist und keine Vermögenswerte betrifft, die in Portugal belegen, registriert oder immatrikuliert sind.

Literaturverzeichnis

Alberto dos Reis, José — Comentário ao Código de Processo Civil I, 2. Auflage, Coimbra 1960

ders.: — Processo de Execução I, 3. Auflage (Nachdruck), Coimbra 1985

ders.: — Processos Especiais II (Obra Póstuma), Coimbra 1956

Anselmo de Castro, Artur — A Acção Executiva Singular, Comum e Especial, 3. Auflage, Coimbra 1977

ders.: — Direito Processual Civil Declaratório II, Coimbra 1982

ders.: — Lições de Processo Civil II, Coimbra 1964

Ascensão, José de Oliveira — Direito Civil - Reais, 5. Auflage, Coimbra 1993

Aull, Jacques Matthias — Der Geltungsanspruch des EuGVÜ: „Binnensachverhalte“ und Internationales Zivilverfahrensrecht in der Europäischen Union – Zur Auslegung von Art. 17 Abs. 1 S. 1 EuGVÜ, Frankfurt am Main/Berlin/Bern/New York/Paris/Wien 1996

Bajons, Ena-Marlis — Der Gerichtsstand des Erfüllungsortes: Rück- und Ausblick auf eine umstrittene Norm – Zu Art. 5 Nr. 1 EuGVÜ und seiner revidierten Fassung in der Brüssel I-VO, in: Schütze, Rolf A. (Hrsg.), Einheit und Vielfalt des Rechts, Festschrift für Reinhold Geimer zum 65. Geburtstag, München 2002, S. 15-66

Baptista Machado, João — La compétence internationale en droit portugais, BFDC 41 (1965), S. 97-115 (weitere Fundsstelle: Obra Dispersa I, Braga: Scientia Iurídica, 1991-1993, S. 711-729)

ders.: — Lições de Direito Internacional Privado, Apontamentos das aulas teóricas do ano lectivo de 1971-1972 na Faculdade de Direito de Coimbra, 4. Auflage, Coimbra 1990

Barbosa de Magalhães, José Maria Vilhena — Estudos sobre o novo Código de Processo Civil II – Da competência internacional, Coimbra 1947

Basedow, Jürgen — Europäisches Zivilprozessrecht – Allgemeine Fragen des Europäischen Gerichtsstands- und Vollstreckungsabkommens (GVÜ), in: Handbuch des internationalen Zivilverfahrensrechts, Band I, Kapitel 2, Tübingen 1982, S. 99-181 (zitiert: Basedow in: Hdb. IZVR I)

Benecke, Lars	Die teleologische Reduktion des räumlich-persönlichen Anwendungsbereichs von Art. 2 ff. und Art. 17 EuGVÜ, Bielefeld 1993
Bento Soares, Maria Ângela/Moura Ramos, Rui Manuel	Do Contrato de Compra e Venda Internacional. Análise da Convenção de Viena de 1980 e das disposições pertinentes do direito português, in: Contratos Internacionais, Coimbra 1986, S. 80-84
Bischof, Thomas	Die Zustellung im internationalen Rechtsverkehr in Zivil- oder Handelssachen, Zürich 1997
Bonassies, Pierre	Anm. zu EuGH 19.6.1984, Rs. 71/83 - „Tilly Russ / Nova", DMF 1985, S. 89-96
Brand, Peter-Andreas/Reichhelm, Johanna	Fehlerhafte Auslandszustellung - Ein Beitrag zur Frage der „ordnungsgemäßen Zustellung" nach Art. 27 I Nr. 2 EuGVÜ und zu den Folgen einer fehlerhaften Zustellung, IPRax 2001, S. 173-177
Brandes, Frank	Der gemeinsame Gerichtsstand - Die Zuständigkeit im europäischen Mehrparteiengerichtsstand nach Art. 6 Nr. 1 EuGVÜ/LÜ, Frankfurt am Main 1998
Brito, Susana de Meneses Brasil de	Dos Acordos sobre o Tribunal Competente em Situações Internacionais, Lisboa 1988
dies.:	Sobre a Indagação da Lei Aplicável aos Pactos de Jurisdição, in: Estudos em memória do Professor João de Castro Mendes, Lisboa 1995, S. 47-60
Brox, Hans	Handels- und Wertpapierrecht, 7. Auflage, München 2004
Bülow, Arthur; Böckstiegel, Karl-Heinz; Geimer, Reinhold; Schütze, Rolf A.	Der Internationale Rechtsverkehr in Zivil- und Handelssachen, Quellensammlung und Erläuterungen (Loseblattsammlung), Band II, München [25. Ergänzungslieferung, Stand: Januar 2003 (Zitiert: Bülow/Böckstiegel/Bearbeiter)]
Campos, João Mota de	Um instrumento jurídico de integração europeia. A Convenção de Bruxelas de 27 de Setembro de 1968 sobre Competência Judiciária, Reconhecimento e Execução de Sentenças, DDC (BMJ) 22 (1985), S. 75-235
Canotilho, J. J. Gomes; Moreira, Vital	Constituição da República Portuguesa Anotada, 3. Auflage, Coimbra 1993
Carpi, Federico; Colesanti, Vittorio; Taruffo, Michele	Commentario breve al Codice di Procedura Civile, 3. Auflage, Padova 1993
Castro Mendes, João de	Alguns problemas sobre revisão de sentença estrangeira, RFDUL 19 (1965), S. 133-169

ders.: Direito Processual Civil I – Apontamentos das lições dadas pelo Prof. Doutor João de Castro Mendes, redigidos com a colaboração de um grupo de Assistentes, Lisboa 1978/79

Coester-Waltjen, Dagmar Internationale Zuständigkeit bei Persönlichkeitsrechtsverletzungen, in: Geimer, Reinhold (Hrsg.), Wege zur Globalisierung des Rechts, Festschrift für Schütze, Rolf. A. zum 65. Geburtstag, München 1999, S. 175-185

Costa e Silva, Paula A longa *vacatio legis* na Convenção de Bruxelas, Anotação aos acórdãos do Supremo Tribunal de Justiça, de 10 de Julho de 1997 e de 5 de Novembro de 1998, ROA 58 (1998), S. 1233-1246

Creifelds Rechtswörterbuch Rechtswörterbuch, Weber, Klaus (Hrsg.), 17. Auflage, München 2002

Cruz, Martinho de Almeida/Real, Manuel Desantes/Jenard, Paul Bericht zu dem Übereinkommen über den Beitritt des Königreichs Spanien und der portugiesischen Republik zum Übereinkommen über die gerichtliche Zuständigkeit und die Vollstreckung gerichtlicher Entscheidungen in Zivil- und Handelssachen sowie zum Protokoll betreffend die Auslegung dieses Übereinkommens durch den Gerichtshof in der Fassung des Übereinkommens über den Beitritt des Königreichs Dänemark, Irlands und des Vereinigten Königreichs Großbritannien und Nordirland und des Übereinkommens über den Beitritt der Republik Griechenland, in: ABl. EG Nr. 189 vom 26.07.1990, S. 35-55 (zitiert: Cruz/Real/Jenard, Bericht)

Czernich, Dietmar; Heiss, Helmut EVÜ – Das Europäische Schuldvertragsübereinkommen. Übereinkommen über das auf vertragliche Schuldverhältnisse anzuwendende Recht, Kommentar, Wien 1999 (zitiert: Bearbeiter in: Czernich/Heiss, Kommentar zum EVÜ)

Deckert, Martina R. Das kaufmännische und berufliche Bestätigungsschreiben, JuS 1998, S. 121-125

Dietze, Jan/Schnichels, Dominik Aktuelle Entwicklungen im Internationalen Zivilprozessrecht – Deutschland ratifiziert das EuGVÜ 1989 und das Lugano-Übereinkommen, NJW 1995, S. 2274-2277

Ditandy, Ira Internationale Zuständigkeit – Neuregelung durch die LOPJ 1985, Frankfurt a. M. 2003

Droz, Georges, A. L. Anmerkung zu EuGH 6.3.1980, Rs. 120/79 - „De Cavel/De Cavel", Rev crit (69) 1980, S. 621-629

ders.: Anmerkung zu Tribunal de grande instance de Paris vom 19.6.1974, D. 1975, S. 639-642

ders.: Compétence judiciaire et effets des jugements dans le Marché Commun, Paris 1972

ders.: La Convention de San Sebastián alignant la Convention de Bruxelles sur la Convention de Lugano, Rev crit 1990, S. 1-21

Ebenroth, Carsten Thomas Das kaufmännische Bestätigungsschreiben im internationalen Handelsverkehr, ZvglRW 77 (1978), S. 161-206

Ehmann, Horst/Thorn, Karsten Erfolgsort bei grenzüberschreitenden Persönlichkeitsverletzungen, AfP 1996, S. 20-25

Fernandes Costa, Manuel Direitos adquiridos e reconhecimento de sentenças estrangeiras (Da interpretação da al. g) do Art. 1096 do Código de Processo Civil) in: Estudos em Homenagem ao Prof. Doutor A. Ferrer-Correia I, Coimbra 1986, S. 121-186

Fernandes, Carlos Lições de Direito Internacional Privado I – Teoria Geral do DIP com incidência no sistema português, Coimbra 1994

Ferreira da Rocha, Maria Victória Competência internacional e autonomia privada: Pactos privativos e atributivos de jurisdição no direito português e na Convenção de Bruxelas de 27-9-1968, RDE 1987, S. 161-234

Ferreira da Silva, Carlos Manuel De la reconnaissance et de l´exécution de jugements étrangers au Portugal (hors du cadre de l´application des conventions de Bruxelles et de Lugano), in: Walter, Gerhard; Baumgartner, Samuel (Hrsg.), Recognition an Enforcement of Foreign Judgments Outside the Scope of the Brussels and Lugano Conventions, London/Boston 2000, S. 465-491

Ferreira Pinto, F. Die Reform des internationalen Zivilprozessrechts als Angleichung: Das Beispiel Portugal, in: Jayme, Erik (Hrsg.), Ein internationales Zivilverfahrensrecht für Gesamteuropa, EuGVÜ, Lugano-Übereinkommen und die Rechtsentwicklungen in Mittel- und Osteuropa, Heidelberg 1992, S. 369-382

Ferrer Correia, António	La reconnaissance et l´exécution des jugements étrangers en matière civile et commerciale (droit comparé), in: Estudos Vários de Direito, Coimbra 1982, S. 105-191
ders.:	Lições de Direito Internacional Privado (aditamentos), Coimbra 1973
ders.:	Lições de Direito Internacional Privado I (Nachdruck), Coimbra 2002
ders.:	O reconhecimento das sentenças estrangeiras no direito brasileiro e no direito português, in: Temas de Direito Comercial e Direito Internacional Privado, Coimbra 1989, S. 255-295
Ferrer Correia, António/Ferreira Pinto, F. A.	Breve apreciação das disposições do anteprojecto do código de processo civil que regulam a competência internacional e o reconhecimento das sentenças estrangeiras, RDE 1987, S. 25-64
Ferrer Correia, António/Moura Ramos, Rui Manuel	A propósito do reconhecimento, em Espanha, das decisões judiciais portuguesas, particularmente do mecanismo da reciprocidade, RDE 12 (1986), S. 43-67
Franco, João Melo; Martins, Herlander Antunes	Conceitos e princípios jurídicos: na doutrina e na jurisprudência, Coimbra 1983
Fricke, Martin	Anerkennungszuständigkeit zwischen Spiegelbildgrundsatz und Generalklausel: Die deutsche Anerkennungszuständigkeitsregel in rechtsvergleichender, rechtshistorischer und rechtspolitischer Sicht, Bielefeld 1990
Fuchs, Angelika; Hau, Wolfgang; Thorn, Karsten	Fälle zum Internationalem Privatrecht mit Internationalem Zivilverfahrensrecht, 2. Auflage, München 2003
Fuchs, Wolfgang	Aspekte der Schriftform nach Art. 17 des Europäischen Gerichtsstands- und Vollstreckungsabkommens und nach Art. II des UN-Schiedsgerichtsübereinkommens, Bonn 1985
Gaudemet-Tallon, H.	Anmerkung zu Cour d´appel de Paris vom 19.03.1984 und Tribunal de grande instance de Paris vom 30.06.1984, Rev crit (74) 1985, S. 146-150

ders.: Anmerkung zu Cour de cassation vom 25.01.1983, Rev crit 72 (1983), S. 518-521

Gause, Bernhard Europäisches Konzernrecht im Vergleich: eine Untersuchung auf der Grundlage des portugiesischen Rechts, Berlin 2000

Gebauer, Martin Zur Drittwirkung von Gerichtsstandsvereinbarungen bei Vertragsketten, IPRax 2001, S. 471-477

Geimer, Gregor Neuordnung des internationalen Zustellungsrechts: Vorschläge für eine neue Zustellungskonvention, Berlin 1999

Geimer, Reinhold Anerkennung ausländischer Entscheidungen in Deutschland, München 1995

ders.: Anerkennung gerichtlicher Entscheidungen nach dem EWG-Übereinkommen vom 27.9.1968, RIW 1976, S. 139-149

ders.: Anmerkung zu EuGH 6.10.1976, Rs. 12/76 – „Tessili/Dunlop", NJW 1977, S. 492-493

ders.: Anmerkung zu OLG München/Augsburg 28.5.1974 – 24 W 418/74, NJW 1975, S. 1086-1088

ders.: Der doppelte Schutz des Beklagten, der sich auf den Erstprozeß nicht eingelassen hat, gem. Art. 20 II-III und Art. 27 Nr. 2 EuGVÜ, IPRax 1985, S. 6-8

ders.: Internationales Zivilprozessrecht, 4. Auflage, Köln 2001

ders.: Zur Auslegung des Brüsseler Zuständigkeits- und Vollstreckungsübereinkommens in Zivil- und Handelssachen vom 27. September 1968 – Eine kritische Übersicht über die Rechtsprechung des EuGH, EuR 1977, S. 341-365

Geimer, Reinhold; Schütze, Rolf A. Europäisches Zivilverfahrensrecht, Kommentar zum EuGVÜ und zum Lugano-Übereinkommen, München 1997 (zitiert: Geimer/Schütze, EuZVR)

Ghestin, Jacques Traité de droit civil II – Les obligations, Le contrat: formation, Paris 1988

Girsberger, Daniel Gerichtsstandsklausel im Konnossement: Der EuGH und der internationale Handelsbrauch, IPRax 2000, S. 87-91

Grégoire, Michèle La prorogation de compétence, Rev. dr. comm. belge 1985, S. 391-401

Grunsky, Wolfgang EWG-Übereinkommen über die gerichtliche Zuständigkeit und die Vollstreckung gerichtlicher Entscheidungen in Zivil- und Handelssachen im deutsch-italienischen Rechtsverkehr, RIW 1977, S. 1-9

ders.: Probleme des EWG-Übereinkommens über die gerichtliche Zuständigkeit und die Vollstreckung gerichtlicher Entscheidungen in Zivil- und Handelssachen, JZ 1973, S. 641-647

Hau, Wolfgang Der Vertragsgerichtsstand zwischen judizieller Konsolidierung und legislativer Neukonzeption, IPRax 2000, S. 354-361

Hauschild, Malte Hans-Georg Gerichtsstandsvereinbarungen in Spanien und Portugal und das Beitrittsübereinkommen zum EuGVÜ von San Sebastián, Hamburg 1995

Hay, Peter Internationales Privatrecht einschließlich des internationalen Zivilverfahrensrechtes, 2. Auflage, München 2002

Heidelberger Kommentar zum Handelsgesetzbuch Handelsrecht, Bilanzrecht, Steuerrecht; Kommentar zum Handelsgesetzbuch mit den Rechnungslegungsvorschriften nach dem Bilanzrichtlinien-Gesetz und den Steuern der kaufmännischen Personenunternehmen von Glanegger, Peter; Kirnberger, Christian; Peuker, Monika; Selder, Johannes; Güroff, Georg; Kusterer, Stefan; Ruß, Werner; Stuhlfelner, Ulrich, 6. Auflage, Heidelberg 2002 (zitiert: Ruß in: HK)

Heiss, Helmut Die Form internationaler Gerichtsstandsvereinbarungen – Eine rechtsvergleichende Analyse, ZfRV 2000, S. 202-212

Heiss, Helmut/Zobel, Petra Zur Dichtonomie des internationalen Zivilverfahrensrechts: Das Neben-, Mit- und Gegeneinander autonomen und europäischen Rechts, IPRax 2004, S. 266-269

Herkenrath, Klaus Die Umsetzung der Richtlinie 93/13/EWG über missbräuchliche Klauseln in Verbraucherverträgen in Deutschland, dem Vereinigten Königreich, Frankreich und Italien - Auswirkungen nationaler Umsetzungstechniken auf den Harmonisierungserfolg, Frankfurt a. M. 2003

Heß, Burkhard — Die „Europäisierung“ des internationalen Zivilprozessrechts durch den Amsterdamer Vertrag – Chancen und Gefahren, NJW 2000, S. 23-32

Huber, Ulrich — Der UNCITRAL-Entwurf eines Übereinkommens über internationale Warenkaufverträge, RabelsZ 43 (1979), S. 413-526.

J. von Staudinger — - Einführungsgesetz zum Bürgerlichen Gesetzbuche/IPR, Art. 38-42 EGBGB, Neubearbeitung 2001, Berlin 2001 (zitiert: Staudinger/von Hoffmann)
- Einführungsgesetz zum Bürgerlichen Gesetzbuche/IPR, Einleitung zu Art. 27 ff. EGBGB; Art. 27-33 EGBGB; Anhang zu Art. 33 EGBGB: Internationales Factoring; Art. 34 EGBGB; Anhang zu Art. 34 EGBGB: Internationales Währungs- und Devisenrecht; Art. 35-37 EGBGB; Anhang I zu Art. 37 EGBGB: IPR der Versicherungsverträge; Anhang II zu Art. 27-37 EGBGB: Internationale Zuständigkeit; Gerichtsstands- und Schiedsvereinbarungen, 13. Bearbeitung 2002, Berlin 2002 (zitiert: Staudinger/Magnus)
- Kommentar zum Bürgerlichen Gesetzbuch mit Einführungsgesetz und Nebengesetzen, Wiener UN-Kaufrecht (CISG), Neubearbeitung 1999, Berlin 1999 (zitiert: Staudinger/Magnus)

Jayme, Erik — Das portugiesische AGB-Gesetz von 1985 – Sachnormen und Internationales Privatrecht, IPRax 1987, S. 44-45

ders.: — Ein Klägergerichtsstand für den Verkäufer – Der EuGH verfehlt den Sinn des EuGVÜ, IPRax 1995, S. 13-14

ders.: — Machado Villela (1871-1956) und das Internationale Privatrecht, in: Jayme, Erik (Hrsg.), Das Recht der Lusophonen Länder - Tagungsreferate, Rechtsprechung, Gutachten, Baden-Baden 2000, S. 13-20

ders.: — Veiga Beirão (1841-1916), Mancini (1817-1888) und das Internationale Privatrecht der Handelsgesetzbücher in: Jayme, Erik (Hrsg.), 2. Deutsch-Lusitanische Rechtstage, Baden-Baden 1994, S. 17-26

Jayme, Erik/Götz, Uwe	Vertragsabschluß durch Telex – Zum Abschlußort bei internationalen Distanzverträgen, IPRax 1985, S. 113-114
Jayme, Erik/Kohler, Christian	Das Internationale Privat- und Verfahrensrecht der Europäischen Gemeinschaft – Jüngste Entwicklungen, IPRax 1988, S. 133-140
dies.:	Europäisches Kollisionsrecht 1996 – Anpassung und Transformation der nationalen Rechte, IPRax 1996, S. 377-389
dies.:	Europäisches Kollisionsrecht 1997 - Vergemeinschaftung durch "Säulenwechsel"?, IPRax 1997, S. 385-401
dies.:	Europäisches Kollisionsrecht 2000: Interlokales Privatrecht oder universelles Gemeinschaftsrecht?, IPRax 2000, S. 454-465
dies.:	Europäisches Kollisionsrecht 2001: Anerkennungsprinzip statt IPR?, IPRax 2001, S. 501-514
dies.:	Europäisches Kollisionsrecht 2002: Zur Wiederkehr des Internationalen Privatrechts, IPRax 2002, S. 461-471
dies.:	Europäisches Kollisionsrecht 2004: Territoriale Erweiterung und methodische Rückgriffe, IPRax 2004, S. 481-493
Jayme, Erik; Hausmann, Rainer	Internationales Privat- und Verfahrensrecht (Textausgabe), 10. Auflage, München 2000
dies.:	Internationales Privat- und Verfahrensrecht (Textausgabe), 11. Auflage, München 2002
Jenard, Paul	Bericht zu dem Übereinkommen über die gerichtliche Zuständigkeit und die Vollstreckung gerichtlicher Entscheidungen in Zivil- und Handelssachen, ABl. EG 1979 Nr. C 59/1-70
Junker, Abbo	Internationales Privatrecht, München 1998
Kaye, Peter	Civil Jurisdiction and Enforcement of Foreign Judgments, The application in England and Wales of the Brussels Convention of 1968 on Jurisdiction and Enforcement of Foreign Judgments in Civil and Commercial Matters under the Civil Jurisdiction and Judgments Act 1982, Oxon 1987 (zitiert: Kaye, Civil Jurisdiction)
ders.:	Law of the European Judgments Conventions, Volume II (Article 5(1) to (3)), Chichester 1999

Kerameus, K. D./Evrigenis, Dimitrios — Bericht über den Beitritt der Republik Griechenland zum EG-Übereinkommen über die gerichtliche Zuständigkeit und die Vollstreckung gerichtlicher Entscheidungen in Zivil- und Handelssachen, ABl. EG 1986 Nr. C 298/1-28

Kerr, Michael — The EEC Judgments Convention: some repercussions beyond the EEC, EuR 1980, S. 353-360

Keßler, Axel — Die Vollstreckbarkeit und ihr Beweis gem. Art. 31 und 47 Nr. 1 EuGVÜ, Berlin 1998

Killias, Laurent — Die Gerichtsstandsvereinbarungen nach dem Lugano-Übereinkommen, Zürich 1993

ders.: — Internationale Gerichtsstandsvereinbarungen mittels Schweigen auf kaufmännisches Bestätigungsschreiben, in: Weber, Peter Johannes; Weber, Marc; Seitz, Riccardo; Künzle, Hans Rainer (Hrsg.), Liber discipulorum et amicorum, Festschrift für Kurt Siehr zum 65. Geburtstag, Zürich 2001, S. 65-76

Kim, Yong-Jin — Internationale Gerichtsstandsvereinbarungen, Frankfurt a. M. 1995

Kindl, Johann — Ausländisches Recht vor deutschen Gerichten, ZZP 111 (1998), S. 177-203

Klauser, Alexander — EuGVÜ und EVÜ, Europäisches Gerichtsstands- und Vollstreckungsübereinkommen; Europäisches Schuldvertragsübereinkommen, Wien 1999

Koch, Harald; Magnus, Ulrich; von Mohrenfels, Peter Winkler — IPR und Rechtsvergleichung – Ein Studien- und Übungsbuch zum Internationalen Privat- und Zivilverfahrensrecht und zur Rechtsvergleichung, 2. Auflage, München 1996

Kohler, Christian — Internationale Gerichtsstandsvereinbarungen: Liberalität und Rigorismus im EuGVÜ, IPRax 1983, S. 265-272.

Koller, Ingo; Roth, Wulf-Henning; Morck, Winfried — Handelsgesetzbuch, Kommentar, 3. Auflage, München 2002 (zitiert: Koller/Roth/Morck-Roth)

Kreuzer, Karl/Klötgen, Paul — Die Shevill-Entscheidung des EuGH: Abschaffung des Deliktsortsgerichtsstands des Art. 5 Nr. 3 EuGVÜ für ehrverletzende Streudelikte, IPRax 1997, S. 90-96

Kröll, Stefan Gerichtsstandsvereinbarungen aufgrund Handelsbrauchs im Rahmen des GVÜ, ZZP 113 (2000), S. 135-159

Kropholler, Jan Europäisches Zivilprozessrecht, Kommentar zu EuGVO und Lugano-Übereinkommen, 7. Auflage, Heidelberg 2002

ders.: Europäisches Zivilprozessrecht, Kommentar zu EuGVÜ und Lugano-Übereinkommen, 6 Auflage, Heidelberg 1996

ders.: Internationale Zuständigkeit, in: Handbuch des internationalen Zivilverfahrensrechts, Band I, Kapitel 1, Tübingen 1982, S. 184-533 (zitiert: Kropholler in: Hdb. IZVR I)

ders.: Internationales Privatrecht einschließlich der Grundbegriffe des Internationalen Zivilverfahrensrechts, 4. Auflage, Tübingen 2001

ders.: Internationales Privatrecht einschließlich der Grundbegriffe des Internationalen Zivilverfahrensrechts, 5. Auflage, Tübingen 2004

Kropholler, Jan/ von Hinden, Michael Die Reform des europäischen Gerichtsstands am Erfüllungsort (Art. 5 Nr. 1 EuGVÜ), in: Schack, Haimo (Hrsg.), Gedächtnisschrift für Alexander Lüderitz, München 2000, S. 401-414

Kropholler, Jan/Pfeifer, Axel Das neue europäische Recht der Zuständigkeitsvereinbarung, in: Habscheid, Walther J.; Schwab, Karl Heinz (Hrsg.), Beiträge zum internationalen Verfahrensrecht und zur Schiedsgerichtsbarkeit, Festschrift für Heinrich Nagel zum 75. Geburtstag, Münster 1987, S. 157-166

Kubis, Sebastian Internationale Zuständigkeit bei Persönlichkeits- und Immaterialgüterrechtsverletzungen, Bielefeld 1999

Lebre de Freitas, José A Acção Executiva à luz do Código Revisto, 3. Auflage, Coimbra 2001

ders.: A fraude á lei na Revisão de sentença estrangeira, in: Jayme, Erik (Hrsg.), Das Recht der Lusophonen Länder - Tagungsreferate, Rechtsprechung, Gutachten, Baden-Baden 2000, S. 21-28 *ders.:* Revisão do Processo Civil, ROA 55 (1995), S. 417-518

Lebre de Freitas, José; Pinto, Rui; Redinha, João Código de Processo Civil anotado I (Artigos 1.° a 380.°), Coimbra 1999

Leipold, Dieter Internationale Zuständigkeit am Erfüllungsort – das Neueste aus Luxemburg und Brüssel, in: Schack, Haimo (Hrsg.), Gedächtnisschrift für Alexander Lüderitz, München 2000, S. 431-453

Lima Pinheiro, Luís de A triangularidade do Direito Internacional Privado – Ensaio sobre a articulação entre o Direito de Conflitos, o Direito da Competência Internacional e o Direito de Reconhecimento, in: Estudos de Homenagem à Professora Doutora Isabel de Magalhães Collaço I, Coimbra 2002, S. 311-378

ders.: Direito Aplicável aos Contratos com Consumidores, ROA 61 (2001), S. 155-170

ders.: Direito Internacional Privado – Volume I – Introdução e Direito de Conflitos, Parte Geral, Coimbra 2003 (Nachdruck)

ders.: Direito Internacional Privado – Volume II – Direito de Conflitos, Parte Especial, 2. Auflage, Coimbra 2002

ders.: Direito Internacional Privado – Volume III – Competência Internacional e Reconhecimento de Decisões Estrangeiras, Coimbra 2002

Lindacher, Walter F. Zur Mitwirkung der Parteien bei der Ermittlung ausländischen Rechts, in: Gottwald, Peter; Roth, Herbert (Hrsg.), Festschrift für Ekkehard Schumann zum 70. Geburtstag, Tübingen 2001, S. 283-294

Linke, Hartmut Die Kontrolle ausländischer Versäumnisverfahren im Rahmen des EG-Gerichtsstands- und Vollstreckungsübereinkommens – Des Guten zuviel?, RIW 1986, S. 409-413

ders.: Internationales Zivilprozeßrecht: Leitfaden für Verfahren mit Auslandsbezug, 3. Auflage, Köln 2001

Lopes Cardoso, João António Partilhas Judiciais I (teoria e prática), 3. Auflage, Coimbra 1979

Lowenfeld, Andreas F. International Litigation and the Quest for Reasonableness. General Course on Private International Law, RCADI I 245 (1994), S. 9-320

Lynce de Faria, Duarte O transporte Internacional Marítimo de Mercadorias, Lisboa 2000

Machado Vilela, Álvaro da Costa Notas sobre a Competência Internacional no novo Código de Processo Civil, BFDC 17 (1940/1941), S. 274-346

ders.: Notas sobre a Competência Internacional no novo Código de Processo Civil, BFDC 18 (1942), S. 1-70

ders.: Observações sobre a execução das sentenças estrangeiras, BMJ 32 (1952), S. 31-66

ders.: Tratado Elementar (Teórico e Prático) de Direito Internacional Privado, Livro I, Princípios Gerais, Coimbra 1921 *und* Livro II, Aplicações, Coimbra 1922

Magalhães Collaço, Isabel de Revisão de sentenças estrangeiras (Apontamentos de alunos), Lisboa 1963

Mallmann, Dankwart Schiedsvertragsregelungen in Portugal, RIW 1989, S. 691-696

Mankowski, Peter Seerechtliche Vertragsverhältnisse im Internationalen Privatrecht, Tübingen 1995

Mansel, Heinz-Peter Streitverkündung und Interventionsklage im Europäischen internationalen Zivilprozessrecht (EuGVÜ/Lugano-Übereinkommen), in: Hommelhoff, Peter; Jayme, Erik; Mangold, Werner (Hrsg.), Europäischer Binnenmarkt: IPR und Rechtsangleichung, Beiträge und Diskussionen des Symposiums 1994 in Heidelberg, Heidelberg 1995, S. 161-262

Marques dos Santos, António Alguns Princípios de Direito Internacional Privado e de Direito Internacional Público do Trabalho, in: Martínez, Pedro Romano (Hrsg.), Estudos do Instituto de Direito do Trabalho, Volume III, Coimbra, 2001-2002, S. 13-47

ders.: As Normas de Aplicação Imediata no Direito Internacional Privado. Esboço de Uma Teoria Geral, 2 Bände, Coimbra 1991

ders.: Nota sobre a nova lei portuguesa relativa à arbitragem voluntária, Lei n.º 31/86, de 29 de Agosto, Rev Corte Esp Arb 1987, S. 15-50

ders.:	Direito Internacional Privado, Colectânea de textos legislativos de fonte interna e internacional, 2. Auflage, Coimbra 2002
ders.:	Revisão e confirmação de sentenças estrangeiras no novo Código de Processo Civil de 1997 (alterações ao regime anterior), in: Aspectos do novo Processo Civil, Lisboa 1997, S. 105-155
Martiny, Dieter	Anerkennung ausländischer Entscheidungen nach autonomen Recht, in: Handbuch des internationalen Zivilverfahrensrechts, Band III/1, Tübingen 1984
Martiny, Dieter/Ernst, Ulrich	Der Beitritt Polens zum Luganer Übereinkommen, IPRax 2001, S. 29-31
Mäsch, Gerald	Eine Lehrstunde aus Karlsruhe zum Internationalen Privatrecht, NJW 1996, S. 1453-1455
Massano, João	A arbitragem voluntária e a Convenção de Bruxelas/Regulamento (CE) n.º 44/2001 do Conselho, Lisboa 2001
Merschformann, Ulrike	Die objektive Bestimmung des Vertragsstatuts beim internationalen Warenkauf: Eine Studie zu Artikel 28 EGBGB unter Berücksichtigung der Haager IPR-Abkommen von 1955 und 1986, Baden-Baden 1991
Mesquita, Manuel Henrique	Direitos Reais, Coimbra 1967
Micklitz, Hans-W./Rott, Peter	Vergemeinschaftung des EuGVÜ in der Verordnung (EG) Nr. 44/2001, EuZW 2001, S. 325-334
Miranda, Pontes de	Comentários ao Código de Processo Civil, Volume 2, Rio de Janeiro 1998
Montalvão Machado, António	O Tratamento na Ordem Interna Portuguesa da Exequibilidade das Decisões Judiciais e dos Actos Autênticos Estrangeiros, Segundo a Convenção de Bruxelas, Separata especial da Scientia Iuridica 45 (1996)
Monteiro, Jorge Sinde; Moura Ramos, Rui Manuel; Hörster, Heinrich Erwald	Landesbericht Portugal in: von Bar, Christian (Hrsg.), Deliktsrecht in Europa – Systematische Einführungen, Gesetzestexte, Übersetzungen, Köln/Berlin u.a. 1994

Moura Ramos, Rui Manuel A Convenção de Bruxelas sobre a Competência Judiciaria e Execução de Decisões: sua adequação à realidade juslaboral actual, in: Estudos de Direito Internacional Privado e de Direito Processual Civil Internacional, Coimbra 2002, S. 41-72

ders.: A permanência do Direito Processual Civil Internacional português: competência internacional dos tribunais portugueses e reconhecimento das sentenças estrangeiras no tempo de Machado Villela e no Código de Processo Civil actual, in: ab vno ad omnes, 75 anos da Coimbra Editora, Coimbra 1998, S. 863-892

ders.: A reforma do direito processual civil internacional, Separata da RLJ, Coimbra 1998 (weitere Fundstelle: RLJ 162 (1997-1998), S. 162-168; 199-202 und 231-239)

ders.: Anotação ao acórdão do Tribunal da Relação de Lisboa de 5 de Novembro de 1995, RLJ 130 (1997), S. 176-187

ders.: Da Comunidade Internacional e do seu Direito – Estudos de Direito Internacional Público e Relações Internacionais, Coimbra 1996

ders.: Da lei aplicável ao contrato de trabalho internacional, Coimbra 1991

ders.: L´adhésion du Portugal aux conventions communautaires en matière de droit international privé, Separata da BFDUC 63, Coimbra 1988

ders.: Portugal in: European Case Law on the Judgments Convention, Kaye, Peter (Hrsg.), Chichester/Weinheim 1998, S. 795-811

ders.: Previsão Normativa e Modelação Judicial nas Convenções Comunitárias Relativas ao Direito Internacional Privado, in: Estudos de Direito Internacional Privado e de Direito Processual Civil Internacional, Coimbra 2002, S. 209-244

ders.: Validade do Casamento - Português casado com Espanhola divorciada na Venezuela (Parecer), Colectânea da Jurisprudência, Ano XIII, Tomo V, 1988, S. 17-24

Moura Vicente, Dário A Convenção de Bruxelas de 27 de Setembro de 1968 relativa à Competência Judiciária e à Execução de Decisões em Matéria Civil e Comercial e a Arbitragem, ROA 56 (1996), S. 595-618 *ders.:* Competência Judiciaria e Reconhecimento de Decisões Estrangeiras no Regulamento (CE) nº 44/2001, Scientia Iuridica 2002, S. 347-379

ders.: Da aplicação no tempo e no espaço das convenções de Bruxelas de 1968 e de Lugano de 1988, RFDUL 35 (1994), S. 461-485

ders.: Direito Internacional Privado - Ensaios I, Coimbra 2002 (weitere Fundstelle: A competência internacional no Código de Processo Civil revisto: aspectos gerais, in: Aspectos do novo Processo Civil, Lisboa 1997, S. 71-92)

Müller, Markus Die internationale Zuständigkeit bei grenzüberschreitenden Umweltbeeinträchtigungen, Basel 1994

Münchener Kommentar – Bürgerliches Gesetzbuch Kommentar zum Bürgerlichen Gesetzbuch, Rebmann, Kurt; Säcker, Franz Jürgen; Rixecker, Roland (Hrsg.), Band 10, Einführungsgesetz zum Bürgerlichen Gesetzbuche (Art. 1-38), Internationales Privatrecht, 3. Auflage, München 1998 (zitiert: MünchKomm/ Martiny)

Münchener Kommentar – Handelsgesetzbuch Kommentar zum Handelsgesetzbuch, Schmidt, Karsten (Hrsg.), Band 5, Viertes Buch. Handelsgeschäfte, Erster Abschnitt. Allgemeine Vorschriften, §§ 343-372, Recht des Zahlungsverkehrs, Effektengeschäft, Depotgeschäft, Ottawa Übereinkommen über Internationales Factoring, München 2001

Münchener Kommentar – Zivilprozessordnung Kommentar zur Zivilprozessordnung mit Gerichtsverfassungsgesetz und Nebengesetzen, Lüke, Gerhard; Wax, Peter (Hrsg.)
- Band 1, §§ 1-354, 2. Auflage, München 2000
- Band 3, §§ 803-1066, EGZPO, GVG, EGGVG, Internationales Zivilprozessrecht, 2. Auflage, München 2001 (zitiert: MünchKomm/Bearbeiter)

Musielak, Hans-Joachim Kommentar zur Zivilprozessordnung mit Gerichtsverfassungsgesetz, 3. Auflage, München 2002 (zitiert: Musielak/Weth)

Nagel, Heinrich; Gottwald, Peter Internationales Zivilprozessrecht, 5. Auflage, Münster 2002.

Neto, Abílio Código Civil Anotado, 16. Auflage, Lisboa 2001

Neto, Abílio; Martins, Herlânder A. Código civil anotado: doutrina, jurisprudência, vocabulário jurídico, 3. Auflage, Lisboa 1980

Neuner, Robert Internationale Zuständigkeit, Mannheim/Berlin u.a. 1929

Otte, Karsten	Umfassende Streitentscheidung durch Beachtung von Sachzusammenhängen: Gerechtigkeit durch Verfahrensabstimmung?, Tübingen 1998
Otto, Dirk	Das Schriftformerfordernis bei internationalen Schiedsgerichtsvereinbarungen, IPRax 2003, S. 333-335
Otto, Günter	Der verunglückte § 293 ZPO und die Ermittlung ausländischen Rechts durch „Beweiserhebung", IPRax 1995, S. 299-305
Pais de Amaral, Jorge Augusto	Direito Processual Civil, 4. Auflage, Coimbra 2003
Palandt	Bürgerliches Gesetzbuch mit Einführungsgesetz (Auszug), Unterlassungsklagegesetz, Produkthaftungsgesetz, Ebbaurechtsverordnung, Wohnungseigentumsgesetz, Hausratsverordnung, Lebenspartnerschaftsgesetz, Gewaltschutzgesetz (Auszug), 62. Auflage, München 2003 (zitiert: Palandt/Bearbeiter)
Palma Carlos, Adelino de	Código de Processo Civil Anotado, Lisboa 1940
Peralta, Ana Maria; Neves, João Curado	A Competência Internacional Indirecta em Direito Processual Civil, Lisboa 1988
Pessoa Vaz, A. M.; Álvaro Dias, J.	La reconnaissance et l´exécution de jugements étrangers judiciaires et arbitraux en matière civile et commerciale au Portugal, DDC (BMJ) 33/34 (1988), S. 521-582
Pimenta Coelho, Maria Cristina	A convenção de Nova Iorque de 10 de Junho de 1958 relativa ao reconhecimento e execução de sentenças arbitrais estrangeiras, rev. jur. 20 (1996), S. 37-69
Prata, Ana	Dicionário Jurídico, 3. Auflage, Coimbra 1997
Rabe, Dieter	Drittwirkung von Gerichtsstandsklauseln nach Art. 17 EuGVÜ, TranspR 2000, S. 389-395
Radtke, Rolf C.	Internationale Zuständigkeitsvereinbarungen nach portugiesischem Recht, RIW 1984, S. 270-282
ders.:	Vereinbarungen über die internationale Zuständigkeit der portugiesischen Gerichte in Seerechtssachen, RIW 1987, S. 196-201
Rathenau, Alexander	Die Zivilgerichtsbarkeit in Portugal, ZfRV 2006, S. 217-227

Rauscher, Thomas Anmerkung zu EuGH 7.3.1995, Rs. 68/93 – „Shevill/Presse Alliance“, ZZP Int 1996, S. 151-166

ders.: Gerichtsstandsbeeinflussende AGB im Geltungsbereich des EuGVÜ, ZZP 104 (1991), S. 271-320

ders.: Internationales Privatrecht – Mit internationalem und europäischem Verfahrensrecht, 2. Auflage, Heidelberg 2002

Reichart, Peter Zur „Ordnungsgemässen Zustellung“ im Anerkennungsverfahren nach Art. 27 Nr. 2 LugÜ und Art. 15 HZÜ, unter Berücksichtigung amerikanischer *long arm statutes*, in: Weber, Peter Johannes; Weber, Marc; Seitz, Riccardo; Künzle, Hans Rainer (Hrsg.), Liber discipulorum et amicorum, Festschrift für Kurt Siehr zum 65. Geburtstag, Zürich 2001, S. 163-174

Reithmann, Christoph; Martiny, Dieter Internationales Vertragsrecht – Das Internationale Privatrecht der Schuldverträge, 5. Auflage, Köln 1996

Remien, Oliver Iura novit curia und die Ermittlung fremden Rechts im europäischen Rechtsraum der Artt. 65 ff. EGV - für ein neues Vorabentscheidungsverfahren bei mitgliedstaatlichen Gerichten, in: Basedow, Jürgen; Drobnig, Ulrich; Ellger, Reinhard; Hopt, Klaus J.; Kötz, Heinz; Kulms, Rainer; Mestmäcker, Ernst-Joachim (Hrsg.), Aufbruch nach Europa: 75 Jahre Max-Planck-Institut für Privatrecht, Tübingen 2001, S. 617-631

Ribeiro, António Sequeira Sobre os pactos de Jurisdição na Convenção de Bruxelas de 1968: uma abordagem ao art. 17°, RFDUL 37 (1996), S. 407-452

Röhricht/Graf von Westphalen Handelsgesetzbuch, Kommentar zum Handelsstand, Handelsgesellschaften, Handelsgeschäften und besonderen Handelsverträgen (ohne Bilanz-, Transport- und Seerecht), Röhricht, Volker; Friedrich, Graf von Westphalen (Hrsg.), 2. Auflage, Köln 2001 (zitiert: Wagner in: Röhricht/Graf von Westphalen)

Roth, Herbert Anmerkung zu EuGH 10.10.1996, Rs. 78/95 – „Hendrikman u. Feyen/Magenta Druck“, ZZP Int 1997, S. 140-148

Samtleben, Jürgen	Internationale Gerichtsstandsvereinbarungen nach dem EWG-Übereinkommen und nach der Gerichtsstandsnovelle, NJW 1974, S. 1590-1596
Sandrock, Otto	Die Prorogation der internationalen Zuständigkeit eines Gerichts durch hilfsweise Sacheinlassung des Beklagten – Das Mysterium des Artikel 18 Satz 2 EuGVÜ, ZvglRW 1979, S. 177-220
Satta, Salvatore; Punzi, Carmine	Diritto Processuale Civile, 11. Auflage, Padova 1993
Schack, Haimo	Der Erfüllungsort im deutschen, ausländischen und internationalen Privat- und Zivilprozessrecht, Frankfurt a. M. 1985
ders.:	Anmerkung zu EuGH 29.6.1994, Rs. 288/92 - „Custom Made Commercial/Stawa Metallbau", ZEuP 1995, S. 659-668
ders.:	Die grenzüberschreitende Verletzung allgemeiner und Urheberpersönlichkeitsrechte, UFITA 108 (1988), S. 51-72
ders.:	Internationales Zivilverfahrensrecht, 3. Auflage, München 2002
ders.:	Wechselwirkungen zwischen europäischen und nationalem Zivilprozessrecht, ZZP 107 (1994), S. 279-300
Schindler, Christian	Durchbrechungen des Spiegelbildprinzips bei der Anerkennung ausländischer Entscheidungen - unter vergleichender Berücksichtigung des portugiesischen und brasilianischen Rechts, Aachen 2004
Schlosser, Peter	Anmerkung zu EuGH 19.6.1984, Rs. 71/83 – „Tilly Russ/Nova", RIW 1984, S. 911-914
ders.:	Bericht zu dem Übereinkommen des Königreichs Irlands und des Vereinigten Königreichs Großbritannien und Nordirland über den Beitritt zum Übereinkommen über die gerichtliche Zuständigkeit und die Vollstreckung gerichtlicher Entscheidungen in Zivil- und Handelssachen sowie zum Protokoll betreffend die Auslegung dieses Übereinkommens durch den Gerichtshof, ABl. EG 1979 Nr. C 59/71-151
ders.:	Das Recht der internationalen privaten Schiedsgerichtsbarkeit, 2. Auflage, Tübingen 1989
ders.:	EU – Zivilprozessrecht: EuGVVO, EuEheVO, AVAG, HZÜ, EuZVO, HBÜ, EuBVO, 2. Auflage, München 2003

ders.:	EuGVÜ: Europäisches Gerichtsstands- und Vollstreckungsübereinkommen; mit Luganer Übereinkommen und den Haager Übereinkommen über Zustellung und Beweisaufnahme, München 1996
Schmidt, Maître Dominique/Niggemann, Friedrich	Die Vereinbarung von Allgemeinen Geschäftsbedingungen durch stillschweigende Annahme nach französischem Recht, RIW/AWD 1974, S. 309-312
Schmidt, Michael Johannes	Kann Schweigen auf eine Gerichtsstandsklausel in AGB einen Gerichtsstand nach Art. 17 EuGVÜ/LuganoÜ begründen?, RIW 1992, S. 173-179
Schröder, Jochen	Internationale Zuständigkeit: Entwurf eines Systems von Zuständigkeitsinteressen im zwischenstaatlichen Privatverfahrensrecht aufgrund rechtshistorischer, rechtsvergleichender und rechtspolitischer Betrachtungen, Opladen 1971
Schulte-Beckhausen, Sabine	Internationale Zuständigkeit durch rügelose Einlassung im Europäischen Zivilprozessrecht, Bielefeld 1994
Schütze, Rolf A.	Zur internationalen Zuständigkeit aufgrund rügeloser Einlassung, ZZP 80 (1977), S. 67-76
ders.:	Deutsches Internationales Zivilprozessrecht, Berlin/New York 1985
Schwab, Karl Heinz; Walter, Gerhard	Schiedsgerichtsbarkeit, Systematischer Kommentar zu den Vorschriften der Zivilprozessordnung, des Arbeitsgerichtsgesetzes, der Staatsverträge und der Kostengesetze über das privatrechtliche Schiedsgerichtsverfahren, 6. Auflage, München 2000 (zitiert: Schwab/Walter, Schiedsgerichtsbarkeit)
Schwarz, Eckhard H.	Schutzkollisionen im internationalen Verbraucherschutz – Dargestellt an der Neuregelung des Rechts der Allgemeinen Geschäftsbedingungen in Portugal, Heidelberg 1991
Scoles, Eugene F.; Hay, Peter; Borchers, Patrick J.; Symeonides, Symeon C.	Conflict of Laws, 3. Auflage, St. Paul 2000
Selke, Olav	Handelsbräuche als autonomes kaufmännisches Recht aus praktischer Sicht: Eine Untersuchung zur Bestimmung der rechtlichen Reichweite der Handelsbräuche, Stuttgart 2001
Sequeira Ferreira, Abel C.	O conceito de domicílio na Convenção de Bruxelas de 27 de Setembro de 1968, Lisboa 1994

Siehr, Kurt	Internationales Privatrecht – Deutsches und europäisches Kollisionsrecht für Studium und Praxis, Heidelberg 2001
Soergel, Hs. Th.	Bürgerliches Gesetzbuch mit Einführungsgesetz und Nebengesetzen, Band 10, Einführungsgesetz, Stand: Anfang 1996, Siebert, W. (Hrsg.), 12. Auflage, Stuttgart/Berlin/Köln 1996 (zitiert: Soergel-von Hoffmann)
Spellenberg, U.	Die Vereinbarung des Erfüllungsortes und Art. 5 Nr. 1 des Europäischen Gerichtsstands- und Vollstreckungsübereinkommens, IPRax 1981, S. 75-79
Staehelin, Matthias	Gerichtsstandsvereinbarungen im internationalen Handelsverkehr Europas: Form und Willenseinigung nach Art. 17 EuGVÜ/LugÜ, Basel 1994
Steiger, Axel	Grenzüberschreitende Fusion und Sitzverlegung von Kapitalgesellschaften innerhalb der EU nach spanischem und portugiesischem Recht, Frankfurt a. M. 1997
Stein/Jonas	Kommentar zur Zivilprozessordnung - Band 1, §§ 1-90, 21. Auflage, Tübingen 1993 - Band 7, Teilband 2, §§ 946-1048, EG-ZPO, 21. Auflage, Tübingen 1994 (zitiert: Stein/Jonas/Bearbeiter)
Stöve, Elisabeth	Gerichtsstandsvereinbarungen nach Handelsbrauch, Art. 17 EuGVÜ und § 38 ZPO, Heidelberg 1993
Straube, Manfred	Kommentar zum Handelsgesetzbuch mit einschlägigen Rechtsvorschriften in zwei Bänden, Band 1, §§ 1-188, §§ 343-453, 2. Auflage, Wien 1995 (zitiert: Straube/Kramer)
Taborda Ferreira, Vasco	Sistema do Direito Internacional Privado segundo a lei e a jurisprudência, Lisboa 1957
Tavares de Sousa, José E.	A convenção de Bruxelas de 1968 e a convenção paralela de Lugano de 1988 na jurisprudência portuguesa (1993-1997), in: Jayme, Erik (Hrsg.), Das Recht der Lusophonen Länder - Tagungsreferate, Rechtsprechung, Gutachten, Baden-Baden 2000, S. 29-41
Tavares, José	Os Princípios Fundamentais do Direito Civil, Volume I – Noções Gerais, Obrigações, Direitos Reais, Família e Sucessões, Coimbra 1922
Teixeira de Sousa, Miguel	A Competência Declarativa dos Tribunais Comuns, Lisboa 1993

ders.: A concessão de *exequatur* a uma decisão estrangeira segundo a Convenção de Bruxelas, Comentário ao acórdão da Relação do Porto de 7 de Junho de 1994, RFDUL 35 (1994), S. 445-460

ders.: Acção Executiva Singular, Lisboa 1998

ders.: Alguns aspectos de reconhecimento de decisões estrangeiras segundo o direito autónomo português, in: Jayme, Erik (Hrsg.), Das Recht der Lusophonen Länder - Tagungsreferate, Rechtsprechung, Gutachten, Baden-Baden 2000, S. 55-63

ders.: Âmbito de aplicação do regulamento nº 44/2001, de 22 de Dezembro de 2000 (regulamento Bruxelas I), in: Estudos de Homenagem à Professora Doutora Isabel de Magalhães Collaço II, Coimbra 2002, S. 674-691

ders.: Apreciação de alguns aspectos da «Revisão do Processo Civil – Projecto», ROA 55 (1995), S. 353-416

ders.: Die neue internationale Zuständigkeitsregelung im portugiesischen Zivilprozessgesetzbuch und die Brüsseler und Luganer Übereinkommen: Einige vergleichende Bemerkungen, IPRax 1997, S. 352-360

ders.: Direito Processual Civil Europeu – Relatório apresentado nos termos do art. 9, nº 1, al. a), do Decreto nº 301/72, de 14 de Agosto, para a prestação de provas de Agregação (Ciências Jurídicas) na Universidade de Lisboa, Lisboa 2003

ders.: Estudos sobre o novo Processo Civil, 2. Auflage, Lisboa 1997

ders.: Sobre a competência indirecta no reconhecimento de sentenças estrangeiras – Anotação ao acórdão do Supremo Tribunal de Justiça de 21 de Maio de 1998, ROA (60) 2000, S. 757-783

Teixeira de Sousa, Miguel; Moura Vicente, Dário Comentário à Convenção de Bruxelas de 27 de Setembro de 1968 relativa à competência judiciária e à execução de decisões em matéria civil e comercial e textos complementares, Lisboa 1994

Teles, Eugénia Galvão Reconhecimento de sentenças estrangeiras: o controle da competência do tribunal de origem pelo tribunal requerido na Convenção de Bruxelas de 27 de Setembro de 1968, RFDUL 37 (1996), S. 119-169

Thalmair, Roland Die Verwaltungsgerichtsbarkeit in Portugal, NVwZ 2001, S. 1367-1369

Thomas, Heinz; Putzo, Hans Zivilprozessordnung mit Gerichtsverfassungsgesetz und den Einführungsgesetzen, dem Brüsseler EWG-Übereinkommen und dem Luganer Übereinkommen über die gerichtliche Zuständigkeit und die Vollstreckung gerichtlicher Entscheidungen in Zivil- und Handelssachen sowie dem Anerkennungs- und Vollstreckungsausführungsgesetz, 22. Auflage, München 1999 (zitiert: Thomas/Putzo/Hüßtege, ZPO (22. Auflage 1999))

dies.: Zivilprozessordnung mit Gerichtsverfassungsgesetz, den Einführungsgesetzen und europarechtlichen Vorschriften (EuGVVO, EheVO, ZustellungsVO, ZustDG, AVAG), 25. Auflage, München 2003 (zitiert: Thomas/Putzo/Hüßtege, ZPO)

dies.: Zivilprozessordnung mit Gerichtsverfassungsgesetz, den Einführungsgesetzen, und europarechtlichen Vorschriften (EuGVÜ, LGVÜ, EheVO, ZustellungsVO, AVAG), 23. Auflage, München 2001 (zitiert: Thomas/Putzo/Hüßtege, ZPO (23. Auflage 2001))

Thorn, Karsten Gerichtsstand des Erfüllungsorts und intertemporales Zivilverfahrensrecht, IPRax 2004, S. 354-357

Tosi, Ugo; Hesse, Christine Internationale Zuständigkeit bei Gerichtsstandsvereinbarung „nur zugunsten einer Partei“, RIW 1984, S. 478-481

Trunk, Alexander Die Erweiterung des EuGVÜ-Systems am Vorabend des Europäischen Binnenmarktes: Das Lugano-Übereinkommen und das EuGVÜ-Beitrittsübereinkommen von San Sebastián, München 1991

ders.: Erste Rechtsprechung zum Lugano-Übereinkommen: Gerichtsstandsvereinbarung, Gerichtsstand des Erfüllungsorts und intertemporale Fragen, IPRax 1996, S. 249-254

van den Berg, Albert Jan The New York Arbitration Convention of 1958, Deventer 1981

Varela, Antunes, Bezerra, Miguel; Sampaio e Nora Manual de Processo Civil, 2. Auflage, Coimbra 1985

Vasconcelos, Joana Conexão e competência judiciária na Convenção de Bruxelas de 27 de Setembro de 1968, O Direito 126 (1994), S. 209-263 und 531-574

Vaz Serra, Adriano Anotação ao Acórdão do Supremo Tribunal de Justiça de 23 de Janeiro de 1968, RLJ 101 (1968-1969), S. 375-378

Vitorino, João Macedo A competência internacional em matéria de pessoas colectivas, in: Aspectos do novo Processo Civil, Lisboa 1997, S. 93-104

Vogenauer, Stefan Zur Begründung des Mehrparteiengerichtsstands aus Art. 6 Nr. 1 LugÜ in England und Schottland, IPRax 2001, S. 253-257

von Bar, Christian/Mankowski, Peter Internationales Privatrecht, Band I – Allgemeine Lehren, 2. Auflage, München 2003

von Hoffmann, Bernd Das EWG-Übereinkommen über die gerichtliche Zuständigkeit und die Vollstreckung gerichtlicher Entscheidungen in Zivil- und Handelssachen, RIW/AWD 1973, S. 57-64

ders.: Empfiehlt es sich, das EG-Übereinkommen über das auf vertragliche Schuldverhältnisse anzuwendende Recht in das deutsche IPR-Gesetz zu inkorporieren?, IPRax 1984, S. 10-13

ders.: Gegenwartsprobleme internationaler Zuständigkeit, IPRax 1982, S. 217-222

ders.: Internationale Handelsschiedsgerichtsbarkeit – Die Bestimmung des maßgeblichen Rechts, Frankfurt/Berlin 1970

ders.: Internationales Privatrecht einschließlich der Grundzüge des internationalen Verfahrensrechts, 7. Auflage, München 2002

ders.: Richtlinien der Europäischen Gemeinschaft und Internationales Privatrecht, ZRvgl. 1995, S. 45-54

von Hoffmann, Bernd/Hau, Wolfgang Probleme der abredewidrigen Streitverkündung im Europäischen Zivilrechtsverkehr, RIW 1997, S. 89-94

von Mehren, Arthur Taylor Recognition and Enforcement of Foreign Judgments – General Theory and the Role of Jurisdictional Requirements, Rec des Cours 1980/II, S. 1-112

Wagner, Gerhard Ehrenschutz und Pressefreiheit im europäischen Zivilverfahrens- und internationalen Privatrecht, RabelsZ 62 (1998), S. 243-285

Wagner, Rolf Der Beitritt Österreichs, Finnlands und Schwedens zum Brüsseler Gerichtsstands- und Vollstreckungsübereinkommen vom 27.9.1968, RIW 1998, S. 590-592

ders.: Zum zeitlichen Anwendungsbereich des Lugano-Übereinkommens, ZIP 1994, S. 81-84

Walter, Gerhard Internationales Zivilprozessrecht der Schweiz, 3. Auflage, Bern/Stuttgart/Wien 2002

Weigand, Frank-Bernd Der Beitritt Spaniens und Portugals zum EuGVÜ - Das Beitrittsübereinkommen von Donostia-San Sebastián vom 26.5.1989, RIW 1991, S. 717-722

Wieczorek, Bernhard; Schütze, Rolf A. Zivilprozessordnung und Nebengesetze – Großkommentar, Einleitung §§ 1-49; EuGVÜ, 3. Auflage, Berlin/New York 1994 (zitiert: Wieczorek / Schütze / Hausmann)

Wiehe, Herbert Zustellungen, Zustellungsmängel und Urteilsanerkennung am Beispiel fiktiver Inlandszustellungen in Deutschland, Frankreich und den USA, München 1993

Wiwinius, Jean-Claude Les Conventions de Bruxelles de 1968 et de Lugano de 1988 à travers la jurisprudence luxembourgeoise, in: Mélanges dédiés à la mémoire de Fernand Schockweiler, Bulletin du Cercle François Laurent, 1998/I, S. 79-131

Wolf, Manfred; Horn, Norbert/Lindacher, Walter F. AGB-Gesetz: Gesetz zur Regelung des Rechts der Allgemeinen Geschäftsbedingungen, 4. Auflage, München 1999

Zöller, Richard Zivilprozessordnung mit Gerichtsverfassungsgesetz und den Einführungsgesetzen, mit Internationalem Zivilprozessrecht, EG - Verordnungen, Kostenanmerkungen, 23. Auflage, Köln 2002 (zitiert: Zöller/Bearbeiter)

STUDIEN ZUM VERGLEICHENDEN UND INTERNATIONALEN RECHT

Herausgeber: Bernd von Hoffmann, Erik Jayme und Heinz-Peter Mansel

Band 1 Ferdinand Henke: Die Datenschutzkonvention des Europarates. 1986.

Band 2 Peter Czermak: Der express trust im internationalen Privatrecht. 1986.

Band 3 Peter Kindler: Der Ausgleichsanspruch des Handelsvertreters im deutsch-italienischen Warenverkehr. Eine rechtsvergleichende und kollisionsrechtliche Untersuchung. 1987.

Band 4 Wilhelm Denzer: Stellung und Bedeutung des Engineers in den FIDIC-Bauvertragsbedingungen. 1988.

Band 5 Marijan-Maximilian Lederer: Die internationale Enteignung von Mitgliedschaftsrechten unter besonderer Berücksichtigung der französischen Enteignungen 1982. 1989.

Band 6 Rainer Esser: Klagen gegen ausländische Staaten. 1990.

Band 7 Chang Jae-Ok: Auf dem Weg zu einer Materialisierung des Immateriellen? Personen-, Persönlichkeitsschutz und Geldersatz des immateriellen Schadens in rechtsvergleichender Hinsicht am Beispiel des koreanischen und japanischen Zivilrechts unter besonderer Berücksichtigung des deutschen Rechts. 1990.

Band 8 Paul-Frank Weise: Lex mercatoria. Materielles Recht vor der internationalen Handelsschiedsgerichtbarkeit.1990.

Band 9 Werner Born: Der Auftrittsvertrag für Musikgruppen im Bereich der Rock- und Popmusik. 1990.

Band 10 Ralf Erich Jürgens: IPR und Verfassung in Italien und in der Bundesrepublik Deutschland. 1990.

Band 11 Rainer Gildeggen: Internationale Schieds- und Schiedsverfahrensvereinbarungen in Allgemeinen Geschäftsbedingungen vor deutschen Gerichten. 1991.

Band 12 Klaus Grabinski: Die kollisionsrechtliche Behandlung des Durchgriffs bei rechtlich verselbständigten Unternehmen in privater oder öffentlicher Hand. 1991.

Band 13 Dieter Stummel: Konkurs und Integration. Konventionsrechtliche Wege zur Bewältigung grenzüberschreitender Insolvenzverfahren. 1991.

Band 14 Joachim Güntzer: Die Rechtsstellung des Geschäftsführers im spanischen Aktienrecht. Die Neuregelung des spanischen Aktienrechts nach dem Beitritt Spaniens zur EG. 1991.

Band 15 Sabine Isenburg-Epple: Die Berücksichtigung ausländischer Rechtshängigkeit nach dem Europäischen Gerichtsstands- und Vollstreckungsübereinkommen vom 27.9.1968. Untersuchungen zum Anwendungsbereich von Art. 21 EuGVÜ unter schwerpunktmäßiger Behandlung der Frage nach der Bestimmung eines europäischen Streitgegenstandsbegriffs. 1992.

Band 16 Ulrich Nickl: Die Qualifikation der culpa in contrahendo im Internationalen Privatrecht. 1992.

Band 17 Theo Rauh: Leistungserschwerungen im Schuldvertrag. Eine rechtsvergleichende Untersuchung des englischen, US-amerikanischen, französischen und deutschen Rechts unter besonderer Berücksichtigung der gerichtlichen Praxis. 1992.

Band 18 Bernadette Chaussade-Klein: Vorvertragliche "obligation de renseignements" im französichen Recht. 1992.

Band 19 Josef Sievers: Verbraucherschutz gegen unlautere Vertragsbedingungen im französischen Recht. Vom Code civil zum "Code de la consommation" – die Entstehung eines Sonderprivatrechts für Verbraucher. 1993.

Band 20 Achim Schäfer: Grenzüberschreitende Kreditsicherung an Grundstücken, unter besonderer Berücksichtigung des deutschen und italienischen Rechts. 1993.

Band 21 Eugenio Hernández-Breton: Internationale Gerichtsstandsklauseln in Allgemeinen Geschäftsbedingungen. Unter besonderer Berücksichtigung des deutsch-südamerikanischen Rechtsverkehrs (dargestellt am Beispiel Argentinien, Brasilien und Venezuela). 1993.

Band 22 Ingo Reng: Unterhaltsansprüche aufgrund nichtehelicher Lebensgemeinschaft – Internationales Privatrecht und ausländisches materielles Recht. 1994.

Band 23 Stefanie Roloff: Die Geltendmachung ausländischer öffentlicher Ansprüche im Inland. 1994.

Band 24 Katharina Ludwig: Der Vertragsschluß nach UN-Kaufrecht im Spannungsverhältnis von Common Law und Civil Law. Dargestellt auf der Grundlage der Rechtsordnungen Englands und Deutschlands. 1994.

Band 25 Malte Diesselhorst: Mehrparteienschiedsverfahren. Internationale Schiedsverfahren unter Beteiligung von mehr als zwei Parteien. 1994.

Band 26 Manfred Kost: Konsensprobleme im internationalen Schuldvertragsrecht. 1995.

Band 27 Wolff-Heinrich Fleischer: Das italienische Wettbewerbsrecht und die Probleme des selektiven Parfümvertriebs unter Berücksichtigung der Rechtslage in Frankreich und Deutschland. 1995.

Band 28 Angelika Fuchs: Lateinamerikanische Devisenkontrollen in der internationalen Schuldenkrise und Art. VIII Abschn. 2 b) IWF-Abkommen. 1995.

Band 29 Jacques Matthias Aull: Der Geltungsanspruch des EuGVÜ: "Binnensachverhalte" und Internationales Zivilverfahrensrecht in der Europäischen Union. Zur Auslegung von Art. 17 Abs. 1 S. 1 EuGVÜ. 1996.

Band 30 Hartmut Ost: EVÜ und fact doctrine. Konflikte zwischen europäischer IPR-Vereinheitlichung und der Stellung ausländischen Rechts im angelsächsischen Zivilprozeß. 1996.

Band 31 Stefan Wagner: Die Testierfähigkeit im Internationalen Privatrecht. 1996.

Band 32 Wolfgang Jakob Hau: Positive Kompetenzkonflikte im Internationalen Zivilprozeßrecht. Überlegungen zur Bewältigung von *multi-fora disputes*. 1996.

Band 33 Markus Schütz: UN-Kaufrecht und *Culpa in contrahendo*. 1996.

Band 34 Volker Geyrhalter: Das Lösungsrecht des gutgläubigen Erwerbers. Ein "vergessener" Kompromiß und die Auswirkungen auf das heutige deutsche Recht unter besonderer Berücksichtigung des internationalen Sachenrechts. 1996.

Band 35 Andreas Kramer: Abwicklungsstörungen bei Kaufverträgen. Die Lieferung vertragswidriger Sachen im deutschen und italienischen Recht. 1996.

Band 36 Petra Krings: Erfüllungsmodalitäten im internationalen Schuldvertragsrecht. 1997.

Band 37 Tonja Gaibler: Der rechtsgeschäftliche Irrtum im französischen Recht. 1997.

Band 38 Dirk Otto: Rechtsspaltung im indischen Erbrecht. Bedeutung und Auswirkungen auf deutsch-indische Nachlaßfälle. 1997.

Band 39 Gregor W. Decku: Zwischen Vertrag und Delikt. Grenzfälle vertraglicher und deliktischer Haftung dargestellt am Beispiel der Berufs- und Expertenhaftung zum Schutze des Vermögens Dritter im deutschen und englischen Recht. 1997.

Band 40 Ulrike Höpping: Auswirkungen der Warenverkehrsfreiheit auf das IPR unter besonderer Berücksichtigung des Internationalen Produkthaftungsrechts und des Internationalen Vertragsrechts. 1997.

Band 41 Andreas Bartosch: Die vermögensrechtlichen Beziehungen der Ehegatten bei bestehender Ehe im englischen Recht – Eigentum, Besitz, Schuldvertrag. 1997.

Band 42 Helene Boriths Müller: Die Umsetzung der europäischen Übereinkommen von Rom und Brüssel in das Recht der Mitgliedstaaten. Dargestellt am Beispiel Deutschlands und Dänemarks. 1997.

Band 43 Bernd von Hoffmann / Myong-Chang Hwang (eds.): The Public Concept of Land Ownership. Reports and Discussions of a German-Korean Symposium held in Seoul on October 7-9, 1996. 1997.

Band 44 Oliver Heeder: Fraus legis. Eine rechtsvergleichende Untersuchung über den Vorbehalt der Gesetzesumgehung in Deutschland, Österreich, der Schweiz, Frankreich und Belgien unter besonderer Berücksichtigung des Internationalen Privatrechts. 1998.

Band 45 Heinrich Schütt: Deliktstyp und Internationales Privatrecht. Dargestellt an grenzüberschreitenden Problemen der Arzthaftung. 1998.

Band 46 Axel Steiner: Die stillschweigende Rechtswahl im Prozeß im System der subjektiven Anknüpfungen im deutschen Internationalen Privatrecht. 1998.

Band 47 Martina Schulz: Der Eigentumsvorbehalt in europäischen Rechtsordnungen. Rechtsvergleichende Untersuchung des deutschen, englischen und französischen Rechts unter besonderer Berücksichtigung von Erweiterungen und Verlängerungen. 1998.

Band 48 Karin Dreher: Die Rechtswahl im internationalen Erbrecht. Unter besonderer Berücksichtigung des italienischen IPR-Reformgesetzes N. 218 vom 31. Mai 1995. 1999.

Band 49 Giuliano Gabrielli: Das Verhältnis zwischen der Anfechtung wegen Eigenschaftsirrtums und den Gewährleistungsansprüchen im deutschen, österreichischen und italienischen Recht. 1999.

Band 50 Bernd von Hoffmann / Myong-Chan Hwang (eds.): Developments in Land Law. Reports and Discussions of a German-Korean Symposium held in Berlin and Trier on July 21-24, 1997. 1999.

Band 51 Volker Heidbüchel: Das UNCITRAL-Übereinkommen über unabhängige Garantien und Standby Letters of Credit. Vergleiche mit den Richtlinien der Internationalen Handelskammer, dem deutschen, englischen und US-amerikanischen Recht. 1999.

Band 52 Jan Christoph Nordmeyer: Pflichtteilsansprüche und Wiedervereinigung. Eine systematische Analyse der Ausgleichsansprüche nach BGB-Pflichtteilsrecht unter besonderer Berücksichtigung der durch den Wiedervereinigungsprozeß eingetretenen Wertveränderungen. 1999.

Band 53 Bettina Linder: Vertragsabschluß beim grenzüberschreitenden Verbraucherleasing. 1999.

Band 54 Almontasser Fetih: Die zivilrechtliche Haftung bei Vertragsverhandlungen. Eine rechtsvergleichende Studie zum deutschen, französischen, ägyptischen und islamischen Recht. 2000.

Band 55 Sona Rajani: Die Geltung und Anwendung des Gemeinschaftsrechts im Vereinigten Königreich von Großbritannien und Nordirland. Der Grundsatz der Parlamentssouveränität im Wandel. 2000.

Band 56 Joachim Kayser: Gegenmaßnahmen im Außenwirtschaftsrecht und das System des europäischen Kollisionsrechts. Eine Analyse der EU-Abwehrverordnung gegen die Auswirkungen extraterritorialer Rechtserstreckung eines Drittlandes. 2001.

Band 57 Albrecht Conrad: Qualifikationsfragen des Trust im Europäischen Zivilprozeßrecht. 2001.

Band 58 Bernd Borgmann: Die Entsendung von Arbeitnehmern in der Europäischen Gemeinschaft. Wechselwirkungen zwischen Kollisionsrecht, Grundfreiheiten und Spezialgesetzen. 2001.

Band 59 Aleksandar Jaksic: Arbitration and Human Rights. 2002.

Band 60 Islamisches und arabisches Recht als Problem der Rechtsanwendung. Symposium zu Ehren von Professor Emeritus Dr. iur. Omaia Elwan. Veranstaltet vom Institut für ausländisches und internationales Privat- und Wirtschaftsrecht der Universität Heidelberg und der Gesellschaft für Arabisches und Islamisches Recht e.V. Herausgegeben von Herbert Kronke, Gert Reinhart und Nika Witteborg. 2001.

Band 61 Patrick Fiedler: Stabilisierungsklauseln und materielle Verweisung im internationalen Vertragsrecht. 2001.

Band 62 Werner Mangold: Die Abtretung im Europäischen Kollisionsrecht. Unter besonderer Berücksichtigung des spanischen Rechts. 2001.

Band 63 Eike Dirk Eschenfelder: Beweiserhebung im Ausland und ihre Verwertung im inländischen Zivilprozess. Zur Bedeutung des US-amerikanischen discovery-Verfahrens für das deutsche Erkenntnisverfahren. 2002.

Band 64 Bernd Ehle: Wege zu einer Kohärenz der Rechtsquellen im Europäischen Kollisionsrecht der Verbraucherverträge. 2002.

Band 65 Heiko Lehmkuhl: Das Nacherfüllungsrecht des Verkäufers im UN-Kaufrecht. 2002.

Band 66 Jochen Nikolaus Schlotter: Erbrechtliche Probleme in der Société Privée Européenne. IPR-Harmonisierung im einheitlichen Europäischen Rechtsraum. 2002.

Band 67 Konrad Ost: Doppelrelevante Tatsachen im Internationalen Zivilverfahrensrecht. Zur Prüfung der internationalen Zuständigkeit bei den Gerichtsständen des Erfüllungsortes und der unerlaubten Handlung. 2002.

Band 68 Tobias Bosch: Die Durchbrechungen des Gesamtstatuts im internationalen Ehegüterrecht. Unter besonderer Berücksichtigung deutsch-französischer Rechtsfälle. 2002.

Band 69 Ursula Philipp: Form im amerikanischen Erbrecht. Zwischen Formalismus und harmless error. 2002.

Band 70 Christian Stefan Wolf: Der Begriff der wesentlich engeren Verbindung im Internationalen Sachenrecht. 2002.

Band 71 André Fomferek: Der Schutz des Vermögens Minderjähriger. Ein Vergleich des deutschen und des englischen Rechts unter Berücksichtigung des schottischen und irischen Rechts. 2002.

Band 72 nicht erschienen

Band 73 Markus Dreißigacker: Sprachenfreiheit im Verbrauchervertragsrecht. Der Verbraucher im Spannungsfeld zwischen kultureller Identität und Privatautonomie. 2002.

Band 74 Vassiliki Myller-Igknay: Auskunftsansprüche im griechischen Zivilrecht. Auswirkungen im deutsch-griechischen Rechtsverkehr sowie im deutschen internationalen Privat- und Verfahrensrecht. 2003

Band 75 Stefan Bruinier: Der Einfluss der Grundfreiheiten auf das Internationale Privatrecht. 2003.

Band 76 Nika Witteborg: Das gemeinsame Sorgerecht nichtverheirateter Eltern. Eine Untersuchung im soziologischen, rechtsgeschichtlichen, verfassungsrechtlichen, rechtsvergleichenden und internationalen Kontext. 2003.

Band 77 Peter Stankewitsch: Entscheidungsnormen im IPR als Wirksamkeitsvoraussetzungen der Rechtswahl. 2003.

Band 78 Jan Wilhelm Ritter: Euro-Einführung und IPR unter besonderer Berücksichtigung nachehelicher Unterhaltsverträge. Eine Untersuchung mit Blick auf das deutsche, französische und schweizerische Recht. 2003.

Band 79 Wolf Richard Herkner: Die Grenzen der Rechtswahl im internationalen Deliktsrecht. 2003.

Band 80 Ira Ditandy: Internationale Zuständigkeit. Neuregelung durch die LOPJ 1985. Vergleich mit dem europäischen Vorbild und Auswirkungen auf das spanische internationale Zivilverfahrensrecht. 2003.

Band 81 Andrea Verena Schefold: Werbung im Internet und das deutsche Internationale Privatrecht. 2004.

Band 82 Klaus Herkenrath: Die Umsetzung der Richtlinie 93/13/EWG über missbräuliche Klauseln in Verbraucherverträgen in Deutschland, dem Vereinigten Königreich, Frankreich und Italien. Auswirkungen nationaler Umsetzungstechniken auf dem Harmonisierungserfolg. 2003.

Band 83 Alexander Thünken: Das kollisionsrechtliche Herkunftslandprinzip. 2003.

Band 84 Barbara v. Daumiller: Die Rechtswahl im italienischen internationalen Erbrecht: und ihre Auswirkungen im deutsch-italienischen Rechtsverkehr. 2003.

Band 85 Robert Mödl: Macht, Verantwortlichkeit und Zurechnung im Konzern. Eine rechtsvergleichende Untersuchung auf der Grundlage des deutschen, spanischen und US-amerikanischen Rechts. 2003.

Band 86 Ursula Kerpen: Das Internationale Privatrecht der Persönlichkeitsrechtsverletzungen. Eine Untersuchung auf rechtsvergleichender Grundlage. 2003.

Band 87 Barbara Ploeckl: Umgangsrechtsstreitigkeiten im deutsch-französischen Rechtsverkehr. Bestehende internationale und nationale Regelungen und der geplante *europäische Besuchstitel*. 2003.

Band 88 Katrin Wannemacher: Die Außenkompetenzen der EG im Bereich des Internationalen Zivilverfahrensrechts. Der räumliche Anwendungsbereich des Art. 65 EGV am Beispiel der EuGVO und der EheVO. 2003.

Band 89 Maren B. Eilinghoff: Das Kollisionsrecht der ungerechtfertigten Bereicherung nach dem IPR-Reformgesetz von 1999. 2004.

Band 90 Patrick Niehr: Die zivilprozessuale Dokumentenvorlegung im deutsch-englischen Rechtshilfeverkehr nach der deutschen und der englischen Prozessrechtsreform. 2004.

Band 91 Anna Christina Gördes: Internationale Zuständigkeit, Anerkennung und Vollstreckung von Entscheidungen über die elterliche Verantwortung. Die VO(EG) Nr. 1347/2000, ihre geplanten Änderungen und das Verhältnis beider zum Minderjährigen- und Kinderschutzabkommen. 2004.

Band 92 Martin Rädler: Rechtsbehelfe des Käufers eines Unternehmens oder einer unternehmerischen Beteiligung gegen den Verkäufer im deutschen und französischen Recht. 2004.

Band 93 Marc-Yngve Dietrich: Rechtsstellung und Beteiligung der Gläubiger im französischen Insolvenzverfahren. 2004.

Band 94 Katia Niemann: Die rechtsgeschäftliche und organschaftliche Stellvertretung und deren kollisionsrechtliche Einordnung. Deutschland und England im Vergleich. 2004.

Band 95 Daniel Ludwig: Neuregelungen des deutschen Internationalen Insolvenzverfahrensrechts. Eine Untersuchung unter vergleichender Heranziehung der Europäischen Insolvenzverordnung. 2004.

Band 96 Cordelia Faulenbach: Der gemeinschaftsrechtliche Vorbehalt im europäischen Wettbewerbsrecht. Die Herkunftslandanknüpfung der E-Commerce-Richtlinie unter dem Einfluss der Grundfreiheiten. 2004.

Band 97 Ulf Dörner: Der Vertragsgerichtsstand nach dem Protokoll von Buenos Aires. 2004.

Band 98 Martin Schmidhuber: Verhaltenskodizes im nationalen und grenzüberschreitenden elektronischen Geschäftsverkehr. Zur Frage der Integration der Selbstregulierung durch Private in die staatliche Rechtsordnung. 2004.

Band 99 Florian Kienle: Die fehlerhafte Banküberweisung im internationalen Rechtsverkehr. Unter besonderer Berücksichtigung des Artikels 4A US Uniform Commercial Code. 2004.

Band 100 Thomas Alexander Brandt: Die Adoption durch eingetragene Lebenspartner im internationalen Privat- und Verfahrensrecht. 2004.

Band 101 Florian Pulkowski: Subunternehmer und Internationales Privatrecht. Der Subunternehmer als Quasi-Verbraucher im Europäischen Kollisionsrecht. 2004.

Band 102 Ulrich Becker: Grundrechtsschutz bei der Anerkennung und Vollstreckbarerklärung im europäischen Zivilverfahrensrecht. Bestimmung der Grenzen für die Einführung eines europäischen Vollstreckungstitels. 2004.

Band 103 Thomas Badelt: Aufrechnung und internationale Zuständigkeit unter besonderer Berücksichtigung des deutsch-spanischen Rechtsverkehrs. 2005.

Band 104 Florian D. Wagner: Vorvertragliche Aufklärungspflichten im internationalen Franchising. Zur Harmonisierung von Delikts- und Vertragsstatut im internationalen Privatrecht unter besonderer Berücksichtigung der Franchise-Gesetzgebung des US-Bundesstaates Kalifornien. 2005.

Band 105 Vera Heine: Die Umsetzung der *EG-Richtlinie über missbräuchliche Klauseln in Verbraucherverträgen* im englischen und deutschen Recht. 2005.

Band 106 Alexander Franz: Überregionale Effektentransaktionen und anwendbares Recht. Eine kollisionsrechtliche Untersuchung unter besonderer Berücksichtigung der Vorschrift des § 17 a DepotG. 2005.

Band 107 Hanna-Maria Uhlenbrock: Gesetzliche Regelungen für nichteheliche Lebensgemeinschaften in Deutschland und Frankreich. Ein Vergleich des Unterhaltsrechts bei der eingetragenen Lebenspartnerschaft und beim Pacte civil de Solidarité. 2005.

Band 108 Katrin Stieß: Anknüpfungen im internationalen Urheberrecht unter Berücksichtigung der neuen Informationstechnologien. 2005.

Band 109 Hendrik Otto: Der gesetzliche Abschlussprüfer im italienischen Recht. Eine rechtsvergleichende Untersuchung unter besonderer Berücksichtigung der zivilrechtlichen Haftung. 2005.

Band 110 Frauke Stuphorn: Bankhaftung für Kreditauskünfte im deutschen und französischen Recht. 2005.

Band 111 Nina Fürer: Die zivilrechtliche Haftung für Raucherschäden. 2005.

Band 112 Giovanni B. Barillà: *Contratto autonomo di garanzia* e *Garantievertrag*. Categorie civilistiche e prassi del commercio. 2005.

Band 113 Timo Torz: Gerichtsstände im Internationalen Insolvenzrecht zur Eröffnung von Partikularinsolvenzverfahren. 2005.

Band 114 Martina Schmid: Die Grenzen der Auslegungskompetenz des EuGH im Vorabentscheidungsverfahren nach Art. 234 EG. Dargestellt am Beispiel der überschießenden Richtlinienumsetzung. 2005.

Band 115 Stephan Lesage-Mathieu: Dispositives Kollisionsrecht im prozessualen Kontext. 2005.

Band 116 Jürgen Görtz: Die subjektiven Grenzen der Rechtskraft US-amerikanischer Urteile. 2005.

Band 117 Vera Hoppe: Die Einbeziehung ausländischer Beteiligter in US-amerikanische class actions. Unter Berücksichtigung des Class Action Fairness Act 2005. 2005.

Band 118 Silke Pütz: Parteiautonomie im internationalen Urhebervertragsrecht – Eine rechtsdogmatische und rechtspolitische Betrachtung der Grenzen freier Rechtswahl im internationalen Urhebervertragsrecht unter besonderer Berücksichtigung des neuen deutschen Urhebervertragsrechts. 2005.

Band 119 Alice Nieroba: Die europäische Rechtshängigkeit nach der EuGVVO (Verordnung (EG) Nr. 44/2001) an der Schnittstelle zum nationalen Zivilprozessrecht. 2006.

Band 120 Jan Kayser: Alternative Formen gerichtlicher und außergerichtlicher Streitbeilegung im deutschen und französischen Zivilprozess. Les modes alternatifs judiciaires et extrajudiciaires de résolution des conflits en procédure civile allemande et française. 2006

Band 121 Mirko Ehrich: Der internationale Anwendungsbereich des deutschen und französischen Rechts gegen irreführende Werbung. Freie Wahl von Form und Mittel, Rom II und Herkunftslandprinzip. 2006.

Band 122 Daniel Thelen: Die Haftung des Sekundärschädigers für Gewalttaten anderer im US-amerikanischen Deliktsrecht ausgehend von dem Problem rechtsextremistisch motivierter Gewalttaten. 2006.

Band 123 Anne Winterling: Die Entscheidungszuständigkeit in Arbeitssachen im europäischen Zivilverfahrensrecht. 2006.

Band 124 Sarah Gerling: Die Gleichstellung ausländischer mit inländischen Vollstreckungstiteln durch die Verordnung zur Einführung eines Europäischen Vollstreckungstitels für unbestrittene Forderungen. Im Vergleich zum bisherigen Recht und zur Rechtslage in den USA. 2006.

Band 125 Christian Bank: Präventivmaßnahmen börsennotierter Gesellschaften zur Abwehr feindlicher Übernahmeversuche in Deutschland und Großbritannien. Eine rechtsvergleichende Untersuchung des deutschen und britischen Rechts unter Berücksichtigung der Europäischen Übernahmerichtlinie. 2006.

Band 126 Christian Weis: Kaufrechtliche Gewährleistung und Garantievergabe in Deutschland und Spanien. Unter besonderer Berücksichtigung des Unternehmenskaufs. 2006.

Band 127 Emilio Maus Ratz: Der Nacherfüllungsanspruch nach UN-Kaufrecht. Im Lichte der deutschen, spanisch-mexikanischen und US-amerikanischen Rechtswissenschaft. 2006.

Band 128 Constanze Jacobs: Die Sachmängelgewähr im deutschen und belgischen Kaufrecht nach Umsetzung der Verbrauchsgüterkauf-Richtlinie. 2006.

Band 129 Ulrike Teichert: Lückenfüllung im CISG mittels UNIDROIT-Prinzipien – Zugleich ein Beitrag zur Wählbarkeit nichtstaatlichen Rechts. 2007.

Band 130 Sascha Reichardt: Internationale Zuständigkeit im Gerichtsstand der unerlaubten Handlung bei Verletzung europäischer Patente. 2006.

Band 131 Bilgehan Cetiner: Die Sachmängelhaftung des Verkäufers im UN-Kaufrecht und im neuen deutschen Schuldrecht. Eine rechtsvergleichende Studie. 2006.

Band 132 Jan Streer: Die Umsetzung der Verbrauchsgüterkaufrichtlinie im englischen Recht durch die Sale and Supply of Goods to Consumer Regulations 2002. 2007.

Band 133 Kathrin Wannenmacher: Einstweilige Maßnahmen im Anwendungsbereich von Art. 31 EuGVVO in Frankreich und Deutschland: Eine Betrachtung ausgesuchter Verfahren des einstweiligen Rechtsschutzes im internationalen Zivilverfahrensrecht – gerichtliche Zuständigkeit, Anerkennung und Vollstreckung. 2007.

Band 134 Wim Kreytenberg: Die individuelle Schwerpunktbestimmung internationaler Schuldverträge nach der Ausweichklausel des Artikel 4 Absatz 5 Satz 2 EVÜ. Ein Beitrag zur Förderung von Rechtssicherheit und Einzelfallgerechtigkeit im europäischen Kollisionsrecht der Schuldverträge. 2007.

Band 135 Nikolaus Geiben: Der Vorvertrag im Internationalen Privatrecht. Unter besonderer Berücksichtigung des Immobilienerwerbs im portugiesischen und brasilianischen Recht. 2007.

Band 136 Predrag Maksimovic: Der Kapitalschutz im europäischen, serbischen und deutschen Recht der Gesellschaft mit beschränkter Haftung. 2007.

Band 137 Alexander Rathenau: Die Anwendung des EuGVÜ durch portugiesische Gerichte unter Berücksichtigung des autonomen internationalen Zivilverfahrensrechts. 2007.

www.peterlang.de

Nikolaus Geiben

Der Vorvertrag im Internationalen Privatrecht

Unter besonderer Berücksichtigung des Immobilienerwerbs im portugiesischen und brasilianischen Recht

Frankfurt am Main, Berlin, Bern, Bruxelles, New York, Oxford, Wien, 2007.
467 S.
Studien zum vergleichenden und internationalen Recht.
Herausgegeben von Bernd von Hoffmann, Erik Jayme und Heinz-Peter Mansel.
Bd. 135
ISBN 978-3-631-55589-7 · br. € 74.50*

Die Arbeit befasst sich mit der Frage, wie der Vorvertrag in das System des deutschen Internationalen Privatrechts einzuordnen ist. Hierbei stehen Kaufvorverträge über Immobilien des portugiesischen und brasilianischen Rechts im Vordergrund. Nach einer detaillierten Darstellung dieser Rechtsinstitute untersucht der Autor deren Qualifikation im Rahmen der Artt. 11, 27, 28 und 43 EGBGB und entwickelt Lösungen für Gerichte und die Vertragspraxis. Er favorisiert für Vorverträge grundsätzlich eine vom Hauptvertrag unabhängige Qualifikation. Besonderheiten ergeben sich jedoch bei Kaufvorverträgen des portugiesischen und brasilianischen Rechts mit dinglicher Wirkung, weil hier Art. 28 Abs. 3 EGBGB greift. Da sowohl das deutsche als auch das portugiesische und brasilianische Recht bei der Veräußerung einer Immobilie bei Ehegatten Zustimmungserfordernisse kennt, untersucht der Autor schließlich die kollisionsrechtliche Einordnung dieser Verfügungsbeschränkungen.

Aus dem Inhalt: Der Vorvertrag im deutschen Recht und anderen Rechtsordnungen der Welt · Der Vorvertrag beim Immobilienerwerb im portugiesischen und brasilianischen Recht · Portugiesisches und brasilianisches Grundstücksrecht · Vergleich der deutschen, portugiesischen und brasilianischen Vorschriften · Grundstücksgeschäfte im Internationalen Privatrecht · u.v.m.

FSC
www.fsc.org
MIX
Papier | Fördert gute Waldnutzung
FSC® C083411

Kolibri 360 GmbH
Ferdinand-Jühlke-Straße 7
99095 Erfurt, Deutschland
produktsicherheit@kolibri360.de

Druck:
CPI Druckdienstleistungen GmbH
im Auftrag der
Kolibri 360 GmbH
Ferdinand-Jühlke-Str. 7
99095 Erfurt